Jürgen Böker, Wilfried Flammann, Klaus Richter, Siegfried Rothe, Dr. Dirk Scharf

Prüfungsbuch Büromanagement

Teil 2 der gestreckten Abschlussprüfung:
Prüfungsbereiche
- Kundenbeziehungsprozesse
- Wirtschafts- und Sozialkunde

1. Auflage

Bestellnummer 1010

Die in diesem Produkt gemachten Angaben zu Unternehmen (Namen, Internet- und E-Mail-Adressen, Handelsregistereintragungen, Bankverbindungen, Steuer-, Telefon- und Faxnummern und alle weiteren Angaben) sind i. d. R. fiktiv, d. h., sie stehen in keinem Zusammenhang mit einem real existierenden Unternehmen in der dargestellten oder einer ähnlichen Form. Dies gilt auch für alle Kunden, Lieferanten und sonstigen Geschäftspartner der Unternehmen wie z. B. Kreditinstitute, Versicherungsunternehmen und andere Dienstleistungsunternehmen. Ausschließlich zum Zwecke der Authentizität werden die Namen real existierender Unternehmen und z. B. im Fall von Kreditinstituten auch deren IBANs und BICs verwendet.

Die in diesem Werk aufgeführten Internetadressen sind auf dem Stand zum Zeitpunkt der Drucklegung. Die ständige Aktualität der Adressen kann vonseiten des Verlages nicht gewährleistet werden. Darüber hinaus übernimmt der Verlag keine Verantwortung für die Inhalte dieser Seiten.

Druck: westermann druck GmbH, Braunschweig

service@winklers.de
www.winklers.de

Bildungshaus Schulbuchverlage Westermann Schroedel Diesterweg Schöningh Winklers GmbH, Postfach 33 20, 38023 Braunschweig

ISBN 937-3-8045-**1010**-4

westermann GRUPPE

© Copyright 2017: Bildungshaus Schulbuchverlage Westermann Schroedel Diesterweg Schöningh Winklers GmbH, Braunschweig
Das Werk und seine Teile sind urheberrechtlich geschützt. Jede Nutzung in anderen als den gesetzlich zugelassenen Fällen bedarf der vorherigen schriftlichen Einwilligung des Verlages.
Hinweis zu § 52a UrhG: Weder das Werk noch seine Teile dürfen ohne eine solche Einwilligung eingescannt und in ein Netzwerk eingestellt werden. Dies gilt auch für Intranets von Schulen und sonstigen Bildungseinrichtungen.

Vorwort

Wie lernt man mit diesem Buch?

Effektive Prüfungsvorbereitung bedeutet, in möglichst kurzer Zeit die notwendige Fachkompetenz zu erlangen und zu festigen. Entscheidend dafür ist dabei die von Ihnen angewandte **Lernstrategie**. Wie lernt man eigentlich am effektivsten? Nun, entscheidend ist, dass Sie sich nicht nur auf einem Weg das notwendige Wissen aneignen – zum Beispiel nur Definitionen auswendig lernen. Aus diesem Grund haben wir Autoren uns dafür entschieden, Ihnen **vier Lernwege** zu eröffnen:

1. Sie eignen sich das notwendige Fachwissen über die von uns formulierten **Fragen** an. Mit diesen Fragen und den von uns erarbeiteten **Antworten** erschließen Sie sich die notwendigen Fachinhalte auf verständliche Art und Weise. Auf eine schülergerechte Ausdrucksweise wurde dabei geachtet.

2. Viele **Visualisierungen** im Text, z. B. Übersichten und Grafiken, erleichtern den Lernprozess. „Bilder" prägen sich beim Lernenden häufig besser als Wörter oder Sätze ein. Deswegen haben wir auch der ansprechenden Gestaltung dieses Prüfungsbuches große Aufmerksamkeit geschenkt. Farbige Hervorhebungen, unterschiedliche Schriftarten und -größen unterstützen Sie effektiv beim Lernen.

3. **17 fallorientierte Aufgabenstellungen** eröffnen Ihnen einen weiteren zentralen Lernweg, denn in dieser Form wird **Teil 2 Ihrer gestreckten Abschlussprüfung** erfolgen: Sie müssen Ihr erlerntes Fachwissen auf konkrete Fälle anwenden können. Dadurch werden Anwendungswissen und Methodenkompetenz gefördert.

4. Sogenannte **Multiple-Choice-Aufgaben** bieten Ihnen einen **vierten Lernweg** zur Aneignung des Fachwissens. Dieser spezielle Aufgabentyp fordert Sie insbesondere bei der Abwägung der Aufgabenlösungen. Dieser Aufgabentyp befindet sich in Abschnitt I, Kapitel 6 und in Abschnitt II, Kapitel 6 und zusätzlich auf der beiliegenden CD-ROM. Das entsprechende Inhaltsverzeichnis zu diesen 144 weiteren **interaktiven Aufgaben** finden Sie auf S. 329.

Nutzen Sie bei der Aneignung des Fachwissens unbedingt **alle vier Lernwege**, dadurch wird der Lernvorgang optimal gestaltet.

Wir haben im Buch zusätzliche **Hinweise** und **Piktogramme** genutzt, um Sie bei der Prüfungsvorbereitung zu unterstützen:

- In den **Überschriften** finden Sie häufig Hinweise auf das **Handbuch für Büromanagement** (Winklers Bestellnummer 3543), in dem Sie weitere Erläuterungen und vor allem zusätzliche Visualisierungen (z. B. Tafelbilder, Grafiken, Statistiken) angeboten bekommen, um sich das Fachwissen noch eingehender aneignen zu können.

Vorwort

- Die **Fragen** und **Aufgaben** wurden **durchnummeriert**, damit Sie die Wissensbereiche mit einem Haken versehen können, die Sie bereits beherrschen. Die verbleibenden Fragestellungen sollten Sie dann nochmals bearbeiten, um die letzten Wissenslücken zu schließen.

Ergänzungen und **Aktualisierungen** (z. B. aufgrund von Gesetzesänderungen) findet der Benutzer/die Benutzerin dieses Prüfungsbuches über die Internetadresse **www.winklers.de**. Zum Prüfungsbuch gelangen Sie, wenn Sie oben links in die Sucheingabe z. B. „1010" eingeben.

Wir wünschen Ihnen viel Erfolg bei der Arbeit mit diesem Buch!

Autoren und Verlag

Inhalt

I Prüfungsbereich Kundenbeziehungsprozesse

1 Kundenorientierte Auftragsabwicklung

1.1	**Kundenbeziehungen, Kommunikation**	15
1.1.1	Primär- und Sekundärforschung	15
1.1.2	Kundendaten, Kundentypen	17
1.1.3	Kundenorientierung	19
1.1.4	Kommunikationsmodell, nonverbale Kommunikation	20
1.1.5	Argumentationstechniken	22
1.1.6	Fragetechniken	22
1.1.7	Gesprächsregeln, Gesprächsnotiz	23
1.1.8	Aufbereitung von Kundeninformationen	27
1.1.9	Kundenbindung, Kundenzufriedenheit, Kundenservice, Beschwerdemanagement	28
1.2	**Auftragsbearbeitung und -nachbereitung**	31
1.2.1	Bearbeitung von Kundenanfragen	31
1.2.2	Kundenbestellung, Auftragsbestätigung, Kaufvertrag	32
1.2.3	Auftragsabwicklung mit Kunden, Nicht-rechtzeitig-Zahlung (Zahlungsverzug)	35
1.2.4	Lieferschein und Rechnung	39
1.2.5	Vor- und Nachkalkulation von Handelswaren	40
1.2.6	Nicht-rechtzeitig-Lieferung (Lieferungsverzug)	41
1.2.7	Schlechtleistung (mangelhafte Lieferung)	42
1.2.8	Fehlerhafte Rechnung	44
1.2.9	Kulanz	45

2 Personalbezogene Aufgaben

2.1	**Personaleinsatzplanung, Arbeitszeitregelungen**	46
2.2	**Dienstreiseanträge, Reisekostenabrechnungen**	53
2.3	**Umgang mit Mitarbeiterdaten, Datenschutz, Datensicherung, Datenpflege**	56
2.4	**Personalstatistiken**	62
2.5	**Arbeits- und sozialrechtliche Grundlagen**	62
2.6	**Arbeitsverträge**	71
2.7	**Entgeltabrechnung**	75

Inhalt

3 Kaufmännische Steuerung

3.1	**Rechnungswesen als Instrument kaufmännischer Planung, Steuerung und Kontrolle**	81
3.2	**Finanzbuchhaltung**	84
3.2.1	Einflussfaktoren auf die Wirtschaftlichkeit der betrieblichen Leistungserstellung	84
3.2.2	Grundsätze ordnungsmäßiger Buchführung (GoB)	86
3.2.3	Organisation der Finanzbuchhaltung	86
	Industrie-Kontenrahmen (IKR) für Aus- und Fortbildung	88
3.2.4	Inventur: Gründe, Vorbereitung, Arten, Differenzen	90
3.2.5	Inventar	97
3.2.6	Bilanz	100
3.2.7	Bestandskonten	104
3.2.8	Buchungssatz	105
3.2.9	Erfolgskonten	106
3.2.10	Gewinn- und Verlustkonto	107
3.2.11	Umsatzsteuer	108
3.2.12	Einkauf von Dienstleistungen	110
3.2.13	Einkauf von Anlagegütern	111
3.2.14	Abschreibungen auf Sachanlagen	114
3.2.15	Einkauf und Verkauf von Handelswaren	116
3.2.16	Wareneinsatz und Warenrohgewinn	117
3.2.17	Rücksendungen, Skonto und Preisnachlässe beim Einkauf von Handelswaren mit Umsatzsteuerkorrekturen	120
3.2.18	Rücksendungen, Skonto und Preisnachlässe beim Verkauf von Handelswaren mit Umsatzsteuerkorrekturen	121
3.3	**Kalkulation von Handelswaren**	122
3.3.1	Kalkulation des Bezugspreises	122
3.3.2	Kalkulation des Selbstkostenpreises	124
3.3.3	Kalkulation des Listenverkaufspreises	125
3.3.4	Vorwärtskalkulation	126
3.3.5	Kalkulationsvereinfachungen: Kalkulationszuschlagssatz und Kalkulationsfaktor	127
3.3.6	Rückwärtskalkulation	129
3.3.7	Faktoren (Einflussgrößen) der Kalkulation	130
3.4	**Kosten- und Leistungsrechnung**	131
3.4.1	Abgrenzung der Kosten- und Leistungsrechnung von der Finanzbuchhaltung	131
3.4.2	Stufen und Aufgaben der Kosten- und Leistungsrechnung	132
3.4.3	Definition der Begriffe Aufwendung – Kosten und Erträge – Leistungen	133
3.4.4	Abgrenzungsrechnung	134
3.4.4.1	Neutrale Aufwendungen und Kosten	134
3.4.4.2	Neutrale Erträge und Leistungen	135
3.4.4.3	Ergebnistabelle, Betriebsergebnis, neutrales Ergebnis und Gesamtergebnis	136

3.4.5	Kalkulatorische Kosten	137
3.4.6	Kostenartenrechnung	138
3.4.6.1	Kosten auf der Grundlage der betriebswirtschaftlichen Produktionsfaktoren	138
3.4.6.2	Kosten auf der Grundlage betrieblicher Funktionen	138
3.4.6.3	Kosten in Abhängigkeit von ihrer Zurechenbarkeit auf die Kostenträger	139
3.4.6.4	Kosten in Abhängigkeit von der Beschäftigung	139
3.4.6.5	Kosten im Hinblick auf ihre Bezugsgrundlage	140
3.4.7	Kostenstellenrechnung	140
3.4.7.1	Arten von Kostenstellen	141
3.4.7.2	Einfacher Betriebsabrechnungsbogen	142
3.4.7.3	Gemeinkostenzuschlagssätze	142
3.4.8	Kostenträgerrechnung	144
3.4.8.1	Rechnungssysteme der Kostenträgerrechnung (Überblick)	144
3.4.8.2	Zuschlagskalkulation als Vollkostenrechnung	144
3.4.8.3	Deckungsbeitragsrechnung	145
3.4.8.4	Anwendungen der Deckungsbeitragsrechnung: Gewinnschwelle, Zusatzauftrag und Preisuntergrenzen	146
3.4.8.5	Normalkostenrechnung	148

4 Information, Kommunikation, Kooperation

4.1	**Vor- und Nachteile verschiedener Informationsquellen**	149
4.2	**Grundlagen erfolgreicher Zusammenarbeit**	150
4.3	**Feedback**	151
4.4	**Interne und externe Kommunikationsprozesse**	152
4.5	**Teamarbeit**	153
4.6	**Lern-, Arbeits- und Moderationstechniken**	154
4.7	**Planung, Durchführung und Kontrolle von Projekten**	159
4.8	**Umgang mit Konflikten im eigenen Arbeitsumfeld**	165

5 Fallorientierte Aufgaben (ungebundene Aufgaben) und Lösungen

5.1	**Das Modellunternehmen**	169
5.2	**Fallorientierte Aufgaben zu: Kundenorientierte Auftragsabwicklung**	170
	Aufgabe 1: Primär- und Sekundärforschung	170
	Aufgabe 2: Kundenorientierte Kommunikation	170
	Aufgabe 3: Kaufvertrag, Zahlungsverzug	171
	Lösungen	171

Inhalt

5.3	**Fallorientierte Aufgaben zu: Personalbezogene Aufgaben**	174
	Aufgabe 1: Neueinstellung von Mitarbeitern	174
	Aufgabe 2: Personalwirtschaft	175
	Aufgabe 3: Personalstatistik	175
	Lösungen	176
5.4	**Fallorientierte Aufgaben zu: Kaufmännische Steuerung**	180
	Aufgabe 1: Beleggeschäftsgang zum Einkauf von Handelswaren	181
	Aufgabe 2: Beleggeschäftsgang zum Verkauf von Handelswaren sowie dem Einkauf einer Maschine	185
	Aufgabe 3: Beleggeschäftsgang zu verschiedenen Geschäftsfällen	188
	Aufgabe 4: Zuschlagskalkulation	191
	Aufgabe 5: Betriebsabrechnungsbogen (BAB), Gemeinkostenzuschlagssätze, Kostenüber- und -unterdeckung, Nachkalkulation	191
	Aufgabe 6: Fixe und variable Kosten, Break-even-Menge rechnerisch und grafisch, Deckungsbeitragsrechnung	193
	Aufgabe 7: Deckungsbeitrag, Zusatzauftrag	194
	Aufgabe 8: Kalkulation von Handelswaren, Preisuntergrenze	195
	Lösungen	196
5.5	**Fallorientierte Aufgaben zu: Information, Kommunikation, Kooperation**	206
	Aufgabe 1: Mitarbeiterzufriedenheit, Feedback-Regeln	206
	Aufgabe 2: Teamarbeit, Projektarbeit, Meilensteine	206
	Aufgabe 3: Konfliktursachen, Gesprächsführung, Konfliktlösungen	206
	Lösungen	207

6 Multiple-Choice-Aufgaben und Lösungen zu I

6.1	**Multiple-Choice-Aufgaben zu: Kundenorientierte Auftragsabwicklung**	211
	Aufgabe 1: Fachbegriffe der Marktanalyse	211
	Aufgabe 2: Primärforschung	211
	Aufgabe 3: Sekundärforschung	211
	Aufgabe 4: Kundentypen	212
	Aufgabe 5: Psychologisches Kommunikationsmodell (4-Ohren-Modell)	212
	Aufgabe 6: Argumentationstechniken	212
	Aufgabe 7: Anfrage	212
	Aufgabe 8: Angebot	213
	Aufgabe 9: Zahlungsverzug	213
	Aufgabe 10: Lieferungsverzug	213
	Aufgabe 11: Mangelhafte Lieferung	213
	Aufgabe 12: Kulanz	214
	Lösungen	214

6.2	**Multiple-Choice-Aufgaben zu: Personalbezogene Aufgaben**		215
	Aufgabe 1: Personalbestandsanalyse		215
	Aufgabe 2: Personalbedarf		215
	Aufgabe 3: Personalbeschaffung		215
	Aufgabe 4: Dienstreise		215
	Aufgabe 5: Qualifiziertes Arbeitszeugnis		216
	Aufgabe 6: Beitragsbemessungsgrenze in der Sozialversicherung		216
	Aufgabe 7: Tarifvertrag		216
	Aufgabe 8: Betriebsvereinbarung		216
	Aufgabe 9: Probezeit von Auszubildenden laut Berufsbildungsgesetz (BBiG)		217
	Aufgabe 10: Lohnsteuerklassen		217
	Lösungen		217
6.3	**Multiple-Choice-Aufgaben zu: Kaufmännische Steuerung**		218
	Aufgabe 1: Kosten – Aufwendungen		218
	Aufgabe 2: Leistungen – Erträge		218
	Aufgabe 3: Fixkosten und Beschäftigungsgrad		218
	Aufgabe 4: Aufgabe der Kosten- und Leistungsrechnung		218
	Aufgabe 5: Betriebsabrechnungsbogen		219
	Aufgabe 6: Deckungsbeitrag		219
	Aufgabe 7: Deckungsbeitrag		219
	Aufgabe 8: Selbstkosten		219
	Aufgabe 9: Kostenüberdeckung		220
	Aufgabe 10: Break-even-point		220
	Aufgabe 11: Kosten – Aufwendungen		220
	Aufgabe 12: Kosten und Beschäftigungsgrad		220
	Aufgabe 13: Aufgabe der Abgrenzungsrechnung		221
	Aufgabe 14: Deckungsbeitrag		221
	Aufgabe 15: Normalkostenrechnung		221
	Aufgabe 16: Handlungskosten		221
	Aufgabe 17: Handlungskostenzuschlagssatz		222
	Aufgabe 18: Abschreibungshöhe		222
	Aufgabe 19: Kalkulationszuschlagssatz		222
	Aufgabe 20: Inventar – Bilanz		223
	Aufgabe 21: Bilanz		223
	Aufgabe 22: Inventur		223
	Aufgabe 23: Handlungskosten		223
	Aufgabe 24: Bilanz		224
	Aufgabe 25: Inventur		224
	Aufgabe 26: Zeitlich verlegte Inventur		224
	Aufgabe 27: Rückrechnung		225
	Aufgabe 28: Inventurdifferenz		225
	Aufgabe 29: Inventar		225
	Aufgabe 30: Aufgaben der Finanzbuchhaltung		226
	Aufgabe 31: Inventurdifferenz		226
	Aufgabe 32: Zahlungsbedingungen		226

Inhalt

Aufgabe 33:	Arbeitsschritte Statistik	227
Aufgabe 34:	Grafische Darstellungsformen	227
Lösungen		227

6.4 Multiple-Choice-Aufgaben zu: Information, Kommunikation, Kooperation 229

Aufgabe 1:	Feedbackregeln	229
Aufgabe 2:	Merkmale der Teamarbeit	229
Aufgabe 3:	Teamentwicklung	229
Aufgabe 4:	Arbeitspakete im Projekt	229
Aufgabe 5:	Gespräch zur Konfliktlösung	230
Lösungen		230

II Prüfungsbereich Wirtschafts- und Sozialkunde

1 Stellung, Rechtsform und Organisationsstruktur des Ausbildungsbetriebes

1.1	Ziele, Aufgaben und Stellung des Ausbildungsbetriebes	231
1.2	Rechtsformen	239
1.3	Investition und Finanzierung	246
1.4	Aufbauorganisation, Arbeits- und Geschäftsprozesse	257
1.5	Zusammenarbeit mit externen Adressaten	269

2 Produkt- und Dienstleistungsangebot

2.1	Leistungserstellung in Industrie- und Dienstleistungsbetrieben	270
2.2	Wirtschaftssektoren	271
2.3	Markt- und Wettbewerbssituation von Unternehmen	272

3 Berufsbildung

3.1	Berufsbildungsgesetz und Berufsausbildungsvertrag	280
3.2	Duales Ausbildungssystem	283
3.3	Ausbildungsplan und Ausbildungsordnung	283
3.4	Betriebsverfassungs- und Jugendarbeitsschutzgesetz	284
3.5	Lebenslanges Lernen	287

4 Sicherheit und Gesundheitsschutz bei der Arbeit

4.1	Sicherheit und Gesundheit am Arbeitsplatz	288
4.2	Arbeitsschutz- und Unfallverhütungsvorschriften	290
4.3	Verhaltensweisen bei Unfällen	292
4.4	Brandschutzvorschriften und Brandbekämpfung	293

5 Umweltschutz

5.1	Ursachen und Quellen von betrieblichen Umweltbelastungen	295
5.2	Regelungen des betrieblichen Umweltschutzes	295
5.3	Nachhaltiges Wirtschaften	299
5.4	Abfallvermeidung und umweltschonende Entsorgung	302

6 Multiple-Choice-Aufgaben und Lösungen zu II

6.1	Multiple-Choice-Aufgaben zu: Stellung, Rechtsform und Organisationsstruktur des Ausbildungsbetriebes	303
	Aufgabe 1: Minimalprinzip des ökonomischen Prinzips	303
	Aufgabe 2: Ökonomische Unternehmensziele	303
	Aufgabe 3: Langfristiges Unternehmensziel	303
	Aufgabe 4: Betriebswirtschaftliche Produktionsfaktoren	304
	Aufgabe 5: Wirtschaftssektoren	304
	Aufgabe 6: Arbeitsteilung	304
	Aufgabe 7: Wirtschaftskreislauf	304
	Aufgabe 8: Einzelunternehmen	305
	Aufgabe 9: Kommanditgesellschaft	305

Inhalt

Aufgabe 10:	GmbH	305
Aufgabe 11:	Organe der GmbH	305
Aufgabe 12:	Investition	306
Aufgabe 13:	Kontokorrentkredit	306
Aufgabe 14:	Leasing	306
Aufgabe 15:	Factoring	306
Aufgabe 16:	Einfacher Eigentumsvorbehalt	307
Aufgabe 17:	Sicherungsübereignung	307
Aufgabe 18:	Stabsstelle	307
Aufgabe 19:	Prokura	308
Aufgabe 20:	Einliniensystem	308
Aufgabe 21:	Kernprozesse	308
Aufgabe 22:	Darstellung von betrieblichen Prozessen	309
Aufgabe 23:	Organisationen, Institutionen	309
Lösungen		310

6.2 Multiple-Choice-Aufgaben zu: Produkt- und Dienstleistungsangebot ... 311

Aufgabe 1:	Sekundärer Sektor	311
Aufgabe 2:	Tertiärer Sektor	311
Aufgabe 3:	Angebot und Nachfrage	311
Aufgabe 4:	Modell der vollständigen Konkurrenz	311
Aufgabe 5:	Markttransparenz	312
Aufgabe 6:	Käufermarkt	312
Aufgabe 7:	Angebotsmonopol	312
Aufgabe 8:	Polypol	312
Aufgabe 9:	Konjunkturphasen	313
Aufgabe 10:	Merkmale der Depression (des Konjunkturtiefs)	313
Lösungen		313

6.3 Multiple-Choice-Aufgaben zu: Berufsbildung ... 314

Aufgabe 1:	Duales Ausbildungssystem	314
Aufgabe 2:	Berufsbildungsgesetz	314
Aufgabe 3:	Pflichten des Auszubildenden	314
Aufgabe 4:	Jugend- und Auszubildendenvertretung	314
Aufgabe 5:	Pausenzeiten laut JArbSchG	315
Aufgabe 6:	Gesamtlänge von Pausenzeiten	315
Aufgabe 7:	Probezeit von Auszubildenden	315
Lösungen		316

6.4 Multiple-Choice-Aufgaben zu: Sicherheit und Gesundheitsschutz bei der Arbeit . 316

Aufgabe 1:	Arbeitssicherheitsvorschriften	316
Aufgabe 2:	Arbeitssicherheitsgesetz	316
Aufgabe 3:	Unfallverhütung	317
Aufgabe 4:	Verbotszeichen	317
Aufgabe 5:	Warnzeichen	317
Aufgabe 6:	Rettungszeichen	317

	Aufgabe 7:	Brandschutzzeichen	318
	Aufgabe 8:	Gebotszeichen	318
	Lösungen		318
6.5	**Multiple-Choice-Aufgaben zu: Umweltschutz**		**319**
	Aufgabe 1:	Ökologie	319
	Aufgabe 2:	Fair Trade	319
	Aufgabe 3:	Kreislaufwirtschaftsgesetz	319
	Aufgabe 4:	Blauer Engel	320
	Lösungen		320

Bildquellenverzeichnis 14

Stichwortverzeichnis 321

Inhaltsverzeichnis CD-ROM Prüfungsbuch Büromanagement Teil 2 329

Bildquellenverzeichnis

adpic Bildagentur, Köln: 98 2 (M. Benik)
alamy images, Abingdon/Oxfordshire: 92 (Robert Kneschke), 96 (Jeff Greenberg)
Büro für Berufsstrategie Hesse/Schrader, Berlin: 166
fotolia.com, New York: 298 (thostr)
Hild, Claudia, Angelburg: 157 2, 157 3, 157 4, 157 5, 158 6, 159 7, 291 1, 291 2, 291 3, 291 4, 291 5, 291 6, 293 1, 298 1, 298 2, 298 3, 298 4, 298 5
Picture-Alliance GmbH, Frankfurt/M.: 97 1 (Siegbert Heiland/dpa-Zentralbild), 98 3 (Wolfgang Weihs/dpaweb)
Ringhut, Daniela, Dreieich: 169 1

Kundenbeziehungen, Kommunikation 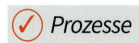 Prozesse

I Prüfungsbereich Kundenbeziehungsprozesse

1 Kundenorientierte Auftragsabwicklung

1.1 Kundenbeziehungen, Kommunikation

1.1.1 Primär- und Sekundärforschung

Handbuch: LF 5

- Der **Marktanteil** ist der erzielte Umsatz (wertmäßig) oder Absatz (mengenmäßig) eines Unternehmens, ausgedrückt als Prozentsatz des Marktvolumens.

- Das **Marktvolumen** ist der erzielte Umsatz oder Absatz aller betreffenden Unternehmen in einem Zielmarkt.
- Das **Marktpotenzial** beschreibt die mögliche Aufnahmefähigkeit eines Marktes für ein Produkt.

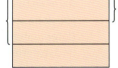

(1) Was versteht man im Rahmen der quantitativen Marktanalyse unter *Marktanteil*, *Marktvolumen* und *Marktpotenzial*?

- Bei der **Markterkundung** handelt es sich grundsätzlich um eine betriebsinterne, unsystematische Informationssammlung durch Einzelbeobachtungen und Gespräche, z. B. Auswerten von Reiseberichten und Marktberichten, Auswerten interner Absatzstatistiken, Gespräche mit Kunden usw.

- Bei der **Marktforschung** handelt es sich um das systematische Beschaffen und Verarbeiten von Informationen mithilfe wissenschaftlicher Methoden. Bei der Marktforschung werden unternehmensintern (Buchhaltung, Verkaufsberichte, Reklamationen usw.) und/oder unternehmensextern (Statistiken, Fachzeitschriften, Messebesuche usw.) Daten beschafft.

(2) Bei der Marktuntersuchung werden *Markterkundung* und *Marktforschung* unterschieden – worin unterscheiden sich beide Begriffe?

vgl.: Margit Bentin u. a., Handlungsorientierte Materialien in Wirtschaft und Verwaltung. Absatz/Marketing. 4. Auflage. Bildungshaus Schulbuchverlage Westermann Schroedel Diesterweg Schöningh Winklers GmbH, Braunschweig 2009, S. 19

Ständige internationale und nationale **Marktveränderungen**, hervorgerufen z. B. durch den **Wertewandel in der Gesellschaft** oder durch die unterschiedliche ökonomische **Entwicklung** einzelner Regionen, machen eine Marktuntersuchung für die agierenden Unternehmen unverzichtbar. Unterbleiben die Beobachtung und Untersuchung von Marktveränderungen, besteht die Gefahr, dass einzelne Unternehmen vom Markt verschwinden und sich Mitbewerber durchsetzen.

(3) Welche *Gründe* machen es erforderlich, *Marktuntersuchung* zu betreiben?

Prozesse Kundenorientierte Auftragsabwicklung

4. Grenzen Sie die Begriffe *Marktanalyse*, *Marktbeobachtung* und *Marktprognose* voneinander ab.

- Die **Marktanalyse** ist eine **zeitpunktbezogene** Analyse des Marktes des Unternehmens.
- Die **Marktbeobachtung** erfolgt dagegen **zeitraumbezogen**. Sowohl Marktbeobachtung als auch Marktanalyse gehören zur Marktforschung. Sowohl bei der Marktanalyse als auch bei der Marktbeobachtung werden **Konkurrenzforschung** (z. B. Beobachtung der aktuellen Produktveränderungen und Marktanteile der Mitbewerber) und **Bedarfs-** und **Absatzforschung** (z. B. Analyse des Marktsättigungsgrades und der vorherrschenden Kaufmotive) betrieben.

- Bei der **Marktprognose** handelt es sich um eine **Vorhersage** zur Marktentwicklung auf der Grundlage gesammelter Daten der Markterkundung bzw. -forschung. Die Marktprognose unterstützt die Entscheidung über absatzpolitische Aktivitäten des Unternehmens.

5. Welche beiden *Methoden der Marktforschung* werden prinzipiell unterschieden?

- Die **Primärforschung** erhebt **neue Daten** im Rahmen der **Feldforschung (Field-Research)**. Zum Beispiel wird das aktuelle Kundenverhalten analysiert.

- Die **Sekundärforschung** wertet im Rahmen der **Schreibtischforschung (Desk-Research)** vorhandenes Datenmaterial aus betriebsinternen und -externen Quellen aus.

6. Nennen Sie jeweils *Beispiele* für *betriebsinterne* und *-externe Quellen* der Sekundärforschung.

- **Beispiele für betriebsinterne Quellen:**
  - Reiseberichte der Außendienstmitarbeiter
  - Absatz- und Umsatzstatistiken
  - Kundendateien
  - Daten des Rechnungswesens

- **Beispiele für betriebsexterne Quellen:**
  - Daten von Mitbewerbern (z. B. im Internet)
  - Veröffentlichungen der Industrie- und Handelskammern
  - Publikationen staatlicher Institutionen (z. B. Ministerien, statistisches Bundesamt)
  - Veröffentlichungen der Bundesbank und der EZB
  - Daten von Marktforschungsinstituten und Branchenverbänden

7. Welche *Auswahlverfahren* der *Primärforschung* werden grundsätzlich unterschieden?

- Bei der sogenannten **Vollerhebung** werden **alle** Angehörigen einer Zielgruppe **untersucht**. Wegen der hohen Kosten ist dies nur bei einer zahlenmäßig überschaubaren Zielgruppe sinnvoll.

- Bei einer **Teilerhebung** werden die Angehörigen einer Zielgruppe nur **stichprobenhaft**, dies möglichst **repräsentativ**, untersucht.

Kundenbeziehungen, Kommunikation

- Bei der Methode der **Zufallsauswahl** (auch Randomverfahren genannt) werden aus einer Zielgruppe „zufällig" Personen ausgewählt, z. B. jeder hundertste Bürger aus einem Adressverzeichnis einer Stadt.

- Bei dem **Quotenverfahren** werden nach vorher genau festgelegten Merkmalen, z. B. Alter, Geschlecht, Einkommen, beliebige Personen nach bestimmten prozentualen Anteilen (Quoten) ausgewählt.

(8) Bei der *Teilerhebung* wird insbesondere von einer *Zufallsauswahl* und dem *Quotenverfahren* gesprochen. Was ist damit jeweils gemeint?

- **Befragung:** schriftliche, mündliche oder fernmündliche Datenerhebung zur Erstellung eines Meinungsbildes zu einem bestimmten Produkt bzw. einer bestimmten Produktgruppe
- **Interview:** Erhebung zu einer grundsätzlichen Meinung, die für ein bestimmtes Konsumverhalten ausschlaggebend sein kann, um wirkliche Kaufmotive offenzulegen.
- **Paneltechnik:** regelmäßige Befragung einer bestimmten Personengruppe über einen längeren Zeitraum anhand von speziellen Fragebogen (z. B. regelmäßige Aufzeichnung des Konsumverhaltens eines 4-Personen-Haushaltes)

- **Test:** Meinungserhebung in einer Zielgruppe für ein bestimmtes Produkt anhand von neutral verpackten Warenproben
- **Experiment:** spezielle Form der Beobachtung oder Erfragung von Reaktionen auf unterschiedliche Produktmerkmale (z. B.: Gestaltung, Qualität und Preise)
- **Beobachtung:** Erhebung von Sachverhalten und Verhaltensweisen ohne Befragung

(9) Beschreiben Sie jeweils kurz die wichtigsten *Erhebungsmethoden der Primärforschung*.

aus: Margit Bentin u. a., Handlungsorientierte Materialien in Wirtschaft und Verwaltung. Absatz/Marketing. 4., aktualisierte Auflage, Bildungshaus Schulbuchverlage Westermann Schroedel Diesterweg Schöningh Winklers GmbH, Braunschweig 2009, S. 24

1.1.2 Kundendaten, Kundentypen

Handbuch: LF 5

Die **Clusteranalyse** stellt eine Möglichkeit dar, durch die Primärerhebung gewonnene große Datenmengen mithilfe **mathematisch-statistischer Verfahren** auszuwerten.

Zielsetzung der **Clusteranalyse** ist es, große Datenmengen von Befragten nach bestimmten Merkmalen zu **aussagefähigen Größen (Gruppen)** zusammenzufassen. Aus einer Konsumentenbefragung konnte es sich z. B. ergeben, die Konsumentengruppen „umweltbewusster Konsument", „fortschrittsbewusster Konsument" und „traditionell eingestellter Konsument" als Kundentypen zu bilden, um sie zukünftig marketingpolitisch gezielt anzusprechen.

(10) Welche *Zielsetzung* wird mit der *Clusteranalyse* verfolgt?

vgl.: Margit Bentin, u. a., Handlungsorientierte Materialien in Wirtschaft und Verwaltung. Absatz/Marketing. 4., aktualisierte Auflage, Bildungshaus Schulbuchverlage Westermann Schroedel Diesterweg Schöningh Winklers GmbH, Braunschweig 2009, S. 26

Prozesse

Kundenorientierte Auftragsabwicklung

11 **Was versteht man unter der *Marktsegmentierung*, welches *Ziel* hat sie?**

Die Auswertung der Clusteranalyse dient dazu, den Markt in *Teilmärkte (Marktsegmente)* mit relativ **homogenen Kundengruppen** aufzuteilen. Die Clusteranalyse ist demnach ein Instrument der Marktsegmentierung.

Die Segmentierung des Marktes in Teilmarkte führt dazu, dass die entstandenen Kundengruppen jeweils gezielt mit einer **individuellen Marketingkonzeption** bearbeitet werden können. Letztendlich muss aber der Einsatz dieser individuellen Konzeptionen gegenüber den entstandenen Kosten einen **Mehrerlös** für das Unternehmen erbringen.

12 **Welche *Voraussetzungen* hat die *Bildung von Marktsegmenten*?**

- Die **Marktsegmente** müssen eine **zeitliche Stabilität** aufweisen. Die Kundengruppen müssen zeitlich so lange bestehen, dass geeignete Marketingkonzeptionen eingesetzt werden können.
- Die Bearbeitung der Marktsegmente muss **wirtschaftlich** sein. Sind die Kundengruppen zu klein, ist eine kundenspezifische Marketingkonzeption für das Unternehmen nicht rentabel.
- Die Verhaltensweisen der Kundengruppen in den Marktsegmenten müssen zuverlässig und objektiv **messbar** sein.
- Die gebildeten Marktsegmente müssen mithilfe der jeweils gewählten Marketingkonzeption für das Unternehmen **zugänglich** sein.
- Die ermittelten Verhaltensweisen der Kundengruppen müssen für den Einsatz einer segmentspezifischen Marketingkonzeption **relevant**, also von Bedeutung sein.

vgl.: Tobias Walter, Segmentspezifische Vertriebsstrategien im Großhandel. Analyse nachfrageorientierter Vertriebsinstrumente im Produktionsverbindungshandel. Künzelsau 2003, S. 112 f.

13 **Welche Informationen können in einer *Kundendatei* gesammelt werden?**

Gesammelte Informationen über die Kunden des Unternehmens werden in einer sogenannten **Kundendatei** bzw. **Kundendatenbank** (sehr umfangreiche Kundendatei) gespeichert.

Beispiele für **Kundendaten**:
- Kontaktdaten (Name, Adresse, Verbindungsdaten wie z. B. Telefonnummer und E-Mail-Adresse)
- angelegte Kundennummer
- demografische Daten (z. B.: Alter, Geschlecht, Familienstand, Einkommen, Geburtstag)
- Angaben zum Kaufverhalten (z. B.: Welche Produkte wurden wie häufig wann gekauft? Welche Produkte wurden zurückgegeben? Welche Anforderungen stellt der Kunde an die Produkte?)
- Welche besonderen Konditionen wurden dem Kunden gewährt (z. B. Rabatt, Skonto, Zahlungsziel, Zahlungs- und Lieferungsbedingungen)?
- Kontodaten (Bankverbindungen)
- Kundenstatus (z. B.: Seit wann kauft der Kunde im Unternehmen? Gehört er zur Gruppe der Großkunden?)
- War der Kunde bereit, eine Kundenkarte anzunehmen und zu nutzen?

Kundenbeziehungen, Kommunikation

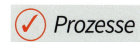

Mithilfe von **Kundenkarten** können Kundeninformationen meistens sehr schnell (z. B. auf elektronischem Weg) gesammelt, aufbereitet und schließlich auch ausgewertet werden. Dieser Weg ist in der Regel auch sehr kostengünstig.

14 Warum geben Unternehmen gerne *Kundenkarten* aus?

Stammdaten bleiben über einen längeren Zeitraum konstant, z. B. Adresse und Kontodaten, **Bewegungsdaten** verändern sich ständig, z. B. Höhe des Einkaufswertes pro Kauf.

15 Bei Kundendateien werden *Stamm-* und *Bewegungsdaten* unterschieden. Worin besteht deren Unterschied?

Kundentypen können nach unterschiedlichen **Kriterien** (Gesichtspunkten) unterteilt werden.

Unterscheidet man die Kunden nach der **Zugehörigkeit** zur Kundendatei, spricht man entweder von **Bestands-** oder von **Neukunden**.

Unterscheidet man die Kunden nach der **Häufigkeit** ihrer getätigten Käufe, spricht man von **Stamm-** bzw. von **Laufkunden**.

Unterscheidet man die Kunden nach ihrem **Umsatzanteil** und ihrer **Anzahl**, spricht man in Anlehnung an die ABC-Analyse im Beschaffungsbereich von **A-Kunden** (wenige Kunden mit hohem Umsatzanteil), **B-Kunden** (durchschnittliche Anzahl an Kunden mit mittlerem Umsatzanteil) und **C-Kunden** (viele Kunden mit einem geringen Umsatzanteil).

Das Unternehmen wird sich vornehmlich um die A-Kunden kümmern; soweit der Aufwand nicht zu hoch ist, werden auch B-Kunden mit speziellen Marketingaktivitäten bearbeitet.

Unterscheidet man die Kunden nach deren **Berücksichtigung von Emotionen** (Gefühlen) beim Kaufverhalten, spricht man von eher **emotionalen** bzw. von **rationalen Kunden**.

16 Welche *Kundentypen* werden in der Regel unterschieden?

1.1.3 Kundenorientierung

Handbuch: LF 5

Internationaler Wettbewerbsdruck im Zeichen der **Globalisierung** macht es für die Unternehmen zunehmend erforderlich, von der Produkt- zur **Kundenorientierung** überzugehen, d. h., der Kundengewinnung und -pflege eine besondere Aufmerksamkeit zu schenken. Man sagt auch, das **Unternehmen wird vom Markt geführt**, die Kunden mit ihren speziellen Bedürfnissen entscheiden also letztendlich über das Wohlergehen des Unternehmens in der Gegenwart und in der Zukunft. Gerade durch die verschiedensten Möglichkeiten des elektronischen Kaufs und der entsprechenden Informationsmöglichkeiten des Kunden wird dieser Wettbewerbsdruck ständig erhöht.

17 Warum wird der *Kundenorientierung* in Unternehmen ein sehr hoher Stellenwert eingeräumt?

Prozesse ✓ — Kundenorientierte Auftragsabwicklung

18 Welche *Vorteile* weisen *marktorientierte Unternehmen* auf?

Marktorientierte Unternehmen richten ihr gesamtes Führungsverhalten konsequent am Markt aus. Dieses Führungsverhalten ist ein **ganzheitliches Steuerungsinstrument** auf der Top-Managementebene.

Die **Vorteile** von **marktorientierten Unternehmen** sind:

- Eingehende Informationen werden schnellstmöglich im Unternehmen ausgewertet, der regelmäßige Abgleich der Produktentwicklungen bzw. des Warenangebotes mit den Anforderungen des Marktes führt zu einer **hohen Innovationskraft** des Unternehmens.

  ↓

- Die hohe Innovationskraft führt über die Entwicklung innovativer Produkte zu einer **hohen Kundenzufriedenheit**.

  ↓

- Hohe Kundenzufriedenheit schlägt sich im **Umsatz-** und **Gewinnwachstum** nieder.

  ↓

- Umsatz- und Gewinnwachstum führen bei börsennotierten Unternehmen in der Regel zu einer **verbesserten Wertstellung** an der **Börse**.

  ↓

- Eine verbesserte Börsennotierung stärkt die **Möglichkeit der Kapitalerhöhung**, das **Ranking** des Unternehmens bei der **Kreditaufnahme** wird **positiv** beeinflusst.

  ↓

- Marktorientierung führt über ein transparentes Informationsmanagement zu einer **hohen Mitarbeiterzufriedenheit**.

Handbuch: LF 7

1.1.4 Kommunikationsmodell, nonverbale Kommunikation

19 Welche *Kommunikationsarten* werden grundsätzlich unterschieden?

- **menschliche Kommunikation** (z. B. Verkaufsgespräch)
- **Mensch-Maschine-Kommunikation** (z. B. Datenbankabfrage durch Nutzer)
- **maschinelle Kommunikation** (z. B. automatischer Datenabgleich)

20 Welche *Kommunikationsformen* werden prinzipiell unterschieden?

- **akustische Kommunikation** (z. B. Telefongespräch)
- **optische Kommunikation** (z. B. Plakattext und -gestaltung)
- **taktile Kommunikation** (z. B. durch menschliche Berührung)

21 Was versteht man unter *verbaler* und *nonverbaler* Kommunikation?

- Die **verbale Kommunikation** nutzt die gesprochene oder geschriebene Sprache als Kommunikationsmittel.
- Die **nonverbale Kommunikation** bedient sich vor allem visueller Elemente, also zum Beispiel der Mimik und Gestik. So kann beispielsweise die Sitzhaltung einer Person oder die Haltung der Hände einen hohen Aussagegehalt im Kommunikationsprozess aufweisen.

Kundenbeziehungen, Kommunikation

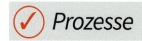 *Prozesse*

Voraussetzung für das Gelingen eines Gesprächs ist in jedem Fall, dass sich die Gesprächsteilnehmer gegenseitig genügend **Zeit einräumen**, um zuzuhören. **Aktives Zuhören** bedeutet aber noch mehr: Es verlangt, sich in den Gesprächspartner **einzufühlen** (Empathie), seine **Gefühlsäußerungen wahrzunehmen**, ihm ausreichend **Aufmerksamkeit** zu schenken und dies durch Gesten und/oder Worte auszudrücken. Aktives Zuhören kann **nonverbal** (nichtsprachlich) und **verbal** (sprachlich) umgesetzt werden.

22 Was versteht man unter dem *aktiven Zuhören* in der zwischenmenschlichen Kommunikation?

Signale der verbalen Kommunikation beim aktiven Zuhören:

- Ausdruck kurzer **Gefühlsäußerungen**
  Beispiele: „Ach!", „Hm", „Na ja!", „Gern!"
- **paraphrasieren:** das vom Gesprächspartner Gesagte mit eigenen Worten ausdrücken
  Beispiel: „Habe ich Sie richtig verstanden, dass ...?"
- **verbalisieren:** empfundene Gefühle, Wahrnehmungen in Worten ausdrücken
  Beispiel: „Ich habe das Gefühl, dass ..."

Signale der nonverbalen Kommunikation beim aktiven Zuhören:

- Einsatz von **Mimik** (Gesichtssprache)
  Beispiele: Augenkontakt herstellen, freundlicher Gesichtsausdruck, Kopfnicken, Kopfschütteln
- Nutzen von **Gestik** (Körpersprache), Körperhaltung, Körperbewegung, Körperentfernung (Distanzzonen)
  Beispiele: dem Redner zugewandte Körperhaltung, aufrecht gehaltener Oberkörper, gesprächsunterstützende Handbewegungen

23 Nennen Sie Beispiele für Signale der *verbalen* und *nonverbalen Kommunikation*.

1. **Seite: Sachinhalt** (worüber ich informiere)
2. **Seite: Selbstoffenbarung** (was ich von mir selbst kundgebe)
3. **Seite: Beziehung** (was ich von dem anderen halte und wie wir zueinander stehen)
4. **Seite: Appell** (wozu ich den anderen veranlassen möchte)

Jede Kommunikation enthält **alle vier Seiten** einer Nachricht, auch wenn die einzelnen Seiten für andere nicht immer eindeutig zu entschlüsseln sind.

24 Welche *vier Seiten einer Nachricht* enthält das *psychologische Kommunikationsmodell* von Schulz von Thun?

- dem Kommunikationspartner intensiv **zuhören**
- **auf Gesprächsäußerungen** genau **eingehen**, den Gesprächsfaden konstruktiv „weiterspinnen"
- **Thesen** (Behauptungen) **begründen**
- **verständlich sprechen**, alle Facetten der **Sprachmodulation** (z. B. Sprechgeschwindigkeit, -lautstärke, Betonung) nutzen

- **nonverbale Gesprächselemente** wahrnehmen und darauf angemessen reagieren
- **auf Störungen** in der Kommunikation **situativ reagieren**

25 Formulieren Sie wichtige *Kommunikationsregeln* am Beispiel einer *mündlichen Kommunikation*.

Prozesse ✓ — Kundenorientierte Auftragsabwicklung

26 In der Kundenkommunikation sind sogenannte *soziokulturelle Unterschiede* zu berücksichtigen. Was heißt das im Einzelnen?

Soziokulturelle Unterschiede zwischen Menschen ergeben sich aufgrund ihres sozialen und kulturellen Umfeldes. Dazu zählen beispielsweise die Einkommensverhältnisse, der erreichte Bildungsabschluss oder auch die Herkunft aus unterschiedlichen Kulturen (Personen mit sogenanntem Migrationshintergrund). In der Kundenkommunikation muss z. B. darauf geachtet werden, dass man sich sprachlich dem Kommunikationspartner anpasst (z. B. Vermeidung von unbekannten Fremdwörtern) und kulturelle Besonderheiten beachtet (z. B. spezielle Feiertage oder Ernährungsgewohnheiten berücksichtigt).

1.1.5 Argumentationstechniken

Handbuch: LF 7

27 Welche *Argumentationstechniken* werden im Allgemeinen bei Kunden- bzw. Verkaufsgesprächen unterschieden?

Bei **Kunden-** bzw. **Verkaufsgesprächen** werden folgende **Argumentationstechniken** unterschieden:

- **Einwandsvorwegnahme** (Mögliche Kundeneinwände werden im Vorfeld der Gesprächsführung bereits bewusst aufgegriffen und argumentativ in die gewünschte Richtung gelenkt.)
  Beispiel: „Sie werden sicherlich argumentieren, dass ... – Sie sollten aber bedenken, dass gerade ..."

- **Einwandsumkehr** (Geäußerte Kundeneinwände werden gewürdigt, aber argumentativ in eine positive Richtung gelenkt.)
  Beispiel: „Ich stimme Ihrem Einwand zu, – dadurch kann aber gerade ..."

- **Relativierung** (Einer kritischen Äußerung des Kunden wird prinzipiell zugestimmt, aber demgegenüber positive Aspekte gezielt betont.)
  Beispiel: Sie betonen zurecht, dass ... – Als Vorteile können aber genannt werden, dass ..."

- **Polarisierung** (Unterschiedliche Ansichten/Einschätzungen werden deutlich mit ihren Merkmalen herausgestellt.)
  Beispiel: „Entweder .... oder ..."

1.1.6 Fragetechniken

Handbuch: LF 7

28 Welche *Fragetechniken/Fragetypen* lassen sich grundsätzlich unterscheiden?

Folgende **Fragetechniken/Fragetypen** können unterschieden werden:

- **offene Fragen** (Diese sogenannten W-Fragen – Warum ...? Weshalb ...? Wo ...? Wie ...? Wann ...? Was ...? Wofür ...? Welche ...? – ermöglichen dem Antwortenden, die Fragestellung ausführlich zu beantworten.)
- **geschlossene Fragen** (Diese Fragen können in der Regel mit „Ja" oder „Nein" beantwortet werden.)
- **Entscheidungsfragen** (Sie bieten verschiedene vorgegebene Antwortmöglichkeiten, der Antwortende entscheidet sich für eine Antwort.)
- **Kontrollfragen** (Sie überprüfen die getroffenen Aussagen.)
- **Suggestivfragen** (Diese Fragen haben manipulativen Charakter, d. h., sie beeinflussen durch die Fragestellung den Antwortenden, z. B.: „Sind Sie nicht auch der Meinung, dass ...?")

Kundenbeziehungen, Kommunikation  Prozesse

1.1.7 Gesprächsregeln, Gesprächsnotiz

Handbuch: LF 7

Als wichtige **Gesprächsregeln** können genannt werden:

- Dem Gesprächspartner ist ausreichend Zeit einzuräumen.
- Dem Kommunikationspartner sollte von Anfang an das Gefühl vermittelt werden, dass man ruhig und konzentriert zuhören kann.
- Der Gesprächspartner sollte keinesfalls bei seinen Äußerungen unterbrochen werden.
- Während des Gesprächsverlaufs sollte unbedingt Augenkontakt gehalten werden.
- Die eingesetzte Mimik und Gestik sollte dem Gesprächsinhalt und dem Gesprächsverlauf angepasst werden.
- Es ist prinzipiell eine höfliche Ausdrucksweise zu benutzen, dem „Gegenüber" sollte Wertschätzung entgegengebracht werden.
- Kulturelle Besonderheiten des Gesprächspartners (z. B. aus anderen Kulturkreisen) müssen beachtet werden.
- Der sprachliche Ausdruck (z. B. die Sprachvariante) sollte dem Aufnahmevermögen des Gesprächspartners und der Gesprächssituation angepasst werden.
- Die Stimme ist gezielt zu modulieren, um die Aufmerksamkeit und Aufnahmefähigkeit zu optimieren. Sprachliche Modulation geschieht durch Variation von:
  - Lautstärke,
  - Sprachgeschwindigkeit,
  - Setzen von Sprechpausen,
  - Betonung,
  - Deutlichkeit der Artikulation,
  - Satzmelodie/Tonhöhe/Emotionalität der Sprache.
- Störende Füllwörter, z. B. „Äh", sollten vermieden werden.
- Komplizierte Sachverhalte sollten durch Beispiele und Visualisierungen verdeutlicht werden.
- Thesen sollten begründet werden, Rechtfertigungen und Stützungen sollten in der Argumentation benutzt werden.
- Formulierung von Ich-Botschaften

(29) Nennen Sie die wichtigsten *Gesprächsregeln*.

Kundengespräche sind in der Regel auch nach dem ökonomischen Prinzip zu führen, sie kosten das Unternehmen Zeit und Geld. Mit der Festlegung von **Gesprächszielen** kann diesen Gedanken Rechnung getragen werden. Außerdem wirken unstrukturierte und langatmige Gespräche eher „einschläfernd" für den Gesprächspartner.

(30) Warum ist es bei der Vorbereitung eines Kundengespräches so wichtig, *Gesprächsziele* festzulegen?

Prozesse

Kundenorientierte Auftragsabwicklung

31 Welche Fragen sollte man sich zur Beurteilung einer konkreten *Gesprächssituation* stellen?

Mögliche Fragen zur **Beurteilung** einer konkreten **Gesprächssituation**:

- Welche **Personen** mit welcher **Funktion** sind am Gespräch beteiligt?
- Welcher **Gesprächsanlass** ist gegeben?
- Können bei den Gesprächsteilnehmern unterschiedliche **Gesprächsziele** erwartet werden?
- Wie ist die **Gesprächsatmosphäre** am Gesprächsbeginn zu beurteilen?
- Nehmen die Gesprächsteilnehmer zu Gesprächsbeginn bestimmte **Rollen** ein?
- Weisen die Gesprächsteilnehmer zu Gesprächsbeginn besondere **Verhaltensweisen** auf?

32 Nennen Sie *Beispiele für* typische *Gesprächssituationen* in der kundenorientierten Auftragsabwicklung und beschreiben Sie kurz deren gewünschten Verlauf.

- **Beratungsgespräch:** Zunächst werden die konkreten Kundenbedürfnisse erfragt, danach werden entsprechende Produkte bzw. Dienstleistungen gezielt ausgewählt und angeboten.
- **Kundenbeschwerde:** Dem Kunden ist zunächst das Gefühl zu vermitteln, dass man sich in die Lage des Kunden versetzen kann und ihm zuhört. Nach dieser eher emotionalen Eröffnungsphase sollte man zu einer mehr sachlich geführten Problemlösungsphase übergehen, um die Bedürfnisse des Kunden angemessen befriedigen zu können.
- **Reklamation:** In dieser Gesprächssituation reklamiert der Kunde ein gekauftes Produkt bzw. eine vereinbarte Dienstleistung. Der Verlauf der Reklamation ähnelt dem Verlauf einer Kundenbeschwerde (siehe links). Ein kaufmännisches Unternehmen sollte sich zunächst um eine „kaufmännische Lösung" bemühen, rechtliche Erwägungen sollten eher – wenn überhaupt – am Ende der Überlegungen stehen.

33 Welche Fragen sollte man sich zur Vorbereitung einer professionellen *Gesprächsführung am Telefon* stellen?

- Stellt das Telefon für den geplanten Kontakt das **geeignete Kommunikationsmittel** dar?
- Welcher **Zeitpunkt** bzw. **-raum** ist für das geplante Gespräch optimal?
- Sind die **notwendigen Informationen** über den Gesprächspartner zusammengetragen worden (z. B. Name, Aufgabengebiet/Funktion des Gesprächspartners, vorherige Korrespondenz) und liegen entsprechende Unterlagen gegebenenfalls in Griffnähe?
- Ist der **PC** eingeschaltet, um notwendige Daten abrufen oder Notizen machen zu können?
- Liegt **Schreibmaterial** bereit, um Notizen anfertigen zu können?
- Welches **Gesprächsziel** wird erwartet?
- Ist eine Gesprächs- bzw. **Argumentationsstrategie** grob vorbereitet worden?
- Sind (bei sehr wichtigen Telefonaten) **Schlüsselfragen** vorher schriftlich ausformuliert worden?

Kundenbeziehungen, Kommunikation  *Prozesse*

Als sehr sinnvoll erweist sich bei beruflichen Telefongesprächen, eine **Telefonnotiz** zu nutzen, um wichtige Daten und Gesprächsinhalte festzuhalten:

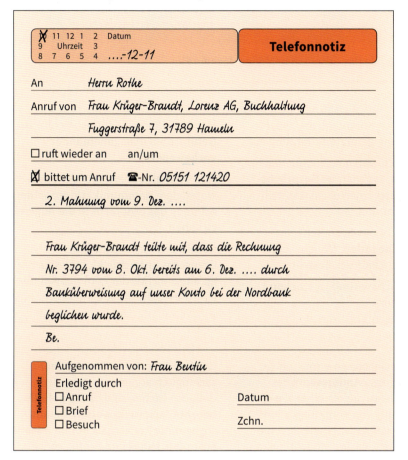

(34) Entwickeln Sie einen Vordruck zu einer *Telefonnotiz*.

Beim **Gesprächsverlauf** sollten folgende **Gesichtspunkte** beachtet werden:

- Zu Gesprächsbeginn sollte man sich kurz und freundlich **vorstellen** (Personenname, Unternehmen, eventuell Abteilung/Funktion).
- Soweit gegeben, kann man sich **auf eine vorherige Kontaktaufnahme beziehen**. Denkbar ist auch, sich kurz auf eine persönliche Empfehlung zu beziehen.
- Das **Gesprächsanliegen** sollte rasch angesprochen werden, keinesfalls sollte „weit ausgeholt" werden. Ein kurzer Smalltalk kann angemessen sein.
- Bei der Gesprächsführung sollte auf die Wahl der geeigneten **Sprachvariante** geachtet werden.
- Die Sprache ist durchgängig zu **modulieren**, d. h. es sollte beispielsweise auf die Variation von Lautstärke, Betonung und Sprachgeschwindigkeit geachtet werden.
- Das **aktive Zuhören** ist entscheidend für die Gesprächsführung. Formulierungen des Gesprächspartners sind bei der Antwort gegebenenfalls bewusst aufzunehmen.

(35) Worauf ist während des Gesprächsverlaufs eines *Telefongespräches* zu achten?

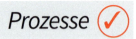

Kundenorientierte Auftragsabwicklung

- Während des Gesprächs sollte der **Name** des Gesprächspartners mehrfach benutzt werden.

- Die **Verabschiedung** sollte freundlich geschehen, eventuell sind wichtige Tatbestände/Entscheidungen zusammenfassend zu wiederholen.

Ein **Tipp**: Bevor Sie das Gespräch beginnen, lächeln Sie!

---

36 Nennen Sie *Beispiele* für *Erkennungszeichen* von *Problemen* bei der Gesprächsführung.

- Zwischen den Kommunikationspartnern tritt eine **gereizte Stimmung** auf.
- Ein Gespräch wird nur sehr oberflächlich geführt, sogenannte **Gesprächsfloskeln** bestimmen einen Großteil der Unterhaltung.
- Man versucht das **Gespräch** relativ **schnell zu beenden**, obwohl kein eigentlicher Zeitdruck besteht.
- Der **Gesprächsverlauf** ist **stockend** und gehemmt.

- Man hat während des Gesprächs das **Gefühl**, dass man „aneinander vorbeiredet".
- Man **vermeidet** bewusst oder unbewusst, dem **Kommunikationspartner** während des Gesprächs **in die Augen zu sehen**.
- **Gefühle** werden während des Gesprächs **unterdrückt**, man spürt gerade am Ende der Kommunikation eine innere Unzufriedenheit.

---

37 Welche *Gesichtspunkte* sind bei der *Lösung von Kommunikationsproblemen* zu beachten?

- Beide Gesprächspartner müssen bereit sein, das „**Anderssein**" des jeweils anderen prinzipiell zu akzeptieren. Lösung von Kommunikationsproblemen kann nicht bedeuten, die Persönlichkeit, die Individualität eines Menschen beschneiden zu wollen.
- Die Lösung von Kommunikationsproblemen darf nicht mit dem Beseitigen von **betrieblichen Strukturen** oder **Abhängigkeiten** verwechselt werden. Zum Beispiel ist die offene Gesprächsbereitschaft eines Vorgesetzten nicht als die Aufgabe seiner Vorgesetztenrolle zu interpretieren.
- Es wird selten der Fall sein, dass bereits ein erstes Gespräch zur Lösung der Probleme führt. **Geduld** und **Toleranz** sind notwendige Voraussetzungen der Gesprächsführung.

- Bei dem Gespräch sollte nicht nur sachlogisch argumentiert werden. Genauso wichtig sind häufig **gefühlsbetonte Ausdrucksweisen**. Gerade sogenannte nonverbale Kommunikationsmittel, Mimik und Gestik, können eine bedeutende Rolle spielen. Sie helfen in vielen Fällen, eventuell bestehende Hemmungen und Ängste abzubauen.
- **Schwächen des Kommunikationspartners**, egal welcher Art, dürfen nicht zur „Lösung" der Probleme ausgenutzt werden. Auch wenn es zunächst so aussehen sollte, als käme man mit dieser „Technik" eher an sein Ziel, führt dieses Vorgehen in der Regel nur zu neuen Schwierigkeiten.
- Der sprachliche Ausdruck ist **situations-** und **partnerbezogen** zu wählen. Es ist z. B. sehr wichtig, sich an die jeweilige Aufnahmefähigkeit des Kommunikationspartners und dessen Ausdrucksweise anzupassen.

Kundenbeziehungen, Kommunikation

 **Prozesse**

Phasen eines Gesprächs zur **Konfliktlösung** sind:

- **Gesprächseröffnungsphase:**
  Die **neutrale dritte Person begrüßt** die Konfliktparteien in einer **freundlichen Gesprächsatmosphäre**, die gewählte **Räumlichkeit unterstützt die Begrüßungsphase**.
- **Vorstellungsphase:**
  Die Beteiligten machen jeweils Angaben zu ihrer eigenen Person und definieren ihre Rolle.
- **Problembeschreibungsphase:**
  Das Problem, der Konflikt, wird von den Beteiligten aus ihrer jeweiligen Sicht beschrieben, eventuell werden Gefühle zum Ausdruck gebracht und Erwartungshaltungen beschrieben. Die Beteiligten lassen sich gegenseitig aussprechen. Die neutrale Person verhindert, dass sie sich „in das Wort fallen".
- **Befragungsphase:**
  Die beiden Konfliktparteien und auch die neutrale Person stellen Verständnis- und Vertiefungsfragen zur erfolgten Problembeschreibung. Dabei ist das Zuhören manchmal wichtiger als das Fragen. Gemeinsamkeiten und Differenzen können nun klar benannt werden.
- **Phase der Lösungssuche:**
  Mithilfe der neutralen Person suchen die Beteiligten gemeinsam nach einer Lösung. Handlungsalternativen werden gesucht und problematisiert. Man versucht, einen Kompromiss zu finden.
- **Vereinbarungsphase:**
  Eine gefundene Lösung wird schriftlich festgehalten, eine Zielvereinbarung wird getroffen. Man legt einen Zeitplan und eventuell auch Evaluationskriterien fest, um überprüfen zu können, ob die angestrebte Losung tatsächlich umgesetzt wurde.

(38) In welchen *Phasen* könnte ein *Gespräch zur Konfliktlösung* unter Nutzung einer neutralen Person ablaufen?

1.1.8 Aufbereitung von Kundeninformationen

Handbuch: LF 5

- **Wer wirbt?** Bezeichnung des/der **Werbenden**:
  - **Einzelwerbung:** ein Unternehmen wirbt
  - **Kollektivwerbung:** mehrere Unternehmen werben gemeinsam – entweder als **Sammelwerbung** (Unternehmen werden namentlich genannt) oder als **Gemeinschaftswerbung** (z. B. Werbung eines Unternehmerverbandes)
- **Welche Wirkung soll erzielt werden?** Bestimmung des **Werbeziels**
  - **ökonomische** (z. B. Absatzsteigerung) und **außerökonomische Werbeziele** (z. B. Erhöhung des Bekanntheitsgrades)
  - **Einführungs-, Expansions- oder Erinnerungswerbung**
- **Wer soll umworben werden?** Bestimmung der **Werbezielgruppe(n)**
- **Wo soll geworben werden?** Bestimmung des **Werbezielgebietes**
  - Werbung auf dem **Gesamtmarkt**
  - Werbung auf einem **Teilmarkt** oder **mehreren Teilmärkten**
- **Welche Werbemedien sollen eingesetzt werden?** Auswahl des **Werbeträgers**
  - **Printmedien** (z. B. Zeitungen, Zeitschriften)
  - **elektronische Medien** (z. B. Internet)
  - **Außenwerbung** (z. B. Werbeplakate)

(39) Um Informationen über angebotene Produkte und Dienstleistungen kundengerecht aufzubereiten, wird die *Werbung* zielgerichtet eingesetzt. Welche W-Fragen beschreiben die Entscheidungsbereiche der Werbemaßnahmen?

Kundenorientierte Auftragsabwicklung

- **Welche Form der Werbung soll genutzt werden?** Auswahl des **Werbemittels**, (z. B. Zeitungsanzeige beim Werbeträger Zeitung)
- **Wie soll geworben werden?** Festlegung der **Werbebotschaft**
- **Welche finanziellen Mittel sollen eingesetzt werden?** Bestimmung des **Werbeetats** (Zum Beispiel wird eine **Festsumme** für einen Zeitraum oder ein **Prozentsatz vom Umsatz** festgelegt.)
- **Wann soll geworben werden?** Festlegung der zeitlichen Abfolge der **Werbemaßnahmen** in einem **Werbeplan**
- **Wie soll der Werbeerfolg gemessen werden?** Durchführung der **Werbeerfolgskontrolle** (**ökonomische**: z. B. Messung des Zusatzumsatzes, und **außerökonomische Werbeerfolgskontrolle**: z. B. Zahlung der Werbekontakte)

40 Ordnen Sie ausgewählten *Werbeträgern* geeignete *Werbemittel* zu.

Beispiele:

Werbeträger	Werbemittel
Zeitung, Zeitschrift	Anzeige, Beilage
Fernsehen	Fernsehspot
Kino	Kinospot, Werbefilm
Fahrzeuge	Beschriftung von Firmenwagen, Straßenbahnen, Speditions-Lkw
Internet	Pop-ups, Homepage-Gestaltung

Handbuch: LF 7

1.1.9 Kundenbindung, Kundenzufriedenheit, Kundenservice, Beschwerdemanagement

41 Was versteht man unter *Kundenakquise*?

Darunter versteht man die **Gewinnung** oder **Bewerbung** von Kunden. Die **Gewinnung neuer Kunden** läuft in der Regel in den folgenden Schritten ab:
1. **Kontaktphase:** Vorstellen des Unternehmens und des Leistungsangebotes
2. **Evaluationsphase:** Überprüfung, ob Kontaktaufnahme erfolgreich war, mit dem Ziel, eine positive Einstellung zum potenziellen Käufer aufzubauen
3. **Kaufphase:** Verhandlungen zwischen Nachfrager und Anbieter, gegebenenfalls Vertragsabschluss
4. **Nutzungsphase:** Kundenzufriedenheit mit Ziel der Kundenbindung

Kundenbeziehungen, Kommunikation

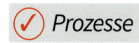 *Prozesse*

Die **Kundenbindung** hat das **Ziel**, aus Erstkunden **Stammkunden** zu machen und sie als solche zu behalten. Dadurch wird dem Unternehmen ein langfristiger Erfolg ermöglicht und so die Marktstellung gesichert und ausgebaut.

Damit es zu einer erfolgreichen Kundenbindung kommt, ist das Erreichen von **Kundenzufriedenheit** Voraussetzung.

Diese wird nur realisiert, wenn die **Kundenwünsche** erkannt und erfüllt werden.

Warum wird der *Kundenbindung* im Marketing ein sehr *hoher Stellenwert* eingeräumt? (42)

- **Phase I: Definition des Zielkunden**
  Die für das Unternehmen wichtigsten Marktsegmente (Teilmärkte) werden bestimmt, innerhalb der Marktsegmente werden die Kunden ausgewählt, die den höchsten langfristigen Erfolg für das Unternehmen versprechen.
- **Phase II: Wünsche des Zielkunden befriedigen**
  Die genauen Kundenwünsche müssen erkannt werden und mit entsprechenden Leistungsangeboten (Gütern und Dienstleistungen) individuell befriedigt werden.
- **Phase III: Bindung zum Zielkunden aufbauen**
  Das Kundenmanagement erfordert umfassende **Marktinformationssysteme**, mit denen die Kundendaten gesammelt und ausgewertet werden müssen. Die individuellen Kundenpräferenzen müssen erhoben werden, man spricht von sogenannten **Kundenprofildaten**. Werden die Kundenwünsche auf Dauer befriedigt, können **langfristige Kundenbeziehungen** hergestellt werden, aus Erstkunden werden Stammkunden – die Maßnahmen zur **Kundenbindung** waren erfolgreich.

In welchen *Phasen* läuft *Kundenmanagement* ab? (43)

Kundenbeschwerden und **-reklamationen** gehören zum Alltag jedes Unternehmens. Von den Mitarbeitern werden diese Situationen häufig als sehr belastend empfunden, allerdings können diese Anlässe für Kundengespräche auch positiv für das Unternehmen genutzt werden. Schließlich bietet der direkte Kundenkontakt für das Unternehmen die Möglichkeit, sich „von der besten Seite zu zeigen". Gerade der professionelle Umgang mit Kundenbeschwerden und -reklamationen kann dazu dienen, sich positiv von Mitbewerbern abzugrenzen. Ein freundliches Kundengespräch und großzügige Regelungen festigen die **Kundenbindung**. Zufriedengestellte Kunden werden das Unternehmen in positiver Erinnerung behalten und es weiterempfehlen. Aus diesem Grund ist es ausgesprochen wichtig, bei Kundenbeschwerden angemessen und zielführend vorzugehen.

Inwiefern bieten *Kundenbeschwerden* Chancen für das eigene Unternehmen? (44)

Kundenorientierte Auftragsabwicklung

45 — Wie sollte bei *Kundenbeschwerden* grundsätzlich vorgegangen werden?

Vorgehen bei Kundenbeschwerden und -reklamationen

1. Der Kunde ist zu beruhigen, für sein Anliegen ist Verständnis zu zeigen.

Die Wahl einer geringen Gesprächsgeschwindigkeit und eines beruhigenden Tonfalls bei mittlerer Lautstärke dienen diesem Zweck. Besonders wichtig ist es, dem Kunden aktiv zuzuhören und ihn keinesfalls zu unterbrechen.

2. Der zugrundeliegende Sachverhalt ist in beruhigender Form zu klären.

Bei der Analyse des Sachverhaltes sind eventuell Vertragsdaten bzw. -inhalte abzugleichen. Eventuell muss der Kunde um Verständnis gebeten werden, dass die Überprüfung der Angelegenheit noch einige Zeit dauert. In diesem Fall sollte ein neuer Gesprächstermin (eventuell ein Rückruf des Kundenberaters) vereinbart werden und gegebenenfalls eine Zwischenlösung bei Reklamationen gefunden werden (z. B. Zurverfügungstellung eines Ersatzproduktes).

3. Nach eingehender Prüfung des Sachverhaltes ist ein Lösungsvorschlag zu machen, der die Kundenbedürfnisse möglichst befriedigen sollte.

Wenn auch rechtliche Gesichtspunkte beachtet werden, so ist doch in der Regel eine kaufmännische Lösung anzustreben. Wenn der Kunde z. B. wegen Fristüberschreitung keine Rechtsansprüche mehr geltend machen kann, so sollte großzügig geprüft werden, ob dem Kunden nicht durch eine **Kulanzregelung** entgegengekommen werden kann. Ein kurzfristiger Aufwand (Verlust) kann sich langfristig durch das Eingehen auf die Kundenbedürfnisse zu einem Ertrag (Gewinn) umkehren; aus einem Neukunden kann so ein zufriedener Stammkunde werden und dadurch die Kundenbindung gefördert werden.

4. Nach Akzeptanz durch den Kunden ist die gefundene Lösung rasch umzusetzen und dem Kunden das Gefühl der Sicherheit zu geben.

Die gefundene Lösung ist unter Umständen dem Kunden schriftlich zu bestätigen, falls noch Zeit bis zur Befriedigung des Kundenbedürfnisses zu überbrücken ist (z. B. bei einer Nachlieferung). Es können bei längeren Wartezeiten dem Kunden „Zwischenbescheide" (z. B. per E-Mail) zum Stand der Prozessabwicklung zugeleitet werden. Sollte vorher noch keine Entschuldigung vorgenommen worden sein, ist dies zum Abschluss nachzuholen.

Auftragsbearbeitung und -nachbereitung 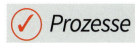 Prozesse

1.2 Auftragsbearbeitung und -nachbereitung

1.2.1 Bearbeitung von Kundenanfragen

Handbuch: LF 3 und 4

Eine **Anfrage** hat für den Abschluss eines Kaufvertrages **keine rechtliche Bedeutung**, da sie keine Willenserklärung, wie z. B. ein verbindliches Angebot, eine Bestellung bzw. eine Bestellungsannahme (Auftragsbestätigung) darstellt, sondern der Informationsbeschaffung dient.

(46) Welche *rechtliche Bedeutung* hat eine *Anfrage* beim Abschluss eines Kaufvertrages?

Bei einer allgemeinen Anfrage erkundigt sich der Kunde **allgemein** nach dem Warenangebot, den zugehörigen Preisen und den Liefer- und Zahlungsbedingungen des Unternehmens. Bei dieser Anfrageform wird im Gegensatz zur speziellen Anfrage **nicht** nach einer **bestimmten Ware**, z. B. einem Turnschuh, gefragt.

(47) Welcher Unterschied besteht zwischen einer *allgemeinen* und einer speziellen Anfrage?

- Grund der Anfrage
- gewünschte Ware
- erforderliche Menge
- Preise, Lieferungs- und Zahlungsbedingungen
- gewünschter Liefertermin

(48) Welche *Inhalte* sollte eine *spezielle Anfrage* enthalten?

- Ein **Angebot** ist an eine **bestimmte natürliche oder juristische Person** gerichtet; die Angaben sind grundsätzlich **verbindlich**.
- Eine **Anpreisung** ist an die **Allgemeinheit** gerichtet, wie z. B. Schaufensterauslagen; diese Angaben sind **unverbindlich** und sollen den Käufer zur Abgabe einer verbindlichen Willenserklärung veranlassen.

(49) Erläutern Sie den *Unterschied* zwischen einem *Angebot* und einer *Anpreisung*.

Bevor man das Angebot an den Kunden sendet, sollte Folgendes geprüft werden:

- Wie steht es mit der **Bonität des Kunden**, d. h., wird der Kunde nach Vertragsabschluss auch zahlungsfähig sein?
- Wie viel Ware benötigt der Kunde zu welchem Zeitpunkt, d. h., sind wir auch **lieferfähig**, falls es zu einem Vertragsabschluss kommt?
- Unterliegt die angefragte Ware z. B. starken Preisschwankungen bei unserem Lieferanten, d. h., wie lange wollen wir uns im Angebot an unsere Abgabebedingungen halten (Festlegung einer **Bindungsfrist**)?

(50) Was ist zu überlegen, bevor man auf die *Kundenanfrage* mit einem Angebot reagiert?

Prozesse — Kundenorientierte Auftragsabwicklung

1.2.2 Kundenbestellung, Auftragsbestätigung, Kaufvertrag

51 Wodurch kommt ein *Kaufvertrag* zustande?

Ein **Kaufvertrag** kommt durch mindestens **zwei übereinstimmende Willenserklärungen** zustande. Man unterscheidet dabei zwischen **Antrag** und **Annahme**. Die erste Willenserklärung, der Antrag, kann sowohl vom Käufer als auch vom Verkäufer ausgehen.

52 Worin unterscheiden sich *Verpflichtungs-* und *Erfüllungsgeschäft* beim Kaufvertrag?

- Das **Verpflichtungsgeschäft** umfasst die Pflichten der Vertragspartner.
  - Die **Pflichten des Verkäufers** sind:
    1. Übergabe der Ware an den Käufer zur rechten Zeit, am richtigen Ort und in der richtigen Art und Weise (z. B. mangelfrei)
    2. Eigentumsübertragung der Ware an den Käufer
  - Die **Pflichten des Käufers** sind:
    1. Abnahme der Ware
    2. Bezahlung der Ware
- Das **Erfüllungsgeschäft** ist erst abgeschlossen, wenn Käufer und Verkäufer ihre Vertragspflichten vollkommen erfüllt haben.

53 Welche *Inhalte* sollte ein *Angebot* grundsätzlich enthalten?

- Artikelbeschreibung (Art, Güte, Beschaffenheit der Ware)
- Preis der Ware
- eventuell eingeräumte Rabatte
- Verpackungs- und Beförderungskosten
- Lieferzeit und Zahlungsbedingungen
- Erfüllungsort und Gerichtsstand

54 Welche *rechtliche Bedeutung* hat ein Angebot?

Ein Angebot ist grundsätzlich **verbindlich**. Der Verkäufer ist zur Einhaltung der Zusagen verpflichtet, es sei denn, das Angebot enthält sogenannte **Freizeichnungsklauseln**.

55 Welche Möglichkeiten einer *eingeschränkten Bindung* hat der Verkäufer bei einem Angebot?

Der Verkäufer kann entweder sein Angebot **zeitlich befristen**, z. B. bis „zum 30. Juni 20..", oder durch sogenannte **Freizeichnungsklauseln**, wie z. B. „Preis freibleibend", „solange der Vorrat reicht", „unverbindlich", „ohne Obligo", einschränken.

56 Welche *rechtliche Wirkung* hat der *Widerruf* eines Angebotes?

Damit der Anbietende nicht mehr an sein Angebot gebunden ist, muss der **Widerruf spätestens mit dem Eintreffen des Angebotes** beim Empfänger erfolgen.

Auftragsbearbeitung und -nachbereitung

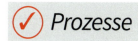 *Prozesse*

- **Unter Anwesenden** ist der Anbietende nur so lange an sein Angebot gebunden, wie der persönliche Kontakt (z. B. ein Telefonat) dauert.

- **Unter Abwesenden** (z. B. bei einem Angebot per Brief) ist der Anbietende so lange gebunden, wie unter **normalen Umständen** eine Antwort erwartet werden kann. Dem Kunden wird eine angemessene **Bearbeitungszeit** (z. B. ein Tag) und eine entsprechende **Beförderungszeit** (z. B. zwei Tage bei einem Inlandsbrief) zugebilligt.

Wie lange ist der Anbietende an sein Angebot gebunden? (57)

- Beim **Mengenrabatt** wird dem Käufer bei Abnahme **größerer Warenmengen** ein Rabattsatz eingeräumt, d. h., er erhält sogenannte Staffelpreise. Der Verkäufer kann durch gezielten Einsatz dieser Rabattart hohe Warenbestände abbauen. Damit erreicht er eine höhere Umschlagshäufigkeit der Waren, die mit einer Senkung der Lagerkosten einhergeht.

- Dem Käufer werden beim **Treuerabatt** wegen langjähriger Geschäftsbeziehungen (Stammkunde) Preisnachlässe eingeräumt. Es soll eine möglichst dauerhafte **Kundenbindung** erreicht werden.

- Beim **Bonus** wird dem Käufer in der Regel **nachträglich**, meistens nach Abschluss des Geschäftsjahres, ein Rabattsatz eingeräumt, wenn er eine bestimmte Umsatzhöhe erreicht hat. Der Verkäufer veranlasst unter Umständen den Käufer zu höheren Abnahmemengen und fördert letztlich auch eine dauerhafte **Kundenbindung**.

Welche Aufgabe und Bedeutung haben Mengen- und Treuerabatt sowie Bonus für den Verkäufer? (58)

- Die **günstigste Regelung für den Käufer** ist die Lieferung **„frei Haus"**. Der **Verkäufer** übernimmt hier **alle** Beförderungskosten bis zu den Geschäftsräumen des Käufers.

- Die **ungünstigste Regelung für den Käufer** ist die Lieferung **„ab Werk"**, da der **Käufer alle** Beförderungskosten bis zu seinen Geschäftsräumen zu tragen hat.

Welche vertraglichen Regelungen für die Höhe der Beförderungskosten sind für den Käufer am günstigsten bzw. am ungünstigsten? (59)

- **Zahlung vor Lieferung:** bei Sonderanfertigungen oder bei Neukunden nur gegen „Vorauszahlung"
- **Zahlung bei Lieferung:** Die Zahlung erfolgt ohne Abzug bei Lieferung, z. B. „sofort netto Kasse", „Barzahlung" oder „Anzahlung".

- **Zahlung nach Lieferung:** Dem Käufer wird ein **Zahlungsziel** eingeräumt, sodass er innerhalb einer bestimmten Frist die Eingangsrechnung zu bezahlen hat.
Beispiel: „Zahlbar innerhalb 30 Tagen"

Welche vertraglichen Regelungen können zwischen Verkäufer und Käufer bezüglich der Bezahlung der Ware vereinbart werden und welche Bedeutung haben sie? (60)

Prozesse

Kundenorientierte Auftragsabwicklung

61 Wird ein Unternehmen beim Rechnungsausgleich *Skonto* in Anspruch nehmen, wenn keine eigenen finanziellen Mittel aufgrund eines Liquiditätsengpasses zurzeit zur Verfügung stehen?

Ein Unternehmen wird auch in diesem Fall Skonto in Anspruch nehmen, wenn die Effektivzinsersparnis (z. B. 36 %) bei Skontoausnutzung einen in Anspruch zu nehmenden Überziehungskreditzinssatz (z. B. 12 %) bei der Bank überschreitet: (36 % minus 12 % = 24 %-Punkte Zinsersparnis).

62 Welche *rechtliche Bedeutung* hat eine *Bestellung*?

Bei einer **Bestellung** handelt es sich rechtlich gesehen um eine **Willenserklärung**, die gegenüber dem Verkäufer **verbindlich** ist.

63 Worin besteht der Unterschied zwischen einer Bestellung *ohne ein vorausgegangenes Angebot* und einer Bestellung *aufgrund* eines *vorausgegangenen Angebotes*?

- Erfolgt eine Bestellung **ohne vorausgegangenes Angebot**, muss sie ganz konkrete Angaben über die Preishöhe, den gewünschten Liefertermin usw. haben. Diese Willenserklärung ist nur für den Auftraggeber **verbindlich**. Der Kaufvertrag kommt erst durch eine Warenlieferung oder durch eine Auftragsbestätigung zustande.

- Erfolgt eine Bestellung **aufgrund eines Angebotes** und stimmen diese beiden Willenserklärungen überein, kommt ein **Kaufvertrag zustande**.

64 Muss stets eine *Auftragsbestätigung* durch den Verkäufer erfolgen, damit ein Kaufvertrag rechtsgültig ist?

- Eine **Auftragsbestätigung** ist rechtlich notwendig zur Entstehung eines rechtsverbindlichen Kaufvertrages, wenn der Kunde **ohne vorliegendes Angebot** eine Bestellung vornimmt. Erst dann liegen **zwei übereinstimmende Willenserklärungen** vor.

- Ist ein Kaufvertrag durch **zwei übereinstimmende Willenserklärungen** zustande gekommen, ist eine zusätzliche Auftragsbestätigung **aus rechtlichen Gründen** nicht erforderlich. Die Auftragsbestätigung hat organisatorische Vorteile für Käufer und Verkäufer (Erhöhung der Sicherheit durch zusätzliche Kontrolle). Erfolgte z. B. die Bestellung telefonisch aufgrund eines Angebotes, hat die schriftliche Auftragsbestätigung **Beweiskraft**. Außerdem enthält die Auftragsbestätigung häufig **weitere nützliche Daten** für den Kunden, z. B. den taggenauen Liefertermin (im Kaufvertrag ist meist nur eine bestimmte Lieferwoche vereinbart).

65 Welche Bedeutung haben die *Allgemeinen Geschäftsbedingungen* (AGB)?

Sie sind **vorformulierte Vertragsbedingungen** und bedeuten für den Verkäufer Zeit- und Kostenersparnis. Sie werden nur dann Teil des Vertrages, wenn der Verkäufer ausdrücklich auf sie hinweist.

Auftragsbearbeitung und -nachbereitung

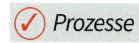 **Prozesse**

- Begrenzung des Vertragsrisikos
- Schutz des Endverbrauchers
- Erhöhung der Rechtssicherheit

66 Welchen Zweck verfolgen die einschlägigen *Schutzbestimmungen* des BGB zu den AGB?

Widersprechen einzelne Teile der AGB den einzeln ausgehandelten Bedingungen, gilt der „Vorrang der Individualabrede", d. h., dass **einzeln ausgehandelte Vertragsabreden** stets **Vorrang** vor den AGB haben.

67 Was versteht man bei den AGB unter dem *„Vorrang der Individualabrede"*?

Werden **völlig ungewöhnliche Vertragsklauseln** als AGB benutzt (sogenannte Überraschungsklauseln), so werden diese rechtlich gesehen nicht Vertragsbestandteil, sind also **unwirksam**.

68 Welche rechtliche Wirkung haben sogenannte *„Überraschungsklauseln"* bei den AGB?

- Endverbraucher müssen **ausdrücklich** auf die AGB **hingewiesen** werden.
- **Nachträgliche kurzfristige Preiserhöhungen** für bestellte, aber noch nicht ausgelieferte Waren sind **innerhalb vier Monaten** nach Vertragsabschluss verboten und somit **unwirksam**.
- Eine **Verkürzung der gesetzlichen Gewährleistungsfrist** im Rahmen der Mängelhaftung ist **verboten**.
- Das **Setzen einer unangemessen langen Lieferfrist** ist **untersagt**.
- Ein **Ausschluss von Kundenrechten** bei **Leistungsstörungen** (z. B. bei Reklamationsrechten) ist **unwirksam**.

69 Welche besonderen Bestimmungen gelten laut BGB für *Endverbraucher* bei den AGB? Nennen Sie die wichtigsten Bestimmungen.

1.2.3 Auftragsabwicklung mit Kunden, Nicht-rechtzeitig-Zahlung (Zahlungsverzug)

Handbuch: LF 3, 4 und 9

Die **Terminüberwachung** ist sowohl in kaufmännischer als auch in rechtlicher Sicht von zentraler Bedeutung für jedes Unternehmen.

Kaufmännische Gesichtspunkte bei der **Terminüberwachung**:

- Sind die **Warenbewegungsprozesse** in Einkauf, Produktion und Versand genau aufeinander abgestimmt, ohne dass es zu Störungen kommt?
- Werden die **Zahlungsströme** im Unternehmen korrekt überwacht, ohne dass es zu finanziellen Engpässen kommt?
- Sind **Skontofristen** zu berücksichtigen?

Rechtliche Gesichtspunkte bei der **Terminüberwachung**:

- Sind **Vertragsstrafen** o. Ä. zu erwarten, falls bestimmte Termine nicht eingehalten werden können?
- Muss mit **steuerlichen Nachteilen** gerechnet werden, falls bestimmte Termine nicht eingehalten werden können?
- Welche **Verjährungsfristen** sind bei Überschreitung von Terminen zu berücksichtigen?

70 Welche Rolle übernimmt die *Terminüberwachung* im Rahmen der Abwicklung eines Kundenauftrages?

35

Prozesse — Kundenorientierte Auftragsabwicklung

71. Welche *Gründe* können für die *Wahl* eines *Transportmittels* für den Warentransport angeführt werden?

- Eigenschaften der Ware (z. B. Sperrigkeit, Gewicht, Haltbarkeitsdauer)
- Kosten des Transportmittels
- Transportgeschwindigkeit
- Umweltverträglichkeit des Transportmittels
- Risiko des Transportmittels
- technische Verfügbarkeit des Transportmittels
- Aufwand bei Verladung und Weitertransport

72. Wie kann ein Unternehmen seine *Erzeugnisse versenden*?

Ein Unternehmen kann seine Erzeugnisse versenden:

- im **Eigenverkehr**: Die Güter werden mit werkseigenen Fahrzeugen befördert.
- im **Fremdverkehr**: Die Güter werden durch Frachtführer (z. B. Deutsche Bahn AG, private Paketdienste) befördert.

73. Was ist die Voraussetzung eines Zahlungsverzuges?

Die gelieferte Ware wird vom Käufer **nicht fristgerecht** bezahlt.

74. Wann tritt der *Zahlungsverzug* ein?

- Der Zahlungsverzug tritt bei kalendermäßig bestimmbaren Zahlungsterminen mit dem **Ablauf des Zahlungszeitpunktes** ein.
- Ansonsten tritt der Zahlungsverzug **30 Tage nach Fälligkeit** und Zugang einer Rechnung oder einer gleichwertigen Zahlungsaufforderung ein.

75. Welche *Rechte* hat der Gläubiger beim *Zahlungsverzug*?

- **ohne Nachfristsetzung:**
  a) Bestehen auf Bezahlung der Ware
  b) Berechnung von Verzugszinsen laut BGB bzw. HGB
- **mit Nachfristsetzung:**
  a) Schadenersatz statt Leistung oder Ersatz für vergebliche Aufwendungen
  b) Rücktritt vom Kaufvertrag (auch einschließlich Schadenersatz statt der Leistung)

76. Welche *Verfahren* stehen dem *Gläubiger* prinzipiell zur Verfügung, wenn der Zahlungsschuldner nicht zahlt?

- Kaufmännisches Mahnverfahren
- Gerichtliches Mahnverfahren

Auftragsbearbeitung und -nachbereitung

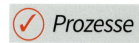 **Prozesse**

Die allgemeine **Zinsrechnungsformel** für die Berechnung von **Tageszinsen lautet**:

$$\text{Zinsen (Z)} = \frac{\text{Kapital (K)} \cdot \text{Zinssatz (p)} \cdot \text{Zeit in Tagen (t)}}{100 \cdot 360}$$

77 *Wie lautet die Zinsrechnungsformel, um z. B. Verzugszinsen berechnen zu können?*

Laut BGB beträgt die **Höhe des Zinssatzes** beim **einseitigen Handelskauf** 5 % über dem Basiszinssatz, beim **zweiseitigen Handelskauf** 9 % über dem Basiszinssatz. Der Basiszinssatz wird von der Deutschen Bundesbank im Bundesanzeiger veröffentlicht.

78 *In welcher Höhe werden Verzugszinsen angesetzt?*

- Zunächst sendet der Gläubiger dem Schuldner eine **Zahlungserinnerung**, z. B., indem er eine Kopie der Rechnung zusendet.
- Nach der Zahlungserinnerung werden meistens **drei Mahnungen** versandt, die sich vor allem im Tonfall unterscheiden. **Verzugszinsen** werden häufig erst ab der 2. Mahnung berechnet, die **Androhung gerichtlicher Schritte** erfolgt in der 3. Mahnung.

79 *Wie läuft das kaufmännische Mahnverfahren üblicherweise ab?*

- Das **kaufmännische Mahnverfahren** ist weniger aufwendig als das gerichtliche Mahnverfahren, es erspart in der Regel Zeit und verursacht **weniger Kosten**.
- Insbesondere das **gerichtliche Mahnverfahren** kann die Geschäftsbeziehungen nachhaltig verschlechtern; für den Verkäufer besteht die Gefahr, dass er den **Kunden langfristig verliert**.

80 *Warum nutzen Unternehmen in der Regel das kaufmännische Mahnverfahren, bevor sie das gerichtliche Mahnverfahren einleiten?*

Arbeitet die **Mahnabteilung** effizient, fließen die ausstehenden Geldforderungen rascher in das Unternehmen. Dies führt zur **Sicherstellung der Liquidität**, ermöglicht frühzeitig die Tätigung von Investitionen und trägt dazu bei, die Einleitung eines Insolvenzverfahrens zu verhindern.

81 *Warum schenken die Unternehmensleitungen ihren Mahnabteilungen großes Interesse?*

- Das Unternehmen sollte den Kunden **Anreize für eine frühzeitige Zahlung** der Rechnungsbeträge anbieten, z. B. durch differenzierte **Skontoregelung**.
- Eventuell kann bei bestimmten Warengruppen oder Kundenzielgruppen nur noch die **Lieferung gegen Vorkasse** oder **Nachnahme** vorgesehen werden.
- Es sollte geprüft werden, ob die Einschaltung eines **Inkassobüros** oder der Verkauf von Kundenforderungen an eine **Factoring-Gesellschaft** nutzbringender ist.

82 *Wie sollte ein Unternehmen auf den Anstieg noch ausstehender Forderungen betriebswirtschaftlich reagieren?*

Prozesse

Kundenorientierte Auftragsabwicklung

83 Welche *Vorteile* hat das gerichtliche Mahnverfahren gegenüber dem kaufmännischen?

- Durch die Einschaltung des Mahngerichts **erhöht sich** der **rechtliche Druck** auf den Schuldner.
- Das amtliche Verfahren führt zunächst zu einer **personellen Entlastung der Mahnabteilung**.

84 *Womit* wird vom Gläubiger das *gerichtliche Mahnverfahren eröffnet*?

Der Zahlungsgläubiger **beantragt** beim zuständigen Mahngericht den **Erlass eines Mahnbescheides** gegenüber dem Zahlungsschuldner. Den auszufüllenden Vordruck in Papierform erhält der Gläubiger im Schreibwarenfachgeschäft; möglich ist auch die Nutzung eines elektronischen Mahnverfahrens.

85 *Welches Gericht* ist *zuständig*?

Zuständig ist das Amtsgericht, in dessen Bezirk der **Antragsteller** (Gläubiger) seinen **Wohnsitz** bzw. seine **geschäftliche Niederlassung** hat. Rechtlich möglich ist auch, dass Landesregierungen einem Amtsgericht im Land diese Aufgabe zentral übertragen.

86 Welche *Funktion* erfüllt der *Mahnbescheid*?

Der Mahnbescheid ist eine **gerichtliche Mahnung** an den Zahlungsschuldner, der vom Mahngericht zugestellt wird. Der Schuldner wird aufgefordert, den **Betrag zuzüglich Zinsen** und **Kosten** innerhalb 14 Tagen zu begleichen. Das Gericht **prüft nicht**, ob der erhobene Anspruch berechtigt ist.

87 Was versteht man unter einer *Verjährung einer Forderung*?

Als **Verjährung** bezeichnet man den **Ablauf eines Zeitraumes** (einer Frist), innerhalb dessen (derer) ein Anspruch bzw. eine **Forderung mithilfe des Gerichtes durchgesetzt werden kann**. Der Anspruch des Gläubigers erlischt aber nicht automatisch am Ende des Verjährungszeitraumes, vielmehr muss der Schuldner die **Einrede der Verjährung** geltend machen. Aus Beweisgründen sollte dies schriftlich geschehen.

Hat der Schuldner aber bereits die Forderung trotz Verjährung beglichen, kann er die Zahlung **nicht zurückfordern**.

88 Warum *verjähren Forderungen*?

Durch die Möglichkeit der Einrede der Verjährung besteht für Vertragspartner **Rechtssicherheit** und **Rechtsfrieden**. Bestünde diese Möglichkeit nicht, könnten auf Schuldner noch nach sehr langen Zeiträumen Forderungen zukommen, mit denen sie nicht mehr gerechnet haben. Dies könnte bei vielen Unternehmen zur Insolvenz führen.

89 Welche Frist gilt laut BGB als *regelmäßige Verjährungsfrist*?

Laut § 195 BGB beträgt die **regelmäßige Verjährungsfrist drei Jahre**. Die regelmäßige Verjährungsfrist **beginnt** laut § 199 BGB **mit dem Schluss des Jahres**, in dem der Anspruch entstanden ist.

Beispiele: Forderungen aus Kauf- und Mietverträgen sowie Gehaltsforderungen

Auftragsbearbeitung und -nachbereitung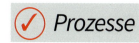

- **zweijährige Verjährungsfrist:**
  Mängelansprüche bei einer gekauften neuen Sache
- **dreijährige Verjährungsfrist:**
  Mängelansprüche bei arglistig verschwiegenen Mängeln, Ansprüche auf regelmäßig wiederkehrende Leistungen
- **fünfjährige Verjährungsfrist:**
  Mängelansprüche bei einem Bauwerk und bei Sachen für ein Bauwerk
- **zehnjährige Verjährungsfrist:**
  Ansprüche auf Übertragung des Eigentums an einem Grundstück

- **dreißigjährige Verjährungsfrist:**
  - Herausgabeansprüche aus Eigentum und anderen dinglichen Rechten
  - familien- und erbrechtliche Ansprüche
  - rechtskräftig festgestellte Ansprüche
  - Ansprüche aus vollstreckbaren Vergleichen oder Urkunden
  - vollstreckbare Ansprüche in einem Insolvenzverfahren

90 Nennen Sie die wichtigsten *gesonderten Verjährungsfristen* und benennen Sie beispielhafte *Ansprüche*.

- Bei der **dreijährigen Verjährungsfrist** beginnt die Verjährungsfrist mit dem **Schluss des Jahres**, in dem der Anspruch entstanden ist (sogenannte **Ultimo-Regelung**).
- In **allen anderen Fällen** beginnt die Verjährungsfrist mit der **Ablieferung oder Übergabe der Sache** bzw. mit der **Entstehung des Anspruchs** (z. B. Anspruch auf Eigentumsübertragung an einem Grundstück).

91 Von welchem Zeitpunkt an *beginnt die Verjährung* bei gesonderten Verjährungsfristen?

1.2.4 Lieferschein und Rechnung

Handbuch: LF 3 und 4

Der **Lieferschein** wird als Warenbegleitpapier bezeichnet, da er der gelieferten Ware beiliegt. Form und Inhalt sind gesetzlich nicht geregelt. Auf dem Lieferschein sind mindestens Versender und Sendungsempfänger, Datum der Ausstellung sowie die gelieferten Waren (mit Mengenangabe und Artikelnummer) aufgelistet.

92 Was versteht man unter einem *Lieferschein*?

Gesetzliche Pflichtangaben auf **Rechnungen**:

- Name und Anschrift des leistenden Unternehmens
- Name und Anschrift des Leistungsempfängers
- Steuernummer oder USt-Identifikationsnummer des leistenden Unternehmens
- Ausstellungsdatum der Rechnung
- fortlaufende Rechnungsnummer

- Menge und Art des gelieferten Produktes bzw. der Dienstleistung
- Zeitpunkt der Lieferung
- Netto-Entgelt
- vereinbarte Entgeltminderung (z. B. Rabatt, Skonto)
- Umsatzsteuersatz und -betrag oder Hinweis auf USt-Befreiung
- Brutto-Entgelt

Anmerkung: Abweichungen für Kleinunternehmer und Kleinbetragsrechnungen

93 Welche Angaben auf *Rechnungen* zählen zu den *gesetzlichen* Pflichtangaben?

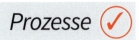

Kundenorientierte Auftragsabwicklung

Handbuch: LF 10

1.2.5 Vor- und Nachkalkulation von Handelswaren

94 — Was versteht man unter der *Vorkalkulation* von Handelswaren?

- Sie ist eine Kalkulation der Verkaufspreise von Handelswaren, die **neu** in das **Verkaufssortiment** aufgenommen werden sollen. Da sie auch der Ausfertigung von Angeboten dient, wird sie auch als **Angebotspreiskalkulation** bezeichnet.
- Die Vorkalkulation soll insbesondere alle bei der Leistungserstellung **künftig anfallenden Kosten** möglichst vollständig, verursachungsgemäß und betragsmäßig richtig erfassen.

- Sie dient somit der Ermittlung der **geplanten Selbstkosten** und unter Berücksichtigung eines Gewinnzuschlags des **geplanten Verkaufspreises** der Handelsware.
- Die zukünftigen Handlungskosten der neuen Handelswaren beruhen entweder auf **Erfahrungswerten** bereits im Sortiment befindlicher „alter" Handelswaren aus der Vergangenheit oder sie müssen **geschätzt** werden. Dabei bestehen oft **Ungewissheiten**, insbesondere über zukünftige **Kostenentwicklungen**, z. B. der Personalkosten.

95 — Erstellen Sie das *Schema* zur *Vorkalkulation* von Handelswaren.

```
  Listeneinkaufspreis
− Lieferantenrabatt              (vom Hundert)
= Zieleinkaufspreis
− Lieferantenskonto              (vom Hundert)
= Bareinkaufspreis
+ Bezugskosten
= Einstandspreis
+ Handlungskostenzuschlag        (vom Hundert)
= Selbstkostenpreis
+ Gewinnzuschlag                 (vom Hundert)
= Barverkaufspreis
+ Kundenskonto                   (im Hundert)
= Zielverkaufspreis
+ Kundenrabatt                   (im Hundert)
= Listenverkaufspreis
```

(Zur Kalkulation von Handelswaren siehe im Einzelnen ausführlich Kapitel 3.3.)

96 — Was versteht man unter der *Nachkalkulation* von Handelswaren?

- Nach dem Verkauf der neu ins Sortiment aufgenommenen Handelswaren sollte zum Zweck der **Kontrolle** eine Nachkalkulation vorgenommen werden.

- Die Nachkalkulation rechnet mit den tatsächlich angefallenen Kosten (**Ist-Kosten**) und stellt sie den in der Vorkalkulation zugrunde gelegten geplanten Handlungskosten (**Soll-Kosten**) gegenüber.

Auftragsbearbeitung und -nachbereitung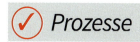

- Ziel der Nachkalkulation ist es zu kontrollieren, ob die geplanten Kosten und der geplante Gewinn aus der Vorkalkulation eingehalten bzw. erzielt wurden oder ob sie voneinander abweichen.

- Insbesondere, wenn die Ist-Kosten höher ausgefallen sind als die geplanten Kosten oder der tatsächliche Gewinn unter dem geplanten Gewinn liegt, müssen die Ursachen der Abweichungen ermittelt und Lösungen gefunden werden.

Nennen Sie *Gründe* **für die Notwendigkeit einer** *Nachkalkulation* **von Handelswaren.** (97)

- Senkung der Handlungskosten, z. B. der Personalkosten (Zu den Handlungskosten siehe Kapitel 3.3.2.)
- Senkung der Bezugskosten (Zu den Bezugskosten siehe Kapitel 3.3.1.)

- Senkung des Bareinkaufspreises durch Aushandlung höherer Lieferantenrabatte und -skonti

Nennen Sie *Möglichkeiten der Kostensenkung* **unter Einbeziehung des Kalkulationsschemas für Handelswaren.** (98)

1.2.6 Nicht-rechtzeitig-Lieferung (Lieferungsverzug)

`Handbuch: LF 4`

- Die **Warenlieferung** muss **fällig** sein, d. h., es kommt zur Überschreitung des Liefertermins durch den Lieferanten.
- Eine **Mahnung** durch den Käufer muss erfolgt sein.
  Die Notwendigkeit einer Mahnung entfällt, wenn …
  – der Liefertermin kalendermäßig bestimmt ist oder sich kalendermäßig berechnen lässt;
  Beispiele: „Lieferung am 12. Mai d. J.", „Lieferung 10 Tage nach Auftragsbestätigung";
  – der Lieferant die Lieferung endgültig verweigert;
  – aus besonderen Gründen der sofortige Eintritt des Verzugs gerechtfertigt ist.

- Ein **Verschulden** muss vorliegen, d. h. Fahrlässigkeit oder vorsätzliches Handeln des Lieferanten.

Welche *Voraussetzungen* **müssen erfüllt sein, damit von einem** *Lieferungsverzug* **gesprochen werden kann?** (99)

Laut § 276 Absatz 2 BGB handelt fahrlässig, wer die im Verkehr **erforderliche Sorgfalt außer Acht lässt**.
Beispiel: Ein Lkw-Fahrer führt das Fahrzeug unter Alkoholeinfluss.

Was wird laut BGB unter *Fahrlässigkeit* **verstanden?** (100)

Prozesse Kundenorientierte Auftragsabwicklung

101 Welche *Rechte* hat der Käufer beim Lieferungsverzug?

- **ohne Nachfristsetzung:**
  a) Bestehen auf Lieferung
  b) Bestehen auf Lieferung und Verlangen eines Schadenersatzes (Verzögerungsschaden)

- **mit Nachfristsetzung:**
  a) Schadenersatz statt Leistung (Nichterfüllungsschaden) oder Ersatz vergeblicher Aufwendungen
  b) Rücktritt vom Kaufvertrag (auch einschließlich Schadenersatz statt Leistung)

102 Welche Rechte stehen dem Käufer im Rahmen eines *Handelskaufes* im Lieferungsverzug bei einem *Fix- oder Terminkauf* zu?

Soll die Lieferung der Ware genau zu einer festbestimmten Zeit oder innerhalb einer festbestimmten Frist erfolgen, kann der Käufer im Fall der Fristüberschreitung **vom Kaufvertrag zurücktreten** oder, falls der Verkäufer im Verzug ist, statt der Erfüllung **Schadenersatz wegen Nichterfüllung** verlangen.

103 Welche Unterscheidungen werden prinzipiell bei der *Berechnung des Schadens* getroffen?

- Prinzipiell wird ein entstandener Schaden **konkret** berechnet.
  Beispiel: Preisdifferenz beim Deckungskauf

- Eine **abstrakte Schadensberechnung** ist in gesetzlich festgelegten Fällen möglich, z. B. bei der Berechnung von Verzugszinsen nach § 288 BGB.
  Beispiel: Der Kaufmann muss bei seiner Hausbank 12 % Verzugszinsen zahlen, er wählt zur Schadenberechnung aber den in § 288 BGB genannten Zinssatz („Der Verzugszinssatz beträgt für das Jahr fünf Prozentpunkte über dem Basiszinssatz.").

- Um die meist komplizierte Schadenberechnung kaufmännisch zu vereinfachen, werden von vornherein sogenannte **Konventionalstrafen** vertraglich vereinbart. Tritt der Schadenfall ein, muss die vereinbarte Konventionalstrafe geleistet werden.

Handbuch: LF 4

1.2.7 Schlechtleistung (mangelhafte Lieferung)

104 Was versteht man unter einer *mangelhaften Lieferung* (Schlechtleistung)?

In diesem Fall weist die gelieferte Ware **Mängel** auf. Man unterscheidet dabei grundsätzlich zwischen **Sach-** und **Rechtsmangel**.

Auftragsbearbeitung und -nachbereitung

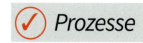

- Mangel in der **Art** (Gattungsmangel): Es wurde die falsche Ware geliefert.
- Mangel in der **Menge** (Quantität): Es wurde zu wenig geliefert.
- Mangel in der **Qualität** (Beschaffenheit): Es wurde verdorbene oder beschädigte Ware geliefert oder es fehlte eine zugesicherte Eigenschaft.
- **Montagemangel:** Die Montageanleitung ist fehlerhaft und die Montage kann nicht fehlerfrei ausgeführt werden oder die Montage durch den Verkäufer oder dessen Erfüllungsgehilfen erfolgt nicht fehlerfrei.

105 Welche *Mängelarten* werden im Allgemeinen bei *Sachmängeln* unterschieden?

„Die Sache ist frei von Rechtsmängeln, wenn **Dritte** in Bezug auf die Sache keine oder nur die im Kaufvertrag übernommenen **Rechte gegen den Käufer geltend machen können**." (§ 435 BGB)

Beispiel für einen Rechtsmangel: Vertrieb von Raubkopien

106 Wann ist eine Sache *frei von Rechtsmängeln*?

- beim **einseitigen Handelskauf** (Verbrauchsgüterkauf):
  - **zwei Jahre** bei **offenen** und **versteckten Mängeln**
  - Berücksichtigt werden muss aber die sogenannte **Beweislastumkehr**: Tritt in den ersten sechs Monaten nach Kauf ein Sachmangel auf, wird davon ausgegangen, dass er schon bei Lieferung bestand. Nach Ablauf von sechs Monaten liegt die Beweislast beim Käufer.
  - **drei Jahre** bei **arglistig verschwiegenen Mängeln**
- beim **zweiseitigen Handelskauf**:
  - **unverzüglich** bei **offenen Mängeln**
  - **unverzüglich** nach Entdeckung, jedoch innerhalb **zweier Jahre** bei **versteckten Mängeln**
  - **drei** Jahre bei **arglistig verschwiegenen Mängeln**

107 Welche gesetzlichen *Rügefristen* werden bei dem Vorliegen einer mangelhaft gelieferten Ware unterschieden?

Diese Mitteilung heißt **Reklamation** oder **Mängelrüge**.

108 Wie nennt man die *Mitteilung* des Käufers an den Verkäufer über die mangelhaft gelieferte Ware?

Prozesse

Kundenorientierte Auftragsabwicklung

109 Worauf ist beim Abfassen einer schriftlichen *Reklamation (Mängelrüge)* insbesondere zu achten?

- Der Mangel der Ware muss sehr **genau beschrieben** werden.
- Die mangelhaft gelieferte Ware darf nicht einfach an den Verkäufer zurückgesandt werden, erst muss die **Antwort** des Verkäufers auf die Reklamation **abgewartet** werden.
- Der Käufer sollte überlegen, welches ihm zustehende **Recht** er **wahrnehmen** möchte.

110 Welche *Rechte* hat der Käufer bei der *Lieferung* einer *mangelhaft* gelieferten *Ware*?

- **Ohne** das Setzen einer **Nachfrist** hat der Käufer das Recht auf:
  a) **Nachbesserung** (Beseitigung des Mangels),
  b) **Ersatzlieferung** (Lieferung gleichartiger Ware).
  „Der Verkäufer kann die vom Käufer gewählte Art der Nacherfüllung (…) verweigern, wenn sie nur mit unverhältnismäßigen Kosten möglich ist. (…) Der Anspruch des Käufers beschränkt sich in diesem Fall auf die andere Art der Nacherfüllung." (§ 439 Abs. 3 BGB)
- Nach **Ablauf der angemessenen Frist** zur Nacherfüllung hat der Käufer das Recht auf:
  a) **Minderung** (Herabsetzung des Kaufpreises),
  b) **Rücktritt** vom Kaufvertrag,
  c) **Schadenersatz**,
  d) **Ersatz vergeblicher Aufwendungen** (statt Schadenersatz).

111 *Wie viele Nachbesserungen* muss der Käufer einer mangelhaft gelieferten Ware akzeptieren?

Eine **Nachbesserung** gilt grundsätzlich nach dem **erfolglosen zweiten Versuch** als **fehlgeschlagen**, wenn sich nicht insbesondere aus der Art der Sache oder des Mangels oder den sonstigen Umständen etwas anderes ergibt.

Handbuch: LF 4

1.2.8 Fehlerhafte Rechnung

112 Welche *Fehler* werden bei der *Rechnungsausstellung* häufiger begangen?

Häufige **Fehler** bei **Rechnungen**:

- Es werden Waren aufgelistet, die gar nicht geliefert worden sind.
- Es werden rechnerische Fehler begangen (z. B. Multiplikations- oder Additionsfehler).
- Es wird die Rechnungsnummer vergessen oder ein fehlerhaftes Rechnungsdatum eingesetzt.
- Es wird die Umsatzsteuer vergessen oder falsch berechnet.

Auftragsbearbeitung und -nachbereitung 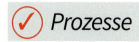 Prozesse

1.2.9 Kulanz

Handbuch: LF 4

- Die **rechtliche** oder **juristische Lösung** basiert auf den Rechtsbestimmungen des **BGB** und **HGB**. Eine rechtliche Lösung wird meistens erst dann gewählt, wenn eine kaufmännisch sinnvolle Lösung von den Vertragsparteien nicht gefunden werden kann.

- Die **kaufmännische Lösung** wird traditionell unter Kaufleuten gesucht, ohne die Rechtsbestimmungen des BGB und HGB zu beachten. Für den Verkäufer ist es wichtiger, den Käufer bei Vertragsstörungen zufriedenzustellen, als bei diesem einmaligen Vorfall „im Recht zu sein". Kaufleute sind daran interessiert, **langfristig gute Geschäftsbeziehungen** aufzubauen. Sie schaffen Vertrauen und ermöglichen es dem Verkäufer, aus einem Neukunden einen **Stammkunden** zu machen. Man wird auf einen einmaligen Gewinn verzichten, wenn dadurch vermutet werden kann, dass langfristig mehr oder weniger regelmäßige Gewinne zu erzielen sind. Das Bemühen um **Kundenzufriedenheit** gehört bei allen Unternehmen zu den zentralen **Unternehmenszielen**.

(113) Warum unterscheidet man prinzipiell zwischen einer *rechtlichen* und einer *kaufmännischen* Lösung bei Kaufvertragsstörungen?

Die **Kulanz** stellt eine **freiwillige Leistung** des Verkäufers gegenüber dem Kunden dar, sie ist also nicht gesetzlich geregelt. Dieses Entgegenkommen des Verkäufers hat das Ziel, den Kunden zufriedenzustellen, um ihn langfristig nicht als Kunden zu verlieren.

(114) Was versteht man unter *Kulanz* bei Kundenbeschwerden?

2 Personalbezogene Aufgaben

2.1 Personaleinsatzplanung, Arbeitszeitregelungen

Handbuch: LF 8

① Welche *Aufgaben* hat die Personalwirtschaft?

Aufgaben der Personalwirtschaft:
- Personalbedarfsplanung
- Personalbeschaffung und -einsatz
- Personalführung und -entwicklung
- Personalverwaltung
- Entgeltabrechnung
- Personalfreisetzung
- Personalcontrolling
- Personalbeurteilung

② Erklären Sie die *Personalbestandsanalyse*.

Die **Personalbestandsanalyse** umfasst den augenblicklichen Bestand des Unternehmens an Mitarbeiterinnen und Mitarbeitern, gegliedert nach Anzahl, Qualifikation und Einsatzbereichen im Unternehmen. Die Analyse zeigt auch Tendenzen der Personalentwicklung auf.

③ Welche *Faktoren* können den *Personalbestand* beeinflussen?

Den **Personalbestand können beeinflussen:**
- **betriebsinterne Faktoren**, z. B.:
  - Erschließung neuer Absatzmärkte
  - Übernahme von Auszubildenden
  - Erweiterung der Produktionspalette
  - Verlagerung von Betriebsteilen ins Ausland
  - Verkürzung der Arbeitszeit
  - Ausscheiden von Mitarbeitern (z. B. Kündigung)
  - Umstellung auf rationellere Fertigungsmethoden
- **betriebsexterne Faktoren**, z. B.:
  - konjunkturelle Schwankungen
  - Verschärfung des Wettbewerbs (z. B. neue Konkurrenten)
  - staatliche Eingriffe in den Markt (z. B. Streichung von Subventionen)
  - globale Finanz- und Wirtschaftskrise

④ Ermitteln Sie den *Personalbedarf* aufgrund der folgenden Zahlenangaben: Soll-Bestand: 500, Ist-Bestand: 490, geplante/geschätzte Personalabgänge: 15, geplante/geschätzte Personalzugänge: 18

Ist-Bestand der Mitarbeiteranzahl zu Beginn des Jahres
− geschätzte Personalabgänge
+ geplante Personalzugänge
− Ersatzbedarf für ausscheidende Mitarbeiter
− Neubedarf an zusätzlichen Mitarbeitern
= Nettopersonalbedarf am Ende des Jahres

Personaleinsatzplanung, Arbeitszeitregelungen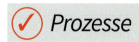

```
Soll-Bestand (Bruttobedarf)              500
– Ist-Bestand                          – 490
= Zwischensumme                        =  10
+ geplante/geschätzte Personalabgänge  +  15
– geplante/geschätzte Personalzugänge  –  18
= Nettopersonalbedarf                  =   7
```

- **Ersatzbedarf:** Eine z. B. wegen Kündigung freigewordene Stelle muss neu besetzt werden.
- **Neubedarf:** Personalbedarf, der z. B. durch Jobsharing entsteht

⑤ Unterscheiden Sie zwischen *Personalersatz-* und *Personalneubedarf* anhand eines Beispiels.

Die **Personalbeschaffung** soll den in der Personalbedarfsplanung ermittelten Nettopersonalbedarf decken. Dabei ist kurzfristiger und langfristiger Personalbedarf zu unterscheiden.

⑥ Welche *Aufgabe* hat die *Personalbeschaffung*?

mögliche **Personalbeschaffungsmaßnahmen**:

- **kurzfristiger Personalbedarf**
  - **intern**
    - Überstunden
    - Urlaubsvertretung
  - **extern**
    - Zeitarbeitsverträge
    - Personalleasing

- **langfristiger Personalbedarf**
  - **intern**
    - interne Stellenausschreibung
    - Versetzung
    - Beförderung
    - Aus- und Weiterbildung
    - Übernahme von Auszubildenden
  - **extern**
    - Personalwerbung
    - Bewerbungsverfahren
    - Personalauswahl
    - Personaleinstellung

⑦ Welche *Personalbeschaffungsmaßnahmen* sind zur *kurz- bzw. langfristigen Personalbedarfsdeckung* zu unterscheiden?

Personalleasing ist eine Möglichkeit, einen kurzfristig aufgetretenen Personalbedarf zu decken. In einem Dreiecksverhältnis schließen ein **Arbeitnehmer** (Leasing-Arbeitnehmer) und ein Arbeitsverleiher (Leasing-Arbeitgeber) einen Arbeitsvertrag ab. Der **Arbeitsentleiher** schließt mit dem Arbeitsverleiher einen Arbeitnehmerüberlassungsvertrag ab und erwirbt damit den Anspruch auf Arbeitsleistung und ein Weisungsrecht gegenüber dem Arbeitnehmer. Der Arbeitsverleiher bekommt ein vereinbartes Entgelt. Zwischen dem Arbeitnehmer und dem Entleiher besteht kein Vertragsverhältnis.

⑧ Was versteht man unter *Personalleasing*?

Prozesse ✓ — Personalbezogene Aufgaben

9 Bringen Sie die nebenstehenden Schritte des Personalbeschaffungsprozesses in die *richtige Reihenfolge*, indem Sie die Ziffern (1–6) hinter den entsprechenden Schritt in die Klammer schreiben.

Einladung zum Vorstellungsgespräch ( )
Personalwerbemaßnahmen ( )
Auswertung der eingehenden Bewerbungsunterlagen ( )
Durchführung der Vorstellungsgespräche ( )
Einstellung des ausgewählten Bewerbers ( )
Einstellungstest ( )

Richtige Reihenfolge:
Einladung zum Vorstellungsgespräch (3)
Personalwerbemaßnahmen (1)
Auswertung der eingehenden Bewerbungsunterlagen (2)
Durchführung der Vorstellungsgespräche (4)
Einstellung des ausgewählten Bewerbers (6)
Einstellungstest (5)

---

10 Welche *Vor- und Nachteile* hat die *externe* Personalbeschaffung?

externe Personalbeschaffung:

- **Vorteile** sind z. B.:
  – Neue Ideen und Erfahrungen aus anderen Unternehmen fließen in den betrieblichen Prozess ein.
  – Neue Mitarbeiter können Leistungssteigerungen bewirken.

- **Nachteile** sind z. B.:
  – Personalsuche ist kosten- und zeitintensiv.
  – Neue Mitarbeiter müssen eingearbeitet werden.
  – mögliche Demotivation des vorhandenen Personals infolge fehlender Beförderungschancen

---

11 Welche *Vor- und Nachteile* hat die *interne* Personalbeschaffung?

interne Personalbeschaffung:

- **Vorteile** sind z. B.:
  – Kosten der Neueinstellung entfallen.
  – Arbeitsplatz kann zügig besetzt werden.
  – Mitarbeiter können sich aufgrund ihrer Betriebskenntnisse relativ schnell einarbeiten.
  – Mitarbeiter werden durch die innerbetrieblichen Aufstiegschancen motiviert.

- **Nachteile** sind z. B.:
  – Das Betriebsklima könnte infolge von Neid leiden.
  – Die Auswahl ist relativ begrenzt.
  – Eine u. U. vorliegende „Betriebsblindheit" wird fortgeführt.
  – Der Wunsch nach Mitarbeitern mit neuen Ideen und Kenntnissen wird eventuell nicht erfüllt.

---

12 Welches *Ziel* verfolgt die *Personalauswahl*?

Die Personalauswahl will aus einer Vielzahl von Bewerbern auf eine ausgeschriebene Stelle den am besten geeigneten Bewerber finden. Dabei sind die Anforderungen einer bestimmten Arbeitsaufgabe, die z. B. in einer Stellenbeschreibung festgelegt sind, den Kenntnissen, Fähigkeiten und Fertigkeiten einzelner Bewerber gegenüberzustellen und zu bewerten. Bei der Auswahl sind die **fachliche Kompetenz** und die **soziale Kompetenz** (z. B. Teamfähigkeit) zu berücksichtigen.

Personaleinsatzplanung, Arbeitszeitregelungen

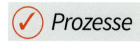 *Prozesse*

Eine Stellenbeschreibung ist **personenunabhängig** zu gestalten und enthält **alle wichtigen Regelungen**, die die jeweilige Stelle **kennzeichnen**.

Inhalte:

- Stellenbezeichnung
- Eingliederung in die Betriebshierarchie
- Stellenvertretung
- Ziele der Stelle
- Aufgaben und Kompetenzen
- persönliche Anforderungen

(13) Was versteht man unter einer *Stellenbeschreibung*? Nennen Sie mögliche Inhalte.

- Der **Stelleninhaber...**
  - hat Klarheit über Zuständigkeiten und Kompetenzen,
  - kann seinen Weiterbildungsbedarf abschätzen,
  - kann seine Aufstiegsmöglichkeiten erkennen,
  - hat eine Grundlage zur Selbsteinschätzung.
- Der **Vorgesetzte...**
  - kann Aufgaben klar zuordnen,
  - hat eine Grundlage zur Überprüfung und Bewertung,
  - kann den Fortbildungsbedarf bündeln,
  - hat Unterstützung bei der Personaleinsatzplanung.
- Das **Unternehmen...**
  - hat eine Grundlage für die Personalauswahl,
  - kann Mehrfachbearbeitungen und Arbeitsressourcen erkennen,
  - kann die Entlohnungsstruktur objektivieren,
  - gewinnt mehr Transparenz über seine Struktur.

(14) Nennen Sie *Vorteile* einer *Stellenbeschreibung* aus der Sicht der Stelleninhaber, der Vorgesetzten und des Unternehmens.

- Bei der **internen Stellenausschreibung** bietet das Unternehmen den Mitarbeitern eine freie Stelle durch einen Aushang am Schwarzen Brett, durch Veröffentlichung im betriebsinternen Informationsblatt bzw. im Intranet oder durch eine persönliche Ansprache geeigneter Mitarbeiter an.
- Bei der **externen Stellenausschreibung** veröffentlicht das Unternehmen Inserate in geeigneten Zeitungen und Fachzeitschriften, im Radio und im Internet (eigene Homepage oder Jobvermittler). Es informiert die Bundesagentur für Arbeit oder ein Personalleasing- oder ein Personalvermittlungsunternehmen.

(15) Unterscheiden Sie zwischen *interner* und *externer* Stellenausschreibung.

Eine **Stellenausschreibung** sollte enthalten:

- Informationen über das Unternehmen und die Stellenbezeichnung
- die Eingliederung im Unternehmen und die Tätigkeitsbeschreibung
- die Anforderungen an den Bewerber (z. B. Berufserfahrung, Mobilität)
- Persönlichkeitsmerkmale (z. B. Zuverlässigkeit, Belastbarkeit, Kreativität, Kommunikationsfähigkeit)
- Fachkenntnisse (z. B. Waren- und Branchenkenntnisse)

(16) Welche *wichtigen Punkte* sollte eine Stellenausschreibung unbedingt enthalten?

Prozesse ✓   Personalbezogene Aufgaben

17 Nennen Sie *wichtige Bewerbungsunterlagen.*

Wichtige Bewerbungsunterlagen sind:
- Bewerbungsschreiben
- Lebenslauf
- Schul- und Arbeitszeugnisse
- Referenzen
- Eignungstests, Zertifikate
- Vorstellungsgesprächsunterlagen
- Schriftgutachten
- ärztliche Untersuchungsergebnisse

18 Welches sind die wichtigsten *Instrumente der Personalauswahl*?

Instrumente der Personalauswahl:
- Vorstellungsgespräch
- Eignungstest
  - Persönlichkeitstest
  - Fähigkeitstest
- Gruppengespräch
- Assessment-Center

19 Welche *Informationen* dienen der Personalabteilung, um aus den geeignet erscheinenden Bewerbern die richtige Arbeitskraft herauszufinden?

- Bewerbungsschreiben
- Lebenslauf
- Schulzeugnisse
- Arbeitszeugnisse
- Referenzen
- Eignungstests
- Vorstellungsgespräch

20 Wozu dient ein *Vorstellungsgespräch*?

Es ermöglicht dem Arbeitgeber, sich einen **Eindruck** von der **Persönlichkeit** des Bewerbers zu verschaffen, ebenso auch von seinen Kenntnissen und Fähigkeiten. Der Bewerber erlangt einen Eindruck von dem zu besetzenden Arbeitsplatz und den damit verbundenen Arbeitsbedingungen (z. B. Bezahlung, Arbeitszeit und -ort).

21 Welche *Personen* können an einem Vorstellungsgespräch teilnehmen?

- Leiter der Personalabteilung
- Abteilungsleiter
- ein Mitarbeiter aus der Abteilung, die eine offene Stelle zu besetzen hat
- ein Mitglied des Betriebsrates
- ein Schwerbehinderten-Obmann

22 Welches Ziel verfolgt ein *Eignungstest*?

Er dient dazu, die im Vorstellungsgespräch gesammelten Erkenntnisse zu vertiefen. Der Bewerber kann danach **genauer eingeschätzt** werden.

23 Was wird mit einem *Gruppengespräch* bezweckt?

Eine Gruppe von Bewerbern diskutiert über ein vorgegebenes Thema. Aus diesem Gespräch lässt sich **klären**, ob der Bewerber die gewünschten Eigenschaften, z. B. Auftreten, Kreativität, Belastbarkeit, mitbringt.

24 Was ist ein *Assessment-Center*?

In einem Assessment-Center müssen die Bewerber in einem **anspruchsvollen Gruppengespräch** Fälle aus der beruflichen Praxis bearbeiten und Problemsituationen lösen.

Personaleinsatzplanung, Arbeitszeitregelungen

 *Prozesse*

Die Wahl eines passenden Arbeitszeitmodells trägt entscheidend dazu bei, dass sich Familie und Beruf miteinander vereinbaren lassen. Es gibt viele familienfreundliche Regelungen.

Für den Arbeitgeber wird es dadurch möglich, den **Personalbestand flexibel** an den durch das Kundenaufkommen vorgegebenen **Personalbedarf anzupassen**.

25 Welche *Gründe* haben dazu geführt, *neue Arbeitszeitmodelle* zu entwickeln?

26 Welche sind *die* bekanntesten Arbeitszeitmodelle?

- **Teilzeit:** Die Arbeitszeit wird verkürzt; sie kann flexibel vereinbart werden, entweder in Form von festen Arbeitszeiten oder auch – je nach Arbeitsanfall – in Form von flexiblen Arbeitszeiten. Es ist auch möglich, die Anzahl der Arbeitstage zu verringern, an den Anwesenheitstagen aber Vollzeit zu arbeiten.

- **Gleitzeit:** Bei der einfachen Gleitzeit kann der Arbeitnehmer Beginn und Ende der Arbeitszeit frei wählen. Bei qualifizierter Gleitzeit kann der Arbeitnehmer auch über die Dauer der täglichen Arbeitszeit entscheiden. Meistens liegt die Gleitzeit vor oder nach einer Kernarbeitszeit (Anwesenheitspflicht).

- **Home Office/Telearbeit:** Wegen des Einsatzes der modernen Informationstechnologien (vernetzter Bildschirmarbeitsplatz) kann der Mitarbeiter teilweise oder ganz zu Haus arbeiten.

- **Arbeitszeitkonto:** Ein Arbeitszeitkonto ist die Grundlage für die Anrechnung und Verwaltung der von Mitarbeitern geleisteten Arbeitsstunden. Wie und wie viele Stunden gesammelt und abgebaut werden können, wird vorher in einem Arbeitszeitmodell festgelegt.

- **Sabbatjahr:** Dieses Arbeitszeitmodell ist für junge Eltern sehr interessant. Je nach Betriebszugehörigkeit und Vereinbarung kann es ein Jahr tatsächliche Auszeit oder ein Teilzeitjahr bedeuten.

- **Job-Sharing:** Bei diesem Arbeitsmodell teilt man sich die Stelle mit dem Arbeitskollegen. Es gibt viele Freiheiten, aber es erfordert auch sehr genaue Absprachen.

- **Minijob:** Das ist eine klassische geringfügige Beschäftigung, bei der die Entlohnung regelmäßig 450,00 € pro Monat nicht übersteigt. Ein Minijob bietet die Möglichkeit, z. B. nach Elternzeit ins Berufsleben zurückzukehren.

- **Vertrauensarbeitszeit:** Dabei setzt der Arbeitgeber großes Vertrauen in die Arbeitszeitgestaltung seiner Mitarbeiter. Im Arbeitsvertrag werden u. a. Arbeitsumfang und Arbeitsergebnisse (eventuell mit klar formulierten Zeitpunkten der Ablieferung) festgelegt, der Arbeitnehmer kann aber seine Arbeitszeit und meist auch den Arbeitsort mehr oder weniger flexibel festlegen.

- **Schichtarbeit**: Das Schichtsystem garantiert gerade Industrieunternehmen, über den normalen 8-Stunden-Arbeitstag hinaus zu produzieren, im sogenannten Schichtsystem. Unterschieden werden vor allem das Zwei- (Früh- und Spätschicht) und das Drei-Schichtsystem (Früh-, Spät- und Nachtschicht). Nach einem festgelegten System können die Arbeitnehmer von einer Schicht in die andere wechseln (sogenannte Wechselschicht), damit die hohen Belastungen für die Arbeitnehmer im Unternehmen möglichst begrenzt sind.

Prozesse ✓ Personalbezogene Aufgaben

27 *Was muss vom Unternehmen bei der Urlaubsplanung von jugendlichen Berufsschülern beachtet werden?*

Laut § 19 des Jugendarbeitsschutzgesetzes soll den Berufsschülern der **Urlaub in den Berufsschulferien** gegeben werden. Soweit er nicht in den Berufsschulferien gegeben wird, ist für jeden Berufsschultag, an dem die Berufsschule während des Urlaubs besucht wird, ein weiterer Urlaubstag zu gewähren.

28 *Warum muss es in den Unternehmen eine Urlaubsplanung geben?*

Die genaue **Urlaubsplanung** ist in den meisten Unternehmen notwendig, um einen ordnungsgemäßen Betriebsablauf – gerade auch für die Kunden – gewährleisten zu können, und um unnötige Kosten z. B. der Produktionsumstellung, vermeiden zu können. Außerdem erwarten die Arbeitnehmer bei der Wahrnehmung ihres Urlaubsanspruches ein „gerechtes Vorgehen" durch den Arbeitgeber bei der Einteilung des Urlaubs.

29 *Welche Gesichtspunkte müssen bei der Urlaubsplanung durch den Arbeitgeber auf jeden Fall berücksichtigt werden?*

Bei der **Urlaubsplanung** muss der Arbeitgeber folgende Gesichtspunkte beachten:

- gesetzliche Ansprüche des Arbeitnehmers (z. B. JArbSchG, Bundesurlaubsgesetz),
- Ansprüche des Arbeitnehmers aus den Festlegungen im Arbeitsvertrag, im Tarifvertrag oder in einer Betriebsvereinbarung,
- Ansprüche des Arbeitnehmers auf Resturlaub,
- besondere Ansprüche des Arbeitnehmers auf Sonder- oder Bildungsurlaub,
- Gerechtigkeitserwägungen bei der Vergabe von Urlaubstagen, um Unruhe und Streit in der Belegschaft zu verhindern und
- betriebliche Anforderungen, um den Geschäftsablauf des Unternehmens zu sichern.

30 *Was bedeutet Personalfreisetzung?*

Personalfreisetzung bedeutet die Notwendigkeit, Arbeitskräfte entlassen zu müssen.

31 *Welche Gründe könnten zum Abbau personeller Überkapazitäten führen?*

Für den **Abbau personeller Überkapazitäten** können sprechen:

- Automatisierung
- Verlagerung von Betriebsstätten ins Ausland
- Umsatzeinbrüche durch eine schlechte Konjunkturlage
- saisonale Beschäftigungsschwankungen

32 *Wie können Arbeitsverhältnisse beendet werden?*

Arbeitsverhältnisse können beendet werden durch:

- Kündigung
- Aufhebungsvertrag (Einvernehmen zwischen Arbeitnehmer und Arbeitgeber)
- Vertragsablauf (Vereinbarung der Dauer des Arbeitsverhältnisses bei Vertragsabschluss)
- Erreichen des Rentenalters

Dienstreiseanträge, Reisekostenabrechnungen

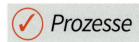 *Prozesse*

Laut § 92 BetrVG hat der Betriebsrat folgende **Rechte**:

- Der Arbeitgeber hat den Betriebsrat in Fragen der Personalplanung rechtzeitig und umfassend zu **informieren**.
- Der Arbeitgeber hat über erforderliche Maßnahmen mit dem Betriebsrat zu **beraten**.
- Der **Betriebsrat** kann dem Arbeitgeber **Vorschläge** für die Einführung einer Personalplanung und ihre Durchführung **machen**.

33 Welche *Rechte* hat der Betriebsrat in Fragen der Personalplanung?

Der Betriebsrat kann laut § 93 BetrVG verlangen, dass Arbeitsplätze, die besetzt werden sollen, vorher **innerhalb des Betriebes** ausgeschrieben werden.

34 Welches *Recht* hat der Betriebsrat im Hinblick auf die *Ausschreibung von Arbeitsplätzen*?

2.2 Dienstreiseanträge, Reisekostenabrechnungen

`Handbuch: LF 12`

Von einer **Dienstreise** (auch Geschäftsreise) spricht man, wenn jemand
- aus beruflichen Gründen
- vorübergehend
- außerhalb seiner Wohnung und
- außerhalb seiner regelmäßigen Arbeitsstätte

tätig ist.

35 Was versteht man unter einer *Dienstreise*?

Beispiele:
- Kunden- und Lieferantenbesuche
- Preisverhandlungen
- Besichtigungen von Betriebsstätten, Projekten usw.
- externe Informationsveranstaltungen über neue Produkte und Dienstleistungen
- externe Schulungen
- Besuch von Messen und Ausstellungen
- Teilnahme an fachlichen Seminaren, Kongressen, Tagungen
- Durchführung eigener Werbemaßnahmen
- eigene Beobachtungsmaßnahmen (Konkurrenzanalyse, Kundenzufriedenheit usw.)
- befristete Abordnungen zu anderen Betriebsstätten des eigenen Unternehmens

36 Nennen *Sie* mögliche *Anlässe* für Geschäftsreisen.

Prozesse ✓

Personalbezogene Aufgaben

37 Wie könnte man *Dienstreisen* anlassbezogen durch gegebenenfalls kostengünstigere *Möglichkeiten ersetzen*?

Beispiele:
- eigene Weiterbildungsmaßnahmen anbieten
- Telefonkonferenzen
- Videokonferenzen
- Teilnahmen an Webinaren (Ablauf eines Seminars über das World Wide Web)
- E-Learning (elektronisch bzw. digital gestütztes Lernen)
- unternehmensinterne Veranstaltungen
- Aufbau eines umfassenden Berichtswesens zur Datengewinnung
- Sekundärforschung

38 Welche *Vorteile* haben *Checklisten* bei der Planung, Durchführung und Nachbereitung von *Dienstreisen*?

Beispiele:
- Klarheit der Bearbeitungsschritte
- Überblick über die zu erledigenden Arbeitsschritte und Prozesse
- Strukturierung der Tätigkeiten
- Überprüfung der Vollständigkeit der zu leistenden Arbeiten
- Delegation komplexer bzw. umfangreicher Arbeiten
- klare Zeit- und Ablaufplanung
- Vereinfachung der Dokumentation (durch Kennzeichnung der erledigten Arbeitsschritte)
- Steigerung der Effizienz (durch Optimierung der Checklisten)
- Fehlervermeidung

39 Welche *Informationen* sollte ein *Antrag* für eine *Dienstreise* grundsätzlich enthalten?

Informationen für einen Dienstreiseantrag:
- personalbezogene Daten des Antragstellers
- Zeit und Dauer der Dienstreise
- Reiseziel
- Reisezweck
- gegebenenfalls weitere Mitreisende des Unternehmens
- Gesprächspartner
- Beförderungsmittel
- Unterbringung

40 Welche *relevanten Unterlagen* sollten für eine *Dienstreise* zusammengestellt werden?

- **Reisedokumente**
z. B. Personalausweis, Reisepass, Visum, Impfbescheinigung, Auslandsreisekrankenversicherung, Flugticket, Fahrkarten
- **Geschäftspapiere**
z. B. Informationsmappen, Präsentationsunterlagen, Konstruktionspläne, Verträge
- **Kontaktdaten**
z. B. Hotelunterlagen, Erreichbarkeit der Gesprächspartner, Notfallnummern
- **Reiseinformationen**
z. B. Wissenswertes über Sitten, Gebräuche, Umgangsformen, Stadtpläne, Zahlungsmittel

Dienstreiseanträge, Reisekostenabrechnungen

 Prozesse

Was versteht man unter *Reisekosten*? (41)

- **Reisekosten** sind die Kosten, die bei einer **beruflich veranlassten Auswärtstätigkeit** anfallen.
- Es werden Fahrtkosten, Übernachtungskosten, Verpflegungsmehraufwand und Reisenebenkosten unterschieden.
- Die **Regeln und die Sätze für die Erstattung** der Reisekosten sind üblicherweise **tarifvertraglich, vertraglich oder in Betriebsvereinbarungen** festgelegt und richten sich überwiegend nach **steuerlichen Bestimmungen**.
- Häufig werden die anfallenden **Reisekosten** (z. B. Hotelkosten) **direkt mit dem Unternehmen** abgerechnet oder **direkt per Firmenkreditkarte** beglichen.

Nennen Sie Beispiele für *Reisenebenkosten*. (42)

Beispiele:
- Gepäckkosten
- Telefon- und Internetkosten
- Porto
- Park- und Straßengebühren
- Eintrittsgelder (Messen, Tagungen usw.)
- Verkehrsmittel am Zielort
- Unfall- und Reisegepäckversicherung (soweit auf die Auswärtstätigkeit beschränkt)
- Präsentationskosten (Geschenke, Bewirtung, Trinkgelder)

Welche *Kosten* sind üblicherweise bei der Reisekostenabrechnung *nicht erstattungsfähig*? (43)

Beispiele:
- privat veranlasste Kosten (Zeitschriften, Telefonate usw.)
- Kosten für einen Arztbesuch und für Arzneimittel
- Geldbußen, Ordnungsgelder, Verwarnungsgelder
- Jahresgebühr der privaten Kreditkarte
- Reiseausstattung (Bekleidung, Koffer, Taschen usw.)
- Reinigungskosten für Kleidung

Welche *Angaben* sollte eine *Reisekostenabrechnung* stets beinhalten? (44)

Eine Reisekostenabrechnung sollte beinhalten:
- Name des Arbeitnehmers
- Grund der Reise
- Kostenstelle
- Ort bzw. Route der Reise
- Datum und Uhrzeit der Abreise und der Ankunft
- Fahrtkosten
- Übernachtungskosten
- Verpflegungsmehraufwand
- Reisenebenkosten
- eventuelle Kürzungen (z. B. für Frühstück)
- Gesamtbetrag
- Ort, Datum, Unterschrift des Arbeitnehmers
- IBAN, BIC des Arbeitnehmers
- Belege (Grundsätzlich sollten die abzurechnenden Kosten mit entsprechenden Belegen nachweisbar sein.)

Prozesse ✓ Personalbezogene Aufgaben

2.3 Umgang mit Mitarbeiterdaten, Datenschutz, Datensicherung, Datenpflege

45 Was versteht man unter einem *Personalinformationssystem*?

Moderne Personalverwaltungen arbeiten mit Computerunterstützung. Im Rahmen sogenannter Personalinformationssysteme (**PIS**) werden Personaldaten erfasst, gespeichert, gepflegt und ausgewertet. Sie liefern alle wichtigen Informationen für das Personalmanagement zur Erfüllung seiner Führungs- und Verwaltungsaufgaben und die grundlegenden Daten für die Entgeltabrechnung. Dabei ist die vertrauliche Behandlung dieser sensiblen Daten gemäß den Regelungen des Datenschutzes zu beachten.

46 Wozu dient die Personalakte?

Jeder Arbeitgeber muss über die Mitarbeiter eine **Personalakte** führen. Dazu gehören alle Daten der Beschäftigten, die in unmittelbarem Zusammenhang mit dem Arbeitsverhältnis stehen. Die in der Akte enthaltenen Unterlagen bzw. Informationen sind vor unbefugten Zugriffen **zu schützen**, **vertraulich zu behandeln** und **sicher aufzubewahren**. Nur mit der Verwaltung von Personalunterlagen Beauftragte dürfen Zugang zu diesen haben. Auskünfte aus Personalakten dürfen nur mit Einwilligung der Beschäftigten gegeben werden. Die Arbeitnehmer haben ein **Recht auf Einsicht** in die vollständigen Personalakten. Zu den Personalaktendaten gehören auch Daten, die in Dateien (z. B. in einem Personalinformationssystem) informationstechnisch gespeichert sind.

47 Wodurch ist der Umgang mit *personenbezogenen Daten* geregelt?

Den **Umgang mit personenbezogenen Daten** aus Arbeitsverhältnissen regeln das **Bundesdatenschutzgesetz** (BDSG) und die Datenschutzgesetze der Bundesländer sowie tarifvertragliche Vereinbarungen.

48 Welche *Unterlagen* werden in der *Hauptakte* geführt?

Eine Reihe von Personalunterlagen muss aufgrund gesetzlicher und/oder tarifvertraglicher Regelungen aufbewahrt werden. Diese Unterlagen werden in der sogenannten **Hauptakte** (Personalgrundakte) geführt.

Sie enthält u. a. folgende Unterlagen:

- **Deckblatt**, z. B.: persönliche Daten des Mitarbeiters, wie:
  - Anschrift
  - Familienstand
  - Bankverbindung
- **Bewerbungsunterlagen**, z. B.:
  - Bewerbungsschreiben
  - Lebenslauf
  - Lichtbild
  - Personalfragebogen
- **Arbeitsvertrag**

- **Werdegang des Mitarbeiters während des Beschäftigungszeitraumes**, z. B.:
  - Beurteilungen
  - Versetzungen
  - Ehrungen
  - Zwischenzeugnisse
  - Entgeltänderungen
  - Verbesserungsvorschläge
  - Abmahnungen
- **Kündigungsunterlagen:**
  - Kündigungsschreiben
  - Zeugnis
- **Hinweise auf Nebenakten**

Umgang mit Mitarbeiterdaten, Datenschutz, ...

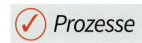 **Prozesse**

Um einen störungsfreien Ablauf der Personalverwaltung zu gewährleisten und jederzeit Zugriff auf Informationen über ein Beschäftigungsverhältnis zu haben, werden zusätzliche **Nebenakten** geführt. Diese enthalten vor allem:

- Entgeltabrechnungen
- Zeiterfassungskarten
- Urlaubsdaten
- Arbeitsunfähigkeitsbescheinigungen
- Reisekostenabrechnungen
- Fehlzeiten

49 Welche *Unterlagen* werden in der *Nebenakte* geführt?

Der Arbeitnehmer hat laut § 83 BetrVG das Recht, Einsicht in die **Personalakte** zu nehmen – wenn er möchte auch unter Hinzuziehung eines Betriebsratsmitgliedes. Erklärungen des Arbeitnehmers zum Inhalt der Personalakte sind auf dessen Wunsch hinzuzufügen.

50 Welche Rechte hat der Arbeitnehmer bezüglich der *Personalakte*?

Der Einzelne soll davor geschützt werden, dass sein Persönlichkeitsrecht durch den Umgang mit seinen personenbezogenen Daten verletzt wird. Das Gesetz gilt für die **Erhebung**, **Verarbeitung** und **Nutzung personenbezogener Daten** in öffentlichen Stellen des Bundes und der Länder und für nichtöffentliche Stellen, z. B. Unternehmen, wenn sie die Daten in oder aus Dateien geschäftsmäßig oder für berufliche oder gewerbliche Zwecke verarbeiten oder nutzen.

51 Was schreibt das *Bundesdatenschutzgesetz* vor?

---

schutzwürdige Daten (Beispiele):

- Krankheitsdaten
- strafbare Handlungen
- Ordnungswidrigkeiten
- Religionszugehörigkeit
- Höhe des Entgelts
- Zeugnisdaten

52 Nennen Sie *Beispiele* für *schutzwürdige Daten*.

---

nichtschutzwürdige Daten (Beispiele):

- Name
- Berufsbezeichnung
- Titel

53 Nennen Sie *Beispiele* für *nichtschutzwürdige (freie) Daten* nach dem Bundesdatenschutzgesetz.

Recht auf:

- Benachrichtigung über gespeicherte Daten bei erstmaliger Speicherung
- Auskunft über gespeicherte Daten, es sei denn der Betroffene hat davon schon Kenntnis erhalten
- Berichtigung bei Speicherung unrichtiger Daten
- Löschung von Daten, z. B. bei unzulässiger Speicherung
- Sperrung von Daten, z. B. wenn die Richtigkeit oder Unrichtigkeit nicht feststellbar ist

54 Welche *Rechte* haben die *Betroffenen* beim *Datenschutz*?

Prozesse ✓ — Personalbezogene Aufgaben

55 *Was versteht man unter Datensicherheit?*

- Unter **Datensicherheit** werden nach DIN 44300 alle Maßnahmen verstanden, die **die Daten vor Verlust, Zerstörung, beabsichtigter oder unbeabsichtigter Verfälschung und Missbrauch schützen**. Die Datensicherheit erstreckt sich dabei auch auf die Datenträger und die Programme.

- Ein erweiterter Datensicherheitsbegriff liegt mit der **IT-Sicherheit** vor, nach der die **IT-Systeme** (Informationstechnik-Systeme) und **deren Umgebung** unmittelbar oder mittelbar vor **Beeinträchtigung oder Missbrauch zu schützen** sind.

56 *Maßnahmen zur Datensicherheit können in den Bereichen des nebenstehenden Schaubildes umgesetzt werden.*

Ergänzen Sie dieses Schaubild, indem Sie die folgenden Datensicherungsmaßnahmen den entsprechenden Bereichen zuordnen:

Fixpunkttechnik, Einsatz von Antiviren-Software, Generationenprinzip, Einsatz von Notstromaggregaten, Zutrittskontrollen, Passwortschutz, Prüfbitverfahren, Plausibilitätskontrolle, Funktionsstreuung, Protokollierung von Zugriffen, kryptologische Verfahren, Prüfziffernverfahren, digitale Signatur, biometrische Verfahren, Anfertigen von Kopien, unterbrechungsfreie Stromversorgung, Einsatz einer Firewall, Vollständigkeitsprüfung.

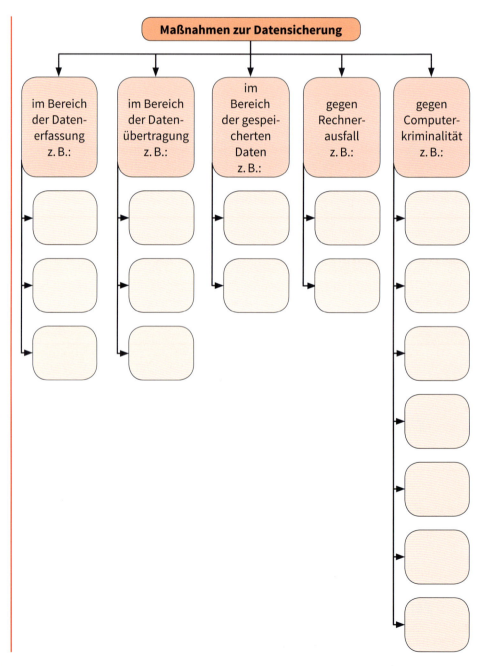

Umgang mit Mitarbeiterdaten, Datenschutz, ...

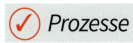

Lösung:

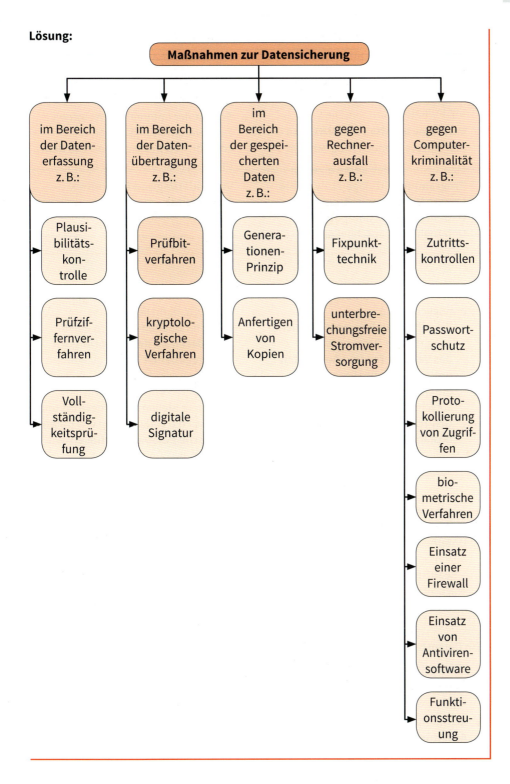

Prozesse ✓ — Personalbezogene Aufgaben

57 Welche *Maßnahmen* kann ein Unternehmen ergreifen, um sich vor Datenvernichtung bzw. *Datenverfälschung* zu schützen?

Beispiele:
- Datenverarbeitung nur durch **geschulte Mitarbeiter**
- **Prüfen** der Daten auf Richtigkeit bei der Erfassung
- **korrektes Arbeiten** mit den Daten und den entsprechenden Programmen
- Mitarbeiter dürfen **keine eigenen Programme** mitbringen bzw. **keine private Hardware** (z. B. eigener USB-Stick) an die Computer des Unternehmens anschließen.
- regelmäßiges Anfertigen von **Sicherheitskopien**
- **Schutz vor Stromausfällen**
- **Schutz** der unternehmenseigenen Datenverarbeitungsanlage vor **schädlichen Programmen aus dem Internet** (z. B. durch eine Firewall)
- **Verhinderung von Computerkriminalität**

58 Beschreiben Sie, wie *personenbezogene Daten missbräuchlich* verwendet werden können.

- Moderne Datenverarbeitungssysteme ermöglichen u. a.
  - die **zeitlich unbegrenzte Speicherung** riesiger Datenbestände,
  - das **Verknüpfen** und **Auswerten** unterschiedlicher Daten,
  - die wirksame **Steuerung** von verschiedenen Datenflüssen,
  - den **Transport** großer Datenbestände über weite Entfernungen.
- Die missbräuchliche Verwendung kann u. a. darin liegen, dass
  - die erhobenen Daten zu einem **anderen als dem ursprünglich angegebenen Zweck** ausgewertet und verwendet,
  - die Daten **ohne Erlaubnis** an andere Stellen **weitergeleitet** und
  - durch die Verknüpfung von Daten **falsche Personenprofile** erstellt werden.

59 *Wer* ist für die *Einhaltung des Datenschutzgesetzes* nach dem BDSG verantwortlich?

- Für die öffentlichen (z. B. Behörden) und nicht öffentlichen Stellen (z. B. Unternehmen) sind – unter den zu beachtenden Bedingungen des BDSG – **Beauftragte für den Datenschutz** einzusetzen.
- Nach dem BDSG ist auch ein **Bundesbeauftragter für den Datenschutz** zu wählen, der für den öffentlichen Bereich des Bundes zuständig ist.

60 Wann müssen Unternehmen einen *„Beauftragten für den Datenschutz"* (Datenschutzbeauftragter) ernennen?

Ein Datenschutzbeauftragter ist **schriftlich** zu ernennen, wenn

- Unternehmen personenbezogene **Daten automatisiert verarbeiten** oder
- in Unternehmen **mehr als neun Arbeitnehmer** mit der automatisierten Datenverarbeitung befasst sind oder
- in Unternehmen **mindestens 20 Arbeitnehmer** auf andere Art und Weise als mit der automatisierten Datenverarbeitung personenbezogene Daten erheben, verarbeiten oder nutzen oder
- Unternehmen personenbezogene Daten (z. B. Daten für Auskunfteien oder für Marktforschungs- und Meinungsforschungsunternehmen) **geschäftsmäßig** zum Zweck der Übermittlung erheben, verarbeiten oder nutzen.

Umgang mit Mitarbeiterdaten, Datenschutz, ...

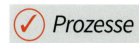 **Prozesse**

Als Datenschutzbeauftragter können nur Personen ernannt werden, die über die erforderliche **Fachkunde und Zuverlässigkeit** verfügen. Der Datenschutzbeauftragte muss **kein Mitarbeiter des Unternehmens** sein.

Wer kann als *Datenschutzbeauftragter* ernannt werden? (61)

- Öffentliche und nicht öffentliche Stellen, die personenbezogene Daten automatisiert erheben, verarbeiten oder nutzen, sind verpflichtet, die **Vorschriften des Bundesdatenschutzgesetzes und andere Vorschriften** über den Datenschutz **einzuhalten**. Der Datenschutzbeauftragte unterstützt und berät die Unternehmen bei der Einhaltung dieser Vorschriften. Er ist daher ein **Organ der Selbstkontrolle**.

- **Aufgaben** des Datenschutzbeauftragten sind z. B.:
  - **Kontrolle** der Einhaltung datenschutzrechtlicher Vorschriften,
  - Überwachung der ordnungsgemäßen Anwendung der Datenverarbeitungsprogramme,
  - **Schulung** der bei der Datenverarbeitung tätigen Mitarbeiter,
  - **Verpflichtung** der Mitarbeiter auf Einhaltung des Datengeheimnisses,
  - **Ansprechpartner** für die **Betroffenen zu sein**, wenn sie ihre Rechte wahrnehmen wollen.

Welche *Aufgaben hat der Datenschutzbeauftragte*? (62)

- **Datenvermeidung**
  Daten, die man nicht benötigt, sollen auch nicht erhoben, verarbeitet oder genutzt werden.

- **Datensparsamkeit**
  Nur die Daten, die man unbedingt benötigt, sollen erhoben, verarbeitet oder genutzt werden.

- **Anonymisierung oder Pseudonymisierung** von Daten
  Nach Möglichkeit sollen die Daten verändert werden, sodass die Zuordnung von Einzelangaben zu den betreffenden Personen erschwert oder unmöglich wird. Zum Beispiel werden beim Pseudonymisieren Namen (z. B. Meier) durch Kennzeichen ersetzt (z. B. „X" oder „M5").

Welche *Grundsätze* sind gemäß Bundesdatenschutzgesetz bei der *Datenverarbeitung personenbezogener Daten* zu beachten? (63)

Das **Nichteinhalten** der Vorschriften über die Verarbeitung personenbezogener Daten kann

- zum **Imageverlust** des Unternehmens führen,
- kostenpflichtige **Abmahnungen** durch andere Unternehmen zur Folge haben,
- mit **Bußgeldern** bis zu 300.000,00 € belegt werden, die erhöht werden können, um den etwaigen wirtschaftlichen Vorteil zu kompensieren,
- mit **Freiheitsstrafen** bis zu zwei Jahren geahndet werden.

Begründen Sie, warum die *Einhaltung der Vorschriften* über die Verarbeitung personenbezogener Daten für *Unternehmen wichtig* ist. (64)

Als Datenpflege kann man **alle Maßnahmen** bezeichnen, die dazu dienen, dass die **Daten aktuell und richtig** sind. Üblicherweise werden diese Arbeiten mithilfe eines **Warenwirtschaftssystems durchgeführt**.

Was versteht man unter *Datenpflege*? (65)

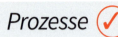

Personalbezogene Aufgaben

Handbuch: LF 8

2.4 Personalstatistiken

66 Worüber führen Unternehmen *Personalstatistiken?*

- **Personalleistung**, z. B.:
  - Arbeitsproduktivität
  - Umsatz je Mitarbeiter
- **Personalkosten**, z. B.:
  - Summe des Bruttoentgelts
  - Summe der Überstundenentgelte
  - Arbeitgeberanteil zur Sozialversicherung
  - Leistungszulagen
  - Urlaubsgeld
- **Personalstruktur**
  - Alter
  - Geschlecht
  - Staatsangehörigkeit
  - Status (z. B. Angestellte)
  - Schulbildung (z. B. Realschulabschluss)
  - Berufsbildung (z. B. gelernt)
- **Mitarbeiter**
  - Unfallzahlen
  - Fehlzeiten
  - Versetzungen
  - Urlaubstage
  - Einstellungen

67 Wozu *dienen Personalstatistiken?*

Die Personalstatistiken werten die Daten des vorhandenen Personals nach verschiedenen Gesichtspunkten aus und ermöglichen somit **Betriebs-** und **Periodenvergleiche**. Die Personalstatistik ist ein wichtiges Instrument für verschiedene Bereiche des **Personalwesens**, wie z. B. die Personalbedarfsplanung.

Handbuch: LF 1 und 8

2.5 Arbeits- und sozialrechtliche Grundlagen

68 Welche *Rechtsgrundlagen* sind bei der Wahrnehmung *personalbezogener Aufgaben* zu beachten?

Folgende **Rechtsgrundlagen** sind bei der Wahrnehmung **personalbezogener Aufgaben** im Unternehmen zu beachten:

- Bürgerliches Gesetzbuch
- Tarifvertrag
- Betriebsvereinbarung
- Bundesurlaubsgesetz
- Arbeitszeitgesetz
- Betriebsverfassungsgesetz bzw. Personalvertretungsgesetz
- Teilzeitbefristungsgesetz
- Kündigungsschutzgesetz
- Entgeltfortzahlungsgesetz
- Allgemeines Gleichbehandlungsgesetz
- Mutterschutzgesetz
- Bundeselterngeld- und Elternzeitgesetz
- Schwerbehindertenrecht nach SGB

Arbeits- und sozialrechtliche Grundlagen

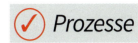 *Prozesse*

- **Gewerkschaften und Arbeitgeberverbände** schließen einen **Branchentarifvertrag**, der für die im betroffenen Arbeitgeberverband organisierten Unternehmen verbindlich ist.

- Schließt ein einzelner **Arbeitgeber** direkt mit einer **Gewerkschaft** einen Tarifvertrag, spricht man von einem **Haustarifvertrag**, der nur für dieses Unternehmen verbindlich ist.

- Die Tarifvertragsparteien werden auch als **Sozialpartner** bezeichnet. Dieser Ausdruck soll verdeutlichen, dass letztendlich beide Parteien trotz entgegengesetzter Interessen sozial aufeinander angewiesen sind.

69 Welche *Tarifvertragsparteien* schließen einen *Tarifvertrag*?

- **Lohn- und Gehaltstarifverträge** legen in der Regel für ein Jahr die Höhe der tarifgebundenen **Einkommen** der Arbeitnehmer fest.

- **Mantel-** oder **Rahmentarifverträge** schreiben eine Vielzahl von Arbeitsbedingungen (z. B. Urlaubsdauer oder Länge der Arbeitszeit) in der Regel für mehrere Jahre fest.

70 Welche *Arten* von Tarifverträgen werden im Hinblick auf ihren *Inhalt* unterschieden?

- Tarifverträge gelten prinzipiell nur für Arbeitnehmer, die **Mitglied der Gewerkschaft** sind, und für Arbeitgeber, die **Mitglied des Arbeitgeberverbandes** sind.

- Ist der Arbeitnehmer zwar Mitglied der Gewerkschaft, der Arbeitgeber aber nicht Mitglied des Arbeitgeberverbandes, muss der Arbeitgeber das Tarifentgelt nicht zahlen.

- Arbeitnehmer, die kein Gewerkschaftsmitglied sind, erhalten von ihrem im Arbeitgeberverband organisierten Arbeitgeber trotzdem das zwischen den Tarifvertragsparteien vereinbarte Tarifentgelt. Im anderen Fall würden die nicht organisierten Arbeitnehmer in die Gewerkschaft eintreten und deren Verhandlungsposition verbessern, was nicht im Interesse des Arbeitgebers sein kann.

- Unter besonderen Umständen (z. B. bei Wettbewerbsverzerrungen) kann der Bundesminister für Arbeit und Soziales einen Tarifvertrag für **allgemeinverbindlich** erklären, das heißt, der Tarifvertrag gilt für alle Arbeitnehmer und Arbeitgeber eines Tarifbezirks – unabhängig von ihrer Zugehörigkeit zu einem Interessenverband.

71 Für wen sind Tarifverträge *verbindlich*?

Diese Arbeitgeber sind zwar an die Tarifverträge gebunden, die darin vereinbarten Tarife stellen allerdings nur **Mindestbedingungen** dar – demnach können höhere Löhne und Gehälter bezahlt werden.

72 *Dürfen Arbeitgeber*, die Mitglied im Arbeitgeberverband sind, an ihre Arbeitnehmer *Löhne und Gehälter zahlen*, die *höher* als die im Tarifvertrag vereinbarten Tarife sind?

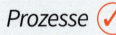

Personalbezogene Aufgaben

73 Worin unterscheiden sich *Tarifvertrag* und *Betriebsvereinbarung*?

Eine Betriebsvereinbarung wird zwischen dem **Betriebsrat** (nicht der Gewerkschaft) und dem **einzelnen Arbeitgeber** geschlossen und schriftlich festgehalten. Betriebsvereinbarungen ergänzen häufig Tarifverträge.

74 Welche Bestimmungen enthält das JArbSchG zum *Urlaubsanspruch*?

Der bezahlte **Erholungsurlaub** beträgt laut § 19 JArbSchG jährlich …
1. mindestens **30 Werktage**, wenn der Jugendliche zu Beginn des Kalenderjahres **noch nicht 16 Jahre alt** ist, und
2. mindestens **27 Werktage**, wenn der Jugendliche zu Beginn des Kalenderjahres **noch nicht 17 Jahre alt** ist, und
3. mindestens **25 Werktage**, wenn der Jugendliche zu Beginn des Kalenderjahres **noch nicht 18 Jahre alt** ist.

Der Urlaub soll Berufsschülern in der Zeit der **Schulferien** gegeben werden. Soweit er nicht in den Schulferien gegeben wird, ist für jeden **Berufsschultag**, an dem die Berufsschule während des Urlaubs besucht wird, **ein weiterer Urlaubstag** zu gewähren.

75 Was versteht man unter *Werktagen*?

Unter **Werktagen** versteht man die Wochentage von Montag bis einschließlich Samstag, soweit sie nicht Feiertage sind.

76 Welche *Kündigungsfristen* muss der Arbeitgeber zum Schutz von *langjährigen* Mitarbeitern bei der Auflösung des Arbeitsverhältnisses beachten?

Dauer des Arbeitsverhältnisses:	Kündigungsfrist jeweils zum Monatsende (§ 622 Absatz 2 BGB):
• **zwei** Jahre	• **einen** Monat
• **fünf** Jahre	• **zwei** Monate
• **zehn** Jahre	• **vier** Monate
• **zwölf** Jahre	• **fünf** Monate
• **fünfzehn** Jahre	• **sechs** Monate
• **zwanzig** Jahre	• **sieben** Monate

77 Welche *Merkmale* muss eine *rechtswirksame Kündigung* des Arbeitsverhältnisses aufweisen?

Merkmale einer **rechtswirksamen Kündigung**:
- eine einseitige empfangsbedürftige Willenserklärung
- Anhörung des Betriebsrates
- schriftliche Abfassung

Arbeits- und sozialrechtliche Grundlagen

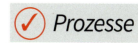

Kündigungsarten:

- **gesetzliche Kündigung:**
  Arbeitern und Angestellten kann mit einer Frist von vier Wochen zum 15. eines Monats oder zum Monatsende gekündigt werden.

- **vertragliche Kündigung:**
  Die Kündigungsfrist kann bei vorübergehend eingestellten Aushilfen weniger als vier Wochen betragen; sie darf die gesetzliche Kündigungsfrist nicht überschreiten und für den Arbeitgeber nicht kürzer sein als für den Arbeitnehmer.

- **außerordentliche (fristlose) Kündigung:**
  Bei Vorliegen eines wichtigen Grundes kann das Arbeitsverhältnis ohne Beachtung einer Kündigungsfrist aufgehoben werden, z. B. bei Diebstahl, Beleidigung, Körperverletzung.

78 Welche *Kündigungsarten* werden unterschieden?

Der Arbeitnehmer kann **innerhalb dreier Wochen** eine **Kündigungsschutzklage** beim zuständigen Arbeitsgericht erheben.

79 Wie kann sich ein Arbeitnehmer rechtlich gegen eine *ordentliche* (fristgerechte) *Kündigung* seitens des Arbeitgebers wehren?

Der Betriebsrat kann **innerhalb einer Woche** Widerspruch erheben.

80 Innerhalb welcher *Frist* kann der Betriebsrat einer ordentlichen Kündigung widersprechen?

Rechtsfolgen aus einer **Kündigungsschutzklage**:

- Die Kündigung ist rechtswirksam.
- Die Kündigung ist unwirksam (z. B., wenn sie sozial ungerechtfertigt ist).

81 Welche *Rechtsfolgen* können sich nach einer Kündigungsschutzklage für den Kläger ergeben?

Folgen einer **erfolgreichen Kündigungsschutzklage**:

- Fortsetzung des Arbeitsverhältnisses
- Auflösung des Arbeitsverhältnisses (gegebenenfalls mit Abfindung)

82 Welche *Möglichkeiten* ergeben sich bei einer erfolgreichen Kündigungsschutzklage für den Arbeitnehmer?

Prozesse ✓ — Personalbezogene Aufgaben

83 Welche *Arbeitspapiere* muss der Arbeitgeber dem Arbeitnehmer bei Beendigung des Arbeitsverhältnisses aushändigen?

Arbeitspapiere bei Kündigung:
- **Verdienstbescheinigung**
- **Urlaubsbescheinigung** als Nachweis für den im laufenden Jahr gewährten Urlaub
- **Zeugnis:**
  - **einfaches Zeugnis:** enthält nur Angaben über die Art der Beschäftigung und die Dauer des Arbeitsverhältnisses
  - **qualifiziertes Zeugnis:** enthält zusätzlich Angaben über die Leistungen und das Verhalten des Arbeitnehmers und muss auf Verlangen des Arbeitnehmers ausgestellt werden

84 Erklären Sie den *allgemeinen* Kündigungsschutz.

Alle Arbeitnehmer in Betrieben mit in der Regel mehr als zehn vollzeitig beschäftigten Mitarbeitern und mit einer Beschäftigungsdauer von mindestens sechs Monaten in demselben Betrieb genießen einen allgemeinen Schutz vor einer sozial ungerechtfertigten Kündigung.

Eine Kündigung ist **sozial ungerechtfertigt**, wenn sie nicht durch Gründe, die in der Person oder dem Verhalten des Arbeitnehmers liegen, oder durch dringende betriebliche Erfordernisse, die einer Weiterbeschäftigung des Arbeitnehmers in diesem Betrieb entgegenstehen, bedingt ist und der Betriebsrat nicht befragt wurde (§ 1 KSchG).

85 Welche Arbeitnehmer genießen einen *besonderen* Kündigungsschutz?

- **Betriebsratsmitglieder sowie Jugend- und Auszubildendenvertreter** während der Amtszeit und ein Jahr danach
- **werdende Mütter** bzw. **Mütter**
  - während der Schwangerschaft (Arbeitgeber muss Kenntnis davon haben bzw. zwei Wochen nach einer Kündigung Kenntnis davon erlangen, z. B. durch ein ärztliches Attest)
  - während einer Frist von vier Monaten nach der Entbindung
  - während der Elternzeit (maximal drei Jahre)
- **Auszubildende** während der Ausbildung nach der Probezeit
- **Schwerbehinderte** (mindestens 50 % Erwerbsminderung): Die Kündigungsfrist beträgt mindestens vier Wochen. Die Kündigung ist nur mit behördlicher **Genehmigung möglich.**

Arbeits- und sozialrechtliche Grundlagen

- Der **Betriebsrat** ist gemäß § 102 BetrVG vor jeder Kündigung **zu hören**, der Arbeitgeber hat ihm die Gründe für die Kündigung mitzuteilen. Eine **ohne Anhörung** des Betriebsrates ausgesprochene Kündigung ist unwirksam.

- Bedenken des Betriebsrates gegen eine **ordentliche Kündigung** muss er dem Arbeitgeber innerhalb einer Woche schriftlich mitteilen, ansonsten gilt die Zustimmung als erteilt.

- Bedenken des Betriebsrates gegen eine **außerordentliche Kündigung** muss er dem Arbeitgeber unverzüglich, spätestens innerhalb dreier Tage schriftlich mitteilen.

- Die **außerordentliche Kündigung** und **Versetzung** von Mitgliedern des **Betriebsrates** oder der **Jugend- und Auszubildendenvertretung** bedürfen der Zustimmung des Betriebsrates. Die Verweigerung der Zustimmung kann das **Arbeitsgericht** auf Antrag des Arbeitgebers ersetzen.

86 Welche *Rechte* hat der Betriebsrat bei *Kündigungen*?

Laut § 102 BetrVG kann der Betriebsrat in folgenden Fällen **widersprechen** (Beispiele):

- Der Arbeitgeber hat bei der Auswahl des zu kündigenden Arbeitnehmers **soziale Gesichtspunkte** nicht oder nicht ausreichend berücksichtigt.
- Die Kündigung verstößt gegen eine Richtlinie nach § 95 BetrVG (**Auswahlrichtlinien**).
- Der zu kündigende Arbeitnehmer kann an einem **anderen Arbeitsplatz** im selben Betrieb oder in einem anderen Betrieb des Unternehmens weiterbeschäftigt werden.
- Die Weiterbeschäftigung des Arbeitnehmers ist nach zumutbaren **Umschulungs-** und **Fortbildungsmaßnahmen** möglich.
- Eine Weiterbeschäftigung des Arbeitnehmers ist unter **geänderten Vertragsbedingungen** möglich und der Arbeitnehmer hat dazu sein Einverständnis erklärt.

87 In welchen *Fällen* kann der Betriebsrat der *ordentlichen Kündigung widersprechen*? Nennen Sie Beispiele.

Während der Probezeit kann das Berufsausbildungsverhältnis beiderseitig jederzeit **ohne** Einhalten einer **Kündigungsfrist** und **ohne** Angabe eines **Kündigungsgrundes** gekündigt werden.

88 Welche Bestimmung sieht das BBiG für eine *Kündigung während der Probezeit* vor?

Nach der Probezeit kann nur gekündigt werden ...
1. von beiden Vertragsparteien aus einem wichtigen Grund ohne Einhalten einer Kündigungsfrist,
2. vom Auszubildenden mit einer Kündigungsfrist von vier Wochen, wenn er die Berufsausbildung aufgeben oder sich für eine andere Berufstätigkeit ausbilden lassen will.

Die Kündigung hat schriftlich zu erfolgen.

89 Wie ist die *Kündigung nach der Probezeit* geregelt?

Prozesse Personalbezogene Aufgaben

90 *Welche Stellung nimmt der Betriebsrat im Unternehmen ein?*

Der **Betriebsrat** vertritt die **Arbeitnehmerinteressen**, arbeitet dabei aber laut § 2 BetrVG unter Beachtung der geltenden Tarifverträge **vertrauensvoll** zum Wohl der Arbeitnehmer und des Betriebes **mit dem Arbeitgeber zusammen**.

91 *Wann kann ein Betriebsrat gewählt werden?*

Gemäß § 1 BetrVG werden in Betrieben mit in der Regel **mindestens fünf** ständigen wahlberechtigten **Arbeitnehmern**, von denen drei wählbar sind, Betriebsräte in geheimer Wahl gewählt.

92 *Welche prinzipiellen Festlegungen macht das Betriebsverfassungsgesetz zu Mitwirkung und Mitbestimmung?*

Die prinzipiellen Festlegungen des Betriebsverfassungsgesetzes lauten:

- In **wirtschaftlichen** und **personellen Angelegenheiten** hat der Betriebsrat in der Regel ein **Mitwirkungsrecht**.
- In **sozialen Angelegenheiten** hat der Betriebsrat ein weitgehendes **Mitbestimmungsrecht**.

93 *Worin liegt der Unterschied zwischen Mitwirkungs- und Mitbestimmungsrechten der Arbeitnehmerseite?*

- Unter **Mitwirkungsrecht** versteht man, dass die Arbeitnehmerseite Einflussmöglichkeiten auf den Entscheidungsprozess der Arbeitgeberseite hat, **ohne** einen **Rechtsanspruch auf Mitentscheidung** zu haben. Die Arbeitnehmervertretung hat beispielsweise die Möglichkeit, vom Arbeitgeber Informationen zu erhalten oder ihn bei betrieblichen Entscheidungen beraten zu können.
- Unter **Mitbestimmungsrecht** versteht man, dass die Arbeitnehmerseite bei betrieblichen Entscheidungsprozessen mitbestimmen kann, also auch **Stimmrecht** hat. Kommt eine Einigung nicht zustande, kann in der Regel eine Einigungsstelle angerufen werden.

94 *Welche allgemeinen Aufgaben hat der Betriebsrat laut Betriebsverfassungsgesetz?*

Gemäß § 80 BetrVG hat der Betriebsrat folgende **allgemeine Aufgaben**:

- Überwachung der Einhaltung von Gesetzen, Unfallverhütungsvorschriften, Tarifverträgen und Betriebsvereinbarungen
- Beantragung von Maßnahmen, die dem Betrieb und der Belegschaft dienen (z. B. Betriebskindergarten), beim Arbeitgeber
- Förderung der Durchsetzung der tatsächlichen Gleichstellung von Frauen und Männern
- Förderung der Vereinbarung von Familie und Erwerbstätigkeit
- Weiterleitung und Unterstützung der Anregungen von Arbeitnehmern und Jugendvertretern
- Förderung der Eingliederung Schwerbehinderter
- Vorbereitung und Durchführung der Wahl einer JAV
- Förderung der Integration ausländischer Arbeitnehmer im Betrieb
- Förderung und Sicherung der Beschäftigung im Betrieb
- Förderung von Maßnahmen des Arbeits- und des betrieblichen Umweltschutzes

Arbeits- und sozialrechtliche Grundlagen

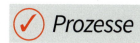 *Prozesse*

- In Unternehmen mit mehr als hundert ständig beschäftigten Arbeitnehmern ist gemäß § 106 BetrVG ein **Wirtschaftsausschuss** zu bilden. Er hat die Aufgabe, wirtschaftliche Angelegenheiten mit dem Arbeitgeber zu beraten und den Betriebsrat zu informieren. Der Wirtschaftsausschuss besteht aus mindestens drei und höchstens sieben Mitgliedern, die vom Betriebsrat bestimmt werden. Dieses Organ soll monatlich einmal zusammentreffen.

- Bei **Betriebsänderungen** hat der Arbeitgeber bei Unternehmen mit in der Regel mehr als 20 wahlberechtigten Arbeitnehmern laut §§ 111 bzw. 112 BetrVG den Betriebsrat über geplante Betriebsänderungen, die für Arbeitnehmer nachteilig sein könnten, zu informieren und mit dem Betriebsrat diese Änderungen zu beraten. Denkbar ist z. B. bei einem Zusammenschluss mit anderen Betrieben die Erstellung eines Sozialplan.

95 Nennen Sie *Mitwirkungsrechte* des Betriebsrates in *wirtschaftlichen* Angelegenheiten.

Der Arbeitnehmer hat laut § 83 BetrVG das Recht, Einsicht in die Personalakte zu nehmen – wenn er möchte auch unter Hinzuziehung eines Betriebsratsmitgliedes. Erklärungen des Arbeitnehmers zum Inhalt der Personalakte sind auf dessen Wunsch hinzuzufügen.

96 Welche Rechte hat der Arbeitnehmer bezüglich der *Personalakte*?

In folgenden Angelegenheiten hat der **Betriebsrat** laut § 87 BetrVG ein **Mitbestimmungsrecht**:

- Fragen der **Ordnung** des Betriebs und des **Verhaltens** der Arbeitnehmer im Betrieb
- Beginn und Ende der täglichen **Arbeitszeit** einschließlich der Pausen sowie Verteilung der Arbeitszeit auf die einzelnen Wochentage
- Vorübergehende **Verkürzung** oder **Verlängerung** der betriebsüblichen Arbeitszeit
- Zeit, Ort und Art der Auszahlung der **Arbeitsentgelte**
- Aufstellung allgemeiner **Urlaubsgrundsätze** und des **Urlaubsplans**
- Einführung und Anwendung von technischen Einrichtungen zur Überwachung der Arbeitnehmer
- Regelungen über die **Verhütung** von **Arbeitsunfällen** und **Berufskrankheiten** sowie über den **Gesundheitsschutz**
- Form, Ausgestaltung und Verwaltung von betrieblichen **Sozialeinrichtungen**
- Zuweisung und Kündigung von betrieblichen **Wohnräumen** für Arbeitnehmer des Betriebes sowie Festlegung der entsprechenden Nutzungsbedingungen
- Fragen der betrieblichen **Lohngestaltung**, insbesondere die Aufstellung von **Entlohnungsgrundsätzen** und die Einführung und Anwendung von neuen **Entlohnungsmethoden** sowie deren Änderung
- Grundsätze über das betriebliche **Vorschlagswesen**
- Grundsätze über die Durchführung von **Gruppenarbeit**
- Kommt eine Einigung nicht zustande, entscheidet die **Einigungsstelle**.

97 In welchen *sozialen Angelegenheiten* hat der Betriebsrat ein Mitbestimmungsrecht?

Prozesse ✓ Personalbezogene Aufgaben

98 Welche *Rechte* hat der Betriebsrat bei *Änderungen der Arbeitsplätze*, des *Arbeitsablaufs* oder der *Arbeitsumgebung*?

Werden die Arbeitnehmer durch Änderungen der Arbeitsplätze, des Arbeitsablaufs oder der Arbeitsumgebung, die gesicherten arbeitswissenschaftlichen Erkenntnissen offensichtlich widersprechen, in besonderer Weise belastet, kann der **Betriebsrat** laut § 90 f. BetrVG entsprechende **Maßnahmen verlangen**. Kommt eine Einigung nicht zustande, entscheidet die **Einigungsstelle**.

99 Welche *Rechte* hat der Betriebsrat in Fragen der *Personalplanung*?

Laut § 92 BetrVG hat der Betriebsrat folgende **Rechte**:
- Der Arbeitgeber hat den Betriebsrat in Fragen der Personalplanung rechtzeitig und umfassend zu **informieren**.
- Der Arbeitgeber hat über erforderliche Maßnahmen mit dem Betriebsrat zu **beraten**.
- Der **Betriebsrat** kann dem Arbeitgeber **Vorschläge** für die Einführung einer Personalplanung und ihre Durchführung **machen**.

100 Welches *Recht* hat der Betriebsrat im Hinblick auf die *Ausschreibung* von Arbeitsplätzen?

Der Betriebsrat kann laut § 93 BetrVG verlangen, dass Arbeitsplätze, die besetzt werden sollen, vorher **innerhalb des Betriebs** ausgeschrieben werden.

101 Welche *Rechte* hat der Betriebsrat im Hinblick auf Personalfragebogen und *Beurteilungsgrundsätze*?

Personalfragebogen und Beurteilungsgrundsätze bedürfen laut § 94 BetrVG der **Zustimmung des Betriebsrates**.

102 Welche *Rechte* besitzt der Betriebsrat hinsichtlich der Aufstellung von *Richtlinien* zur Personalauswahl bei *Einstellungen*, *Versetzungen*, *Umgruppierungen* und *Kündigungen*?

Die Aufstellung von Richtlinien zur Personalauswahl bei Einstellungen, Versetzungen, Umgruppierungen und Kündigungen bedarf gemäß § 95 BetrVG der **Zustimmung des Betriebsrates**. Kommt keine Einigung zustande, entscheidet auf Antrag des Arbeitgebers die **Einigungsstelle**.

Arbeitsverträge 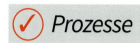 Prozesse

- Bei personellen Einzelmaßnahmen (Einstellung, Eingruppierung, Umgruppierung, Versetzung) hat der Betriebsrat gemäß § 99 BetrVG in Unternehmen mit mehr als 20 wahlberechtigten Arbeitnehmern das **Informationsrecht**; außerdem muss der Arbeitgeber die **Zustimmung** des Betriebsrates einholen.

- Verweigert der Betriebsrat die Zustimmung, kann der Arbeitgeber beim **Arbeitsgericht** beantragen, die Zustimmung zu ersetzen.

Welche *Mitbestimmungsrechte* hat der Betriebsrat bei personellen Einzelmaßnahmen? (103)

2.6 Arbeitsverträge

Handbuch: LF 8

Die **Personaleinstellung** beinhaltet den Abschluss eines Arbeitsvertrages als wichtige Grundlage für ein Arbeitsverhältnis.

Was beinhaltet die *Personaleinstellung*? (104)

rechtliche Bestimmungen bei Vertragsabschluss:

- Arbeitsgesetze (z. B. Arbeitszeitordnung)
- Tarifverträge zwischen Arbeitgeberverbänden und Gewerkschaften
- Betriebsvereinbarungen zwischen Betriebsräten und Arbeitgebern
- Rechtsprechung der Arbeitsgerichte

Welche *rechtlichen Bestimmungen* sind beim Abschluss eines *Arbeitsvertrages* zu beachten? (105)

Der Arbeitsvertrag unterliegt zum **Zeitpunkt des Abschlusses keinen gesetzlichen Formvorschriften**. Wegen der Beweissicherung ist die Schriftform empfehlenswert.

Der Arbeitgeber ist nach dem Nachweisgesetz (NachwG) verpflichtet, die wesentlichen Bedingungen des Arbeitsvertrages **spätestens nach einem Monat schriftlich** festzuhalten und dem Arbeitnehmer zu übergeben. Diese Niederschrift muss enthalten:

- Namen und Anschriften der Vertragspartner
- Beginn (bei befristeten Arbeitsverträgen auch Ende) des Arbeitsverhältnisses
- Arbeitsort
- Höhe des Entgelts
- Arbeitszeit
- Urlaubsanspruch
- Kündigungsfristen
- Tätigkeitsbeschreibung
- Hinweise auf die dem Vertragsverhältnis zugrunde liegenden Tarifverträge sowie Betriebsvereinbarungen

Welche *gesetzlichen Vorschriften* sind für den *Arbeitsvertrag* zu beachten? (106)

Über eine Einstellung sind zu informieren:

- die betreffende **Krankenkasse** binnen 14 Tagen
- die entsprechende **Berufsgenossenschaft** als Trägerin der gesetzlichen Unfallversicherung

Welche *Einrichtungen* sind über eine *Einstellung* zu informieren? (107)

Prozesse Personalbezogene Aufgaben

108 Welche *Pflichten* geht ein *Mitarbeiter* mit dem Abschluss eines Arbeitsvertrages ein?

Pflichten des Mitarbeiters:
- Dienstleistungspflicht
- Verschwiegenheitspflicht
- Wettbewerbsverbot
- Treuepflicht (gesetzlich bzw. vertraglich)
- Haftpflicht

109 Welche *Rechte* kann ein *Mitarbeiter* nach Abschluss eines Arbeitsvertrages beanspruchen?

Rechte des Mitarbeiters:
- Vergütung
- Fürsorge
- Urlaub
- Zeugnis (einfach bzw. qualifiziert)

110 Was versteht man unter einem *Arbeitsvertrag*?

Ein Arbeitsvertrag wird zwischen einem **einzelnen Arbeitnehmer** und einem einzelnen **Arbeitgeber** abgeschlossen, aus diesem Grund wird er auch als Einzelarbeitsvertrag bezeichnet. Er ist meistens eine besondere Form des Dienstvertrags, in dem sich der Arbeitnehmer zur **„Leistung der versprochenen Dienste"** und der Arbeitgeber zur **„Gewährung der vereinbarten Vergütung"** verpflichten (§ 611 ff. BGB).

111 Welche *Voraussetzungen* müssen für den Abschluss eines *gültigen Arbeitsvertrages* gegeben sein?

- Ein Arbeitsvertrag muss grundsätzlich nicht schriftlich abgeschlossen werden, es sei denn, es handelt sich um einen **befristeten** Arbeitsvertrag.
- Spätestens **einen Monat** nach Beginn des Arbeitsverhältnisses müssen die Vertragsbedingungen **schriftlich** bestätigt werden, ansonsten macht sich der Arbeitgeber bei Unterlassung schadenersatzpflichtig (Nachweisgesetz).
- Die Vertragsbeteiligten müssen grundsätzlich **geschäftsfähig** sein.
- Ein **beschränkt** geschäftsfähiger Arbeitnehmer kann aber von seinem gesetzlichen Vertreter dazu **ermächtigt** werden, in ein **Ausbildungs- bzw. Arbeitsverhältnis** einzutreten (vgl. § 113 BGB).

112 Welche *Grenzen* der Abschlussfreiheit beim Arbeitsvertrag sind vom *Arbeitgeber* zu beachten?

Beispiele für Grenzen:	Rechtsquelle:
Beschäftigungsverbot von Kindern und Jugendlichen bis 15 Jahre; Ausnahmeregelungen möglich	JArbSchG § 5 Abs. 1
Geschlechtsbezogene Benachteiligungen sind verboten und können zu Entschädigungsansprüchen des benachteiligten Bewerbers führen.	Allgemeines Gleichbehandlungsgesetz (AGG)
gültige Arbeitserlaubnis für Ausländer	Aufenthaltsgesetz § 4
Zustimmung des Betriebsrates beim Abschluss eines Arbeitsvertrags in Betrieben mit mehr als 20 Arbeitnehmern	BetrVG § 99 Abs. 1

Arbeitsverträge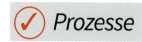

Arten von **Arbeitsverträgen**:

- **Unbefristete Arbeitsverträge** weisen kein vereinbartes Ende des Arbeitsverhältnisses auf. Sie sind also auf Dauer angelegt, was dem Interesse des Arbeitnehmers am ehesten entspricht.

- **Befristete Arbeitsverträge**, sogenannte **Zeitverträge**, werden nur für eine bestimmte Zeit geschlossen. Die Schriftform ist für sie gesetzlich vorgeschrieben. Aus einem befristeten Arbeitsvertrag kann ein unbefristeter entstehen, wenn sich beide Vertragspartner darauf einigen oder ein befristeter Arbeitsvertrag „stillschweigend" verlängert wird.

- Ein **Teilzeitarbeitsvertrag** liegt vor, wenn der Arbeitnehmer eine kürzere Arbeitszeit als die sogenannten Vollzeitarbeitskräfte im Unternehmen hat. Grund kann z. B. der Wunsch des Arbeitsnehmers sein, mehr Zeit für Kinderbetreuung zu haben. Das Teilzeit- und Befristungsgesetz (TzBfG) regelt die Einzelheiten.

113 Was ist unter *unbefristeten*, *befristeten* und *Teilzeitarbeitsverträgen* jeweils zu verstehen?

Laut **Nachweisgesetz** muss der Arbeitgeber **spätestens einen Monat nach** dem vereinbarten **Beginn des Arbeitsverhältnisses** die wesentlichen **Bedingungen** in Schriftform festhalten und dem Arbeitnehmer aushändigen. Diese Niederschrift muss laut § 2 des Nachweisgesetzes mindestens Folgendes enthalten:

- Name und Anschrift der Vertragsparteien,
- Zeitpunkt des Beginns des Arbeitsverhältnisses,
- bei befristeten Arbeitsverhältnissen die vorgesehene Dauer,
- den oder die Arbeitsorte,
- kurze Beschreibung der zu leistenden Tätigkeit,
- Zusammensetzung und Höhe des Arbeitsentgeltes einschließlich der Zuschläge, Prämien und Sonderzahlungen (z. B. Weihnachts- und Urlaubsgeld),
- vereinbarte Arbeitszeit,
- Dauer des jährlichen Erholungsurlaubs,
- Fristen für die Kündigung des Arbeitsverhältnisses und ein
- Hinweis auf Tarifverträge und Betriebsvereinbarungen, die auf das Arbeitsverhältnis anzuwenden sind.

114 Welche Regelungen legt das *Nachweisgesetz* (NachwG) für den Abschluss eines Arbeitsvertrages fest?

- **Individuelles Arbeitsrecht:** Es regelt das Verhältnis des **einzelnen Arbeitnehmers** zum **Arbeitgeber** durch einen einzelnen **Arbeitsvertrag**. Der Arbeitsvertrag hat bestehende Gesetze, z. B. das Bundesurlaubs- oder Kündigungsschutzgesetz, zu berücksichtigen.

- **Kollektives Arbeitsrecht:** Es regelt das Verhältnis einer **Gruppe von Arbeitnehmern**, z. B. der Belegschaft eines Unternehmens, zum **Arbeitgeber** mithilfe von Gesetzen, z. B. dem Betriebsverfassungsgesetz, und Verträgen, z. B. Tarifverträgen.

115 Welcher *Unterschied* besteht zwischen dem *individuellen* und dem *kollektiven Arbeitsrecht*?

Prozesse — Personalbezogene Aufgaben

116 Welche *Bereiche* umfasst das *individuelle* Arbeitsrecht?

- **Arbeitsvertragsrecht**
- **Arbeitsschutzrecht**
  - **sozialer** Arbeitsschutz mit dem Schutz bestimmter Arbeitnehmergruppen, z. B. Schwerbehinderter, durch das Schwerbehindertenrecht oder Mutterschutzgesetz und
  - **technischer** Arbeitsschutz: dabei werden **Gesundheitsschutz** am Arbeitsplatz und Schutz vor **Gefahren** am Arbeitsplatz unterschieden.

117 Welche *Bereiche* umfasst das *kollektive* Arbeitsrecht?

Recht	Gesetz
Koalitionsrecht	**Grundgesetz** (GG), Art. 9, Absatz 3
Tarifvertrags- und **Arbeitskampfrecht**	**Tarifvertragsgesetz** (TVG)
Mitbestimmungsrecht	**Betriebsverfassungsgesetz** und **Mitbestimmungsgesetze**

118 Erläutern Sie am Beispiel der Urlaubsregelung die *Hierarchie* arbeitsrechtlicher Vorschriften.

Das **Bundesurlaubsgesetz** sieht z. B. einen **Mindesturlaub** von **24** Werktagen vor, ein gültiger **Tarifvertrag** könnte z. B. 30 Werktage vorsehen, in einem **Einzelarbeitsvertrag** dürften für den Arbeitnehmer nach dem gültigen Tarifvertrag **30** oder mehr Werktage zu seinen Gunsten vereinbart werden.

119 Was versteht man unter dem sogenannten *Günstigkeitsprinzip* arbeitsrechtlicher Vorschriften?

Einzelvertragliche Regelungen müssen immer **zugunsten** des **Arbeitnehmers** unter Berücksichtigung der **Abstufung** (Hierarchie) arbeitsrechtlicher Vorschriften erfolgen.

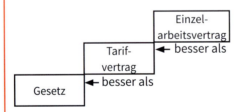

Beispiele:

- Ein gültiger **Tarifvertrag** sieht **30** Werktage Urlaub im Jahr vor und im Arbeitsvertrag werden **32** Werktage vereinbart; es gelten die 32 Werktage.
- Ein gültiger **Tarifvertrag** sieht **30** Werktage Urlaub im Jahr vor, im Arbeitsvertrag werden 28 Werktage vereinbart; es gelten die **30** Werktage.

Entgeltabrechnung 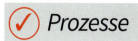#

2.7 Entgeltabrechnung

Handbuch: LF 8

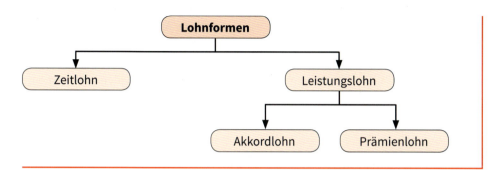

Wie kann man die *Lohnformen* unterteilen? (120)

- **Zeitlohn:**
  Berechnung nach der Dauer der Arbeitszeit, kein direkter Bezug zur tatsächlich geleisteten Arbeit (z. B. Stundenlohn von Arbeitnehmern)

- **Leistungslohn:**
  Ermittlung nach der tatsächlich produzierten Stückzahl, Zahlung eines tariflichen Mindestlohnes gemäß Tarifvertrag, wenn das Arbeitssoll nicht erreicht wird

Unterscheiden Sie zwischen *Zeit-* und *Leistungslohn*. (121)

Der **Prämienlohn** besteht aus einem Grundentgelt (meist Stundenlohn) und einer leistungsbezogenen Prämie (Sondervergütung), z. B. für eine Mehrleistung oder einen Verbesserungsvorschlag.

Aus welchen *Komponenten* besteht der *Prämienlohn*? (122)

Der **Akkordlohn** ist ein Leistungslohn für Tätigkeiten, bei denen das geleistete Arbeitsergebnis messbar ist und einem einzelnen Arbeitnehmer (Einzelakkord) oder einer Gruppe von Arbeitnehmern (Gruppenakkord) vergütet wird. Der Akkordlohn besteht aus einem tariflich oder vertraglich vereinbarten Lohn und einem Akkordzuschlag. Die Summe daraus ergibt den Verdienst pro Stunde bei Normalleistung des Akkordarbeiters (Akkordrichtsatz).

Was bedeutet *Akkordlohn*? (123)

Beispiel:

tariflicher Lohn	10,00 €
+ 20 % Akkordzuschlag	2,00 €
= Akkordrichtsatz	12,00 €

Der tariflich vereinbarte Mindestlohn wird bei verminderter Arbeitsleistung (z. B. nach einer Erkrankung) bezahlt.

Prozesse ✓ Personalbezogene Aufgaben

124 Welche *Voraussetzungen* müssen vorliegen, damit *im Akkord* gearbeitet werden kann?

Voraussetzung für die **Bezahlung im Akkordlohn**:

- Der Arbeitsablauf muss exakt vorgegeben sein und sich ständig wiederholen.
- Die Tätigkeit muss relativ einfach sein.
- Die Arbeitsleistung muss mengenmäßig messbar und auf eine Person oder eine Arbeitsgruppe zurechenbar sein.
- Der Arbeitnehmer muss das Arbeitstempo individuell bestimmen können.

125 Welche *Vor- und Nachteile* hat der *Akkordlohn*?

- **Vorteile:**
  - Leistungsanreiz für die Arbeitnehmer, da die Entlohnung nach der erbrachten Leistung erfolgt
  - unternehmerisches Risiko für verminderte Arbeitsleistungen entfällt, es sei denn, der festgelegte Mindestlohn wird nicht erreicht

- **Nachteile:**
  - Gefahr der Überanstrengung der Mitarbeiter
  - Gefahr von Ausschussproduktion
  - starke Beanspruchung der Betriebsmittel führt zu erhöhtem Verschleiß
  - mögliche Entstehung von sozialen Spannungen durch Vorgabezeiten und Gruppendruck bei Gruppenakkordentlohnung

126 Was versteht man unter *Lohnnebenkosten*?

Lohnnebenkosten sind alle Aufwendungen, die der Arbeitgeber aufgrund von bestehenden Arbeitsverträgen zusätzlich zu den Löhnen und Gehältern bezahlen muss:

- **gesetzliche Lohnnebenkosten**, z. B. Sozialversicherungsbeiträge der Arbeitgeber, Entgeltfortzahlung bei Krankheit und während der Mutterschutzzeit, bezahlte Feiertage
- **tariflich und betrieblich vereinbarte Lohnnebenkosten**, z. B. betriebliche Altersversorgung, Vermögensbildung, Sonderzahlungen (Weihnachtsgeld, 13. Monatsgehalt, Urlaubsgeld)
- **freiwillige betriebliche Lohnnebenkosten**, z. B. Kantinenzuschüsse, Leistungen für besondere persönliche Anlässe (langjährige Betriebszugehörigkeit)

127 Welche *Rechtsvorschriften* sind bei der *Arbeitsentlohnung* zu beachten?

Rechtsvorschriften hinsichtlich der Arbeitsentlohnung:

- Einzelarbeitsvertrag
- Betriebsvereinbarung
- Lohn- und Gehaltstarifvertrag

Der Einzelarbeitsvertrag darf keine ungünstigeren Regelungen enthalten, als in Betriebsvereinbarungen bzw. in Lohn- und Gehaltstarifverträgen vorgesehen sind.

Entgeltabrechnung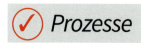

Beispiel:

Bruttoentgelt	2.346,50 €
+ vermögenswirksame Leistungen des Arbeitgebers	20,00 €
= lohnsteuer- und sozialversicherungspflichtiges Entgelt	2.366,50 €
– Lohn- und Kirchensteuer sowie Solidaritätszuschlag	264,09 €
– Arbeitnehmeranteil zur Sozialversicherung	491,65 €
= Nettoentgelt	**1.610,76 €**
– vermögenswirksame Sparleistung	40,00 €
= Auszahlungsbetrag	**1.570,76 €**

128 *Wie errechnet* man das *Nettoentgelt* und den *Auszahlungsbetrag*?

- Ermittlung der Lohnsteuer gemäß der Steuerklasse
- Beachtung der Steuerfreibeträge
- Berücksichtigung der Beitragsbemessungs- und Versicherungspflichtgrenzen zur Ermittlung der Sozialversicherungsbeiträge
- Abführung der einbehaltenen Lohn- und Kirchensteuer sowie des Solidaritätszuschlags an die zuständigen Finanzbehörden
- Abführung der Sozialversicherungsbeiträge an die entsprechenden Krankenkassen
- Abführung der vermögenswirksamen Sparleistungen (z. B. an Bausparkassen) und der sonstigen Abzüge (z. B. Entgeltpfändungen)

129 *Worauf* ist bei der Ermittlung des Nettoentgelts und des Auszahlungsbetrages zu *achten*?

Tarifgehalt	1.800,00 €
+ Umsatzprämie	250,00 €
+ vermögenswirksame Leistung des Arbeitgebers	40,00 €
= Bruttogehalt	**2.090,00 €**

130 *Berechnen* Sie das *Bruttogehalt* des Mitarbeiters für den Monat Mai, wenn folgende Daten vorliegen: *Tarifgehalt: 1.800,00 €, Umsatz im Monat Mai: 50.000,00 €, Umsatzprämie: 0,5 %, vermögenswirksame Leistung des Arbeitgebers: 40,00 €.*

Prozesse Personalbezogene Aufgaben

131 Welche *gesetzlichen Abzüge* sind bei der Lohn- und Gehaltsabrechnung zu beachten?

- Lohnsteuer
- Solidaritätszuschlag
- ggf. Kirchensteuer

- Rentenversicherung
- Arbeitslosenversicherung
- Krankenversicherung
- Pflegeversicherung
- Zuschlag für Zahnersatz/Krankengeld
- kassenindividueller Zusatzbeitrag zur Krankenversicherung

132 Welche *Steuerklassen* werden unterschieden?

Steuerklasse I: nicht verheiratete, verwitwete oder geschiedene Arbeitnehmer sowie Verheiratete, die dauernd getrennt leben

Steuerklasse II: Arbeitnehmer der Steuerklasse I, sofern sie mindestens ein Kind haben

Steuerklasse III: verheiratete, aber nicht ständig getrennt lebende Arbeitnehmer, deren Ehegatte keinen Arbeitslohn erhält oder die Steuerklasse V gewählt hat

Steuerklasse IV: verheiratete und nicht dauernd getrennt lebende Arbeitnehmer, die beide Arbeitslohn beziehen

Steuerklasse V: verheiratete und nicht dauernd getrennt lebende Ehegatten, die beide Arbeitslohn beziehen, wobei ein Ehegatte auf gemeinsamen Antrag die Steuerklasse III gewählt hat

Steuerklasse VI: Bei mehr als einem Arbeitsverhältnis wird für das zweite und alle weiteren Arbeitsverhältnisse die Lohnsteuerklasse VI in die entsprechenden Lohnsteuerkarten eingetragen.

133 Wozu dient der *Solidaritätszuschlag* und in welcher Höhe wird er erhoben?

Der **Solidaritätszuschlag** dient der Finanzierung der deutschen Einheit. Er beträgt 5,5 % der Lohnsteuer.

134 Wie viel Prozent beträgt die *Kirchensteuer*?

Die **Kirchensteuer** beträgt
- in Bayern und Baden-Württemberg 8 %,
- in den übrigen Bundesländern 9 %,

jeweils berechnet von der Lohnsteuer.

Entgeltabrechnung 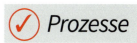 Prozesse

Beiträge zur gesetzlichen Sozialversicherung:

- Arbeitnehmer und Arbeitgeber tragen die Beiträge zur Renten-, Arbeitslosen-, Kranken- und Pflegeversicherung je zur Hälfte.
- Bei der Krankenversicherung können die Krankenkassen einen kassenindividuellen Zusatzbeitrag erheben, den der Arbeitnehmer alleine trägt.
- Kinderlose Arbeitnehmer im Alter zwischen 23 und 64 Jahren zahlen einen um 0,25 % erhöhten Beitrag zur Pflegeversicherung; diese Erhöhung tragen die Arbeitnehmer alleine.
- In Sachsen zahlt der Arbeitnehmer einen höheren Beitragsanteil zur Pflegeversicherung als der Arbeitgeber.
- Die Beiträge zur Unfallversicherung trägt der Arbeitgeber in voller Höhe alleine.

135 Wer trägt die *Beiträge* zur gesetzlichen Sozialversicherung?

Beitragsbemessungsgrenze:

- Die Beiträge zur Renten-, Arbeitslosen-, Kranken- und Pflegeversicherung werden grundsätzlich vom Bruttoverdienst berechnet, allerdings nur bis zu einem bestimmten Höchstverdienst. Der Teil des Einkommens, der über diesem Höchstverdienst (**Beitragsbemessungsgrenze**) liegt, wird bei der Ermittlung der Beiträge nicht berücksichtigt.
- Die Beitragsbemessungsgrenze wird jährlich der allgemeinen **Einkommensentwicklung angepasst**.
- Die Beitragsbemessungsgrenze für die Kranken- und Pflegeversicherung beträgt **knapp 68 %** der Beitragsbemessungsgrenze der Renten- und Arbeitslosenversicherung.

136 Was versteht man unter der *Beitragsbemessungsgrenze*?

Staatlich gefördert werden

- **Bausparbeiträge** bis zu 470,00 € pro Jahr mit 9 %, also mit einer jährlichen Sparzulage von maximal 43,00 € (wird auf volle Euro gerundet),
- **Beteiligungen am Produktivkapital** bis zu 400,00 € pro Jahr mit 20 %, also mit einer jährlichen Sparzulage von maximal 80,00 €.

Die Sparzulage bekommen Ledige/Verheiratete bis zu einem zu versteuernden Einkommen von 17.900,00 €/35.800,00 €.

137 Welche *Sparleistungen* der Arbeitnehmer werden mit einer *Sparzulage* staatlich gefördert?

Die **Sparleistung wird aufgebracht**

- entweder durch den **Arbeitnehmer alleine**,
- oder – aufgrund von Tarifverträgen oder Betriebsvereinbarungen – durch den **Arbeitgeber alleine** oder **Arbeitnehmer und Arbeitgeber** anteilig.

138 Wer *bringt* die Sparleistung *auf*?

Prozesse ✓ — Personalbezogene Aufgaben

139 Wie *wirkt* sich eine teilweise oder ganz vom Arbeitgeber finanzierte *Sparleistung auf das steuer- und sozialversicherungspflichtige Einkommen* des Arbeitnehmers aus?

Das steuer- und sozialversicherungspflichtige Einkommen und damit die Höhe von Lohnsteuer und Sozialversicherungsbeiträgen **steigen**.

140 Welche Arbeitspapiere benötigt die Personalabteilung?

Arbeitspapiere sind

- die notwendigen Angaben für die sogenannte elektronische Lohnsteuerkarte (ELStAM: **E**lektronische **L**ohn-**St**euer**A**bzugs**M**erkmale),
- die Kindergeldbescheinigung,
- der Sozialversicherungsausweis,
- die Bescheinigung über den im laufenden Kalenderjahr gewährten oder abgegoltenen Urlaub,
- das Arbeitszeugnis,
- Unterlagen über vermögenswirksame Leistungen,
- die Arbeitsbescheinigung,
- in der Lebensmittelbranche das Gesundheitszeugnis,
- bei ausländischen Arbeitsnehmern aus Nicht-EU-Staaten die Arbeitserlaubnis,
- bei Jugendlichen die Gesundheitsbescheinigung.

141 Nennen Sie die *Sozialversicherungsträger* der einzelnen *Sozialversicherungszweige*.

Sozialversicherungszweig	Sozialversicherungsträger
Krankenversicherung	Krankenkassen
Pflegeversicherung	Pflegekassen der Krankenkassen
Rentenversicherung	Deutsche Rentenversicherung Bund/Land Deutsche Rentenversicherung Knappschaft-Bahn-See
Arbeitslosenversicherung	Bundesagentur für Arbeit (Arbeitsagenturen)
Unfallversicherung	Berufsgenossenschaften Gemeindeunfallversicherungsverbände

Rechnungswesen als Instrument 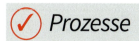 Prozesse

3 Kaufmännische Steuerung

3.1 Rechnungswesen als Instrument kaufmännischer Planung, Steuerung und Kontrolle

Handbuch: LF 6

Rechnungswesen bedeutet das **systematische Erfassen aller Geschäftsfälle** in einem Unternehmen, sowohl mengenmäßig (z. B. die Anlieferung von 20 Stück Schreibtischlampen) als auch wertmäßig (z. B. haben die 20 Schreibtischlampen einen Gesamtwert von 2.500,00 €).

① Was *bedeutet* der Begriff *Rechnungswesen*?

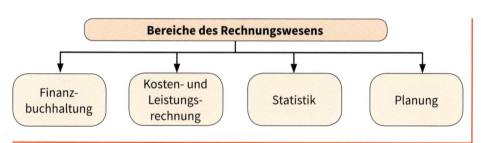

② Welche *Teilbereiche* umfasst das *betriebliche Rechnungswesen*?

A u f g a b e n	Dokumentation	Alle **Geschäftsfälle** des Unternehmens – wie z. B. Einkäufe, Verkäufe, Gehalts-, Miet- und Zinszahlungen, Werbung – werden **schriftlich/elektronisch festgehalten**, da man sich die vielen hundert Vorgänge eines Jahres nicht einfach merken kann. Die Dokumentation dient daher als Gedächtnis.
	Information	Das Ergebnis der dokumentierten (aufgeschriebenen) Geschäftsfälle schlägt sich insbesondere in der Bilanz *(siehe Kapitel 3.2.6, Seite 100 ff.)* und in der Gewinn- und Verlustrechnung *(siehe Kapitel 3.2.10, Seite 107 f.)* des Unternehmens nieder. Daraus können von unterschiedlichen **Interessenten** (Personen) **Informationen über die wirtschaftliche Entwicklung** des Unternehmens gezogen werden.
	Rechenschaftslegung	Mithilfe des Zahlenwerks des Rechnungswesens wird **Rechenschaft gegenüber den Kapitalgebern** des Unternehmens (Eigentümer und Banken) darüber abgelegt, ob die eingesetzten Mittel sinnvoll verwendet wurden. (So muss z. B. auch in jedem Sportverein der Vorstand vor den Vereinsmitgliedern Rechenschaft über die Verwendung der Vereinsbeiträge ablegen.)

③ Welche *Aufgaben* soll das *betriebliche Rechnungswesen* erfüllen?

Prozesse Kaufmännische Steuerung

A u f g a b e n	Kontrolle	Die Kosten- und Leistungsrechnung gibt zum Beispiel darüber Auskunft, **welche Kosten** (z. B. Löhne, Gehälter, Wareneinkaufskosten, Telefonkosten, Büromaterial) **in welcher Höhe in welcher Abteilung** entstanden sind, ob die Abteilungen wirtschaftlich gearbeitet haben.
	Planung	Schließlich dienen die Zahlen des Rechnungswesens als **Planungsgrundlage** für Entscheidungen, z. B. über Einstellung oder Entlassung von Mitarbeitern, Investitionen, Vergrößerung oder Verkleinerung des Sortiments, Höhe der Verkaufspreise.

4 Wie *hängen* die vier *Teilbereiche* des betrieblichen Rechnungswesens *zusammen*?

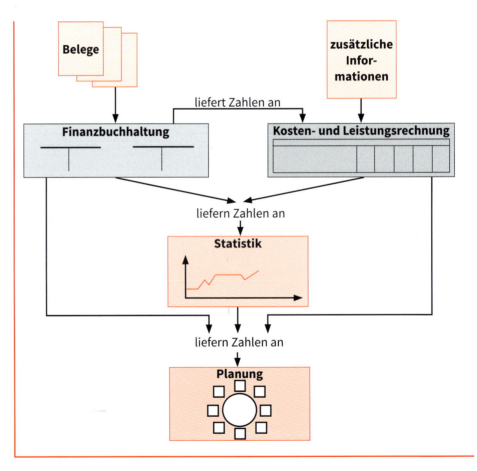

5 Warum zählt das betriebliche Rechnungswesen zu den *unterstützenden Geschäftsprozessen*?

- Die **Kernprozesse** Beschaffung (Einkauf), Produktion und Absatz (Verkauf) betreffen die Leistung eines Industrieunternehmens und haben einen **direkten Bezug zum Kunden**.

- Das Rechnungswesen hat **keinen direkten Bezug zu den Leistungen und den Kunden;** daher handelt es sich nur um einen Prozess, der die Kernprozesse **unterstützt**.

Rechnungswesen als Instrument

- Als **externen** Teil des Rechnungswesens wird die **Finanzbuchhaltung** oder Buchführung bezeichnet.

  § 238 Absatz 1 HGB:
  „Jeder Kaufmann ist verpflichtet, Bücher zu führen und in diesen seine Handelsgeschäfte und die Lage seines Vermögens nach den Grundsätzen ordnungsmäßiger Buchführung ersichtlich zu machen."

- Sie ist **gesetzlich vorgeschrieben**, z. B. im Handelsgesetzbuch (HGB) und im Einkommensteuergesetz (EStG):

6 Welcher *Teilbereich* des betrieblichen Rechnungswesens gehört zum *externen Rechnungswesen*?

Externes Rechnungswesen bedeutet, dass bestimmte **Außenstehende** im Hinblick auf ihr künftiges Verhalten ein Informationsinteresse am Zahlenwerk der Finanzbuchhaltung haben:

- die **Eigentümer** möchten eine möglichst hohe Verzinsung ihres eingesetzten Eigenkapitals erzielen;
- die **Arbeitnehmer** haben ein Interesse an einer möglichst langfristigen Sicherung ihrer Arbeitsplätze;
- die **Kreditgeber** (Banken) interessiert die Kreditwürdigkeit z. B. des Industrieunternehmens;
- das **Finanzamt** (der Staat) benötigt eine Grundlage für die Besteuerung;
- die **Lieferanten** sind an der Zahlungsfähigkeit z. B. des Industrieunternehmens interessiert;
- die **Kunden** wollen sicher sein, dass z. B. das Industrieunternehmen lieferfähig ist.

7 Was *bedeutet* „externes Rechnungswesen"?

- Zum **internen** Rechnungswesen zählen die Bereiche **Kosten- und Leistungsrechnung**, **Statistik** und **Planung**.
- Diese Bereiche des Rechnungswesens **sind gesetzlich nicht vorgeschrieben**, sie dienen **betrieblichen Zwecken**.

8 Nennen Sie die *Teilbereiche* des *internen Rechnungswesens*.

Das **interne Rechnungswesen** liegt ausschließlich im **Eigeninteresse** der **Geschäftsleitung**, die z. B. …

- jederzeit über die Geschäftslage informiert sein will, z. B. über die Entwicklung des **Unternehmenserfolgs** (Gewinn oder Verlust),
- einen Überblick über die **Verkaufserlöse** und **Einkaufskosten** der einzelnen Artikel haben möchte,
- die Zahlen des internen Rechnungswesens für die **Kontrolle der Kosten** und der **Wirtschaftlichkeit** in den verschiedenen Abteilungen benötigt,
- **innerbetriebliche Zeitvergleiche und Vergleiche mit Konkurrenzunternehmen** vornimmt, um Lage und Entwicklung des eigenen Unternehmens in der entsprechenden Branche bestimmen bzw. einschätzen zu können,
- auf der Grundlage der vorhandenen Daten die **Absatzpreise kalkulieren** kann.

9 Was *bedeutet* „internes Rechnungswesen"?

Kaufmännische Steuerung

Handbuch: LF 6

3.2 Finanzbuchhaltung

10 Welche *Aufgaben* hat die *Finanzbuchhaltung*?

Die Finanzbuchhaltung hat die folgenden Aufgaben:
- Erfassen aller betrieblich relevanten Geschäftsfälle während des Geschäftsjahres
- Bewerten und Bilanzieren aller Vermögensteile und Schulden
- Erstellen des Jahresabschlusses mit Bilanz und Gewinn- und Verlustrechnung (bei Kapitalgesellschaften: zusätzlich Anhang)
- Analysieren der Bilanz und der Gewinn- und Verlustrechnung mithilfe von Bilanzkennzahlen

Handbuch: LF 6

3.2.1 Einflussfaktoren auf die Wirtschaftlichkeit der betrieblichen Leistungserstellung

11 Was ist unter der *betrieblichen Leistungserstellung* zu verstehen?

- Die betriebliche Leistungserstellung hängt von dem Geschäftszweck des Unternehmens ab.
- So besteht z. B. die betriebliche Leistung eines **Einzelhandelsunternehmens** darin, ein bestimmtes kundenorientiertes Warensortiment anzubieten und die Waren zu verkaufen.

Ein **Industrieunternehmen** dagegen sieht es als seine Hauptaufgabe an, Produkte (Sachgüter) herzustellen (zu produzieren) und zu verkaufen.
- Die Leistungen bestehen also entweder in **Dienstleistungen** oder in **Sachgütern**.

12 Die Leistungserstellung soll *wirtschaftlich* erfolgen. Erläutern Sie diese Aussage.

- Die Leistungen der Betriebe (Sachgüter bzw. Dienstleistungen) werden durch den Einsatz der **Produktionsfaktoren** Arbeitskräfte, Werkstoffe und Betriebsmittel erzeugt bzw. erbracht.
- Dabei ist das ökonomische Prinzip **(Wirtschaftlichkeitsprinzip)** zu beachten, das besagt: Mit gegebenen Mitteln (Aufwendungen für die Produktionsfaktoren) soll der größtmögliche Nutzen (Erträge aus dem Verkauf der Produkte/der Dienstleistungen) erzielt werden.
- Wirtschaftlichkeit = $\dfrac{\text{Erträge}}{\text{Aufwendungen}}$

13 Welches *betriebswirtschaftliche Hauptziel* verfolgen Unternehmen?

Das Hauptziel von Unternehmen besteht darin, langfristig **Gewinn zu erzielen**, indem sie Sachgüter herstellen oder/und Dienstleistungen erbringen und verkaufen.

Finanzbuchhaltung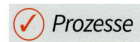

Erträge
− Aufwendungen
_____
= Unternehmenserfolg

- Erträge > Aufwendungen
  → Unternehmensgewinn
- Erträge < Aufwendungen
  → Unternehmensverlust

14 Wie *errechnet* sich der *Erfolg* des Unternehmens?

Erträge (300.000,00 €)	− Aufwendungen (250.000,00 €)
	= Unternehmensgewinn (50.000,00 €)

Beispiele für **Ertragsarten**:
- Umsatzerlöse aus dem Verkauf von eigenen Erzeugnissen an Kunden
- Umsatzerlöse aus dem Verkauf von Handelswaren an Kunden
- Zinserträge für angelegtes Geld
- Mieterträge, z. B. für vermietete Büroräume
- Erträge aus Serviceleistungen, z. B. Reparaturen

15 Nennen Sie *Beispiele* für wichtige *Ertragsarten* eines Industrieunternehmens.

Beispiele für **Aufwandsarten**:
- Aufwendungen aus dem Verbrauch von Roh-, Hilfs- und Betriebsstoffen
- Aufwendungen für Handelswaren (Wareneinsatz)
- Löhne (Arbeiter) und Gehälter (Angestellte) aus der Bezahlung der Mitarbeiter
- Vergütung für Auszubildende
- Aufwendungen für Porto und Telefon
- Zinsaufwendungen für aufgenommene Kredite
- Mietaufwendungen für die Bezahlung angemieteter Lagerräume
- Aufwendungen für Strom, Gas, Wasser
- Aufwendungen für Versicherungen

16 Nennen Sie *Beispiele* für wichtige *Aufwandsarten* eines Industrieunternehmens.

Gewinne **erhöhen** das Eigenkapital.

Verluste **verringern** das Eigenkapital.

17 Wie *wirken* sich Gewinn bzw. Verlust auf das *Eigenkapital* des Unternehmens aus?

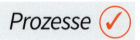

Kaufmännische Steuerung

Handbuch: LF 6

3.2.2 Grundsätze ordnungsmäßiger Buchführung (GoB)

18 Welche *Grundsätze ordnungsmäßiger Buchführung* werden unterschieden?

Grundsätze ordnungsmäßiger Buchführung:

- Führen von Handelsbüchern in einer **lebenden Sprache**
- Verwenden eines **Buchführungssystems**
- Aufstellen des Jahresabschlusses in **deutscher Sprache** und Bewertung in **Euro**
- zeitgerechtes und geordnetes Eintragen in die **Handelsbücher**
- Bei Eintragungsänderungen muss der **ursprüngliche Inhalt** noch feststellbar sein.
- keine Buchung ohne **Beleg**
- Handelsbücher, Inventare, Bilanzen, Buchungsbelege und Lageberichte sind **zehn Jahre** lang aufzubewahren, Handelsbriefe und sonstige Unterlagen **sechs Jahre**.
- Das Geschäftsjahr dauert nicht länger als **zwölf Monate**.
- Beachten des **Stichtagsprinzips**
- Beachten des Prinzips der **Einzelbewertung** bei der Bewertung der Vermögensteile und der Schulden

Handbuch: LF 6

3.2.3 Organisation der Finanzbuchhaltung

19 Was ist ein *Kontenrahmen* und nach welchem *Prinzip* ist er gegliedert?

- Der Kontenrahmen ist die **systematische Gliederung aller Konten** der Unternehmen eines Wirtschaftszweiges/einer Branche, z. B. für Einzelhandelsunternehmen der Einzelhandelskontenrahmen (EKR) oder für Industrieunternehmen der Industriekontenrahmen (IKR).
- Er ist nach dem **Abschlussgliederungsprinzip** (Ausrichtung der Konten auf die Bilanz und die Gewinn- und Verlustrechnung nach HGB) gegliedert.

20 Nach welchem *System* ist der *Kontenrahmen* aufgebaut?

Der **Kontenrahmen** ist nach dem **dekadischen System** (Zehnersystem) aufgebaut, d. h., es gibt **zehn Kontenklassen**, nummeriert von 0 bis 9. Jede Kontenklasse ist in zehn Kontengruppen, jede Kontengruppe in zehn Kontenarten, jede Kontenart in zehn Kontenunterarten usw. unterteilt.

Der Kontenrahmen zeigt eine bestimmte **Reihenfolge der Kontengliederung**:

- aktive Bestandskonten
- passive Bestandskonten
- Ertragskonten
- Aufwandskonten
- Ergebnis- oder Abschlusskonten
- Konten für die Kosten- und Leistungsrechnung

Finanzbuchhaltung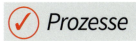

Der **Industriekontenrahmen** besteht aus den folgenden **zehn Kontenklassen**:

0 Immaterielle Vermögensgegenstände und Sachanlagen
1 Finanzanlagen
2 Umlaufvermögen und aktive Rechnungsabgrenzung
3 Eigenkapital und Rückstellungen
4 Verbindlichkeiten und passive Rechnungsabgrenzung
5 Erträge
6 Betriebliche Aufwendungen
7 Weitere Aufwendungen
8 Ergebnisrechnungen
9 Weitere Aufwendungen (Kosten- und Leistungsrechnung)

21 Welche *Kontenklassen* werden im *Industriekontenrahmen* unterschieden (Industriekontenrahmen siehe Seite 88 und 89)?

---

6 Kontenklasse: „Betriebliche Aufwendungen"
60 Kontengruppe: „Aufwendungen für Roh-, Hilfs- und Betriebsstoffe und für bezogene Waren"
608 Kontenart: „Aufwendungen für Waren"
6082 Kontenunterart: „Nachlässe"

22 Reihen Sie schrittweise das Konto mit der *Kontonummer 6082* in das System des Industriekontenrahmens (Kontenrahmen siehe Seite 88 und 89) ein.

Der Kontenplan ist die **betriebsindividuelle Ausgestaltung** des vom jeweiligen Wirtschaftsverband vorgeschriebenen Kontenrahmens, der ebenfalls nach dem dekadischen System aufgebaut ist. Dabei werden nicht benötigte Konten des Kontenrahmens weggelassen, zusätzlich benötigte Konten werden eingefügt.

23 Was ist ein *Kontenplan*?

Bei den **Buchungsbelegen** werden unterschieden:

- **interne** oder **Eigenbelege** (im Unternehmen selbst erstellte Belege), z. B. Lohnliste, Durchschrift Ausgangsrechnung
- **externe** oder **Fremdbelege** (von außen in das Unternehmen gelangte Belege), z. B. Eingangsrechnung, Quittung
- **Ersatzbelege** (Notbelege)
  – Ersatz für abhandengekommene Originalbelege
  – nicht erhältliche Fremdbelege, z. B. Beleg für ein Telefonat von einer öffentlichen Telefonzelle

24 Welche *Buchungsbelege* werden unterschieden?

Die **Bearbeitung von Belegen** schließt nachfolgende Tätigkeiten ein:

- Überprüfen auf sachliche und rechnerische Richtigkeit,
- Sortieren und Nummerieren der Belege,
- Vorkontieren auf der Grundlage des Kontenplans,
- Ablegen und aufbewahren.

25 Welche *Tätigkeiten* sind bei der Bearbeitung der *Belege* vorzunehmen?

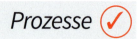

Kaufmännische Steuerung

Industrie-Kontenrahmen (IKR) für Aus- und Fortbildung[1]

1987 herausgegeben vom Bundesverband der Deutschen Industrie

Kontenklassen

AKTIVA		PASSIVA	
0 Immaterielle Vermögensgegenstände u. Sachanlagen	**1 Finanzanlagen**	**3 Eigenkapital und Rückstellungen**	**4 Verbindlichkeiten und passive Rechnungsabgrenzung**
00 Ausstehende Einlagen	10 bis 12 frei	*Eigenkapital*	40 Frei
0000 Ausstehende Einlagen	13 Beteiligungen	30 Eigenkapital/Gezeichnetes Kapital	41 Anleihen
01 Frei	14 Frei	Bei Einzelkaufleuten:	4100 Anleihen
Immaterielle Vermögensgegenstände	15 Wertpapiere des Anlagevermög.	3000 Eigenkapital	42 Verbindlichkeiten gegenüber Kreditinstituten
02 Konzessionen, gewerbliche Schutzrechte u. ähnliche Rechte und Werte sowie Lizenzen an solchen Rechten und Werten	1500 Wertpapiere des Anlagevermögens	3001 Privatkonto	4210 Kurzfristige Bankverbindlichkeiten
	16 Sonstige Finanzanlagen	Bei Personengesellschaften:	4230 Mittelfristige Bankverbindlichkeiten
0200 Konzessionen	1600 Sonstige Finanzanlagen	3000 Kapital Gesellschafter A	4250 Langfristige Bankverbindlichkeiten
03 Geschäfts- oder Firmenwert	17 bis 19 Frei	3001 Privatkonto A	43 Erhaltene Anzahlungen auf Bestellungen
0300 Geschäfts- oder Firmenwert	**2 Umlaufvermögen und aktive Rechnungsabgrenzung**	3010 Kapital Gesellschafter B	4300 Erhaltene Anzahlungen
04 Frei	*Vorräte*	3011 Privatkonto B	44 Verbindlichkeiten aus Lieferungen und Leistungen
Sachanlagen	20 Roh-, Hilfs- und Betriebsstoffe[5]	3070 Kommanditkapital Gesellschafter C	4400 Verbindlichkeiten aus Lieferungen und Leistungen
05 Grundstücke, grundstücksgleiche Rechte und Bauten einschließlich der Bauten auf fremden Grundstücken	2000 Rohstoffe/Fertigungsmaterial	3080 Kommanditkapital Gesellschafter D	4420 Kaufpreisverbindlichkeiten
	2001 Bezugskosten	Bei Kapitalgesellschaften:	45 Wechselverbindlichkeiten
0500 Unbebaute Grundstücke	2002 Nachlässe	3000 Gezeichnetes Kapital (Grundkapital/Stammkapital)	4500 Schuldwechsel
0510 Bebaute Grundstücke	2010 Vorprodukte/Fremdbauteile	31 Kapitalrücklage	46 und 47 Frei
0520 Gebäude (Sammelkonto)	2011 Bezugskosten	3100 Kapitalrücklage	48 Sonstige Verbindlichkeiten
0530 Betriebsgebäude	2012 Nachlässe	32 Gewinnrücklagen	4800 Umsatzsteuer
0540 Verwaltungsgebäude	2020 Hilfsstoffe	3210 Gesetzliche Rücklagen	4802 Umsatzsteuer (19%) für i. E.
0550 Andere Bauten	2021 Bezugskosten	3230 Satzungsmäßige Rücklagen	4820 Zollverbindlichkeiten
0560 Grundstückseinrichtungen	2022 Nachlässe	3240 Andere Gewinnrücklagen	4830 Sonstige Verbindlichkeiten gegenüber Finanzbehörden
0570 Gebäudeeinrichtungen	2030 Betriebsstoffe	33 Ergebnisverwendung	4840 Verbindlichkeiten gegenüber Sozialversicherungsträgern
0590 Wohngebäude	2031 Bezugskosten	3310 Jahresergebnis des Vorjahres	4850 Verbindlichkeiten gegenüber Mitarbeitern
06 Frei	2032 Nachlässe	3320 Ergebnisvortrag aus früheren Perioden	4860 Verbindlichkeiten aus vermögenswirksamen Leistungen
07 Technische Anlagen und Maschinen[2]	2070 Sonstiges Material	3340 Veränderungen der Gewinnrücklagen vor Bilanzergebnis	4870 Verbindlichkeiten gegenüber Gesellschaftern (Dividende)
0700 Anlagen und Maschinen der Energieversorgung	2071 Bezugskosten	3350 Bilanzgewinn/Bilanzverlust	4890 Übrige sonstige Verbindlichkeiten
0710 Anlagen der Materiallagerung und -bereitstellung	2072 Nachlässe	3360 Ergebnisausschüttung	49 Passive Rechnungsabgrenzung
	21 Unfertige Erzeugnisse, unfertige Leistungen	3390 Ergebnisvortrag auf neue Rechnung	4900 Passive Jahresabgrenzung
0720 Anlagen und Maschinen der mechanischen Materialbearbeitung, -verarbeitung und -umwandlung	2100 Unfertige Erzeugnisse	34 Jahresüberschuss/Jahresfehlbetrag	
	2190 Unfertige Leistungen	3400 Jahresüberschuss/Jahresfehlbetrag	
0730 Anlagen für Wärme-, Kälte- und chemische Prozesse sowie ähnliche Anlagen	22 Fertige Erzeugnisse und Waren	35 Sonderposten mit Rücklageanteil	
	2200 Fertige Erzeugnisse	3500 Sonderposten mit Rücklageanteil	
0740 Anlagen für Arbeitssicherheit und Umweltschutz	2280 Waren (Handelswaren)[5]	36 Wertberichtigungen	
0750 Transportanlagen und ähnliche Betriebsvorrichtungen	2281 Bezugskosten	(Bei Kapitalgesellschaften als Passivposten der Bilanz nicht mehr zulässig)	
	2282 Nachlässe	3610 – zu Sachanlagen	
0760 Verpackungsanlagen und -maschinen	23 Geleistete Anzahlungen auf Vorräte	3650 – zu Finanzanlagen	
	2300 Geleistete Anzahlungen auf Vorräte	3670 Einzelwertberichtigung zu Forderungen	
0770 Sonstige Anlagen und Maschinen	*Forderungen und sonstige Vermögensgegenstände (24–26)*	3680 Pauschalwertberichtigung zu Forderungen	
0780 Reservemaschinen und -anlageteile	24 Forderungen aus Lieferungen und Leistungen	*Rückstellungen*	
0790 Geringwertige Anlagen und Maschinen	2400 Forderungen aus Lieferungen und Leistungen	37 Rückstellungen für Pensionen und ähnliche Verpflichtungen	
0791 GWG-Sammelposten Anlagen und Maschinen Jahr 1	2420 Kaufpreisforderungen	3700 Rückstellungen für Pensionen und ähnliche Verpflichtungen	
…	2421 Umsatzsteuerforderungen	38 Steuerrückstellungen	
0795 GWG-Sammelposten Anlagen und Maschinen Jahr 5	2450 Wechselforderungen aus Lieferungen und Leistungen (Besitzwechsel)	3800 Steuerrückstellungen	
08 Andere Anlagen, Betriebs- und Geschäftsausstattung[2]	2470 Zweifelhafte Forderungen	39 Sonstige Rückstellungen[3]	
	2480 Protestwechsel	3910 – für Gewährleistung	
0800 Andere Anlagen	25 Innergemeinschaftlicher Erwerb/Einfuhr	3930 – für andere ungewisse Verbindlichkeiten	
0810 Werkstätteneinrichtung	2500 Innergemeinschaftl. Erwerb	3970 – für drohende Verluste aus schwebenden Geschäften	
0820 Werkzeuge, Werksgeräte und Modelle, Prüf- und Messmittel	2501 Bezugskosten	3990 – für Aufwendungen	
	2502 Nachlässe		
0830 Lager- und Transporteinrichtungen	2510 Gütereinfuhr		
0840 Fuhrpark	2511 Bezugskosten		
0850 Sonstige Betriebsausstattung	2512 Nachlässe		
0860 Büromaschinen, Organisationsmittel und Kommunikationsanlagen	26 Sonstige Vermögensgegenstände		
	2600 Vorsteuer		
0870 Büromöbel und sonstige Geschäftsausstattung	2602 Vorsteuer (19%) i. E.		
	2604 Einfuhrumsatzsteuer		
0880 Reserveteile für Betriebs- und Geschäftsausstattung	2630 Sonstige Forderungen an Finanzbehörden	Vgl.: Deitermann/Rückwart/Schmolke: Industrielles Rechnungswesen – IKR, 41. Auflage, Winklers Verlag 2012	
0890 Geringwertige Vermögensgegenstände der Betriebs- und Geschäftsausstattung (BGA)	2640 SV-Vorauszahlung		
	2650 Forderungen an Mitarbeiter	**Anmerkungen:**	
0891 GWG-Sammelposten BGA Jahr 1	2690 Übrige sonstige Forderungen	[1] Aus EDV-Gründen sind die Kontenzahlen vierstellig.	
…	27 Wertpapiere des Umlaufvermögens	[2] Die Konten der Kontengruppen 07 und 08 werden als Sammelkonten **0700 Technische Anlagen** und Maschinen bzw. **0800 Andere Anlagen/Betriebs- und Geschäftsausstattung** geführt.	
0895 GWG-Sammelposten BGA Jahr 5	2700 Wertpapiere des Umlaufvermögens		
09 Geleistete Anzahlungen und Anlagen in Bau	28 Flüssige Mittel	[3] Die Konten der Kontengruppe 39 werden als Sammelkonto **3900 Sonstige Rückstellungen** geführt.	
	2800–2842 Guthaben bei Kreditinstituten (Bank)		
0900 Geleistete Anzahlungen auf Sachanlagen	2850 Postgiro	[4] Die Konten 6400 und 6410 werden als Sammelkonto **6400 Arbeitgeberanteil zur Sozialversicherung** geführt.	
	2860 Schecks		
0950 Anlagen im Bau	2870 Bundesbank	[5] Werden die Material- und Wareneinkäufe nicht bestandsorientiert in der Kontengruppe **20 (RHB)** bzw. im Konto **2280 Waren (Handelswaren)** gebucht, sondern aufwandsorientiert in der Kontengruppe **60**, sind auch die Unterkonten „Bezugskosten" und „Nachlässe" in der **Kontengruppe 60** statt in der Kontengruppe **20** zu buchen.	
	2890 Nebenkassen		
	29 Aktive Rechnungsabgrenzung (und Bilanzfehlbetrag)		
	2900 Aktive Jahresabgrenzung		
	2920 Umsatzsteuer auf erhaltene Anzahlungen		
	2930 Disagio		
	2990 (nicht durch Eigenkapital gedeckter) Fehlbetrag		

Finanzbuchhaltung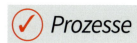

Kontenklassen

Erträge

5 Erträge
50 Umsatzerlöse für eigene Erzeugnisse u. andere Leistungen
- 5000 Umsatzerlöse für eigene Erzeugnisse
  - 5001 Erlösberichtigungen
- 5050 Umsatzerlöse für andere eigene Leistungen
  - 5051 Erlösberichtigungen
- 5060 Erlöse aus innergemeinschaftlicher Lieferung (i. L.)
  - 5061 Erlösberichtigungen
- 5070 Erlöse aus Güterausfuhr
  - 5071 Erlösberichtigungen

51 Umsatzerlöse für Waren und sonstige Umsatzerlöse
- 5100 Umsatzerlöse für Waren
  - 5101 Erlösberichtigungen
- 5190 Sonstige Umsatzerlöse
  - 5191 Erlösberichtigungen

52 Erhöhung oder Verminderung des Bestandes an unfertigen und fertigen Erzeugnissen
- 5200 Bestandsveränderungen
  - 5201 Bestandsveränderungen an unfertigen Erzeugnissen und nicht abgerechneten Leistungen
  - 5202 Bestandsveränderungen an fertigen Erzeugnissen

53 Andere aktivierte Eigenleistungen
- 5300 Aktivierte Eigenleistungen

54 Sonstige betriebliche Erträge
- 5400 Mieterträge
- 5401 Leasingerträge
- 5410 Sonstige Erlöse (z. B. aus Provisionen oder Anlageabgängen)
- 5420 Entnahme von Gegenständen und sonstigen Leistungen
- 5430 Andere sonstige betriebliche Erträge
- 5440 Erträge aus Werterhöhungen von Gegenständen des Anlagevermögens (Zuschreibungen)
- 5441 Erträge aus Zuschreibungen zum Umlaufvermögen
- 5450 Erträge aus der Auflösung oder Herabsetzung von Wertberichtigungen auf Forderungen
- 5460 Erträge aus dem Abgang von Vermögensgegenständen
- 5480 Erträge aus der Herabsetzung von Rückstellungen
- 5490 Periodenfremde Erträge

55 Erträge aus Beteiligungen
- 5500 Erträge aus Beteiligungen

56 Erträge aus anderen Wertpapieren und Ausleihungen des Finanzanlagevermögens
- 5600 Erträge aus anderen Finanzanlagen

57 Sonstige Zinsen und ähnliche Erträge
- 5710 Zinserträge
- 5730 Diskonterträge
- 5780 Erträge aus Wertpapieren des Umlaufvermögens
- 5790 Sonstige zinsähnliche Erträge

58 Außerordentliche Erträge
- 5800 Außerordentliche Erträge

59 Frei

Aufwendungen

6 Betriebliche Aufwendungen

Materialaufwand
60 Aufwendungen für Roh-, Hilfs- und Betriebsstoffe und für bezogene Waren[4)]
- 6000 Aufwendungen für Rohstoffe/Fertigungsmaterial
  - 6001 Bezugskosten
  - 6002 Nachlässe
- 6010 Aufwendungen für Vorprodukte/Fremdbauteile[4)]
- 6020 Aufwendungen für Hilfsstoffe[4)]
- 6030 Aufwendungen für Betriebsstoffe/Verbrauchswerkzeuge[4)]
- 6040 Aufwendungen für Verpackungsmaterial
- 6050 Aufwendungen für Energie
- 6060 Aufwendungen für Reparaturmaterial
- 6070 Aufwendungen für sonstiges Material
- 6080 Aufwendungen für Waren[4)]

61 Aufwendungen für bezogene Leistungen
- 6100 Fremdleistungen für Erzeugnisse und andere Umsatzleistungen
- 6140 Frachten und Nebenkosten
- 6150 Vertriebsprovisionen
- 6160 Fremdinstandhaltung
- 6170 Sonstige Aufwendungen für bezogene Leistungen

Personalaufwand
62 Löhne
- 6200 Löhne einschl. tariflicher, vertraglicher oder arbeitsbedingter Zulagen
- 6210 Urlaubs- u. Weihnachtsgeld
- 6220 Sonstige tarifliche oder vertragliche Aufwendungen für Lohnempfänger
- 6230 Freiwillige Zuwendungen
- 6250 Sachbezüge
- 6260 Vergütungen an gewerbliche Auszubildende

63 Gehälter
- 6300 Gehälter und Zulagen
- 6310 Urlaubs- u. Weihnachtsgeld
- 6320 Sonstige tarifliche oder vertragliche Aufwendungen
- 6330 Freiwillige Zuwendungen
- 6350 Sachbezüge
- 6370 Vergütung an Auszubildende

64 Sonstige Abgaben und Aufwendungen für Altersversorgung und für Unterstützung
- 6400 Arbeitgeberanteil zur Sozialversicherung (Lohnbereich)[3)]
- 6410 Arbeitgeberanteil zur Sozialversicherung (Gehaltsbereich)[3)]
- 6420 Beiträge zur Berufsgenossenschaft
- 6440 Aufwend. für Altersversorg.
- 6450 Aufwend. für Unterstützung

65 Abschreibungen
Abschreibungen auf Anlagevermögen
- 6510 Abschreibungen auf immaterielle Vermögensgegenstände des Anlagevermögens
- 6520 Abschreibungen auf Sachanlagen
- 6540 Abschreibungen auf geringwertige Wirtschaftsgüter
- 6550 Außerplanmäßige Abschreibungen auf Sachanlagen
- 6570 Unüblich hohe Abschreibungen auf Umlaufvermögen

66 Sonstig. Personalaufwendungen
- 6979 Anlagenabgänge
- 6980 Zuführung zu Rückstellungen für Gewährleistung
- 6990 Periodenfremde Aufwendungen
- 6600 Aufwendungen für Personaleinstellung
- 6610 Aufwendungen für übernommene Fahrtkosten
- 6620 Aufwendungen für Werksarzt und Arbeitssicherheit
- 6630 Personenbezogene Versicherungen
- 6640 Aufwendungen für Fort- u. Weiterbildung
- 6650 Aufwendg. für Dienstjubiläen
- 6660 Aufwendungen für Belegschaftsveranstaltungen
- 6670 Aufwendungen für Werksküche u. Sozialeinrichtungen
- 6680 Ausgleichsabgabe nach dem Schwerbehindertengesetz
- 6690 Übrige sonstige Personalaufwendungen

67 Aufwendung. für d. Inanspruchnahme von Rechten u. Diensten
- 6700 Mieten, Pachten
- 6710 Leasingaufwendungen
- 6720 Lizenzen und Konzessionen
- 6730 Gebühren
- 6750 Kosten des Geldverkehrs
- 6760 Provisionsaufwendungen (außer Vertriebsprovisionen)
- 6770 Rechts- u. Beratungskosten

68 Aufwendungen für Kommunikation (Dokumentation, Informationen, Reisen, Werbung)
- 6800 Büromaterial
- 6810 Zeitungen und Fachliteratur
- 6820 Portokosten
- 6830 Kosten der Telekommunikation
- 6850 Reisekosten
- 6860 Bewirtung und Präsentation
- 6870 Werbung
- 6880 Spenden

69 Aufwendungen für Beiträge und Sonstiges sowie Wertkorrekturen und periodenfremde Aufwendungen
- 6900 Versicherungsbeiträge
- 6920 Beiträge zu Wirtschaftsverbänden u. Berufsvertretung.
- 6930 Verluste aus Schadenfällen
- 6940 Sonstige Aufwendungen
- 6950 Abschreibung. auf Forderung.
- 6960 Verluste aus d. Abgang von Vermögensgegenständen
- 6979 Anlagenabgänge
- 6980 Zuführung zu Rückstellungen für Gewährleistung
- 6990 Periodenfremde Aufwendungen

7 Weitere Aufwendungen
70 Betriebliche Steuern
- 7020 Grundsteuer
- 7030 Kraftfahrzeugsteuer
- 7070 Ausfuhrzölle
- 7080 Verbrauchsteuern
- 7090 Sonstig. betriebliche Steuern

71 bis 73 Frei

74 Abschreibungen auf Finanzanlagen und auf Wertpapiere des Umlaufvermögens und Verluste aus entsprechenden Abgängen
- 7400 Abschreibg. auf Finanzanlag.
- 7420 Abschreibung. auf Wertpapiere des Umlaufvermögens
- 7450 Verluste aus dem Abgang von Finanzanlagen
- 7460 Verluste aus d. Abgang von Wertpapieren d. Umlaufverm.

75 Zinsen u. ähnliche Aufwendung.
- 7510 Zinsaufwendungen
- 7530 Diskontaufwendungen
- 7590 Sonst. zinsähnlich. Aufwendg.

76 Außerordentliche Aufwendung.
- 7600 Außerordentliche Aufwendg.

77 Steuern. v. Einkommen u. Ertrag
- 7700 Gewerbesteuer
- 7710 Körperschaftsteuer
- 7720 Kapitalertragsteuer

78 Diverse Aufwendungen
- 7800 Diverse Aufwendungen

79 Frei

Ergebnisrechnungen

8 Ergebnisrechnungen
80 Eröffnung/Abschluss
- 8000 Eröffnungsbilanzkonto
- 8010 Schlussbilanzkonto
- 8020 GuV-Konto Gesamtkostenverfahren
- 8030 GuV-Konto Umsatzkostenverfahren
- 8050 Saldenvorträge (Sammelkonto)

Konten der Kostenbereiche für die GuV im Umsatzkostenverfahren
81 Herstellungskosten
82 Vertriebskosten
83 Allgemeine Verwaltungskosten
84 Sonstige betriebliche Aufwendungen

Konten der kurzfristigen Erfolgsrechnung (KER) für innerjährige Rechnungsperioden (Monat, Quartal oder Halbjahr)
85 Korrekturkonten zu d. Erträgen der Kontenklasse 5
86 Korrekturkonten zu den Aufwendungen der Kontenklasse 6
87 Korrekturkonten zu den Aufwendungen der Kontenklasse 7
88 Kurzfristige Erfolgsrechnung (KER)
- 8800 Gesamtkostenverfahren
- 8810 Umsatzkostenverfahren

89 Innerjährige Rechnungsabgrenzung
- 8900 aktive Rechnungsabgrenzung
- 8950 passive Rechnungsabgrenzung

Kosten- und Leistungsrechnung

9 Weitere Aufwendungen
90 Unternehmensbezogene Abgrenzung (neutrale Aufwendungen und Erträge)
91 Kostenrechnerische Korrekturen
92 Kostenarten u. Leistungsarten
93 Kostenstellen
94 Kostenträger
95 Fertige Erzeugnisse
96 Interne Lieferungen und Leistungen sowie deren Kosten
97 Umsatzkosten
98 Umsatzleistungen
99 Ergebnisausweise

(In der Praxis wird die KLR gewöhnlich tabellarisch durchgeführt.)

Anmerkungen:
[1] Aus EDV-Gründen sind die Kontenzahlen vierstellig.

Kaufmännische Steuerung

26 Welche *Bücher* werden in *der Finanzbuchhaltung* unterschieden?

In der **Finanzbuchhaltung** werden unterschieden:

- **Inventar- und Bilanzbuch:** Hier werden alle Inventare und Bilanzen eines Unternehmens gesammelt und aufbewahrt.
- **Grundbuch:** Das Grundbuch wird auch **Journal** oder Tagebuch genannt. In ihm werden alle Geschäftsfälle auf der Grundlage der Belege chronologisch, also in **zeitlicher Reihenfolge** gebucht.
- **Hauptbuch:** Das Hauptbuch umfasst die Gesamtheit aller Konten des Kontenplans. Hier werden die Geschäftsfälle nach **sachlichen Gesichtspunkten** gebucht.
- **Nebenbücher:** Sie dienen der Erläuterung einzelner Sachkonten des Hauptbuches. Folgende Nebenbücher werden unterschieden:
  - Kontokorrentbuch: In ihm werden die Forderungen an Kunden (Debitorenbuchhaltung) und die Verbindlichkeiten gegenüber Lieferanten (Kreditorenbuchhaltung) gebucht.
  - Lagerdatei: Hier werden Zugänge, Abgänge und Bestände der einzelnen Warenarten erfasst.
  - Anlagendatei: Sie enthält die Zugänge, Abschreibungen und Abgänge der verschiedenen Güter des Anlagevermögens.
  - Lohn- und Gehaltslisten: Sie nehmen die Lohn- und Gehaltsabrechnungen der Mitarbeiter auf.

27 Welche *Aufbewahrungsfristen* gelten für Unterlagen der *Finanzbuchhaltung*?

Aufbewahrungsfristen:

- **zehn Jahre** für Handelsbücher, Bilanzen, Inventare, Buchungsbelege und Lageberichte
- **sechs Jahre** für Handelsbriefe und sonstige Unterlagen

3.2.4 Inventur: Gründe, Vorbereitung, Arten, Differenzen

28 Erläutern Sie den *Begriff Inventur*.

Unter Inventur versteht man die **art-, mengen- und wertmäßige Bestandsaufnahme sämtlicher Vermögensteile**, insbesondere der Warenbestände, und **Schulden** eines Unternehmens.

29 Aus welchen *Anlässen* ist eine Inventur durchzuführen?

- bei **Eröffnung** (Unternehmensgründung) oder Übernahme des Unternehmens
- am **Ende eines jeden Geschäftsjahres**, i. d. R. zum 31. Dezember
- bei **Auflösung** oder **Verkauf** des Unternehmens

Finanzbuchhaltung — Prozesse

```
                    ┌─────────────────────┐
                    │ Inventur            │
                    │ durchführen ...     │
                    └─────────────────────┘
                       ↙             ↘
     ┌──────────────────────┐   ┌──────────────────────┐
     │ aufgrund gesetzlicher│   │ aus wirtschaftlichen │
     │ Vorschriften         │   │ Gründen              │
     └──────────────────────┘   └──────────────────────┘
```

(30) *Warum* wird eine *Inventur* durchgeführt?

- nach § 240 Absatz 1 und 2 Handelsgesetzbuch (**HGB**)
- nach § 140 f. Abgabenordnung (**AO**)

(31) Aufgrund welcher *gesetzlichen Vorschriften* muss ein Kaufmann eine *Inventur* durchführen?

Der **Unternehmer** benötigt aus verschiedenen Gründen einen genauen Überblick über sein Vermögen und seine Schulden:

- Bei den **Waren** muss er z. B. wissen, welche sich nicht verkaufen lassen („Ladenhüter").
- Oder sind vielleicht die Bestände der Waren zu hoch („totes Kapital")?
- Oder sind die tatsächlichen Warenbestände gemäß Inventur geringer als die aufgrund seiner Aufzeichnungen? Woher stammen diese Inventurdifferenzen, z. B aus Diebstählen?
- Sind die Bestände der **Zahlungsmittel** (Bankguthaben) hoch genug, um die kurzfristigen Verbindlichkeiten, z. B. gegenüber Lieferanten, jederzeit bezahlen zu können? Sonst droht eventuell Insolvenz.
- Ohne eine Inventur lässt sich der Gewinn nicht genau ermitteln. Dann könnten aber auch die vom **Finanzamt** zu erhebenden Steuern, z. B. die Einkommensteuer, nicht genau errechnet werden, sondern müssten geschätzt werden.

(32) Aufgrund welcher *wirtschaftlichen Gründe* ist es wichtig, eine *Inventur* durchzuführen?

Folgende **personelle** und **organisatorische Maßnahmen** sind zu ergreifen:

- Bestimmung des Inventurleiters
- Festlegung von Inventurbereichen
- Bestimmung der Inventurteams („Einer zählt, einer schreibt auf.")
- Zuordnung von Inventurbereichen und Inventurteams („Wer zählt wo?")
- Erstellung von Inventurlisten (Aufnahmelisten)
- Festlegung des Inventurzeitpunktes bzw. -zeitraumes

(33) Welche Maßnahmen werden zur *Vorbereitung* einer *Inventur* ergriffen?

Prozesse — Kaufmännische Steuerung

34 **Nennen Sie die wichtigsten *Inhalte* von Inventurlisten.**

- handelsübliche Bezeichnungen der Artikel (z. B. die Artikelnummer für eine Schreibtischlampe)
- Einheit (z. B. Stück, Meter, Liter)
- Wert (Preis pro Mengeneinheit)
- Menge des Warenbestands
- Gesamtwert der Warenmenge
- Datum der Aufnahme
- Unterschrift der aufnehmenden Person
- Unterschrift der Kontrollperson

Inventurliste Nr. 7							Inventur am: 31.12.20..	
Bezeichnung	Einheit	aufgenommene Menge	geprüft	Wert je Einheit in €	geprüft	Gesamtwert in €		geprüft
1	2	3		4	5	6	7	8

Datum: aufgenommen und geprüft:
gerechnet:

35 **Wie werden *mobile Datenerfassungsgeräte (MDE)* bei der Inventur eingesetzt?**

Mithilfe von **MDE** werden im Rahmen der Inventur die Warenbestände erfasst. Dabei sind Waren mit und ohne codierte/r Artikelnummer zu unterscheiden:

- **Waren ohne codierte Artikelnummer** werden gezählt. Danach werden Menge und Artikelnummer in das MDE eingegeben.
- **Waren mit codierter Artikelnummer**, z. B. EAN, werden eingescannt. Anschließend wird die Menge eingegeben.

Finanzbuchhaltung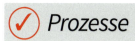

Man unterscheidet die Inventurarten ...

- nach der **Art der Bestandsermittlung**:
  - körperliche Inventur
  - Buchinventur
- nach dem **Umfang der Bestandsermittlung**:
  - Vollinventur
  - Stichprobeninventur
- nach dem **Zeitpunkt der Bestandsermittlung**:
  - Stichtagsinventur
  - zeitlich verlegte Inventur
  - permanente oder ständige Inventur

36 Geben Sie einen Überblick über die verschiedenen *Inventurarten*.

- Unter **körperlicher Inventur** versteht man die mengenmäßige Bestandsaufnahme aller körperlichen Vermögensgegenstände (die man **„anfassen"** kann). Sie erfolgt durch Zählen, Messen, Wiegen oder Schätzen der Gegenstände, die anschließend noch in Euro bewertet werden müssen.

  Beispiele: Waren, Betriebs- und Geschäftsausstattung, Fuhrpark, Bargeld in der Kasse (tatsächlicher Kassenbestand)

- Mithilfe der **Buchinventur** (also aufgrund von Aufzeichnungen der Buchhaltung) werden die Bestände des nicht körperlichen Vermögens und der Schulden (die man **„nicht anfassen"** kann) ermittelt.

  Beispiele: Forderungen aus Lieferungen und Leistungen, Bankguthaben, Darlehensschulden, Eigenkapital

37 Grenzen Sie die *körperliche Inventur* von der *Buchinventur* ab.

- Bei der **Vollinventur** werden **alle Vermögensgegenstände und Schuldenteile** einzeln aufgenommen. Dies macht insbesondere bei den Warenbeständen viel Arbeit, da jeder Artikel einzeln gezählt, gemessen oder gewogen werden muss.

- Bei der **Stichprobeninventur** muss nicht jeder Artikel einzeln gezählt, gemessen oder gewogen werden. Vielmehr werden die Bestände stichprobenartig erfasst und mithilfe anerkannter mathematisch-statistischer Rechenverfahren **auf die Gesamtheit hochgerechnet**.

  Zum Beispiel wird eine Schachtel mit Nägeln, die 2 mm dick und 5 cm lang sind, gewogen. Weiß man, wie viel ein Nagel wiegt, kennt man auch die Gesamtzahl der Nägel pro Schachtel. Diese Zahl wird dann mit der Zahl der Schachteln gleicher Nägel multipliziert. So gelangt man zur Gesamtzahl der Nägel, die 2 mm dick und 5 cm lang sind.

38 Unterscheiden Sie *Vollinventur* und *Stichprobeninventur*.

Prozesse — Kaufmännische Steuerung

39 Wodurch unterscheiden sich *Stichtagsinventur* und *zeitlich verlegte Inventur*?

- Die **Stichtagsinventur** wird zum Bilanzstichtag (= Ende des Geschäftsjahres, i. d. R. zum 31.12.) vorgenommen. Sie hat **zeitnah**, d. h. innerhalb 10 Tagen vor oder nach dem Bilanzstichtag zu erfolgen. Die Vermögens- und Schuldenwerte am Aufnahmetag sind zum Bilanzstichtag **fortzuschreiben** bzw. auf den Bilanzstichtag **zurückzurechnen**.

- Die **zeitlich verlegte Inventur** ist innerhalb der letzten **drei Monate vor** dem Bilanzstichtag bzw. innerhalb **zweier Monate nach** dem **Bilanzstichtag** vorzunehmen. Die Vermögens- und Schuldenwerte am Aufnahmetag sind zum Bilanzstichtag **fortzuschreiben** bzw. auf den Bilanzstichtag **zurückzurechnen**.

40 Erläutern Sie die *Fortschreibung* von Inventurbeständen im Rahmen der Stichtagsinventur anhand des folgenden Beispiels: Inventurbestand am 25.12.: 30 Stück, Einkäufe bis 31.12.: 7 Stück, Verkäufe bis 31.12.: 8 Stück.

Wird die **Inventur vor dem Bilanzstichtag** durchgeführt, müssen alle Zugänge vor dem Bilanzstichtag dem Bestand des Aufnahmetages zugezählt, alle Abgänge vom Bestand des Aufnahmetages abgezogen werden. Der Bestand des Aufnahmetages wird also **auf den Bestand des Bilanzstichtages fortgeschrieben**.

Bestand am 25.12.:	30 Stück
+ Einkäufe bis 31.12.:	7 Stück
− Verkäufe bis 31.12.:	8 Stück
= Bestand am Bilanzstichtag 31.12.:	29 Stück

41 Erläutern Sie die *Rückrechnung* von Inventurbeständen im Rahmen der zeitlich nachverlegten Inventur anhand des folgenden Beispiels: Inventurbestand am 16.02.: 126 Stück, zwischen dem 31.12. und 16.02.: Einkäufe 25 Stück, Verkäufe 36 Stück.

Wird die **Inventur nach dem Bilanzstichtag** durchgeführt, müssen alle Zugänge nach dem Bilanzstichtag vom Bestand des Aufnahmetages abgezogen, alle Abgänge zugezählt werden. Der Bestand des Aufnahmetages wird also **auf den Bestand des Bilanzstichtages zurückgerechnet**.

Bestand am 16.02.:	126 Stück
− Einkäufe zwischen 31.12. und 16.02.:	25 Stück
+ Verkäufe zwischen 31.12. und 16.02.:	36 Stück
= Bestand zum Bilanzstichtag 31.12.:	137 Stück

42 Beschreiben Sie die *permanente Inventur*.

- Die Vermögensbestände werden nach Art, Menge und Wert anhand von Lager- und Anlagendateien durch **laufende Aufzeichnung** der Zu- und Abgänge und den sich jeweils ergebenden Salden (Bestände) ermittelt.

- Diese rein buchmäßigen Bestände müssen **einmal im Wirtschaftsjahr** durch eine **körperliche Inventur** auf ihre Übereinstimmung mit den Ist-Beständen überprüft werden. Der Zeitpunkt ist dabei frei wählbar.

Finanzbuchhaltung

- Die **Stichtagsinventur** ist grundsätzlich am letzten Tag des Geschäftsjahres durchzuführen. Da dadurch einerseits z. B. in einem Einzelhandelsunternehmen der **Umsatzausfall** an diesem Tag sehr hoch sein kann, andererseits häufig wegen der **Größe des Unternehmens** diese Arbeit an einem Tag gar nicht zu schaffen ist, erlaubt der Gesetzgeber, die Inventur zeitnah *(siehe Seite 94)* durchzuführen.

- Die **zeitlich verlegte Inventur** *(siehe Seite 94)* erlaubt dem Unternehmen, die **Inventurarbeiten** gegenüber der Stichtagsinventur auf einen größeren Zeitraum zu verteilen und damit **zeitlich** gehörig zu **entzerren**.

- Bei der **permanenten Inventur** *(s. S. 94)* bestimmt der Unternehmer den Zeitpunkt der körperlichen Inventur selbst – er wird ihn in einen eher „ruhigen", **umsatzschwachen Zeitraum** legen.

43 Welche *betriebswirtschaftliche Bedeutung* hat der *Durchführungszeitpunkt* bei den unterschiedlichen Inventurarten?

Hierunter ist die **Abweichung** des ermittelten **Ist-Bestands** der Inventur vom **Soll-Bestand** der Buchführung (Lagerdatei) zu verstehen.

44 Was versteht man unter einer *Inventurdifferenz*?

Inventurdifferenzen können verschiedene **Ursachen** haben:

- **Fehler bei der Inventuraufnahme:**
  - Bestände wurden übersehen und daher nicht aufgenommen.
  - Mitarbeiter haben sich verzählt.
  - Mitarbeiter haben falsch aufgeschrieben (z. B. Zahlendreher: statt 87 wurde 78 geschrieben).
- **Fehler beim Wareneingang:**
  - Warenlieferungen wurden nicht oder doppelt erfasst.
  - Eine Ware wurde beim Erfassen einer falschen Warengruppe zugeordnet und daher falsch gelagert.
  - Warenrücksendungen wurden nicht oder doppelt erfasst.
- **Fehler beim Verkauf:**
  Die Artikelbezeichnung bzw. die EAN wurde mit Hand falsch eingegeben.
- **Fehler der Organisation:**
  - Umlagerungen von Waren wurden nicht gebucht.
  - Diebstähle durch Personal oder Lieferanten wurden bis zur Inventur nicht festgestellt oder festgestellte Diebstähle wurden nicht ausgebucht.
  - Durch unsachgemäße Lagerung kam es zu bisher noch nicht erfasstem Verderb (z. B. Lebensmittel) oder Bruch (z. B. Glas) von Waren.

45 Welche *Ursachen* können *Inventurdifferenzen* bei den Lagerbeständen der Handelswaren haben?

Bei der Inventur – wie bei der täglichen Kassenkontrolle – können **zwei Arten** von **Kassendifferenzen** auftreten:

- **Kassenüberschuss**
  Bei dieser Plusdifferenz ist der **Kassen-Ist-Bestand** (oder tatsächliche Kassenbestand) **größer** als der **Kassen-Soll-Bestand** (die Geldmenge, die eigentlich nur in der Kasse sein dürfte).

- **Kassenfehlbetrag**
  Bei dieser Minusdifferenz ist der **Kassen-Ist-Bestand** (oder tatsächliche Kassenbestand) **kleiner** als der **Kassen-Soll-Bestand** (die Geldmenge, die eigentlich in der Kasse sein müsste).

46 Welche *Differenzen können* beim *Kassenbestand* unterschieden werden?

Prozesse — Kaufmännische Steuerung

47 *Berechnen und buchen Sie die Kassendifferenz und geben Sie an, um welche Art der Kassendifferenz es sich handelt: Kassen-Ist-Bestand: 1.384,95 €, Kassen-Soll-Bestand: 1.391,82 €*

Kassen-Ist-Bestand:	1.384,95 €
− Kassen-Soll-Bestand:	1.391,82 €
= Kassendifferenz:	(−) 6,87 €

Bei der Kassendifferenz handelt es sich um einen **Kassenfehlbetrag**.

Sonstige Aufwendungen	6,87 €	
an Kassenbestand		6,87 €

48 *Nennen Sie Ursachen für die Entstehung eines Kassenüberschusses.*

Ein **Kassenüberschuss** kann dadurch entstehen, dass z. B.
- Kunden zu wenig Wechselgeld zurückgegeben wurde,
- ein höherer Preis für die Ware kassiert wurde,
- eine Ware doppelt bezahlt wurde, ohne dass der Kunde es bemerkte.

49 *Nennen Sie Ursachen für die Entstehung eines Kassenfehlbetrags.*

Ein **Kassenfehlbetrag** kann dadurch entstehen, dass z. B.
- Kunden zu viel Wechselgeld zurückgegeben wurde,
- ein niedrigerer Preis für die Ware kassiert wurde,
- eine Ware erfasst, aber vom Kunden nicht bezahlt wurde.

50 *Welche Maßnahmen können zur Verringerung von Inventurdifferenzen aufgrund von Diebstählen beitragen?*

Diebstähle im Einzelhandel, die jährlich vier bis fünf Mrd. € (ca. 1 % vom Bruttoumsatz) betragen, können durch Warensicherungsmaßnahmen verringert werden, z. B. durch

- **Elektronische Artikelsicherung** (EAS) mithilfe von Etiketten (Klebe-, Plastiketiketten, Hänge- und Weichetiketten) in Verbindung mit Ausgangsschleusen,
- **Platzierung gefährdeter Waren im Kassenbereich**, damit der Kassierer/die Kassiererin „ein Auge" darauf hat,
- Einsatz von **Videoüberwachungssystemen** in den Verkaufsräumen,
- Einsatz von speziell ausgebildetem **Überwachungspersonal** („Warenhausdetektive"),
- **Mitarbeiterschulungen**.

Ausgangsschleuse

51 *Welche weiteren Maßnahmen dienen der Verringerung von Inventurdifferenzen?*

- artikel-, sortengenaue Erfassung der Waren beim Einkauf und Verkauf
- Einsatz leistungsfähiger Warenwirtschaftssysteme
- verbesserte Wareneingangs- und Warenausgangskontrolle, z. B. durch den Einsatz entsprechender Software

Finanzbuchhaltung — **Prozesse**

3.2.5 Inventar

Handbuch: LF 6

Das Inventar als Ergebnis der Inventur ist ein ausführliches **Verzeichnis** aller Vermögensteile und Schulden am Bilanzstichtag.

Jede einzelne Vermögens- und Schuldenart wird nach Zustandsbeschreibung, Menge, Einzelwert und Gesamtwert ausgewiesen. Ein umfangreiches Inventar kann sehr viele Seiten umfassen.

52 Was verstehen Sie unter einem *Inventar*?

- Das Inventar ist untereinander in **Vermögen**, **Schulden und Reinvermögen** (Eigenkapital) gegliedert, wobei sich das Reinvermögen aus der Differenz zwischen Vermögen und Schulden errechnet.

- Das Vermögen ist in **Anlage- und Umlaufvermögen** unterteilt; die Schulden sind in **langfristige** und **kurzfristige Schulden** gegliedert.

53 Wie ist das *Inventar* gegliedert?

Inventar		
	€	€
A. Vermögen		
I. Anlagevermögen		
II. Umlaufvermögen		
Summe des Vermögens		
B. Schulden		
I. Langfristige Schulden		
II. Kurzfristige Schulden		
Summe der Schulden		
C. Ermittlung des Reinvermögens		
Summe des Vermögens		
– Summe der Schulden		
= Reinvermögen (Eigenkapital)		

- Die Gegenstände des **Anlagevermögens** stehen dem Unternehmen zur langfristigen Nutzung zur Verfügung.

  Beispiele:
  Grundstücke, Gebäude, Fuhrpark, Betriebs- und Geschäftsausstattung, Maschinen

54 Unterscheiden Sie *Anlagevermögen* und *Umlaufvermögen*. Nennen Sie jeweils *Beispiele*.

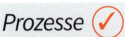

Kaufmännische Steuerung

- Die Posten des **Umlaufvermögens** ändern sich ständig (kurzfristig) in der Menge, in ihrer Zusammensetzung und in ihrem Wert.

Beispiele:
Roh-, Hilfs- und Betriebsstoffe, Handelswaren, Forderungen aus Lieferungen und Leistungen, Bankguthaben, Kassenbestand

---

55 Wie setzt sich das *Kapital* eines Unternehmens, mit dem das Vermögen finanziert wird, zusammen?

Das Kapital besteht in der Regel aus den zwei Bestandteilen Eigenkapital und Fremdkapital (Schulden):

- Das **Eigenkapital** umfasst die Einlagen der Eigentümer des Geschäfts.
- Zum **Fremdkapital** (Schulden) gehören die langfristigen und die kurzfristigen Schulden.

---

56 Nennen Sie *Beispiele* für *langfristige* und für *kurzfristige Schulden*.

- **Langfristige Schulden** sind zum Beispiel
  - Hypothekenschulden*,
  - Darlehen mit einer Laufzeit von mehr als fünf Jahren.

  * Hypothekenschulden sind Kredite der Bank, die durch Grundstücke oder/und Gebäude gesichert sind.

- Zu den **kurzfristigen Schulden** zählen zum Beispiel
  - Verbindlichkeiten gegenüber Lieferanten (aus Lieferungen und Leistungen),
  - Umsatzsteuer (gegenüber dem Finanzamt),
  - Kontokorrent- oder (Konto-)Überziehungskredite.

---

57 Wie ist das *Vermögen* im Inventar *gegliedert*?

Das **Vermögen** ist nach zunehmender **Liquidität** oder Flüssigkeit gegliedert. Zunächst wird das **Anlagevermögen**, danach das **Umlaufvermögen** aufgeführt.

Finanzbuchhaltung 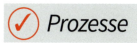 Prozesse

Nicht gemeint ist die Möglichkeit, Vermögensgegenstände zu verkaufen, um sie „zu Geld zu machen".

Gemeint ist vielmehr Folgendes: Wie schnell werden **Vermögensgegenstände über den Umsatzprozess mit Kunden wieder zu Geld**?

Beispiele:

- Kassenbestand und Bankguthaben stehen ganz unten bei den Vermögenswerten, da beide Positionen liquide (flüssige) Mittel darstellen.
- Darüber stehen die Forderungen an Kunden, die erst dann zu flüssigen Mitteln werden, wenn die Kunden die auf Rechnung gekauften Produkte/Handelswaren bezahlt haben.
- Über den Forderungen stehen die Warenbestände, die erst noch verkauft werden müssen, damit sie direkt zu flüssigen Mitteln werden (beim Barverkauf) oder über Forderungen (beim Verkauf auf Rechnung oder Zielverkauf) zu liquiden Mitteln führen.
- Gegenstände der Betriebs- und Geschäftsausstattung (BGA), z. B. die Computeranlagen, verlieren, insbesondere durch die Abnutzung und den technischen Fortschritt, jedes Jahr an Wert. Diese Wertminderung kalkuliert das Unternehmen als Kosten (Abschreibungen genannt) in die Handlungskosten und damit in die Verkaufspreise der Produkte/Handelswaren ein. Über den Verkauf der Produkte/Handelswaren fließen dann diese Wertminderungen in Form von liquiden Mitteln wieder in das Unternehmen zurück. Da es in der Regel einen längeren Zeitraum (mehrere Jahre) dauert, bis die Ausgaben für die BGA über den Umsatzprozess wieder in das Unternehmen zurückgeflossen sind, stehen die Gegenstände des BGA im Inventar über den Warenbeständen.

58 Was ist mit „*Gliederung des Vermögens nach zunehmender Liquidität*" gemeint?

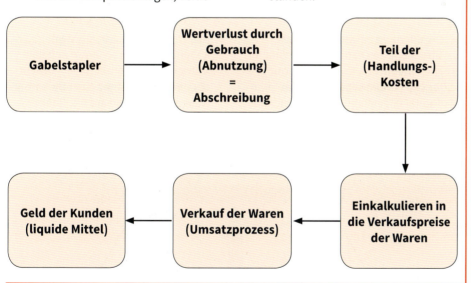

Die **Schulden** sind nach abnehmender Fristigkeit oder **Fälligkeit** geordnet. Zuerst werden die **langfristigen Schulden**, anschließend die **kurzfristigen Schulden** genannt.

59 Wie sind die *Schulden* im Inventar *gegliedert*?

Prozesse ✓ — Kaufmännische Steuerung

60 *Was ist mit „Gliederung der Schulden nach abnehmender Fristigkeit" gemeint?*

Gemeint ist die **Dringlichkeit der Rückzahlung** von Kapital. Je dringender die Rückzahlung, d. h., je kürzer also die Zahlungsfrist ist, desto weiter unten steht die Schuldenposition im Inventar.

Beispiele:
- Hypothekendarlehen stehen ganz oben bei den Schulden im Inventar, da sie häufig eine Laufzeit von 10 bis 20 Jahren haben, dann also erst zurückgezahlt werden müssen.
- Verbindlichkeiten gegenüber Lieferanten stehen bei den Schulden ganz unten im Inventar. Sie sind innerhalb einer sehr kurzen Frist oder Zeitspanne, z. B. innerhalb 30 Tagen, fällig, d. h. zu bezahlen.

61 *Wer unterschreibt das Inventar?*

Die Aufnahmeblätter und das Inventar sind von den **jeweils Verantwortlichen** zu unterzeichnen.

62 *Welche Aufbewahrungsfrist schreibt der Gesetzgeber für das Inventar vor?*

Die Aufbewahrungsfrist für das Inventar beträgt **zehn Jahre**.

Handbuch: LF 6

3.2.6 Bilanz

63 *Erklären Sie den Begriff Bilanz.*

- Die Bilanz ist eine **kurz gefasste Übersicht des** häufig sehr umfangreichen **Inventars**, in der das Vermögen (Anlage- und Umlaufvermögen) dem Kapital (Eigenkapital und Fremdkapital [Schulden]) gegenübergestellt wird.

- Das Wort Bilanz kann aus dem italienischen Wort *bilancia* abgeleitet werden und bedeutet Gleichgewicht oder **Waage** im Sinne einer Balkenwaage. Übertragen auf die Finanzbuchhaltung heißt das, dass **der Wert aller Vermögensgegenstände dem Wert aller Kapitalpositionen entsprechen muss**.

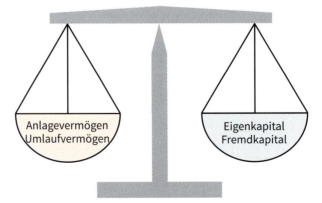

Anlagevermögen / Umlaufvermögen — Eigenkapital / Fremdkapital

Finanzbuchhaltung

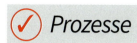

- Die Bilanz kann in **Kontoform** (nebeneinander) erstellt werden. Auf der linken Seite des T-Kontos ist das Vermögen verzeichnet, daneben auf der rechten Seite wird das Kapital dargestellt:

Bilanz	
Vermögen	Kapital

- Die Bilanz kann auch in **Staffelform** (untereinander) erstellt werden: Dabei wird zunächst das Vermögen genannt, darunter folgt das Kapital.

64 In welcher *Form* wird die *Bilanz* erstellt?

- Die linke Seite der Bilanz wird als **Aktivseite** bezeichnet. Die sogenannten Aktiva umfassen das Vermögen, gegliedert in Anlage- und Umlaufvermögen.

- Die rechte Seite der Bilanz nennt man **Passivseite**. Die sogenannten Passiva umfassen das Kapital, aufgeteilt in Eigenkapital und Fremdkapital (Schulden).

Aktiva	Bilanz	Passiva
Anlagevermögen		Eigenkapital
Umlaufvermögen		Fremdkapital
Summe		Summe

65 Wie werden die *Seiten* einer in Kontoform aufgestellten *Bilanz* bezeichnet?

- Das **Vermögen** ist – wie im Inventar (siehe Kapitel 3.2 5, Seite 97 ff.) – nach zunehmender **Liquidität** oder Flüssigkeit gegliedert. Zunächst wird das Anlagevermögen, danach das Umlaufvermögen aufgeführt.

- Die **Schulden** sind – ebenfalls wie im Inventar – nach abnehmender Fristigkeit oder **Fälligkeit** (siehe Kapitel 3.2 5, Seite 97 ff.) geordnet. Zuerst werden die langfristigen Schulden, anschließend die kurzfristigen Schulden genannt.

66 Nach welchen *Grundsätzen* sind Vermögen und Schulden in der *Bilanz* gegliedert?

Aktiva		Bilanz		Passiva
Anlagevermögen		**Eigenkapital**		230.000,00 €
Grundstücke/Gebäude	570.000,00 €	**Fremdkapital**		
Fuhrpark	60.000,00 €	Darlehensschulden		650.000,00 €
Betriebs- und Geschäftsausstattung	45.000,00 €	Verbindlichkeiten		168.000,00 €
Umlaufvermögen				
Waren	283.000,00 €			
Forderungen	35.000,00 €			
Kassenbestand	7.000,00 €			
Bankguthaben	48.000,00 €			
	1.048.000,00 €			1.048.000,00 €

67 Erstellen Sie aus den folgenden Angaben eine Bilanz: Grundstücke/Gebäude 570.000,00 €, Fuhrpark 60.000,00 €, Waren 283.000,00 €, Forderungen 35.000,00 €, Kassenbestand 7.000,00 €, Bankguthaben 48.000,00 €, Eigenkapital 230.000,00 €, Darlehensschulden 650.000,00 €, Verbindlichkeiten 168.000,00 €.

Prozesse ✓ Kaufmännische Steuerung

68 Berechnen Sie aus Aufgabe 67, wie viel Prozent der *Anteil des Eigenkapitals* am Gesamtkapital beträgt.

$$\text{Prozentanteil des Eigenkapitals} = \frac{\text{Eigenkapital}}{\text{Gesamtkapital}} \cdot 100$$

$$\text{Prozentanteil des Eigenkapitals} = \frac{230.000,00\ \text{€}}{1.048.000,00\ \text{€}} \cdot 100 = \underline{\underline{21,95\,\%}}$$

69 Berechnen Sie aus Aufgabe 67, wie viel Prozent der *Anteil des Umlaufvermögens* am Gesamtvermögen beträgt.

$$\text{Prozentanteil des Umlaufvermögens} = \frac{\text{Umlaufvermögen}}{\text{Gesamtvermögen}} \cdot 100$$

$$\text{Prozentanteil des Umlaufvermögens} = \frac{373.000,00\ \text{€}}{1.048.000,00\ \text{€}} \cdot 100 = \underline{\underline{35,59\,\%}}$$

70 Worüber geben die beiden *Seiten der Bilanz* Auskunft?

- Die **Aktivseite** zeigt die **Mittelverwendung** oder Investierung, d. h., für welche Vermögensgegenstände die eigenen bzw. fremden Mittel „ausgegeben" wurden.

- Die **Passivseite** zeigt die **Mittelherkunft** oder Finanzierung. Welche Mittel, eigene (Eigenkapital des Unternehmers) oder/und fremde (Fremdkapital aufgrund von Krediten) wurden eingesetzt, um den Kauf der Vermögensgegenstände zu finanzieren?

71 Wer *unterschreibt* im Unternehmen die *Bilanz*?

Die Bilanz ist, **je nach Rechtsform**,
- vom Unternehmer (in Einzelunternehmen) bzw.
- von allen persönlich haftenden Gesellschaftern (in Kommanditgesellschaften und Offenen Handelsgesellschaften) bzw.
- von allen Vorstandsmitgliedern (in Aktiengesellschaften) bzw.
- von allen Geschäftsführern (in Gesellschaften mit beschränkter Haftung) zu unterschreiben.

72 Welche *Aufbewahrungsfrist* schreibt der Gesetzgeber für *Bilanzen* vor?

Die Aufbewahrungsfrist von Bilanzen beträgt, wie beim Inventar, **zehn Jahre**.

Finanzbuchhaltung

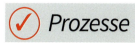

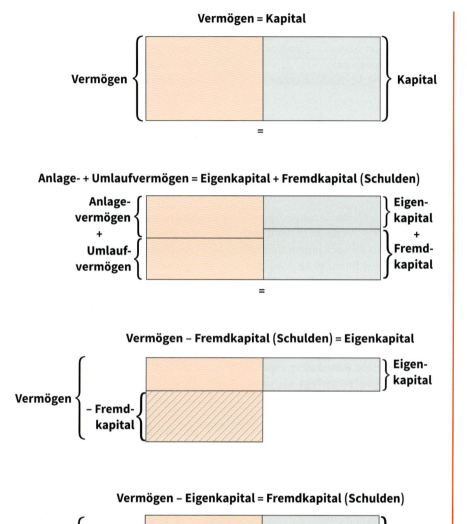

Nennen Sie mindestens zwei *Bilanzgleichungen*. (73)

Wertänderungen in der Bilanz, die als **Grundlage der doppelten Buchführung** dienen:

- **Aktivtausch**
  z. B. Kauf eines Hubwagens gegen Bankscheck: Der Bestand an Maschinen wird größer, während das Bankguthaben geringer wird.
  ➡ Maschinen (+), Bankguthaben (−)

- **Passivtausch**
  z. B. Umwandlung einer Darlehensschuld in eine Beteiligung: Der Darlehensbestand wird geringer, während das Eigenkapital ansteigt.
  ➡ Darlehensschulden (−), Eigenkapital (+)

Welche Wertänderungen in der Bilanz bilden die *Grundlage der doppelten Buchführung*? (74)

Prozesse — Kaufmännische Steuerung

- **Aktiv-Passiv-Mehrung**
  z. B. Einkauf von Waren auf Ziel: Die Bestände an Waren und Verbindlichkeiten nehmen zu.
  ➡ Waren (+), Verbindlichkeiten (+)

- **Aktiv-Passiv-Minderung**
  z. B. Banküberweisung einer Lieferantenrechnung: Die Bestände an Verbindlichkeiten und Bankguthaben nehmen ab.
  ➡ Verbindlichkeiten (–), Bankguthaben (–)

Handbuch: LF 6

3.2.7 Bestandskonten

75 Warum ist es sinnvoll, die *Wertänderungen* der einzelnen Bilanzpositionen durch Geschäftsfälle *nicht direkt in der Bilanz zu erfassen*?

- Würden die Wertänderungen der Bilanzpositionen direkt in der Bilanz erfasst, müsste nach jedem Geschäftsfall eine neue Bilanz erstellt werden. Dieses Vorgehen wäre bei der Vielzahl der Konten des Unternehmens und insbesondere der Menge der Geschäftsfälle im Laufe eines Jahres viel zu **aufwendig** und **unübersichtlich**.
- Daher wird die **Bilanz in** so viele **Bestandskonten zerlegt** wie sie Bilanzpositionen aufweist. Auf diesen Bestandskonten werden dann die jeweiligen Wertänderungen, ausgelöst durch die Geschäftsfälle, erfasst (gebucht). Am Ende des Jahres werden die Salden oder Endbestände der Bestandskonten wieder zu einer (Schluss)Bilanz zusammengefasst, aus der die Vermögens- und Schuldenbestände sowie die Höhe des Eigenkapitals auf einen Blick ersichtlich sind.

76 Geben Sie Beispiele für *aktive* bzw. *passive Bestandskonten*.

- **aktive Bestandskonten**
  Beispiele: unbebaute und bebaute Grundstücke, Maschinen, Fuhrpark, Betriebs- und Geschäftsausstattung, Beteiligungen, Handelswaren, Betriebsstoffe, Forderungen a. LL., Bankguthaben, Kasse

- **passive Bestandskonten**
  Beispiele: Eigenkapital, Hypotheken- und Darlehensschulden, Verbindlichkeiten a. LL.

77 Auf welchen *Kontenseiten* werden die *Kontenbewegungen* der Bestandskonten erfasst?

Soll	Aktive Bestandskonten	Haben
Anfangsbestand		Abgänge
Zugänge		Endbestand (Saldo)

Soll	Passive Bestandskonten	Haben
Abgänge		Anfangsbestand
Endbestand (Saldo)		Zugänge

78 Wie werden die *Salden* (Endbestände) der Bestandskonten errechnet und auf welcher Kontoseite stehen sie?

Saldo (Endbestand) = Anfangsbestand + Zugänge – Abgänge

Endbestände stehen immer auf der wertmäßig **„schwächeren" Seite**, um die Soll- und Habenseite eines Kontos wertmäßig auszugleichen.

Finanzbuchhaltung — Prozesse

3.2.8 Buchungssatz

Handbuch: LF 6

- Beim **einfachen Buchungssatz** werden nur **zwei Konten angesprochen**. Zuerst wird das Konto mit der Sollbuchung, danach das Konto mit der Habenbuchung genannt, verbunden durch das Wort „an".

- Beim **zusammengesetzten Buchungssatz** werden **mehr als zwei Konten angesprochen**. Zuerst werden die Konten mit den Sollbuchungen, dann die Konten mit den Habenbuchungen genannt, verbunden durch das Wort „an". **Der Wert der Sollbuchungen muss dem Wert der Habenbuchungen entsprechen.**

(79) Unterscheiden Sie den *einfachen* vom *zusammengesetzten* Buchungssatz.

1.	Aufwendungen für Waren	5.000,00 €	
	an Verbindlichkeiten a. LL.		5.000,00 €
2.	Grundstücke	250.000,00 €	
	an Eigenkapital		250.000,00 €
3.	Verbindlichkeiten a. LL.	2.600,00 €	
	an Bankguthaben		2.600,00 €
4.	Bankguthaben	25.000,00 €	
	an Darlehensschulden		25.000,00 €
5.	Darlehensschulden	4.000,00 €	
	an Bankguthaben		4.000,00 €
6.	Bankguthaben	3.000,00 €	
	Kasse	500,00 €	
	an Forderungen a. LL.		3.500,00 €
7.	Technische Anlagen/Maschinen	39.500,00 €	
	an Kasse		1.000,00 €
	an Verbindlichkeiten a. LL.		38.500,00 €
8.	Kasse	250,00 €	
	an Betriebs- und Geschäftsausstattung		250,00 €

(80) Bilden Sie die *Buchungssätze* zu den Geschäftsfällen:
1. Einkauf von Handelswaren auf Ziel, 5.000,00 € (aufwandsorientierte Buchung);
2. der Inhaber bringt ein Grundstück (250.000,00 €) in das Unternehmen ein;
3. Bezahlung einer Lieferantenrechnung (2.600,00 €) per Banküberweisung;
4. Aufnahme eines Kredits über 25.000,00 €, der dem Geschäftskonto gutgeschrieben wird;
5. Tilgung eines Kredits über 4.000,00 € durch Banküberweisung;
6. ein Kunde zahlt eine Rechnung (3.500,00 €) z. T. durch Banküberweisung (3.000,00 €), den Rest bar;
7. Kauf eines Gabelstaplers für 39.500,00 €, der mit 1.000,00 € bar angezahlt wird, der Rest hat ein Zahlungsziel von 30 Tagen;
8. Barverkauf eines gebrauchten PCs (250,00 €) an einen Mitarbeiter

Prozesse — Kaufmännische Steuerung

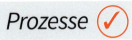

Handbuch: LF 6 und 10

3.2.9 Erfolgskonten

81 Definieren Sie die Begriffe *Aufwendungen* und *Erträge* und nennen Sie jeweils Beispiele.

- **Aufwendungen** sind der bewertete Verzehr (Ge- und Verbrauch) von Gütern und Leistungen eines Unternehmens in einer Abrechnungsperiode.
  Beispiele: Aufwendungen für Waren, Betriebsstoffaufwendungen, Löhne, Gehälter, Mietaufwendungen, Abschreibungen auf Sachanlagen, Büromaterial

- **Erträge** sind alle erfolgswirksamen Wertzuflüsse eines Unternehmens in einer Abrechnungsperiode.
  Beispiele: Umsatzerlöse, Mieterträge, Zinserträge, Erträge aus dem Verkauf gebrauchter Anlagegüter

82 Wie wirken sich *Aufwendungen und Erträge* auf die Höhe des Eigenkapitals aus?

Aufwendungen **mindern** das Eigenkapital.
Erträge **mehren** das Eigenkapital.

83 Auf welcher Seite des jeweiligen *Kontos* werden die *Aufwendungen* bzw. *Erträge* erfasst?

Begründen Sie Ihre Aussage.

- Aufwandskonten sind Unterkonten des Kontos „Eigenkapital". Da **Aufwendungen** das Eigenkapital mindern und diese Minderungen auf dem Konto „Eigenkapital" im Soll gebucht werden, werden sie auch auf den entsprechenden Unterkonten **im Soll** erfasst.

- Ertragskonten sind Unterkonten des Kontos „Eigenkapital". Da **Erträge** das Eigenkapital mehren und diese Mehrungen auf dem Konto „Eigenkapital" im Haben gebucht werden, werden sie auch auf den entsprechenden Unterkonten **im Haben** erfasst.

Soll	Aufwandskonten	Haben
+		Saldo
+		
+		
+		

Soll	Ertragskonten	Haben
Saldo		+
		+
		+
		+

84 Bilden Sie die *Buchungssätze* zu den Fällen:
1. Mietzahlung per Banküberweisung
2. Barkauf von Büromaterial
3. Verbrauch von Heizöl
4. Verkauf von Handelswaren auf Ziel
5. Lohnzahlung durch Banküberweisung
6. Zinsgutschrift der Bank

1. Mieten, Pachten
   an Bankguthaben
2. Büromaterial
   an Kasse
3. Aufwendungen für Energie
   an Betriebsstoffe
4. Forderungen a. LL.
   an Umsatzerlöse für Waren
5. Löhne
   an Bankguthaben
6. Bankguthaben
   an Zinserträge

Finanzbuchhaltung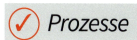

3.2.10 Gewinn- und Verlustkonto

Handbuch: LF 6

Das „**Gewinn- und Verlustkonto**" ist das **Abschlusskonto** der Erfolgskonten, auf dem die Erträge und Aufwendungen einander gegenübergestellt werden. Die Aufwendungen werden auf der Sollseite, die Erträge auf der Habenseite erfasst.

Sind die Erträge höher als die Aufwendungen, ergibt sich als Differenz ein **Gewinn**. Sind die Erträge geringer als die Aufwendungen, ergibt sich als Differenz ein **Verlust**.

(85) Welche *Funktion* hat das *Gewinn- und Verlustkonto*?

Aufwendungen		Gewinn- und Verlustkonto	Erträge	
Aufwendungen für RHB	390.000,00	Umsatzerlöse für eigene Erzeugnisse	845.000,00	
Aufwendungen für Waren	20.000,00	Umsatzerlöse für Waren	89.000,00	
Löhne	136.800,00			
Gehälter	45.000,00			
Abschreibungen auf SA	110.000,00	Zinserträge	6.350,00	
Zinsaufwendungen	25.000,00	Mieterträge	16.000,00	
Mietaufwendungen	46.000,00			
Gewinn (Saldo)	183.550,00			
	956.350,00		956.350,00	

	Erträge	956.350,00
–	Aufwendungen	772.800,00
=	Gewinn	183.550,00

(86) Erstellen Sie für ein Industrieunternehmen auf der Grundlage der folgenden Angaben eine *Gewinn- und Verlustrechnung* und ermitteln Sie den *Unternehmenserfolg*: Aufwendungen für Roh-, Hilfs- und Betriebsstoffe (RHB) 390.000,00 €, Umsatzerlöse für eigene Erzeugnisse 845.000,00 €, Zinserträge 6.350,00 €, Löhne 136.800,00 €, Gehälter 45.000,00 €, Umsatzerlöse für Waren 89.000,00 €, Aufwendungen für Waren 20.000,00 €, Mietaufwendungen 46.000,00 €, Abschreibungen auf Sachanlagen (SA) 110.000,00 €, Zinsaufwendungen 25.000,00 €, Mieterträge 16.000,00 €

Aus der Gewinn- und Verlustrechnung können die **Quellen (Ursachen) des Unternehmenserfolgs** abgelesen werden, nämlich die Arten und die Höhe der verschiedenen Erträge und Aufwendungen.

(87) Welche Informationen lassen sich unmittelbar aus der Gewinn- und Verlustrechnung gewinnen?

Prozesse — Kaufmännische Steuerung

88 Welches sind die wichtigsten *Größen* aus der Gewinn- und Verlustrechnung, die zum Beispiel den *Erfolg eines Industrieunternehmens* ausmachen?

Die wichtigsten Größen sind
- Umsatzerlöse aus eigenen Erzeugnissen,
- Aufwendungen für Roh-, Hilfs- und Betriebsstoffe,
- Löhne und Gehälter,
- Abschreibungen auf Sachanlagen.

89 Wie lauten die *Abschlussbuchungen der Erfolgskonten* und die *Abschlussbuchung des Gewinn- und Verlustkontos*?

- **Abschlussbuchungen der Erfolgskonten:**
  Gewinn- und Verlustkonto
  an   Aufwandskonten

  Ertragskonten
  an   Gewinn- und Verlustkonto

- **Abschlussbuchung des Gewinn- und Verlustkontos**

  für den Fall eines Gewinnes:
  Gewinn- und Verlustkonto
  an   Eigenkapital

  für den Fall eines Verlustes:
  Eigenkapital
  an   Gewinn- und Verlustkonto

Handbuch: LF 6

3.2.11 Umsatzsteuer

90 Welche *Lieferungen* und *Leistungen* unterliegen in der Bundesrepublik Deutschland der *Umsatzsteuer*?

Der **Umsatzsteuer unterliegen**:
- **Lieferungen und Leistungen**, die ein Unternehmen im Inland gegen Entgelt tätigt
- **Einfuhr** von Gegenständen **aus dem Drittlandsgebiet** (Nicht-EU-Staaten) in das Inland (die Ausfuhr in Nicht-EU-Staaten unterliegt nicht der Umsatzsteuer)
- **innergemeinschaftlicher Erwerb** (Erwerb von Gütern aus EU-Mitgliedsstaaten) im Inland gegen Entgelt
- **unentgeltliche Entnahme** von Gegenständen und sonstigen Leistungen durch einen Unternehmer aus seinem Unternehmen für **private Zwecke**

91 Warum ist die *Umsatzsteuer* z. B. für das Industrieunternehmen nur ein *durchlaufender Posten*? Erläutern Sie anhand der folgenden Zahlen:
Umsatzsteuer: 700,00 €,
Vorsteuer: 300,00 €,
Zahllast: 400,00 €.

Das Industrieunternehmen gibt die von den Kunden aus den Verkäufen erhaltene Umsatzsteuer (700,00 €) teilweise an die Lieferanten weiter, nämlich die beim Einkauf zu zahlende Umsatzsteuer = Vorsteuer (300,00 €).

Den anderen Teil der erhaltenen Umsatzsteuer führt das Industrieunternehmen als Zahllast (Umsatzsteuer – Vorsteuer = 400,00 €) an das Finanzamt ab.

Daher stellt die erhaltene Umsatzsteuer (700,00 €) keinen Ertrag, die gezahlte Vorsteuer (300,00 €) keinen Aufwand dar; **beide Beträge gehen nicht in die Gewinn- und Verlustrechnung ein**.

Finanzbuchhaltung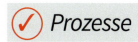

- Da die **Umsatzsteuer** eine Schuld gegenüber dem Finanzamt darstellt, hat das Konto „Umsatzsteuer" Verbindlichkeitscharakter und ist daher ein **passives Bestandskonto**.

- Da die **Vorsteuer** eine Forderung an das Finanzamt bedeutet, hat das Konto „Vorsteuer" Forderungscharakter und ist daher ein **aktives Bestandskonto**.

92 Ordnen Sie die Konten *Umsatzsteuer* und *Vorsteuer* in die *Kontensystematik* ein.

Jeweils am Monatsende wird das Konto „Vorsteuer" über das Konto „Umsatzsteuer" abgeschlossen. Die **Zahllast** (der an das Finanzamt abzuführende Umsatzsteuerbetrag) ergibt sich als Saldo auf dem Konto „Umsatzsteuer". Sie ist die Differenz zwischen der Umsatzsteuer und der Vorsteuer. Die Zahllast eines Monats ist bis zum **10. des folgenden Monats** an das Finanzamt zu zahlen.

Buchungen:
Abschluss des Kontos „Vorsteuer":
Umsatzsteuer   17.900,00 €
an   Vorsteuer   17.900,00 €
Banküberweisung der Zahllast:
Umsatzsteuer   10.400,00 €
an   Bankguthaben   10.400,00 €

93 Erläutern Sie den Begriff *Zahllast* und geben Sie die notwendigen Buchungen an: Die Konten Umsatzsteuer und Vorsteuer weisen Ende des Monats folgende Zahlen aus: Umsatzsteuer: 28.300,00 €, Vorsteuer: 17.900,00 €.

Vorsteuerüberhang bedeutet, dass am Monatsende die Vorsteuer höher ist als die Umsatzsteuer. Er ergibt sich als Saldo auf dem Konto „Vorsteuer". Dazu wird das Konto „Umsatzsteuer" am Monatsende über das Konto „Vorsteuer" abgeschlossen.
Auf Antrag wird der Betrag des Vorsteuerüberhangs vom Finanzamt **zurückgezahlt**. Andernfalls wird der Vorsteuerüberhang mit der Umsatzsteuer des folgenden Monats **verrechnet**.

94 Erläutern Sie den Begriff *Vorsteuerüberhang*.

- Umsatzsteuerpflichtige Unternehmen haben grundsätzlich **vierteljährlich**, bei einer Vorjahres-Umsatzsteuer von mehr als 7.500,00 € **monatlich Umsatzsteuer-Vorauszahlungen** auf die Zahllast zu leisten. Hierfür verwenden sie das Formular „Umsatzsteuer-Voranmeldung".

- Mithilfe der **Umsatzsteuer-Jahreserklärung**, die bis zum 31. Mai des Folgejahres einzureichen ist, legt das Finanzamt die endgültig für das abgelaufene Jahr abzuführende Umsatzsteuer in Form eines **Umsatzsteuerbescheids** fest.

95 Wofür verwenden Unternehmen das Formular „Umsatzsteuer-Voranmeldung"?

Prozesse ✓ Kaufmännische Steuerung

96 **Bilden Sie Buchungssätze:**
1. Kauf von Rohstoffen auf Ziel von 25.000,00 € netto, 19 % USt;
2. Verkauf von Handelswaren auf Ziel, Nettowert 17.700,00 €, 19 % USt;
3. Barkauf von Büromaterial 125,00 € netto, 19 % USt;
4. Bezahlung der Rechnung aus Fall 1 per Banküberweisung

1. Aufwendungen für Rohstoffe	25.000,00 €	
Vorsteuer	4.750,00 €	
an Verbindlichkeiten a. LL.		29.750,00 €
2. Forderungen a. LL.	21.063,00 €	
an Umsatzerlöse aus Waren		17.700,00 €
an Umsatzsteuer		3.363,00 €
3. Büromaterial	125,00 €	
Vorsteuer	23,75 €	
an Kasse		148,75 €
4. Verbindlichkeiten a. LL.	29.750,00 €	
an Bankguthaben		29.750,00 €

Handbuch: LF 6

3.2.12 Einkauf von Dienstleistungen

97 Nennen Sie Beispiele für *Aufwendungen* (Kosten), die sich durch die Inanspruchnahme bzw. den Einkauf von *Dienstleistungen* durch *das* Unternehmen ergeben.

Beispiele für **Dienstleistungskosten**:

- Aufwendungen für Werbung
- Kontoführungsgebühren
- Beiträge für Arbeitgeberverbände
- Kosten der Telekommunikation
- Kosten für die Speicherung von Daten in einer Cloud
- Rechts- und Beratungskosten
- Kosten für Unternehmensberatung
- Portokosten
- Wartungs- und Reparaturkosten

(Weitere Dienstleistungskosten sind im Kontenrahmen in **Kontenklasse 6** zu finden.)

98 Wie sind die Aufwendungen für *Dienstleistungen* zu buchen?

- **Grundsätzlich** sind diese Ausgaben **sofort** als **Aufwand** auf den entsprechenden Konten der Kontenklasse 6 zu buchen.
- Fallen allerdings **derartige Kosten i. V. m.** dem Kauf von Gütern des **Anlagevermögens** an, sind sie auf dem entsprechenden Anlagekonto zu buchen (zu **aktivieren**) und zusammen mit dem Anschaffungspreis des Gutes **abzuschreiben** (siehe hierzu die beiden folgenden Kapitel).
Beispiel: Beim Kauf eines Gebäudes fallen Notargebühren sowie evtl. noch Maklerkosten an.

Finanzbuchhaltung

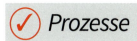 Prozesse

Büromaterial	650,00 €	
Vorsteuer	123,50 €	
an Verbindlichkeiten a. LL.		773,50 €

(99) Bilden Sie den Buchungssatz zu folgendem Geschäftsfall: *Die OfficeCom KG kauft Büromaterial im Wert von 650,00 € zzgl. 19 % USt auf Ziel.*

3.2.13 Einkauf von Anlagegütern

Anlagegüter sind Vermögensgegenstände, die dem Unternehmen **langfristig** dienen. Sie werden auch als Anlagevermögen bezeichnet. Dabei ist zwischen Finanzanlagen (z. B. Beteiligungen) und Sachanlagen zu unterscheiden.

(100) Was ist unter *Anlagegütern* zu verstehen?

- **nicht abnutzbare Sachanlagegüter**
  Beispiel: Grundstücke

- **abnutzbare Sachanlagegüter**
  Beispiele: Gebäude, Betriebs- und Geschäftsausstattung wie Lagerregale, Maschinen und technische Anlagen wie Fahrstühle und Rolltreppen, Fuhrpark

(101) Welche *Sachanlagegüter* kennen Sie?

Sachanlagegüter werden mit den sogenannten Anschaffungskosten erfasst, die sich wie folgt errechnen:

   Anschaffungspreis
− Anschaffungspreisminderungen
+ Anschaffungsnebenkosten
= Anschaffungskosten

Die gezahlte Umsatzsteuer (Vorsteuer) gehört nicht zu den Anschaffungskosten!

(102) Mit welchem *Wert* werden *Sachanlagegüter* beim Kauf im Unternehmen erfasst?

Anschaffungspreisminderungen **verringern** den Wert des Anlagegutes. Anschaffungsnebenkosten **erhöhen** den Wert des Anlagegutes.

(103) Wie wirken sich *Anschaffungspreisminderungen* bzw. *Anschaffungsnebenkosten* auf den Wert eines Sachanlagegutes aus?

Prozesse   Kaufmännische Steuerung

104 Welche *Anschaffungspreisminderungen* können in Betracht kommen?

- **Sofortrabatte**
- **Skonti**
- **Boni**
- **sonstige Preisnachlässe** (z. B. aufgrund kleiner Mängel wie Lackkratzer)

105 Nennen Sie Beispiele für *Anschaffungsnebenkosten*.

- **Bezugskosten** wie Fracht, Rollgeld, Transportversicherung
- **Verpackungskosten**
- **Provisionen**
- **Überführungskosten** und Kosten für das Nummernschild beim Kauf eines Pkw
- **Vermessungs- und Notariatskosten** sowie **Grunderwerbsteuer** beim Kauf eines Grundstücks

106 *Ermitteln* Sie aus den folgenden Angaben die *Anschaffungskosten*:
Die OfficeCom KG kauft eine NC-gesteuerte Fräsmaschine zum Listenpreis netto 25.000,00 € zzgl. 19 % USt. Der Lieferant gewährt 20 % Rabatt sowie bei Zahlung innerhalb 10 Tagen 2 % Skonto. Zusätzliche Kosten für den Transport durch die Spedition: 120,00 € netto. Für das zu erstellende Fundament berechnet das Bauunternehmen 952,00 € brutto. Für Aufstellung und Programmierung der Kühlanlage werden noch einmal 450,00 € zzgl. 19 % Umsatzsteuer berechnet.

```
  Anschaffungspreis netto                                          25.000,00 €
− Anschaffungspreisminderungen
    * Rabatt (20 % von 25.000,00 €)                       −          5.000,00 €
    * Skonto (2 % von 20.000,00 €)                        −            400,00 €
+ Anschaffungsnebenkosten
    * Transportkosten netto                               +            120,00 €
    * Fundamentierungskosten netto*                       +            800,00 €
    * Aufstellungs- und Programmierungskosten netto       +            450,00 €
= Anschaffungskosten                                                 20.970,00 €
```

* Errechnung der Fundamentierungskosten netto:
952,00 : 119 • 100 = 800,00 €

107 Wie werden *Anschaffungspreisminderungen* und *Anschaffungsnebenkosten* beim Kauf von Anlagegütern *gebucht*?

- Die Anschaffungspreisminderung **„Lieferantenrabatt"** mindert von vornherein den Anschaffungspreis und wird daher überhaupt nicht gebucht.
- Die übrigen Anschaffungspreisminderungen wie **„Lieferantenskonto"** und **„sonstige Preisnachlässe"**, z. B. wegen geringer Mängel, werden direkt auf der **Habenseite** des entsprechenden **Anlagekontos** gebucht.
- **Anschaffungsnebenkosten** erhöhen den Wert des Anlagegutes und werden daher auf der **Soll-Seite** des entsprechenden **Anlagekontos** gebucht.

Finanzbuchhaltung

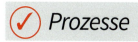 Prozesse

Buchungen der Lieferantenrechnung
1. Buchung bei Rechnungseingang:
   Maschinen 20.000,00 €
   Vorsteuer (19%) 3.800,00 €
       an   Verbindlichkeiten a. LL. 23.800,00 €

2. Buchung bei Rechnungsausgleich
   (abzüglich Skonto, Vorsteuerkorrektur):
   Verbindlichkeiten a. LL. 23.800,00 €
       an   Maschinen 400,00 €
       an   Vorsteuer 76,00 €
       an   Bankguthaben 23.324,00 €

Buchung der Speditionsrechnung
1. Buchung bei Rechnungseingang:
   Maschinen 120,00 €
   Vorsteuer 22,80 €
       an   Verbindlichkeiten a. LL 142,80 €

2. Buchung bei Rechnungsausgleich:
   Verbindlichkeiten a. LL. 142,80 €
       an   Bankguthaben 142,80 €

Buchung der Rechnung des Bauunternehmens
1. Buchung bei Rechnungseingang:
   Maschinen 800,00 €
   Vorsteuer 152,00 €
       an   Verbindlichkeiten a. LL. 952,00 €

2. Buchung bei Rechnungsausgleich:
   Verbindlichkeiten a. LL. 952,00 €
       an   Bankguthaben 952,00 €

Buchung der Rechnung des Lieferanten
(Aufstellung, Programmierung)

1. Buchung bei Rechnungseingang:
   Maschinen 450,00 €
   Vorsteuer 85,50 €
       an   Verbindlichkeiten a. LL. 535,50 €

2. Buchung bei Rechnungsausgleich:
   Verbindlichkeiten a. LL. 535,00 €
       an   Bankguthaben 535,50 €

---

108 Bilden Sie die *Buchungssätze* zur Aufgabe 106. Berücksichtigen Sie dabei, dass bei sämtlichen Käufen Zielkäufe vorliegen und der jeweilige Rechnungsausgleich per Banküberweisung erfolgt.

Prozesse   Kaufmännische Steuerung

109 Stellen Sie aufgrund der Buchungen von Aufgabe 108 das Konto „Maschinen" dar.

Soll	Maschinen		Haben
Verbindlichkeiten a. LL.	20.000,00	Verbindlichkeiten a. LL.	400,00
Verbindlichkeiten a. LL.	120,00		
Verbindlichkeiten a. LL.	800,00		
Verbindlichkeiten a. LL.	450,00		

- Als Saldo ergeben sich die Anschaffungskosten der Maschine: 20.970,00 €. Sie bilden die Grundlage für die Berechnung der Abschreibung (siehe hierzu das folgende Kapital 3.2.14).

Handbuch: LF 6

3.2.14 Abschreibungen auf Sachanlagen

110 Warum dürfen *abnutzbare Sachanlagegüter* in der *Bilanz* nicht mit den Anschaffungskosten ausgewiesen werden?

Abnutzbare Anlagegüter dürfen deshalb nicht mit den Anschaffungskosten in der Bilanz ausgewiesen werden, weil sie über die Jahre der Nutzung **an Wert verlieren**.

Diese Wertminderung wird in der Buchhaltung als **Aufwand** erfasst.

Dieser Aufwand wird betriebswirtschaftlich als **Abschreibung** bezeichnet, steuerrechtlich als **A**bsetzung **f**ür **A**bnutzung (**AfA**).

111 Welche *wirtschaftlichen Gründe* führen zu Wertminderungen abnutzbarer Anlagegüter?

- **technischer Verschleiß** durch ständigen Gebrauch
- **natürlicher Verschleiß** durch zeitabhängige Faktoren wie Verrosten
- **technischer Fortschritt**, z. B. bei Personalcomputern
- **wirtschaftliche Überholung**, z. B. bei Modewechsel

112 Wie wirken sich *Abschreibungen* auf die Höhe des *Verkaufspreises* einer Ware aus?

Abschreibungen sind Aufwendungen (= **Kosten**), die auf dem Wege der Kalkulation anteilig der Handelsware/dem Produkt zugerechnet werden, um den **Selbstkostenpreis** zu ermitteln. Wird hierauf noch der Gewinnzuschlag gerechnet, ergibt sich der Nettoverkaufspreis *(zur Kalkulation siehe Kapitel 3.3, S. 122 ff.)*.
Erhöhen sich die **Abschreibungen**, **steigen** (unter sonst gleichen Umständen) die **Selbstkosten** und damit der **Nettoverkaufspreis**.

113 Welche *Abschreibungsmethoden* werden häufig unterschieden?

Abschreibungsmethoden:

- **lineare** Abschreibung
- **degressive** Abschreibung

Steuerrechtlich ist seit dem 01.01.2011 nur noch die lineare Abschreibung möglich.

(Die nachfolgenden Aufgaben beschränken sich auf die Behandlung der linearen Abschreibung, da dies sowohl in der curricularen Analyse zum Rahmenlehrplan [Stand: 18.07.2013], als auch im Prüfungskatalog für die IHK-Abschlussprüfung [Stand: 1. Auflage 2015] vorgesehen ist bzw. gefordert wird.)

Finanzbuchhaltung

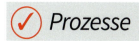 *Prozesse*

Abschreibungsbetrag pro Jahr:

$$\frac{\text{Anschaffungskosten}}{\text{Nutzungsdauer}}$$

Beispiel:
$$\frac{100.000,00\ €}{5\ \text{Jahre}} = 20.000\ €/\text{Jahr}$$

Dabei kann die Nutzungsdauer den sogenannten AfA-Tabellen der Finanzämter entnommen werden.

Abschreibungsprozentsatz:

$$\frac{100\ \%}{\text{Nutzungsdauer}}$$

Beispiel:
$$\frac{100\ \%}{5\ \text{Jahre}} = 20\ \%/\text{Jahr}$$

Die Anschaffungskosten werden mit 100 % angesetzt.

114 Wie werden der *Abschreibungsbetrag* bzw. der *Abschreibungsprozentsatz* bei linearer Abschreibung berechnet?

Bei der **linearen Abschreibung** ...
- wird immer vom Anschaffungswert abgeschrieben,
- sind die jährlichen Abschreibungsbeträge daher immer gleich hoch,
- wird am Ende der Nutzungsdauer der Wert Null erreicht.

115 Beschreiben Sie die wichtigsten *Merkmale* der *linearen Abschreibung*.

Abschreibungsbetrag:
Anschaffungskosten : Nutzungsdauer
130.000,00 € : 8 Jahre
= 16.250,00 € pro Jahr

Abschreibungsprozentsatz:
100 % : Nutzungsdauer
100 % : 8 Jahre
= 12,5 % pro Jahr

116 *Berechnen* Sie den *Abschreibungsbetrag* und den *Abschreibungsprozentsatz* für die lineare Abschreibung für das Jahr der Anschaffung, wenn folgende Daten gegeben sind: *Die Anschaffungskosten eines am 02.01.20.. gekauften Gabelstaplers betragen 130.000,00 €; die betriebsgewöhnliche Nutzungsdauer wird auf 8 Jahre geschätzt.*

Berechnung der Abschreibung:
20.970,00 € : 8 Jahre = 2.621,25 €/Jahr

Buchung der Abschreibung:
Abschreibungen auf Sachanlagen 2.621,25 €
    an   Maschinen   2.621,25 €

117 *Berechnen* und *buchen* Sie die lineare *Abschreibung* zu Aufgabe 109, wenn die Nutzungsdauer der Maschine 8 Jahre beträgt.

Prozesse ✓ Kaufmännische Steuerung

118 Erstellen Sie eine Tabelle über die *Entwicklung der Abschreibungsbeträge und der Buch- oder Restwerte* bei linearer Abschreibung. Anschaffungskosten einer Maschine zu Beginn des Jahres 2016: 18.600,00 €, Nutzungsdauer: 6 Jahre.

Jährlicher Abschreibungsbetrag:
18.600,00 € : 6 Jahre = 3.100,00 €/Jahr

Ende des Jahres	Abschreibungsbetrag	Restwert
2016	3.100,00 €	15.500,00 €
2017	3.100,00 €	12.400,00 €
2018	3.100,00 €	9.300,00 €
2019	3.100,00 €	6.200,00 €
2020	3.100,00 €	3.100,00 €
2021	3.100,00 €	0,00 €

119 Was bedeutet der *Erinnerungswert* 1,00 €?

Wird ein abnutzbares Anlagegut über das Ende der Nutzungsdauer hinaus genutzt, ist es mit einem **Erinnerungswert** von 1,00 € in der **Bilanz** auszuweisen.

Wird z. B. das Anlagegut aus der vorangegangenen Aufgabe auch noch im Jahr 2022 genutzt und erfolgt die Abschreibung linear, sind im Jahr 2021 nur 3.099,00 € abzuschreiben. Als **Saldo** (Differenz) **zwischen Buchwert** in 2020 und **Abschreibung** in 2021 ergibt sich dann ein Buchwert Ende 2021 von 1,00 €.

120 Was versteht man unter dem *Abschreibungskreislauf*?

Die Abschreibungen werden als Teil der Kosten in die **Verkaufspreise** der Waren bzw. Produkte **einkalkuliert**. Durch den **Verkauf der Waren bzw. Produkte** (Umsatzerlöse) fließen die Abschreibungen als Teil des Verkaufspreises in Form **liquider Mittel** in das Unternehmen zurück und stehen für die **Finanzierung neuer Sachanlagegüter** zur Verfügung.

Handbuch: LF 6

3.2.15 Einkauf und Verkauf von Handelswaren

121 Erläutern Sie den Begriff *Handelswaren*.

Handelswaren sind Produkte, die ein Industrieunternehmen beschafft und ohne Be- oder Verarbeitung weiterverkauft.

Sie dienen der Abrundung des Verkaufssortiments, das sich aus den selbst gefertigten Erzeugnissen und den Handelswaren zusammensetzt.

122 Bilden Sie den *Buchungssatz* zu folgendem Geschäftsfall: Einkauf von Handelswaren auf Ziel, netto 520.000,00 € zuzüglich 19 % USt;

Aufwendungen für Waren		520.000,00 €	
Vorsteuer		98.800,00 €	
an	Verbindlichkeiten a. LL.		618.800,00 €

Finanzbuchhaltung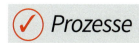

- Bezugskosten sind Kosten, die neben dem reinen Warenpreis beim Einkauf zusätzlich anfallen können. Sie erhöhen den Wert der Ware.
- Sie unterliegen der Umsatzsteuer, die für das Unternehmen Vorsteuer darstellt.

Beispiele:
Fracht, Rollgeld, Transportversicherung, Verpackungskosten

123 Was versteht man im Rahmen des Wareneinkaufs unter *Bezugskosten*? Nennen Sie Beispiele.

Buchung des Wareneinkaufs:

Aufwendungen für Waren	60.000,00 €	
Vorsteuer	11.400,00 €	
an Verbindlichkeiten a. LL.		71.400,00 €

Buchung der Frachtkosten auf dem Konto „Bezugskosten", einem Unterkonto des Kontos „Aufwendungen für Waren":

Bezugskosten	865,00 €	
Vorsteuer	164,35 €	
an Verbindlichkeiten a. LL.		1.029,35 €

Abschluss des Kontos „Bezugskosten" über das Konto „Aufwendungen für Waren":

Aufwendungen für Waren	865,00 €	
an Bezugskosten		865,00 €

124 Wie werden die *Bezugskosten* gebucht? Erläutern Sie an folgendem Beispiel: *Das Unternehmen kauft Handelswaren auf Ziel im Wert von 60.000,00 € zzgl. 19 % Umsatzsteuer ein. Die Frachtkosten betragen 865,00 € zzgl. 19 % Umsatzsteuer; sie sind in 30 Tagen fällig.*

Forderungen a. LL.	749.700,00 €	
an Umsatzerlöse von Waren		630.000,00 €
an Umsatzsteuer		119.700,00 €

125 Bilden Sie den *Buchungssatz* zu folgendem Geschäftsfall: Verkauf von Handelswaren auf Ziel, netto 630.000,00 € zuzüglich 19 % USt.

3.2.16 Wareneinsatz und Warenrohgewinn

Handbuch: LF 6

Unter dem Wareneinsatz versteht man die **verkaufte Handelswarenmenge** in einer Abrechnungsperiode (z. B. in einem Jahr), **bewertet mit dem Bezugspreis**. Anders ausgedrückt handelt es sich dabei um die Aufwendungen, die das Industrieunternehmen hatte, um die in einer Abrechnungsperiode verkauften Handelswaren zu beschaffen.

126 Was versteht man unter dem *Wareneinsatz*?

Prozesse ✓ — Kaufmännische Steuerung

127 **Wie wird der Wareneinsatz berechnet?**

Unter **Berücksichtigung von Lagerbestandsveränderungen** wird der **Wareneinsatz** folgendermaßen **berechnet**:

    Warenanfangsbestand zu Beginn der Abrechnungsperiode
    (bewertet zum Bezugspreis)
+ Wareneinkäufe während der laufenden Abrechnungsperiode
    (bewertet zum Bezugspreis)
− Warenendbestand lt. Inventur (bewertet zum Bezugspreis)
= Wareneinsatz (bewertet zum Bezugspreis)

---

128 *Die drei folgenden Aufgaben bauen aufeinander auf.*

Errechnen Sie auf der Grundlage der angegebenen Zahlen den *Wareneinsatz* für das Jahr 01:
Warenanfangsbestand: 0 Stück/0,00 €, Wareneinkäufe: 1 000 Stück/402,00 € pro Stück/Gesamtwert 402.000,00 €, Warenendbestand gemäß Inventur: 0 Stück/0,00 €.

Warenanfangsbestand	0,00 €	(0 · 402,00)
+ Wareneinkäufe	402.000,00 €	(1 000 · 402,00)
− Warenendbestand gemäß Inventur	0,00 €	(0 · 402,00)
= Wareneinsatz	402.000,00 €	(1 000 · 402,00)

Die im Jahr 01 eingekaufte Menge (1 000 Stück) wurde im Jahr 01 vollständig verkauft. Es liegen also zu Beginn des Folgejahres 02 keine Waren auf Lager.

---

129 *Errechnen* Sie aufgrund der angegebenen Zahlen den *Wareneinsatz* für das Folgejahr 02:
Warenanfangsbestand (= Warenendbestand des Vorjahres 01): 0 Stück/0,00 €, Wareneinkäufe: 1 050 Stück/402,00 € pro Stück/Gesamtwert 422.100,00 €, Warenendbestand gemäß Inventur: 30 Stück/12.060,00 €.

Warenanfangsbestand	0,00 €	(0 · 402,00)
+ Wareneinkäufe	422.100,00 €	(1 050 · 402,00)
− Warenendbestand gemäß Inventur	12.060,00 €	(30 · 402,00)
= Wareneinsatz	410.040,00 €	(1 020 · 402,00)

Die im Jahr 02 eingekaufte Menge (1 050 Stück) wurde nicht vollständig verkauft, nur 1 020 Stück. Die nicht verkauften Waren (30 Stück) im Wert von 12.060,00 € liegen noch auf Lager; sie bilden den Warenanfangsbestand des Folgejahres 03.

Finanzbuchhaltung 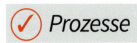 *Prozesse*

Warenanfangsbestand	12.060,00 €	(30 · 402,00)
+ Wareneinkäufe	381.900,00 €	(950 · 402,00)
– Warenendbestand gemäß Inventur	4.020,00 €	(10 · 402,00)
= Wareneinsatz	389.940,00 €	(970 · 402,00)

Im Jahr 03 wurden Waren (970 Stück) mit einem Einkaufswert von 389.940,00 € verkauft. Eingekauft wurden aber nur 950 Stück im Wert von 381.900,00 €. Das bedeutet, dass zusätzlich noch 20 Stück im Wert von 8.040,00 € aus den Lagerbeständen des Vorjahres 02 verkauft wurden. Diese Tatsache ergibt sich auch aus der Differenz zwischen Warenanfangsbestand 30 Stück (12.060,00 €) und Warenendbestand gemäß Inventur 10 Stück (4.020,00 €).

130 *Errechnen* Sie aus den angegeben Zahlen den *Wareneinsatz* für das Jahr 03: Warenanfangsbestand (= Warenendbestand des Vorjahres 02) 30 Stück/12.060,00 €, Wareneinkäufe: 950 Stück/402,00 € pro Stück/Gesamtwert 381.900,00 €, Warenendbestand gemäß Inventur: 10 Stück/4.020,00 €.

Der Warenrohgewinn ist die **Differenz** zwischen dem **Wert der verkauften Handelswaren** (Umsatzerlöse) und dem **Wert der eingekauften Handelswaren** (Wareneinsatz).

Dabei ist der **Verkaufswert** der Handelsware (Verkaufspreis oder Absatzpreis) in der Regel **höher** als der **Einkaufswert** der Handelsware (Bezugspreis).

Umsatzerlöse aus Handelswaren (zum Verkaufspreis bewertete verkaufte Handelswaren)
– Wareneinsatz (zum Bezugspreis bewertete verkaufte Handelswaren)
= Warenrohgewinn

131 Was versteht man unter dem *Warenrohgewinn*?

Umsatzerlöse für Waren	89.000,00 €
– Aufwendungen für Waren (Wareneinsatz)	20.000,00 €
= Warenrohgewinn	69.000,00 €

132 Wie *hoch* ist der *Warenrohgewinn* in Aufgabe Nr. 86?

- Auf der **Einkaufsseite** könnte das Unternehmen versuchen, **bessere Lieferungs- und Zahlungsbedingungen** auszuhandeln, wie z. B. höhere Lieferantenrabatte und Lieferantenskonti, Senkung der Transport- und Verpackungskosten.

  Diese Maßnahmen senken die Bezugspreise beim Wareneinkauf.

- Auf der **Verkaufsseite** hat das Unternehmen z. B. die Möglichkeit, den **Absatz oder Verkauf zu steigern** durch
  - gezielte Werbemaßnahmen,
  - Verbesserung der Serviceleistungen,
  - Angebot neuer Produkte.

  Außerdem kann es versuchen, den **Umsatz** dadurch zu **steigern**, indem es die Verkaufspreise der Handelswaren erhöht.

133 Durch welche *Maßnahmen* kann das Industrieunternehmen den *Warenrohgewinn* steigern?

Prozesse ✓ Kaufmännische Steuerung

134 *Warum werden Lagerbestandsänderungen bei der Ermittlung des Wareneinsatzes (siehe Aufgaben Nr. 128 bis Nr. 130) berücksichtigt?*

Lagerbestandsänderungen werden bei der **Ermittlung des Warenrohgewinns** deshalb berücksichtigt, um den **Mengen der verkauften Handelswaren (Umsatzerlöse)** die **entsprechenden Mengen der eingekauften Handelswaren (Wareneinsatz)** gegenüberzustellen.

135 *Wie ergeben sich Lagerbestandsveränderungen (siehe Aufgaben Nr. 128 bis Nr. 130)?*

Lagerbestandsänderungen ergeben sich, wenn Jahresanfangs- und Jahresendbestände der Waren nicht übereinstimmen:

- Ist der **Warenbestand am Ende des Jahres größer als der Warenanfangsbestand**, hat sich der Lagerbestand erhöht. Es wurden von den im laufenden Jahr eingekauften Handelswaren nicht alle verkauft; ein Teil davon wurde gelagert.

- Ist der **Warenbestand am Ende des Jahres kleiner als der Warenanfangsbestand**, hat sich der Lagerbestand verringert. Es wurden zusätzlich zu den im laufenden Jahr eingekauften Handelswaren „alte" Lagerbestände verkauft.

Handbuch: LF 6

3.2.17 Rücksendungen, Skonto und Preisnachlässe beim Einkauf von Handelswaren mit Umsatzsteuerkorrekturen

136 *Wie werden Sofortrabatte des Lieferanten buchungstechnisch behandelt?*

Sofortrabatte mindern im Vorhinein den Listeneinkaufspreis; sie werden daher **nicht gebucht**.

137 *Bilden Sie die Buchungssätze zu den folgenden Geschäftsfällen:*
1. Einkauf von Handelswaren auf Ziel, Nettowert 20.000,00 € zzgl. 19 % USt.
2. Für die Anlieferung dieser Handelswaren berechnet die Spedition 650,00 € Frachtkosten zzgl. 19 % USt.
3. Handelswaren im Nettowert von 340,00 € werden an den Lieferanten zurückgesandt.

1. Aufwendungen für Waren   20.000,00 €
   Vorsteuer   3.800,00 €
   an   Verbindlichkeiten a. LL.   23.800,00 €

2. Bezugskosten   650,00 €
   Vorsteuer   123,50 €
   an   Verbindlichkeiten a. LL.   773,50 €

3. Verbindlichkeiten a. LL.   404,60 €
   an   Aufwendungen für Waren   340,00 €
   an   Vorsteuer   64,60 €

Finanzbuchhaltung — Prozesse

Verbindlichkeiten a. LL.		19.040,00 €	
an	Nachlässe		320,00 €
an	Vorsteuer		60,80 €
an	Bankguthaben		18.659,20 €

138 *Buchen* Sie den folgenden Geschäftsfall: Der Rechnungsbetrag eines Lieferanten über 19.040,00 € für den Bezug von Handelswaren wird unter Abzug von 2 % Skonto durch Banküberweisung beglichen.

3.2.18 Rücksendungen, Skonto und Preisnachlässe beim Verkauf von Handelswaren mit Umsatzsteuerkorrekturen

Handbuch: LF 6

1. Forderungen a. LL.		14.875,00 €	
an	Umsatzerlöse für Waren		12.500,00 €
an	Umsatzsteuer		2.375,00 €
2. Frachten und Fremdlager		460,00 €	
Vorsteuer		87,40 €	
an	Verbindlichkeiten a. LL.		547,40 €
3. Umsatzerlöse für Waren		2.100,00 €	
Umsatzsteuer		399,00 €	
an	Forderungen a. LL.		2.499,00 €

139 *Bilden* Sie die *Buchungssätze* zu den folgenden Geschäftsfällen:
1. Verkauf von Handelswaren auf Ziel, Nettowert 12.500,00 € zzgl. 19 % USt; Lieferung frei Haus.
2. Für den Transport der Handelswaren berechnet die Spedition 460,00 € Frachtkosten zzgl. 19 % USt.
3. Der Kunde sendet mangelhafte Handelswaren, Nettowert 2.100,00 €, zurück.

Erlösberichtigungen		1.040,00 €	
Umsatzsteuer		197,60 €	
an	Forderungen a. LL.		1.237,60 €

140 *Buchen* Sie den folgenden Geschäftsfall: Ein Kunde erhält wegen geringfügiger Produktmängel einen Preisnachlass von 10 % auf einen Rechnungsbetrag über 12.376,00 € (brutto).

Kaufmännische Steuerung

3.3 Kalkulation von Handelswaren

141 Was versteht man unter dem *Begriff Kalkulation*?

- Der Begriff **Kalkulation** ist aus dem Lateinischen *calculare* abgeleitet und bedeutet **rechnen**. Im kaufmännischen Bereich versteht man darunter im Allgemeinen eine Berechnung, z. B. von Preisen.

- Im Rechnungswesen eines Industrieunternehmens dient die Kalkulation von Handelswaren der Berechnung
  - der **Bezugspreise**,
  - der **Selbstkostenpreise** und schließlich
  - der **Verkaufspreise** dieser Waren.

142 Welche *Größen* sind bei der *Kalkulation* der *Verkaufspreise* zu berücksichtigen?

Zu berücksichtigen sind …

- **betriebsinterne Größen** wie z. B.
  - die angestrebten **Unternehmensziele** (Gewinnsteigerung, Umsatzerhöhung, Vergrößerung des Marktanteils, Arbeitsplatzsicherung),
  - die Entwicklung der **Handlungskosten** (Personal-, Energie-, Zins-, Werbungskosten und weitere Kosten).

- **betriebsexterne Größen** wie z. B.
  - das **Nachfrageverhalten** der Käufer,
  - die **Preise der Mitbewerber** (Konkurrenten),
  - die allgemeine **Wirtschaftslage**,
  - die **Preise der Lieferanten**.

3.3.1 Kalkulation des Bezugspreises

143 Wie lautet das *Kalkulationsschema* zur Errechnung des *Bezugspreises*?

```
  Bruttomenge
− Tara (Gewichtsabzüge)
= Nettomenge
· Preis pro Mengeneinheit
= Listeneinkaufspreis netto
− Lieferantenrabatt
= Zieleinkaufspreis
− Lieferantenskonto
= Bareinkaufspreis
+ Bezugskosten
= Einstandspreis (Bezugspreis) der gesamten Nettomenge
: Nettomenge
= Einstandspreis (Bezugspreis) pro Mengeneinheit
```

Kalkulation von Handelswaren

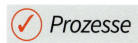 *Prozesse*

Die Tara (Gewichtsabzug) wird berechnet
- nach dem **tatsächlichen Gewicht** der Verpackung,
- nach dem **handelsüblichen durchschnittlichen Gewicht** je Verpackungseinheit,
- als **handelsüblicher Prozentsatz** vom Bruttogewicht,
- wie die **Ware selbst** (brutto für netto).

144 Wie wird die *Tara* (das Verpackungsgewicht) berechnet?

- Bezugskosten sind Kosten, die **beim Einkauf** von Handelswaren **zusätzlich** entstehen. Unterschieden werden
  - Bezugskosten, die vom Gewicht der Ware abhängen *(Gewichtsspesen)* und
  - Bezugskosten, die vom Wert der Ware *(Wertspesen)* abhängen.
- Zu den **Gewichtsspesen** gehören z. B. Verpackung, Fracht und Rollgeld.
- Zu den **Wertspesen** zählen z. B. Transportversicherung, Einkaufsprovision und Zoll.

145 Erläutern Sie den Begriff *Bezugskosten*.

Bruttogewicht	6 300 kg
– Tara (2 %)	126 kg
= Nettogewicht	6 174 kg
· Preis/kg Nettogewicht	15,00 €/kg
= Listeneinkaufspreis (netto)	92.610,00 €
– Lieferantenrabatt (20 %)	18.522,00 €
= Zieleinkaufspreis (netto)	74.088,00 €
– Lieferantenskonto (1 %)	740,88 €
= Bareinkaufspreis (netto)	73.347,12 €
+ Bezugskosten	1.094,00 €
= Einstandspreis der gesamten Nettomenge	74.441,12 €
: Nettogewicht	6 174 kg
= Einstandspreis/kg	12,06 €

146 *Wie viel Euro* beträgt der *Bezugspreis* für die *gesamte Sendung* und für eine *Einheit*? Bruttogewicht 6 300 kg, Tara 2 %, Preis pro kg Nettogewicht (ohne USt) 15,00 €, Lieferantenrabatt 20 %, Lieferantenskonto 1 %, Fracht (ohne USt) 360,00 €, Rollgeld (ohne USt) 124,00 €, Transportversicherung 610,00 €.

Listeneinkaufspreis	350,00 €	100 %		
– Lieferantenrabatt	35,00 €	– 10 %		
= Zieleinkaufspreis	315,00 €	= 90 %	→	100 %
– Lieferantenskonto	6,30 €		–	2 %
= Bareinkaufspreis	308,70 €		=	98 %
+ Bezugskosten	22,00 €			
= Einstandspreis (Bezugspreis)	330,70 €			

147 *Errechnen* Sie aus den folgenden Angaben für die OfficeCom KG den *Bezugspreis* für eine Schreibtischlampe: Listeneinkaufspreis 350,00 €, Lieferantenrabatt 10 %, Lieferantenskonto 2 %, Bezugskosten pro Schreibtischlampe 22,00 €.

Prozesse — Kaufmännische Steuerung

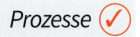

3.3.2 Kalkulation des Selbstkostenpreises

148 Wie lautet das *Kalkulationsschema* zur Errechnung des *Selbstkostenpreises*?

Einstandspreis (Bezugspreis)
+ Handlungskosten
= Selbstkostenpreis

Beispiel:

Einstandspreis	36,00 €
+ Handlungskosten	10,80 €
= Selbstkostenpreis	46,80 €

149 Was versteht man unter *Handlungskosten*?

Handlungskosten sind **Kosten**, die im Zusammenhang mit Beschaffung, Lagerung und Verkauf von **Handelswaren** entstehen, wie z. B. Gehalt des Einkäufers, Löhne und Gehälter des Lagerpersonals, Zinsen für das in den Lagerbeständen gebundene Kapital, Abschreibungen auf Lagergebäude und Lagereinrichtungen, anteilige Verwaltungskosten.

150 Wie wird der *Handlungskostensatz* errechnet?

Der **Handlungskostensatz** (HKZ) ergibt sich durch das Verhältnis von **Handlungskosten** der abgelaufenen Periode zum **Wareneinsatz** der abgelaufenen Periode:

$$\text{Handlungskostensatz (in Prozent)} = \frac{\text{Handlungskosten der abgelaufenen Periode}}{\text{Wareneinsatz der abgelaufenen Periode}} \cdot 100$$

Beispiel:
Handlungskosten: 183.000,00 €, Wareneinsatz: 610.000,00 €

$$\text{Handlungskostensatz (in Prozent)} = \frac{183.000,00\ €}{610.000,00\ €} \cdot 100 = \underline{30\ (\%)}$$

151 Wie *ändert* sich der *Handlungskostensatz* aus der vorangegangenen Aufgabe, wenn der Wareneinsatz wegen Preissteigerungen bei den Lieferanten steigt, z. B. auf 640.000,00 €? Die Handlungskosten bleiben gleich.

Der Handlungskostensatz wird **kleiner**:

$$\text{Handlungskostensatz (in Prozent)} = \frac{183.000,00\ €}{640.000,00\ €} \cdot 100 = \underline{28,6\ (\%)}$$

Kalkulation von Handelswaren

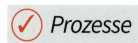 *Prozesse*

$$\text{Handlungskostensatz (in Prozent)} = \frac{362.800,00\ €}{410.000,00\ €} \cdot 100 = \underline{88,49\ (\%)}$$

Errechnen Sie **152** mithilfe der Gewinn- und Verlustrechnung aus Aufgabe Nr. 86 den *Handlungskostensatz*.

Bezugspreis	330,70 €	(aus Aufgabe Nr. 147)
+ Handlungskosten	292,64 €	(aus Aufgabe Nr. 152 : 88,49 % von 330,70 €)
= Selbstkostenpreis	623,34 €	

Errechnen Sie **153** auf der Grundlage der Ergebnisse der Aufgaben Nr. 147 und Nr. 152 den *Selbstkostenpreis* für eine Schreibtischlampe der OfficeCom KG.

3.3.3 Kalkulation des Listenverkaufspreises

Handbuch: LF 10

```
=  Selbstkostenpreis
+  Gewinn
=  Barverkaufspreis
+  Kundenskonto
=  Zielverkaufspreis
+  Kundenrabatt
=  Listenverkaufspreis (netto)
```

Wie lautet das **154** *Schema* für die Kalkulation des *Listenverkaufspreises* von Handelswaren, ausgehend vom Selbstkostenpreis?

Der Gewinn des Unternehmers, z. B. des Komplementärs einer KG, …

- ist der **Lohn für seine unternehmerische Tätigkeit**, der sich am Gehalt eines leitenden Angestellten in vergleichbarer Stellung orientieren kann;
- soll zusätzlich die **Verzinsung seines eingesetzten Eigenkapitals** ermöglichen, orientiert am Zinssatz für langfristiges Fremdkapital;
- soll schließlich sein **unternehmerisches Risiko** abdecken (er hätte sein Geld ja auch sicherer bei der Bank anlegen können).

In welchem **Umfang** der Unternehmer seine Vorstellungen über die Höhe dieser drei **Gewinnbestandteile** im **Absatzpreis** berücksichtigen kann, hängt

- vom Verhalten der Nachfrager (**nachfrageorientierte Preisgestaltung**) oder/und
- vom Verhalten der Konkurrenz (**konkurrenzorientierte Preisgestaltung**) ab.

Welche *Größen* **155** (Faktoren) fließen in die Berechnung des *Gewinnzuschlags* ein?

Prozesse ✓ Kaufmännische Steuerung

156 Wie werden *Kundenrabatt* und *Kundenskonto* in der Kalkulation von Handelswaren behandelt?

- **Kundenrabatte** werden vom Unternehmen in den Listenverkaufspreis netto schon eingerechnet. Dafür wird bei der Kalkulation der Barverkaufspreis 100 % minus Rabattsatz (**verminderter Wert**) gesetzt.

- **Kundenskonto** wird ebenfalls schon vorher in den Listenverkaufspreis netto eingerechnet. Der Skonto darf vom Kunden abgezogen werden, wenn er in einer vereinbarten Frist vor Ablauf des Zahlungsziels die Rechnung begleicht, denn Skonto sind Zinsen für einen dem Kunden gewährten Kredit (Zahlungsziel). Für die Kalkulation wird der Zielverkaufspreis 100 % minus Skontosatz (ebenfalls **verminderter Wert**) gesetzt.

157 *Berechnen* Sie, ausgehend vom Selbstkostenpreis der Aufgabe 153 und auf der Grundlage folgender Zahlen den *Listenverkaufspreis (netto)* für eine Schreibtischlampe der OfficeCom KG:
Gewinnzuschlagssatz: 9 %
Kundenskonto: 2 %
Kundenrabatt: 15 %

	Selbstkostenpreis	623,34 €	100 %	
+	Gewinn	56,10 €	9 %	
=	Barverkaufspreis	679,44 €	109 %	→ 98 %
+	Kundenskonto	13,87 €	2 %	
=	Zielverkaufspreis	693,31 €	85 %	← 100 %
+	Kundenrabatt	122,35 €	15 %	
=	Listenverkaufspreis (netto)	815,66 €	100 %	

$$\text{Kundenskonto} = \frac{679{,}44\ € \cdot 2\ \%}{98\ \%} = 13{,}87\ €$$

$$\text{Kundenrabatt} = \frac{693{,}31\ € \cdot 15\ \%}{85\ \%} = 122{,}35\ €$$

Handbuch: LF 10

3.3.4 Vorwärtskalkulation

158 Was bedeutet der Begriff *Vorwärtskalkulation*?

- Bei der Vorwärtskalkulation geht es darum, ausgehend vom Listeneinkaufspreis des Lieferanten, **schrittweise** den **Listenverkaufspreis** einer Handelsware zu **errechnen**.

- Die Kalkulation erfolgt also **entsprechend dem Warenfluss** vom Lieferanten „durch" das Industrieunternehmen zum Kunden:

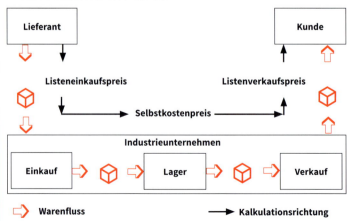

Kalkulation von Handelswaren

Prozesse

Listeneinkaufspreis
− Lieferantenrabatt
= Zieleinkaufspreis
− Lieferantenskonto
= Bareinkaufspreis
+ Bezugskosten
= Einstandspreis (Bezugspreis)
+ Handlungskosten
= Selbstkostenpreis
+ Gewinn
= Barverkaufspreis
+ Kundenskonto
= Zielverkaufspreis
+ Kundenrabatt
= Listenverkaufspreis (netto)

↓ Vorwärtskalkulation

159 Erstellen Sie, ausgehend vom Listeneinkaufspreis, das *Kalkulationsschema* zur Ermittlung des *Listenverkaufspreises*.

Listeneinkaufspreis	210,00 €	100 %		
− Lieferantenrabatt	10,50 €	− 5 %		
= Zieleinkaufspreis	199,50 €	= 95 % →	100 %	
− Lieferantenskonto	3,99 €		− 2 %	
= Bareinkaufspreis	195,51 €		= 98 %	
+ Bezugskosten	6,50 €			
= Einstandspreis (Bezugspreis)	202,01 €	100 %		
+ Handlungskosten	90,90 €	+ 45 %		
= Selbstkostenpreis	292,91 €	= 145 % →	100 %	
+ Gewinn	26,36 €		+ 9 %	
= Nettoverkaufspreis	319,27 €	97 % ←	= 109 %	
+ Kundenskonto	9,87 €	+ 3 %		
= Zielverkaufspreis	329,14 €	= 100 % →	80 %	
+ Kundenrabatt	82,29 €		+ 20 %	
= Listenverkaufspreis	411,43 €		= 100 %	

160 *Errechnen* Sie, ausgehend vom Listeneinkaufspreis, im Wege der *Vorwärtskalkulation* den *Listenverkaufspreis* für eine Handelsware, wenn mit den folgenden Zahlen zu kalkulieren ist: Listeneinkaufspreis 210,00 €, Lieferantenrabatt 5 %, Lieferantenskonto 2 %, Bezugskosten anteilig für einen Schläger 6,50 €, Handlungskosten 45 %, Gewinn 9 %, Kundenskonto 3 %, Kundenrabatt 20 %.

3.3.5 Kalkulationsvereinfachungen: Kalkulationszuschlagssatz und Kalkulationsfaktor

Handbuch: LF 10

- Damit das Unternehmen bei der Kalkulation der Listenverkaufspreise seiner einzelnen Warenarten nicht jedes Mal die einzelnen Glieder des Kalkulationsschemas berechnen muss, **fasst** es den **Handlungskos-** **tenzuschlagssatz**, den **Gewinnzuschlagssatz**, den **Kundenskontosatz** und den **Rabattsatz** zu einer Größe **zusammen**, die als Kalkulationszuschlagssatz bezeichnet wird.

161 Welche *Bedeutung* hat der sogenannte *Kalkulationszuschlagssatz*?

Kaufmännische Steuerung

- Allerdings dürfen die vier **Prozentgrößen nicht** einfach **addiert** werden, da sie unterschiedliche Bezugsgrundlagen haben, wie das Kalkulationsschema zeigt.

- Der Listenverkaufspreis ergibt sich aus dem **Einstandspreis plus Kalkulationszuschlag**.

162 Warum *wendet* das Unternehmen häufig den *Kalkulationszuschlagssatz an*?

Der Kalkulationszuschlagssatz wird angewandt, um die **Absatzpreiskalkulation** der Handelswaren zu **vereinfachen** bzw. zu beschleunigen.

163 Wie lautet die *Formel* für den *Kalkulationszuschlagssatz*?

$$\text{Kalkulationszuschlagssatz (in Prozent)} = \frac{\text{Listenverkaufspreis} - \text{Einstandspreis}}{\text{Einstandspreis}} \cdot 100$$

Beispiel: Listenverkaufspreis: 213,50 € Einstandspreis: 135,70 €

$$\text{Kalkulationszuschlagssatz (in Prozent)} = \frac{213,50\ € - 135,70\ €}{135,70\ €} \cdot 100 = \underline{57,33\ (\%)}$$

164 *Errechnen* Sie den *Kalkulationszuschlagssatz* für Aufgabe Nr. 160.

$$\text{Kalkulationszuschlagssatz (in Prozent)} = \frac{411,43\ € - 202,01\ €}{202,01\ €} \cdot 100 = \underline{103,67\ (\%)}$$

165 *Berechnen* Sie mithilfe des *Kalkulationszuschlagssatzes* von 103,67 % (103,67/100) den *Listenverkaufspreis* für eine Handelsware, wenn der Einstandspreis 76,50 € beträgt.

Listenverkaufspreis

= Einstandspreis + (Einstandspreis · Kalkulationszuschlagssatz)

= Einstandspreis · (1 + Kalkulationszuschlagssatz)

Listenverkaufspreis = 76,50 € · (1 + 103,67/100) = <u>155,81 €</u>

166 Was ist unter dem *Begriff Kalkulationsfaktor* zu verstehen?

- Der Kalkulationsfaktor ist eine **Zahl**, die, multipliziert mit dem Einstandspreis, den Listenverkaufspreis ergibt.
- Diese Zahl ist immer **größer als Eins**.

- Die Anwendung des Kalkulationsfaktors führt zum **selben Ergebnis** wie die Anwendung des Kalkulationszuschlagssatzes.

167 *Warum* wendet das Unternehmen häufig den Kalkulationsfaktor an?

Das Unternehmen wendet den Kalkulationsfaktor aus demselben Grund an wie den Kalkulationszuschlagssatz:

Vereinfachung und **Beschleunigung** der **Absatzpreiskalkulation**.

Kalkulation von Handelswaren

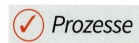 *Prozesse*

Kalkulationsfaktor = $\dfrac{\text{Listenverkaufspreis}}{\text{Einstandspreis}}$

Beispiel: Listenverkaufspreis: 48,60 €   Einstandspreis: 28,75 €

Kalkulationsfaktor = $\dfrac{48{,}60\ \text{€}}{28{,}75\ \text{€}}$ = $\underline{1{,}69}$

(168) Wie lautet die *Formel* für den *Kalkulationsfaktor*?

Kalkulationsfaktor = $\dfrac{411{,}43\ \text{€}}{202{,}01\ \text{€}}$ = $\underline{\underline{2{,}0367}}$

(169) *Errechnen* Sie den *Kalkulationsfaktor* für Aufgabe Nr. 160.

Listenverkaufspreis = Einstandspreis · Kalkulationsfaktor

Listenverkaufspreis = 28,66 € · 2,0367 = $\underline{\underline{58{,}37\ \text{€}}}$

(170) *Berechnen* Sie *mithilfe des Kalkulationsfaktors* aus Aufgabe 169 den Listenverkaufspreis für eine Handelsware, wenn der Einstandspreis 28,66 € beträgt.

3.3.6 Rückwärtskalkulation

 Handbuch: LF 10

- Bei der Rückwärtskalkulation geht es darum, **ausgehend vom** eigenen **Listenverkaufspreis**, **schrittweise** den eventuell auszuhandelnden **Listeneinkaufspreis** einer Handelsware des Lieferanten zu **errechnen**.

- Die Kalkulation erfolgt also **entgegen dem Warenfluss** vom Kunden „durch" das Industrieunternehmen zum Lieferanten:

(171) Was bedeutet der *Begriff Rückwärtskalkulation*?

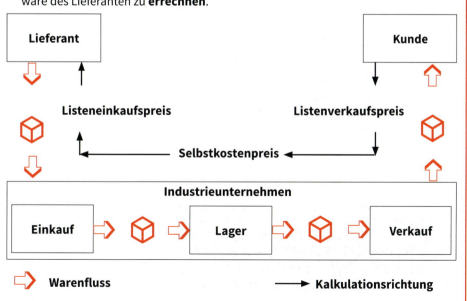

Prozesse — Kaufmännische Steuerung

172 Erstellen Sie, ausgehend vom Listenverkaufspreis, das *Kalkulationsschema* zur Ermittlung des *Listeneinkaufspreises*.

=	**Listeneinkaufspreis**
+	Lieferantenrabatt
=	Zieleinkaufspreis
+	Lieferantenskonto
=	Bareinkaufspreis
−	Bezugskosten
=	Einstandspreis (Bezugspreis)
−	Handlungskosten
=	Selbstkostenpreis
−	Gewinn
=	Barverkaufspreis
−	Kundenskonto
=	Zielverkaufspreis
−	Kundenrabatt
=	Listenverkaufspreis

Rückwärtskalkulation

173 Wie hoch darf der Listeneinkaufspreis für eine Handelsware sein, wenn der Listenverkaufspreis aus Wettbewerbsgründen nicht höher als 26,50 € sein soll? Der Lieferant gewährt 5 % Rabatt und 2 % Skonto, die Bezugskosten betragen anteilig 0,40 €. Das Unternehmen kalkuliert mit 45 % Handlungskosten, 9 % Gewinn, 3 % Kundenskonto und 10 % Kundenrabatt.

=	**Listeneinkaufspreis**	14,71 €	= 100 %			
+	Lieferantenrabatt	0,74 €	+ 5 %			
=	Zieleinkaufspreis	13,97 €	95 %	←	=	100 %
+	Lieferantenskonto	0,28 €			+	2 %
=	Bareinkaufspreis	13,69 €		→		98 %
−	Bezugskosten	0,40 €				
=	Einstandspreis (Bezugspreis)	14,09 €	= 100 %			
−	Handlungskosten	6,34 €	− 45 %			
=	Selbstkostenpreis	20,43 €	145 %	←	=	100 %
−	Gewinn	1,84 €			−	9 %
=	Barverkaufspreis	22,27 €	= 97 %	→		109 %
−	Kundenskonto	0,69 €	− 3 %			
=	Zielverkaufspreis	22,96 €	100 %	←	=	90 %
−	Kundenrabatt	2,55 €			−	10 %
=	Listenverkaufspreis	25,51 €				100 %

Unter den genannten Bedingungen darf der Listeneinkaufspreis höchstens 14,71 € betragen.

Handbuch: LF 10

3.3.7 Faktoren (Einflussgrößen) der Kalkulation

174 *Was* kann das Unternehmen *tun*, wenn seine Kalkulation dazu führt, dass er mit seinen Listenverkaufspreisen über denen der Konkurrenzunternehmen liegt?

Es kann versuchen,

- mit den **Lieferanten** günstigere **Lieferbedingungen**, die sich in der Bezugspreiskalkulation niederschlagen, auszuhandeln oder

- die von **ihm allein beeinflussbaren Größen**, die in der **Absatzpreiskalkulation** zu finden sind, zu verändern.

Kosten- und Leistungsrechnung

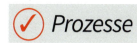 *Prozesse*

- Die Listenverkaufspreise werden im Rahmen der Bezugspreiskalkulation durch folgende **externe Größen** beeinflusst:
  - Listeneinkaufspreis,
  - Lieferantenrabatt,
  - Lieferantenskonto,
  - Bezugskosten.

- **Unternehmensintern** werden die Listenverkaufspreise durch folgende **Größen** beeinflusst:
  - Handlungskosten,
  - Gewinnzuschlag,
  - Kundenskonto,
  - Kundenrabatt.
- **Nicht beeinflussbar, da vom Staat gesetzlich festgelegt**, ist die Höhe der Umsatzsteuer.

(175) Welche *Größen* (Faktoren) beeinflussen im Rahmen der Kalkulation die Höhe der *Listenverkaufspreise*?

- Um die Bezugspreise und damit seine Listenverkaufspreise zu senken, kann das Unternehmen versuchen, mit seinen **Lieferanten**
  - *niedrigere Listeneinkaufspreise* auszuhandeln,
  - *höhere Rabatte* oder/und *Skonti* zu vereinbaren,
  - *günstigere Lieferbedingungen*, z. B. „Lieferung frei Haus", auszuhandeln.

- Um seine Listenverkaufspreise zu senken, kann es **unternehmensintern** versuchen,
  - die Handlungskosten zu senken,
  - auf Teile des Gewinns zu verzichten,
  - Kundenskonto und -rabatt zu senken oder nicht mehr zu gewähren.

(176) *Wie* kann das Unternehmen versuchen, die *externen* und die internen *Größen* (Faktoren) zu *beeinflussen*, um konkurrenzfähige Listenverkaufspreise zu erhalten?

3.4 Kosten- und Leistungsrechnung

3.4.1 Abgrenzung der Kosten- und Leistungsrechnung von der Finanzbuchhaltung

Handbuch: LF 10

- **Rechnungskreis I:**
  Finanzbuchhaltung

- **Rechnungskreis II:**
  Kosten- und Leistungsrechnung

(177) Welche Bereiche des betrieblichen Rechnungswesens gehören zum *Rechnungskreis I* bzw. *II*?

Prozesse ✓ Kaufmännische Steuerung

178 Grenzen Sie die *Rechnungskreise I und II* voneinander ab.

Rechnungskreis I	Rechnungskreis II
Die Finanzbuchhaltung	Die Kosten- und Leistungsrechnung (KLR)
… basiert auf **gesetzlichen Vorschriften**, wie z. B. dem Handelsgesetzbuch, dem Einkommensteuergesetz,	… unterliegt **keinen gesetzlichen Vorschriften**, ist also in der Gestaltung völlig frei,
… ist eine **externe** Rechnung, die an außenstehende Adressaten, wie z. B. Kreditinstitute, Gesellschafter, Finanzamt, gerichtet ist,	… ist eine **interne** Rechnung, die z. B. als Grundlage innerbetrieblicher Entscheidungen dient, wie die Durchführung von Rationalisierungsmaßnahmen,
… ist eine **unternehmensbezogene** Rechnung, die alle Aufwendungen und Erträge einer Rechnungsperiode erfasst, unabhängig von ihrem Entstehungsgrund,	… ist eine **betriebsbezogene** Rechnung, die nur die Kosten und Leistungen erfasst, also solche Aufwendungen und Erträge, die aus dem eigentlichen Geschäftszweck resultieren,
… ermittelt das **Unternehmensergebnis**,	… ermittelt das **Betriebsergebnis**,
… wird auf **Konten** durchgeführt.	… wird i. d. R. außerhalb der Konten, **häufig tabellarisch**, durchgeführt.

3.4.2 Stufen und Aufgaben der Kosten- und Leistungsrechnung

179 Verdeutlichen Sie die *Stufen* der Kosten- und Leistungsrechnung anhand eines Tankbelegs über 120,00 € des Außendienstmitarbeiters Peters.

- **Stufe 1: Kostenartenrechnung**

    Hier wird die Frage beantwortet: Welche Kostenarten, orientiert an den betriebswirtschaftlichen Produktionsfaktoren, sind entstanden?
    Die 120,00 € des Tankbelegs stellen Betriebsstoffkosten dar.

- **Stufe 2: Kostenstellenrechnung**

    Hier wird der Frage nachgegangen: An welchen Orten (Kostenstellen) sind die Kosten entstanden?
    Die 120,00 € des Tankbelegs sind der Kostenstelle Vertrieb zuzuordnen.

- **Stufe 3: Kostenträgerrechnung (Kalkulation)**

    Hier wird Antwort auf die Frage gegeben: Wie und in welcher Höhe werden die Kosten den einzelnen Produkten zugerechnet?
    Welche Anteile der 120,00 € aus dem Tankbeleg entfallen auf die verschiedenen Produkte des Unternehmens?

Kosten- und Leistungsrechnung

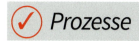

- **Phase 1: Kostenerfassung**
  Die verschiedenen Kosten werden nach Kostenarten wertmäßig, also ausgedrückt in Euro, erfasst.
- **Phase 2: Kostenzuordnung im Hinblick auf die Kostenstellen- und Kostenträgerrechnung**
  Die einzelnen Kostenarten werden daraufhin untersucht, ob es sich, bezogen auf die Kostenstelle und das Produkt, um Einzelkosten oder Gemeinkosten handelt (siehe Abschnitt 3.4.6, Seite 138 ff.).
- **Phase 3: Kostenverrechnung**
  Die Einzelkosten werden direkt (verursachungsgerecht) den Kostenträgern zugerechnet. Die Gemeinkosten werden zunächst möglichst verursachungsgerecht den Kostenstellen zugerechnet und anschließend mithilfe der Gemeinkostenzuschlagssätze auf die Kostenträger (Produkte) verteilt (siehe Abschnitte 3.4.7, Seite 140 ff. und 3.4.8, Seite 144 ff.).

180 Welche *Phasen* sind in der *Kosten- und Leistungsrechnung* zu durchlaufen?

- Ermittlung des bewerteten mengenmäßigen **Verbrauchs an Produktionsfaktoren** einer Abrechnungsperiode (Kostenartenrechnung)
- Ermittlung und Kontrolle der Kosten in den einzelnen Kostenstellen (Kostenstellenrechnung)
- Ermittlung der Herstellungskosten (zur **Bewertung** unfertiger und fertiger Erzeugnisse sowie aktivierter Eigenleistungen) und der Selbstkosten für die **Absatzpreiskalkulation** der Produkte (Kostenträgerrechnung)

- Ermittlung des Jahres-**Betriebsergebnisses** sowie Durchführung kurzfristiger Erfolgsrechnungen
- Erstellung von **Planungsgrundlagen** für Unternehmensentscheidungen, wie z. B. Wahl des optimalen Produktionsverfahrens, Kauf oder Leasing von Anlagegütern, Erweiterung oder Bereinigung des Produktionsprogramms

181 Welche *Aufgaben* erfüllt die *Kosten- und Leistungsrechnung*?

3.4.3 Definition der Begriffe Aufwendung – Kosten und Erträge – Leistungen

Handbuch: LF 10

Aufwendungen sind der gesamte, in Geldeinheiten bewertete mengenmäßige **Verzehr (Verbrauch) an Gütern und Leistungen** eines Unternehmens in einer Abrechnungsperiode, **unabhängig vom Entstehungsgrund**.

182 Definieren Sie den Begriff *Aufwendungen*.

- Kosten sind der gesamte, in Geldeinheiten bewertete mengenmäßige **Verzehr (Verbrauch) an Gütern und Leistungen** eines Unternehmens in einer Abrechnungsperiode zum Zweck der **betrieblichen Leistungserstellung**.

- Kosten sind **betriebsbezogene**, **periodenbezogene**, **regelmäßig** anfallende Aufwendungen.

183 Definieren Sie den Begriff *Kosten*.

Prozesse — Kaufmännische Steuerung

184 Definieren Sie den Begriff *Erträge*.

Erträge sind alle erfolgswirksamen, in Geldeinheiten bewerteten **Wertzuflüsse** eines Unternehmens in einer Abrechnungsperiode, **unabhängig von ihrem Entstehungsgrund**.

185 Definieren Sie den Begriff *Leistungen*.

- Leistungen sind alle erfolgswirksamen, in Geldeinheiten bewerteten **Wertzuflüsse** eines Unternehmens in einer Abrechnungsperiode, die aus der **betrieblichen Leistungserstellung**, dem eigentlichen Geschäftszweck, resultieren.

- Leistungen sind **betriebsbezogene**, **periodenbezogene**, **regelmäßig** anfallende Erträge.

Handbuch: LF 10

3.4.4 Abgrenzungsrechnung

186 Worin besteht die *Aufgabe der Abgrenzungsrechnung*?

- Die Kosten- und Leistungsrechnung wird aus der Gewinn-und-Verlust-Rechnung der Finanzbuchhaltung **abgeleitet**.

- Aufgabe der Abgrenzungsrechnung ist es, die Zahlen der Gewinn-und-Verlust-Rechnung (Rechnungskreis I) für die Kosten- und Leistungsrechnung (Rechnungskreis II) **aufzubereiten**.
- Die Aufbereitung wird in folgender Weise vorgenommen:

Zahlen der Gewinn-und-Verlust-Rechnung werden

… nicht in die KLR übernommen:	… in die KLR übernommen:	… für die KLR abgeändert:	Zusätzlich werden in die KLR eingeführt:
neutrale Aufwendungen neutrale Erträge	Grundkosten Grundleistungen	Anderskosten Andersleistungen	Zusatzkosten Zusatzleistungen

---

Handbuch: LF 10

3.4.4.1 Neutrale Aufwendungen und Kosten

187 Wie werden die *neutralen Aufwendungen* gegliedert?

Unterschieden werden:

- **betriebsfremde** Aufwendungen
- betriebsbezogene, aber **außerordentliche** Aufwendungen
- betriebsbezogene, aber **periodenfremde** Aufwendungen

Kosten- und Leistungsrechnung

Hierbei handelt es sich um Aufwendungen, die **nichts mit dem eigentlichen Geschäftszweck** des Unternehmens, der betrieblichen Leistungserstellung, **zu tun haben**, z. B. Spenden, Abschreibungen auf Finanzanlagen.

188 Was ist unter *betriebsfremden Aufwendungen* zu verstehen?

Darunter sind Aufwendungen zu verstehen, die im Rahmen der betrieblichen Leistungserstellung, aber in **außerordentlicher Höhe** anfallen, z. B. Verluste aus Schadensfällen, wie der plötzliche Totalausfall einer Maschine oder das Abbrennen von Lagerbeständen.

189 Was sind *betriebsbezogene, außerordentliche Aufwendungen*?

Derartige Aufwendungen fallen zwar im Rahmen der Leistungserstellung an, sind aber **anderen Perioden** als der gegenwärtigen, z. B. zurückliegenden Geschäftsjahren, **wirtschaftlich zuzurechnen**, wie Gewerbesteuernachzahlungen.

190 Erläutern Sie den Begriff der *betriebsbezogenen, periodenfremden Aufwendungen*.

Grundkosten sind Kosten, die für Zwecke der KLR **aus der Gewinn-und-Verlust-Rechnung der Finanzbuchhaltung** ohne Änderungen **übernommen** werden können. Sie werden auch als aufwandsgleiche Kosten bezeichnet.
Beispiele: Werkstoffkosten, Löhne, Gehälter.

191 Was versteht man unter *Grundkosten*?

In der Gewinn-und-Verlust-Rechnung der Finanzbuchhaltung gibt es bestimmte Aufwandspositionen, wie z. B. Abschreibungen auf Forderungen oder Abschreibungen auf Sachanlagen, die **für Zwecke der KLR einen anderen Wert** haben müssen. Zu diesen bewertungsverschiedenen Kosten oder Anderskosten gehören die kalkulatorischen Wagnisse und die kalkulatorischen Abschreibungen.

192 Was versteht man unter *Anderskosten*?

Zusatzkosten sind Kosten, für die es in der Gewinn-und-Verlust-Rechnung der Finanzbuchhaltung **keine entsprechenden Aufwandspositionen** gibt. Hierzu gehören die kalkulatorischen Zinsen auf das Eigenkapital sowie der kalkulatorische Unternehmerlohn.

193 Was versteht man unter *Zusatzkosten*?

3.4.4.2 Neutrale Erträge und Leistungen

Handbuch: LF 10

Unterschieden werden:
- **betriebsfremde** Erträge
- betriebsbezogene, aber **außerordentliche** Erträge
- betriebsbezogene, aber **periodenfremde** Erträge

194 Wie werden die *neutralen Erträge* gegliedert?

Prozesse ✓ — Kaufmännische Steuerung

195 Was versteht man unter *betriebsfremden Erträgen*?

Hierbei handelt es sich um Erträge (z. B. eines Industrieunternehmens), die **nichts mit dem eigentlichen Geschäftszweck** des Unternehmens, der betrieblichen Leistungserstellung, **zu tun haben**, z. B. Mieterträge, Erträge aus dem Verkauf von Wertpapieren.

196 Was sind *betriebsbezogene, außerordentliche Erträge*?

Darunter sind Erträge zu verstehen, die zwar im Rahmen der betrieblichen Leistungserstellung, aber **nicht regelmäßig** anfallen, z. B. Steuererlasse durch das Finanzamt.

197 Erläutern Sie den Begriff der *betriebsbezogenen, periodenfremden Erträge*.

Derartige Erträge fallen zwar im Rahmen der Leistungserstellung an, sind aber **anderen Perioden** als der gegenwärtigen, zum Beispiel zurückliegenden Geschäftsjahren, **wirtschaftlich zuzurechnen**, wie Gewerbesteuerrückzahlungen, Rückzahlung einer bereits abgeschriebenen Forderung.

198 Welche Leistungen gehören zu den *Grundleistungen*?

- **Umsatzerlöse** aus dem Verkauf eigener Erzeugnisse (Absatzleistung)
- **Mehrbestände** an fertigen und unfertigen eigenen Erzeugnissen (Lagerleistung)
- **Umsatzerlöse** aus dem Verkauf von Handelswaren

Handbuch: LF 10

3.4.4.3 Ergebnistabelle, Betriebsergebnis, neutrales Ergebnis und Gesamtergebnis

199 Aus welchen *Teilen* besteht die *Ergebnistabelle*?

- Gewinn-und-Verlust-Rechnung der Finanzbuchhaltung
- Abgrenzungsrechnung mit:
  - unternehmensbezogenen Abgrenzungen
  - kostenrechnerischen Korrekturen
- Betriebsergebnisrechnung (Kosten- und Leistungsrechnung)

200 Aus welchen *Teilergebnissen* setzt sich das *Unternehmensergebnis* zusammen?

    Betriebsergebnis (Leistungen − Kosten)
\+ neutrales Ergebnis (neutrale Erträge − neutrale Aufwendungen)
= Gesamt- oder Unternehmensergebnis

    Ergebnis der unternehmensbezogenen Abgrenzungen
\+ Ergebnis der kostenrechnerischen Korrekturen
= neutrales Ergebnis

Kosten- und Leistungsrechnung 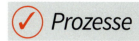 Prozesse

3.4.5 Kalkulatorische Kosten

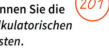

- kalkulatorische Abschreibungen*
- kalkulatorische Wagnisse
- kalkulatorische Zinsen
- kalkulatorischer Unternehmerlohn*

* Gemäß Rahmenlehrplan für Kaufleute für Büromanagement beschränken sich die folgenden Fragen auf die kalkulatorischen Abschreibungen und den kalkulatorischen Unternehmerlohn.

(201) Nennen Sie die *kalkulatorischen Kosten*.

- **Bilanzielle Abschreibungen**
  … werden aufgrund **gesetzlicher Vorschriften**, z. B. HGB, vorgenommen,
  … werden von **allen** Gegenständen des abnutzbaren Anlagevermögens berechnet, z. B. von Maschinen, Lkws, aber auch von vermieteten Gebäuden,
  … werden höchstens von den **Anschaffungs- oder Herstellungskosten** berechnet,
  … werden **weitgehend unabhängig** vom tatsächlichen **Werteverzehr** ermittelt,
  … wirken sich auf das Gesamt- oder **Unternehmensergebnis** aus.

- **Kalkulatorische Abschreibungen**
  … unterliegen **keinen gesetzlichen Vorschriften**, sondern werden nach betrieblichen Notwendigkeiten vorgenommen,
  … werden nur vom **betriebsnotwendigen** abnutzbaren Anlagevermögen berechnet,
  … werden vom **Wiederbeschaffungswert** berechnet,
  … entsprechen dem **tatsächlichen Werteverzehr** (z. B. durch den Ansatz einer längeren Nutzungsdauer als bei der bilanziellen Abschreibung),
  … wirken sich nur auf das **Betriebsergebnis** aus, sind jedoch bezüglich des Unternehmensergebnisses erfolgsneutral.

(202) Wodurch unterscheiden sich die *bilanziellen* von den *kalkulatorischen Abschreibungen*?

- Kalkulatorische Kosten **mindern** das **Betriebsergebnis**: Sie werden in der Ergebnistabelle in der Spalte „Kosten" der Betriebsergebnisrechnung erfasst.

- Da sie in der Abgrenzungsrechnung unter kostenrechnerische Korrekturen in der Spalte „Verrechnete Kosten" quasi als Ertrag „gegengebucht" werden, **verbessern** sie den Teil des **neutralen Ergebnisses**, der als Ergebnis der kostenrechnerischen Korrekturen bezeichnet wird.

- Da einerseits das Betriebsergebnis gemindert, andererseits das neutrale Ergebnis um denselben Betrag erhöht wird, verhalten sich die kalkulatorischen Kosten in Bezug auf das **Gesamtergebnis erfolgsneutral**.

(203) Wie wirken sich die *kalkulatorischen Kosten* auf das Betriebsergebnis, das neutrale Ergebnis und das Unternehmens- oder *Gesamtergebnis* aus?

Prozesse — Kaufmännische Steuerung

204 Warum wird in Personenunternehmen ein *kalkulatorischer Unternehmerlohn* in der KLR angesetzt?

- Geschäftsführer bzw. Vorstandsmitglieder erhalten für ihre Arbeit Gehälter, die in der Finanzbuchhaltung als Aufwendungen erfasst und in die KLR übernommen werden. Dagegen wird die Arbeit der Inhaber bzw. geschäftsführenden Gesellschafter von Personenunternehmen aus dem Gewinn abgegolten. Das heißt, für sie dürfen in der Finanzbuchhaltung keine Aufwendungen angesetzt werden. Um nun die Kosten von Personenunternehmen **mit** denen von **Kapitalgesellschaften vergleichbar zu machen**, wird in Personenunternehmen der kalkulatorische Unternehmerlohn in der KLR angesetzt.

- Der Werteverzehr des dispositiven Faktors soll als Kostenbestandteil in die Kosten- bzw. **Preiskalkulation** einfließen.

- Der **Nutzenentgang** der geschäftsführenden Gesellschafter/des Inhabers soll ausgeglichen werden. (Sie hätten anderweitig als im eigenen Unternehmen gegen Entgelt arbeiten können.) Der kalkulatorische Unternehmerlohn wird auch als **Opportunitätskosten** bezeichnet.

3.4.6 Kostenartenrechnung

Handbuch: LF 10

3.4.6.1 Kosten auf der Grundlage der betriebswirtschaftlichen Produktionsfaktoren

205 Welche *Kosten* werden auf der Grundlage der betriebswirtschaftlichen *Produktionsfaktoren* unterschieden?

- Werkstoffkosten, wie Roh-, Hilfs-, Betriebsstoffkosten
- Personalkosten, wie Fertigungslöhne und Gehälter
- Betriebsmittelkosten, wie Abschreibungen und Zinskosten
- Finanzierungskosten, wie Disagio
- Fremdleistungskosten, wie Telefonkosten
- Abgaben mit Kostencharakter, wie Gewerbe- und Kfz-Steuer

Handbuch: LF 10

3.4.6.2 Kosten auf der Grundlage betrieblicher Funktionen

206 Welche *Kosten* werden auf der Grundlage *betrieblicher Funktionen* unterschieden?

- Beschaffungskosten
- Fertigungskosten
- Verwaltungskosten
- Absatz- oder Vertriebskosten
- Lagerkosten
- Finanzierungskosten

Diese Funktionskosten umfassen dann jeweils wiederum z. B. Löhne, Gehälter, Abschreibungen, Zinskosten, Büromaterial usw.

Kosten- und Leistungsrechnung

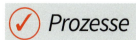

3.4.6.3 Kosten in Abhängigkeit von ihrer Zurechenbarkeit auf die Kostenträger

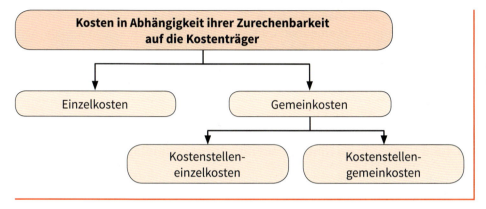

Geben Sie einen Überblick über die *Kosten* in Abhängigkeit ihrer *Zurechenbarkeit* auf die Kostenträger. (207)

- **Einzelkosten** sind Kosten, die dem **Kostenträger** – dem Produkt – **direkt zurechenbar** sind, z. B. Rohstoffkosten aufgrund von Konstruktionszeichnungen i. V. m. Materialentnahmescheinen oder Fertigungslöhne aufgrund von Zeitmessungen und Lohntarifverträgen i. V. m. Lohnscheinen.

- **Gemeinkosten** sind Kosten, die dem **Kostenträger nicht direkt zurechenbar** sind. Sie können nur mithilfe von **Verteilungsschlüsseln** (z. B. über den Betriebsabrechnungsbogen) auf die Kostenträger verteilt werden. *Beispiele* sind Gehälter, Hilfslöhne und Abschreibungen auf Betriebs- und Geschäftsausstattung.

Grenzen Sie *Einzelkosten* und *Gemeinkosten* voneinander ab. (208)

- **Kostenstelleneinzelkosten** sind (bezogen auf das Produkt) Gemeinkosten, die den Kostenstellen direkt zugerechnet werden können, z. B. Abschreibungen auf Maschinen auf der Grundlage der Anlagendatei, Hilfslöhne und Gehälter aufgrund von Lohn- und Gehaltslisten des Personalbüros.

- **Kostenstellengemeinkosten** sind (bezogen auf das Produkt) Gemeinkosten, die den Kostenstellen nicht direkt, sondern nur mithilfe von Verteilungsschlüsseln zugerechnet werden können, z. B. Miete aufgrund der von den Kostenstellen beanspruchten Quadratmetern.

Unterscheiden Sie *Kostenstelleneinzelkosten* von *Kostenstellengemeinkosten*. (209)

3.4.6.4 Kosten in Abhängigkeit von der Beschäftigung

Sie wird als **die tatsächlich erbrachte Leistung** eines Betriebes pro Zeiteinheit bezeichnet, z. B. Produktionsmenge in Stück pro Monat.

Was versteht man unter *Beschäftigung*? (210)

Prozesse — Kaufmännische Steuerung

211 Wodurch unterscheiden sich *fixe und variable Kosten*?

- **Fixe Kosten** sind Kosten, die **unabhängig vom Beschäftigungsgrad** entstehen, z. B. Zinskosten, Mietkosten, lineare Abschreibungen auf Sachanlagen und Gehälter. Sie fallen auch an, wenn nichts produziert wird. Sie werden als **Kosten der Betriebsbereitschaft** bezeichnet.

- **Variable Kosten** sind Kosten, die sich in **Abhängigkeit von der Beschäftigung**, der Produktionsmenge, verändern. Sie steigen/fallen mit zunehmender/abnehmender Produktionsmenge, z. B. Kosten des Roh- und Hilfsstoffverbrauchs und Lohnkosten. Ist die Produktionsmenge Null, entstehen diese Kosten nicht.

Handbuch: LF 10

3.4.6.5 Kosten im Hinblick auf ihre Bezugsgrundlage

212 Unterscheiden Sie die *Kosten im Hinblick auf ihre Bezugsgrundlage*.

- **Gesamtkosten** sind alle in einer Abrechnungsperiode anfallenden Kosten, z. B. Kosten pro Monat oder Quartal oder Jahr.

- **Stückkosten** sind die Kosten pro Mengeneinheit, z. B. pro Stück, Meter, Hektoliter.

213 Was besagt das *Gesetz der Massenproduktion*?

Mit zunehmender Beschäftigung sinken die fixen Kosten pro Mengeneinheit, da sich die Fixkosten auf eine immer größer werdende Menge verteilen. Man spricht auch von der sogenannten **Fixkostendegression**.

214 Erläutern Sie an folgendem Zahlenbeispiel mithilfe einer Tabelle den *Zusammenhang zwischen fixen Gesamtkosten (Kf) und fixen Stückkosten (kf) bei unterschiedlichen Beschäftigungsmengen (x)*: Kf : 20.000,00 € x (in Stück): 1, 100, 200, 400, 1 000

x	K_f	k_f
1	20.000,00 €	20.000,00 €
100	20.000,00 €	200,00 €
200	20.000,00 €	100,00 €
400	20.000,00 €	50,00 €
1 000	20.000,00 €	20,00 €

Je höher die Beschäftigungsmenge (z. B. Produktionsmenge) ist, desto geringer sind die fixen Kosten pro Stück. Man spricht in diesem Zusammenhang vom **„Gesetz der Massenproduktion"**.

Handbuch: LF 10

3.4.7 Kostenstellenrechnung

215 Was versteht man unter einer *Kostenstelle*?

Eine Kostenstelle ist der **Ort**, an dem Kosten entstehen. Dabei kann es sich um einen Arbeitsplatz, eine Abteilung, einen Betriebsbereich, aber auch um ein Produkt bzw. einen Auftrag (z. B. Baustelle eines Einkaufszentrums) handeln.

Kosten- und Leistungsrechnung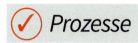

- **Ermittlung/Kontrolle** der Kosten in den einzelnen Kostenstellen
- **Schnittstelle** zwischen Kostenarten- und Kostenträgerrechnung, um die Gemeinkosten den Kostenträgern (Produkten/Leistungen) zurechnen zu können

(216) Welche *Aufgaben* hat die Kostenstellenrechnung?

3.4.7.1 Arten von Kostenstellen

Handbuch: LF 10

Kostenstellen können unterschieden werden …

- nach räumlich abgegrenzten Betriebsteilen,
- nach Funktionen oder Funktionsbereichen,
- nach Verantwortungsbereichen,
- nach verrechnungstechnischen Gesichtspunkten.

(217) Nach welchen *Kriterien* werden *Kostenstellen* unterschieden?

Beispiele:
- Beschaffungsbereich
- Fertigungsbereich
- Verwaltungsbereich
- Vertriebsbereich
- Lagerbereich
- Finanzbereich

(218) Welche *Kostenstellen* werden nach *Funktionsbereichen* unterschieden?

- **allgemeine Kostenstellen**
  Sie erbringen Leistungen für alle übrigen Kostenstellen. Ihre Kosten werden mithilfe von Verteilungsschlüsseln im Wege des Umlageverfahrens auf solche Kostenstellen verteilt, die diese Leistungen in Anspruch genommen haben.
  Beispiele: Fuhrpark, Archiv, Werksarzt

- **Hilfskostenstellen**
  Sie erbringen Leistungen für die Hauptkostenstellen. Ihre Kosten werden mithilfe von Verteilungsschlüsseln auf die Hauptkostenstellen verteilt.
  Beispiele: Modellbau, Werkzeugmacherei, technische Betriebsleitung für die Fertigung, Arbeitsvorbereitung

- **Hauptkostenstellen**
  Sie geben ihre Kosten direkt (mithilfe der Gemeinkostenzuschlagssätze) an die Kostenträger ab.
  Beispiele: Beschaffung, Fertigung, Vertrieb

(219) Unterscheiden Sie die Kostenstellen nach dem *verrechnungstechnischen* Gesichtspunkt und nennen Sie jeweils zwei Beispiele.

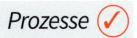

Kaufmännische Steuerung

Handbuch: LF 10

3.4.7.2 Einfacher Betriebsabrechnungsbogen

220 Was versteht man unter einem *einfachen BAB* und welche Aufgaben hat er?

- Der einfache BAB (Betriebsabrechnungsbogen) beschränkt sich auf die vier Kostenbereiche **Material**, **Fertigung**, **Verwaltung** und **Vertrieb**.
- Er dient der **Kostenstellenrechnung**. Mit seiner Hilfe werden Gemeinkosten Kostenbereichen oder -stellen zugerechnet.
- Damit lassen sich die Gemeinkosten der Kostenstellen **kontrollieren**.
- Außerdem werden die **Gemeinkostenzuschlagssätze** errechnet, mit deren Hilfe die Gemeinkosten den Kostenträgern zugerechnet werden können.

221 Wie ist der *Betriebsabrechnungsbogen aufgebaut*? Skizzieren Sie.

Gemein-kostenarten	Zahlen des KLR-Bereichs	Verteilungs-grundlagen	Kosten der Kostenstellen			
			I	II	III	IV
			Material	Fertigung	Verwaltung	Vertrieb
. . . .	. . . .	. . . .	. . . .	. . . .	. . . .	. . . .
		Zuschlags-grundlagen	Fertigungs-material .	Fertigungs-löhne .	Herstellkosten des Umsatzes .	
		GK-Zuschlags-sätze	.	.	.	.

Handbuch: LF 10

3.4.7.3 Gemeinkostenzuschlagssätze

222 Welche *Gemeinkostenzuschlagssätze* werden beim einfachen BAB unterschieden? Geben Sie die entsprechenden *Formeln* an.

Materialgemeinkosten-Zuschlagssatz (MGKZ) (in Prozent) $= \dfrac{\text{Materialgemeinkosten}}{\text{Fertigungsmaterial}} \cdot 100$

Fertigungsgemeinkosten-Zuschlagssatz (FGKZ) (in Prozent) $= \dfrac{\text{Fertigungsgemeinkosten}}{\text{Fertigungslöhne}} \cdot 100$

Verwaltungsgemeinkosten-Zuschlagssatz (VwGKZ) (in Prozent) $= \dfrac{\text{Verwaltungsgemeinkosten}}{\text{Herstellkosten des Umsatzes}} \cdot 100$

Vertriebsgemeinkosten-Zuschlagssatz (VtrGKZ) (in Prozent) $= \dfrac{\text{Vertriebsgemeinkosten}}{\text{Herstellkosten des Umsatzes}} \cdot 100$

Kosten- und Leistungsrechnung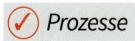

```
  Fertigungsmaterial (FM)
+ Materialgemeinkosten (MGK)
= Materialkosten (MK)

  Fertigungslöhne (FL)
+ Fertigungsgemeinkosten (FGK)
= Fertigungskosten (FK)
= Herstellkosten der Erzeugung (HKdE)
+ Bestandsminderungen an unfertigen/fertigen Erzeugnissen
– Bestandsmehrungen an unfertigen/fertigen Erzeugnissen
= Herstellkosten des Umsatzes (HKdU)
+ Verwaltungsgemeinkosten (VwGK)
+ Vertriebsgemeinkosten (VtrGK)
= Selbstkosten des Umsatzes (SKdU)
```

223 Geben Sie das Kalkulationsschema zur Errechnung der *Herstellkosten des Umsatzes* und der *Selbstkosten des Umsatzes* an.

$$\text{MGKZ} = \frac{5.600{,}00}{20.000{,}00} \cdot 100 = 28\,\%$$

$$\text{FGKZ} = \frac{102.000{,}00}{35.000{,}00} \cdot 100 = 291\,\%$$

$$\text{VwGKZ} = \frac{12.300{,}00}{175.200{,}00} \cdot 100 = 7\,\%$$

$$\text{VtrGKZ} = \frac{9.500{,}00}{175.200{,}00} \cdot 100 = 5\,\%$$

	FM	20.000,00 €
+	MGK	5.600,00 €
=	MK	25.600,00 €
	FL	35.000,00 €
+	FGK	102.000,00 €
=	FK	137.000,00 €
=	HKdE	162.600,00 €
–	Best. Me.	3.400,00 €
+	Best. Min.	16.000,00 €
=	HkdU	175.200,00 €

224 *Errechnen* Sie aus den folgenden Monatszahlen den Material-, Fertigungs-, Verwaltungs- und Vertriebsgemeinkostenzuschlagssatz: Fertigungsmaterial: 20.000,00 €, Fertigungslöhne: 35.000,00 €, Materialgemeinkosten: 5.600,00 €, Fertigungsgemeinkosten: 102.000,00 €, Verwaltungsgemeinkosten: 12.300,00 €, Vertriebsgemeinkosten: 9.500,00 €, Bestandsmehrung an fertigen Erzeugnissen: 3.400,00 €, Bestandsminderung an unfertigen Erzeugnissen: 16.000,00 €.

Mithilfe der Gemeinkostenzuschlagssätze werden die **Gemeinkosten den Kostenträgern zugerechnet**.

225 Wozu *dienen* die *Gemeinkostenzuschlagssätze*?

Prozesse ✓ Kaufmännische Steuerung

Handbuch: LF 10

3.4.8 Kostenträgerrechnung

226 Was versteht man unter einem *Kostenträger*?

- Kostenträger sind die in einer Abrechnungsperiode erbrachten **Leistungen eines Industriebetriebes**, also die hergestellten Produkte.
- Manchmal ist ein Kostenträger gleichzeitig eine Kostenstelle, etwa das zu errichtende Hochhaus in der Bauindustrie.

Handbuch: LF 10

3.4.8.1 Rechnungssysteme der Kostenträgerrechnung (Überblick)

227 Welche Rechnungssysteme der Kostenträgerrechnung werden nach der *Bezugsgrundlage* unterschieden?

- **periodenbezogene Rechnung**
Werden den Kostenträgern die Kosten der Abrechnungsperiode (z. B. Monat, Quartal, Jahr) zugerechnet, spricht man von der **Kostenträgerzeitrechnung**, die ihren Niederschlag im Kostenträgerblatt (BAB II) findet.
- **stückbezogene Rechnung**
Werden die Selbstkosten pro Mengeneinheit (z. B. Stück, Liter, Tonne) errechnet, spricht man von der Kostenträgerstückrechnung oder **Kalkulation**.

228 Welche Rechnungssysteme der Kostenträgerrechnung werden *nach dem Umfang der Kostenzurechnung* unterschieden?

- **Vollkostenrechnung**
Sie rechnet **sämtliche Kosten** der Abrechnungsperiode den Kostenträgern zu (Kostenträgerzeitrechnung) oder ermittelt die Selbstkosten pro Mengeneinheit (Kostenträgerstückrechnung oder Kalkulation).
- **Teilkostenrechnung**
Hier werden den Kostenträgern nur **Teile der insgesamt angefallenen Kosten**, z. B. nur die variablen Kosten, zugerechnet (Deckungsbeitragsrechnung).

229 Welche Rechnungssysteme der Kostenträgerrechnung werden *nach dem Zeitpunkt des Kostenanfalls* unterschieden?

- **Normalkostenrechnung**
Sie basiert auf den Kosten vergangener Abrechnungsperioden.
- **Istkostenrechnung**
Sie erfasst die Kosten der laufenden Abrechnungsperiode und wertet sie aus.

Handbuch: LF 10

3.4.8.2 Zuschlagskalkulation als Vollkostenrechnung

230 Erläutern Sie, was unter der *Zuschlagskalkulation* zu verstehen ist.

- In einem Industrieunternehmen, das mehrere verschiedenartige Produkte herstellt, können nur die **Einzelkosten** den Produkten **eindeutig** (verursachungsgerecht) zugerechnet werden.
- Die Gemeinkosten müssen dagegen mit Verteilungsschlüsseln auf die Produkte verteilt werden. Dies geschieht über die sogenannten **Gemeinkosten**z**uschlagssätze**, mit deren Hilfe die Gemeinkosten den Produkten **zugeschlagen** werden.

Kosten- und Leistungsrechnung

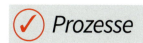 *Prozesse*

Fertigungsmaterial	520,00 €	
+ Materialgemeinkosten (28 %)	145,60 €	
= Materialkosten		665,60 €
Fertigungslöhne	870,00 €	
+ Fertigungsgemeinkosten (291 %)	2.531,70 €	
= Fertigungskosten		3.401,70 €
= Herstellkosten		4.067,30 €
+ Verwaltungsgemeinkosten (7 %)		284,71 €
+ Vertriebsgemeinkosten (5 %)		203,37 €
= Selbstkosten		4.555,38 €

Rechnerische Ansätze:

$$\text{MGK} = \frac{520{,}00 \cdot 28}{100} \qquad \text{VwGK} = \frac{4.067{,}30 \cdot 7}{100}$$

$$\text{FGK} = \frac{870{,}00 \cdot 291}{100} \qquad \text{VtrGK} = \frac{4.067{,}30 \cdot 5}{100}$$

231 *Berechnen Sie* mithilfe der Zuschlagskalkulation die Selbstkosten für einen Schreibtisch (Sonderanfertigung) der OfficeCom KG auf der Grundlage nachfolgender Daten.
Einzelkosten: Fertigungsmaterial 520,00 €, Fertigungslöhne 870,00 €;
Gemeinkostenzuschlagssätze für:
– Material: 28 %,
– Fertigung: 291 %,
– Verwaltung: 7 %,
– Vertrieb: 5 %.

3.4.8.3 Deckungsbeitragsrechnung

Handbuch: LF 10

- Die Deckungsbeitragsrechnung ist eine **Teilkostenrechnung**, bei der nur Teile der Kosten den Warenarten oder Warengruppen zugeordnet werden.

- Da eine verursachungsgerechte Zuordnung der fixen Kosten auf die Warenarten bzw. Warengruppen nicht möglich ist, werden **nur die variablen Kosten auf die Kostenträger verteilt**.

232 Ordnen Sie die *Deckungsbeitragsrechnung* in das System der Kosten- und Leistungsrechnung ein.

- **periodenbezogener Deckungsbeitrag:**
Umsatzerlöse der Produkte – variable Kosten der Produkte einer Abrechnungsperiode
($DB = U - K_v$)

- **stückbezogener Deckungsbeitrag:**
Verkaufspreis/Mengeneinheit – variable Kosten/Mengeneinheit
($db = p - k_v$)

233 Definieren Sie den Begriff *Deckungsbeitrag* perioden- und stückbezogen.

- Der Deckungsbeitrag gibt an, in welcher Höhe **fixe Handlungskosten gedeckt** werden können.

- Darüber hinaus zeigt er an, ob nach Deckung der fixen Handlungskosten noch ein Gewinn erzielt werden kann.

234 Welche *Bedeutung* hat der *Deckungsbeitrag*?

- Ein positiver Deckungsbeitrag zeigt an,
- inwieweit die **fixen Kosten gedeckt** werden können und
- ob darüber hinaus ein **Gewinn erzielt** wird.

235 Was zeigt ein *positiver Deckungsbeitrag* an?

Kaufmännische Steuerung

236 Was zeigt ein *negativer Deckungsbeitrag* an?

Ein negativer Deckungsbeitrag zeigt an, dass der Preis des Produktes **nur einen Teil der variablen Stückkosten deckt**. Zur Deckung von Fixkosten trägt das Produkt überhaupt nicht bei. Es entsteht also ein Verlust in Höhe der fixen Kosten und des nicht gedeckten Teils der variablen Kosten.

Handbuch: LF 10

3.4.8.4 Anwendungen der Deckungsbeitragsrechnung: Gewinnschwelle, Zusatzauftrag und Preisuntergrenzen

237 Was versteht man unter der *Gewinnschwelle*?

- Mit der Gewinnschwelle ist die Produktions- und Absatzmenge (auch als Break-even-Menge bezeichnet) gemeint, bei der die **Höhe des Umsatzes der Höhe der Kosten entspricht**, der **Gewinn** also gleich **Null** ist.

- **Bis zu dieser Menge** arbeitet das Unternehmen mit **Verlust**.
- **Ab dieser Menge** befindet sich das Unternehmen in der **Gewinnzone**.

238 *Errechnen* Sie mithilfe der Deckungsbeitragsrechnung die *Break-even-Menge* (Gewinnschwelle), wenn folgende Zahlen gegeben sind: Preis/Stück: 50,00 €, variable Kosten/Stück: 30,00 €, fixe Kosten: 60.000,00 €

Die Bedingung für die Gewinnschwelle – **„die Summe der Deckungsbeiträge entspricht den Fixkosten"** – ergibt sich aus folgender Rechnung:

$U = K$
$p \cdot x = k_v \cdot x + K_f$ $50{,}00 \cdot x = 30{,}00 \cdot x + 60.000{,}00$
$p \cdot x - k_v \cdot x = K_f$ $50{,}00 \cdot x - 30{,}00 \cdot x = 60.000{,}00$
$(p - k_v) \cdot x = K_f$ $(50{,}00 - 30{,}00) \cdot x = 60.000{,}00$

$db \cdot x = K_f$ $20{,}00 \cdot x = 60.000{,}00$

$$x = \frac{K_f}{db} \qquad x = \frac{60.000{,}00}{20{,}00} = 3\,000$$

Die Break-even-Menge beträgt 3 000 Stück.

239 *Erläutern* Sie, was unter einem *Zusatzauftrag* zu verstehen ist und welche Bedeutung er für ein Industrieunternehmen hat.

- Aufträge **unterhalb des aktuellen Verkaufspreises** werden als Zusatzaufträge bezeichnet, die dazu dienen, nicht ausgelastete **Produktionskapazitäten zu nutzen, Arbeitsplätze zu sichern** und das **Betriebsergebnis zu verbessern**.
- Da noch Kapazitäten frei sind, **entstehen** durch den Zusatzauftrag keine zusätzlichen fixen Kosten, sondern **nur variable Kosten**.
- Die Annahme des Zusatzauftrages **lohnt** sich immer dann, wenn der erzielbare Preis höher ist als die variablen Stückkosten, der **Stückdeckungsbeitrag** also **positiv** ist.

- Hat die bisherige Produktion bereits zu einem Betriebsgewinn geführt, **waren also die fixen Kosten schon mehr als gedeckt**, erhöht sich der **Betriebsgewinn** durch den Zusatzauftrag um den Stückdeckungsbeitrag, multipliziert mit der Menge des Zusatzauftrages.
- Waren die **fixen Kosten durch die bisherige Produktion noch nicht gedeckt**, verringert sich der **Betriebsverlust** in Höhe des zusätzlichen Deckungsbeitrages des Zusatzauftrages.

Kosten- und Leistungsrechnung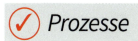

Stückdeckungsbeitrag: 850,00 € − 570,00 € = **280,00 €**

Das bedeutet, **jeder zusätzliche Schreibtisch erhöht den Betriebsgewinn um 280,00 €**. Insgesamt erhöht sich der Betriebsgewinn um 280,00 €/Stück · 80 Stück = 22.400,00 €.

bisheriger Betriebsgewinn	1.250.000,00 €
+ zusätzlicher Betriebsgewinn	22.400,00 €
= neuer Betriebsgewinn	1.272.400,00 €

Berechnen Sie auf der Grundlage der folgenden Angaben die *Auswirkungen* eines Zusatzauftrages über 80 Schreibtische auf das *Betriebsergebnis* der OfficeCom KG: Betriebsgewinn ohne Zusatzauftrag: 1.250.000,00 €, Verkaufspreis pro Schreibtisch: 850,00 €, zusätzliche variable Kosten pro Stück: 570,00 €. **(240)**

- Mithilfe der Deckungsbeitragsrechnung kann die **kurzfristige** oder **absolute Preisuntergrenze** errechnet werden. Der **Nettoverkaufspreis** entspricht den **variablen Kosten pro Stück**.

   > absolute Preisuntergrenze
   > = Einstandspreis + variable Handlungskosten pro Stück

- Der **Deckungsbeitrag** pro Stück als Differenz zwischen Preis und variablen Kosten pro Stück ist in dem Fall **Null**.

Das Unternehmen verzichtet, z. B. aus Konkurrenzgründen (Mitbewerber drängt mit Kampfpreis auf den Markt), auf die Deckung anteiliger Fixkosten, macht also einen **Verlust in Höhe der nicht gedeckten Fixkosten**. Dies bedeutet, dass das Unternehmen diesen Preis nur **kurzfristig** durchhalten kann. Längerfristig muss der Preis allerdings wieder steigen, damit die Fixkosten gedeckt werden und darüber hinaus wieder Gewinne erwirtschaftet werden. Nur so ist ein Unternehmen überlebensfähig.

Welche *Bedeutung* hat die *Deckungsbeitragsrechnung* für die *Verkaufspreiskalkulation*? **(241)**

- Die langfristige Preisuntergrenze entspricht dem Selbstkostenpreis in der Angebotskalkulation. Dies bedeutet, neben den variablen Kosten sind auch die fixen Kosten gedeckt.

   > langfristige Preisuntergrenze
   > = Selbstkostenpreis

- Das Unternehmen macht zwar keinen Gewinn, aber auch keinen Verlust. Daher kann ein solcher Verkaufspreis über einen längeren Zeitraum (z. B. bei nachlassender Konsumnachfrage während einer Wirtschaftskrise) gehalten werden.

Was versteht man unter der *langfristigen Preisuntergrenze*? **(242)**

Prozesse — Kaufmännische Steuerung

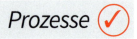

3.4.8.5 Normalkostenrechnung

243. Warum ist die *Normalkostenrechnung* eine vergangenheitsbezogene Rechnung?

- Weil sie auf **Istkostenrechnungen vergangener Abrechnungsperioden** beruht.
- Man schreibt die Gemeinkostenentwicklung vergangener Abrechnungsperioden im Zuge der Angebotskalkulation in die Zukunft fort.

244. Was versteht man unter *Normalgemeinkosten*?

Hierbei handelt es sich um Gemeinkosten, die im Zuge einer **Angebotskalkulation** mithilfe der Normalgemeinkostenzuschlagssätze in den Selbstkosten- bzw. Angebotspreis eingerechnet werden.

245. Welche *Normalgemeinkostenzuschlagssätze* kennen Sie?

Normalgemeinkostenzuschlagssätze des:

- Materialbereichs
- Fertigungsbereichs
- Verwaltungsbereichs
- Vertriebsbereichs

246. Wie *errechnen* sich die *Normalgemeinkostenzuschlagssätze*?

Sie errechnen sich als **Durchschnittswerte** der Istgemeinkostenzuschlagssätze mehrerer vergangener Abrechnungsperioden.

247. Was bedeutet *Kostenüberdeckung*?

Istgemeinkosten < Normalgemeinkosten

- Die tatsächlich entstandenen Gemeinkosten (Istgemeinkosten) werden durch die in den Preis einkalkulierten Gemeinkosten (Normalgemeinkosten) mehr als abgedeckt.
- Das tatsächliche Betriebsergebnis wird dadurch besser als das geplante.

248. Was bedeutet *Kostenunterdeckung*?

Istgemeinkosten > Normalgemeinkosten

- Die tatsächlich entstandenen Gemeinkosten (Istgemeinkosten) werden nicht durch die in den Preis einkalkulierten Gemeinkosten (Normalgemeinkosten) gedeckt.
- Das tatsächliche Betriebsergebnis verschlechtert sich dadurch gegenüber dem geplanten.

Vor- und Nachteile verschiedener Informationsquellen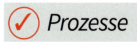

4 Information, Kommunikation, Kooperation

4.1 Vor- und Nachteile verschiedener Informationsquellen

Handbuch: Kapitel 15

Als **Arten von Informationsquellen** lassen sich grundsätzlich unterscheiden:
- persönliche Informationsquellen (Menschen)
- Printmedien (z. B. Bücher, Zeitungen, Akten)
- elektronische Medien (z. B. Internet, Intranet)

1 Welche *Arten von Informationsquellen* können prinzipiell unterschieden werden?

Beispiele für **unternehmensinterne Informationsquellen**:
- unternehmenseigene Datenbank, Intranet
- Geschäftsunterlagen (z. B. Angebote, Briefwechsel mit Kunden und Lieferanten)
- vertrauliche Gespräche mit Mitarbeitern und Vorgesetzten

Beispiele für **unternehmensexterne Informationsquellen**:
- Internet
- Publikationen von Verbänden und Organisationen
- Daten von Unternehmensberatern und Marktforschungsinstituten
- Messekontakte

2 In Unternehmen werden *unternehmensinterne* und *-externe Informationsquellen* unterschieden. Nennen Sie für beide Gruppen jeweils drei Beispiele.

Als **Kriterien zur Beurteilung von Informationsquellen** können dienen:
- **Aktualität:** Von welchem Zeitpunkt oder Zeitraum stammen die Daten?
- **Objektivität:** Handelt es sich um objektive oder um subjektive (wertende Meinungsäußerungen) Informationen?
- **sachliche Richtigkeit:** Sind die Daten zuverlässig und überprüfbar? Handelt es sich nur um Behauptungen ohne Angaben von verlässlichen Quellen?
- **Interessen:** Verfolgt der Herausgeber der Informationen spezielle Interessen, ist er Mitglied in einer Partei oder einer speziellen Organisation? Werden diese wichtigen Informationen preisgegeben?
- **Vollständigkeit der Informationen:** Werden nur Auszüge aus wichtigen Zusammenhängen angeboten oder bietet sich ein Bild umfasserer Information?
- **Beachtung des Urheberrechts:** Sind Zitate als solche kenntlich gemacht, werden die genauen Quellenangaben genannt? Sind urheberrechtliche Angaben zur Weiterverarbeitung der Daten genannt?
- **Datenschutz:** Werden die Persönlichkeitsrechte Betroffener beachtet?

3 Nach welchen Gesichtspunkten (Kriterien) können *Informationsquellen beurteilt* bzw. bewertet werden?

Prozesse ✓ — Information, Kommunikation, Kooperation

(4) Nennen Sie jeweils zwei *Vor-* und *Nachteile* des *Internets als Informationsquelle.*

Vorteile des Internets als Informationsquelle:

- Es ermöglicht einen Informationszugang „rund um die Uhr".
- Informationen aus der ganzen Welt stehen dem Nutzer zur Verfügung.
- Es ermöglicht eine relativ kostengünstige Informationsbeschaffung.

Nachteile des Internets als Informationsquelle:

- Die „Informationsflut" macht es für den Nutzer schwierig, zwischen wichtigen und unwichtigen Informationen zu unterscheiden.
- Die Objektivität und sachliche Richtigkeit der Informationen lassen sich nicht immer leicht überprüfen.
- Viele Informationen vermischen Objektivität und Subjektivität.

Handbuch: LF 1 und 8

4.2 Grundlagen erfolgreicher Zusammenarbeit

(5) Häufig heißt es, der „menschliche Faktor" sei das Wichtigste, damit ein Unternehmen erfolgreich arbeitet. Was ist damit gemeint?

Damit ein Unternehmen erfolgreich arbeiten kann, müssen die Mitarbeiter des Unternehmens „am gleichen Strang ziehen", d.h., sie müssen kooperationsbereit sein und persönliche Konflikte vermeiden. Ein verbindliches **Leitbild** und eine gelebte **Unternehmensphilosophie** müssen von den Mitarbeitern zielgerichtet umgesetzt werden, um den langfristigen Unternehmenserfolg zu sichern. Eine moderne betriebliche Infrastruktur mit entsprechenden Geräten, Maschinen und Fahrzeugen allein führt nicht zum Erfolg, wenn dem **„menschliche Faktor"** bei der Erstellung von Produkten und Dienstleistungen nicht das Primat (die „erste Stelle") eingeräumt wird.

(6) Nennen Sie materielle und nichtmaterielle Einflussgrößen im Unternehmen, um die *Mitarbeiterzufriedenheit* zu verbessern.

Materielle Einflussgrößen zur Steigerung der Mitarbeiterzufriedenheit:

- angemessene Vergütung der Mitarbeiter
- attraktive Sozialleistungen
- Teilhabe am betrieblichen Erfolg (z. B. durch eine Erfolgsbeteiligung)
- ansprechende Arbeitsumgebung (z. B. durch modern ausgestattete Büroräume)

Nichtmaterielle Einflussgrößen zur Steigerung der Mitarbeiterzufriedenheit:

- das Ausdrücken von Wertschätzung und Respekt gegenüber den Mitarbeitern
- der Aufbau eines gegenseitigen Vertrauensverhältnisses von Mitarbeitern und Führungspersonal
- die Schaffung von Freiräumen für die Mitarbeiter bei der Gestaltung der Arbeits- und Geschäftsprozesse

(7) Wie kann die *Mitarbeiterzufriedenheit* im Unternehmen festgestellt („gemessen") werden?

Möglichkeiten, um die Mitarbeiterzufriedenheit im Unternehmen festzustellen:

- Durchführung und Auswertung von Mitarbeiterbefragungen (z. B. mithilfe von Befragungsbögen)
- Analyse von Kündigungen durch die Mitarbeiter
- Auswertung innerbetrieblicher statistischer Daten (z. B. Krankenrate, Anzahl von Kundenbeschwerden)

Feedback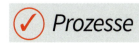

Mögliche Auswirkungen eines guten Betriebsklimas auf das Unternehmen
(Beispiele):

- hohe Mitarbeiterzufriedenheit
- Steigerung des betrieblichen Erfolgs (z. B. Umsatz, Gewinn, Produktivität)
- Steigerung der Mitarbeitermotivation
- Senkung des Krankenstandes
- Senkung der Anzahl von Kundenbeschwerden
- hohe Anzahl von Bewerbungen

(8) Welche *Auswirkungen* kann ein gutes *Betriebsklima* für das Unternehmen haben?

4.3 Feedback

Handbuch: Kapitel 15

Lernt man über ein **Feedback** eines Kommunikationspartners, dienen diese **Rückmeldungen** dazu, **das eigene Verhalten und die eigenen Überlegungen zu überdenken** und eventuell zu **verändern**.

(9) Wozu dient ein *Feedback* bei der zwischenmenschlichen Kommunikation?

(10) Worauf ist beim Geben eines *Feedbacks* zu *achten*?

- **Hören Sie aufmerksam zu!**
  Bevor Kritik geäußert wird, sollte man die Meinung des anderen genau kennen. Dazu gehört, dass man dem Kommunikationspartner genau zuhört und ihn stets aussprechen lässt.

- **Verstärken Sie Positives!**
  Ein Feedback sollte prinzipiell von Stärken des Kommunikationspartners ausgehen, bevor andere Bereiche angesprochen werden.

- **Äußern Sie die Kritik sachgemäß!**
  Die geäußerte Kritik sollte sich auf die Sache und nicht auf die Person beziehen. Dabei ist prinzipiell zwischen objektiven Fakten und subjektiven Wahrnehmungen zu unterscheiden.

- **Formulieren Sie Ich-Botschaften!**
  Urteile über andere Menschen wirken schnell verletzend und erschweren dadurch den Interaktionsprozess. Wird Kritik an Einstellungen oder am Verhalten anderer Menschen geübt, sollte man Verallgemeinerungen verhindern (z. B.: „Alle sind der Meinung, dass du …"), stattdessen sollten Ich-Botschaften formuliert werden (z. B.: „Ich bin der Meinung, dass du …"), die das abgegebene Urteil als subjektiv (wertend) kennzeichnen.

- **Nutzen Sie die nonverbale Kommunikation!**
  Die Aussagen sind durch nonverbale Elemente zu unterstützen, z. B. durch eine bestimmte Mimik (Gesichtssprache) oder Gestik (Körpersprache). Der Aussagegehalt wird dadurch nicht nur gesteigert, sondern die Kommunikation wird unter Umständen auch vertrauenswürdiger (z. B. durch eine Mimik, die Verständnis oder Anteilnahme ausdrückt).

Prozesse ✓

Information, Kommunikation, Kooperation

Handbuch: LF 5, 7, 11 und 13

4.4 Interne und externe Kommunikationsprozesse

11 Was muss bei der *Gestaltung* von *internen Kommunikationsprozessen im Unternehmen* beachtet werden?

Folgende Gesichtspunkte sind bei der **Gestaltung von internen Kommunikationsprozessen** zu beachten:

- Die **Bedürfnisse** und **Interessen** der Kooperationspartner sind zu beachten.
- Jeder Mensch nimmt im Arbeitsalltag eine **soziale Rolle** (z. B. Kollege, Vorgesetzter und Untergebener) ein. Das **Rollenverständnis** der innerbetrieblichen Kooperationspartner muss bei der Zusammenarbeit berücksichtigt werden.
- Bei bereichsübergreifender Zusammenarbeit im Unternehmen muss ein **gemeinsames Ziel** der Kooperation herausgearbeitet werden.
- Gerade bei zeitlich befristeter Kooperation muss der Kooperationsprozess in einzelnen Teilschritten **dokumentiert** werden, um z. B. entstandene Kooperationsprobleme nachträglich lösen und Soll-Ist-Vergleiche zielgerichtet durchführen zu können. Eine nachträgliche Analyse von Entscheidungsprozessen kommt ohne permanente Dokumentation nicht aus.

12 Welche *Chancen* ergeben sich für die beteiligten Unternehmen bei einer *unternehmensexternen Kooperation*?

Chancen der beteiligten Unternehmen (z. B. Kunden und Lieferanten) bei einer **unternehmensexternen Kooperation**:

- Die beteiligten Unternehmen erzielen eine **Erhöhung** von **Umsatz** und/oder **Gewinn**.
- Die **Kosten** spezieller Maßnahmen (z. B. Werbeaktionen) werden auf die beteiligten Unternehmen **verteilt**.
- Die Zusammenarbeit des Unternehmens mit **Lieferanten** kann dazu führen, dass sich die **Einkaufskonditionen** langfristig **verbessern**.
- Die Zusammenarbeit des Unternehmens mit **Kunden** kann dazu führen, dass sich die **Kundenbindung** langfristig erhöht.

13 Welche *Risiken* können sich für die beteiligten Unternehmen bei einer *unternehmensexternen Kooperation ergeben*?

Risiken der beteiligten Unternehmen (z. B. Kunden und Lieferanten) bei einer **unternehmensexternen Kooperation**:

- Statt gewünschter betriebswirtschaftlicher Vorteile ergeben sich **betriebswirtschaftliche Nachteile** (z. B. Gewinnsenkung, erhöhte Kosten).
- Es entstehen **Konflikte** zwischen den Kooperationspartnern, die langfristig sogar zu einer Beendigung der Zusammenarbeit führen können.

Teamarbeit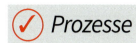

Beispiele für die unternehmerische **Kooperation mit Kunden**:

- Industrieunternehmen arbeiten bei der **Entwicklung neuer Produkte** mit ihren Kunden (z. B. Groß- und Einzelhandelsunternehmen) zusammen.

- Industrieunternehmen kooperieren mit ihren Kunden bei der Ausgestaltung von besonderen **Dienstleistungen** (z. B. bei der Entwicklung von speziellen Finanzierungsinstrumenten oder bei Werbekampagnen).

14 Nennen Sie *Beispiele* für die unternehmerische *Kooperation mit Kunden*.

4.5 Teamarbeit

Handbuch: Kapitel 15

- Eine **Gruppe** von Personen (meistens 5 – 10) arbeitet für ein **gemeinsames Ziel** zusammen.
- Die Zusammenarbeit ist häufig **zeitlich befristet**, z. B. im Rahmen eines Projektes.
- Eine Person führt in der Regel als **Teamleiter** die Gruppe, er definiert sich eher als „Primus inter Pares" („Erster unter Gleichen").
- Bei der Verfolgung des Gruppenziels kommt es auf die Ausprägung eines Wir-Gefühls an; es werden dabei hohe Anforderungen an die **Kommunikationsbeziehungen** des Teams gestellt (z. B. Offenheit, Gleichberechtigung).
- Die gestellten **Aufgaben** sind meistens derart komplex und/oder innovativ, dass diese Arbeitsform ihre besonderen Vorzüge nutzt; die Arbeitsleistung eines Teams ist mehr als die Summe der Einzelleistungen, da es häufig zu **Synergieeffekten** („2 + 2 = 5") kommt.

- Die **Arbeitsverteilung** innerhalb des Teams sollte transparent und gerecht erfolgen, jedes Teammitglied hat sich aktiv am Gruppenprozess zu beteiligen.
- Die **Verantwortung** für das gemeinsame Ziel lastet auf allen Mitgliedern.
- **Konflikte** müssen deutlich ausgesprochen werden, sie werden in der Regel innerhalb des Teams selbst gelöst, allerdings können auch externe Personen (z. B. Berater) zur **Teamentwicklung** herangezogen werden.
- Die **Bewertung** der Teamleistung kann sowohl intern als auch extern (z. B. durch die Unternehmensleitung) vorgenommen werden, sogenannte Feedbackregeln (siehe Fragen Nr. 9 und 10.) können dabei unterstützend eingesetzt werden.

15 Beschreiben Sie die wichtigsten *Merkmale der Teamarbeit.*

- höhere **Arbeitsleistung** durch Ausnutzen von Synergieeffekten
- hohe **Arbeitsmotivation** der Teammitglieder (z. B. durch Gleichberechtigung)
- **gegenseitige Fortbildung** der Teammitarbeiter (Kostenersparnis)

- Entwicklung eines **guten Betriebsklimas** (z. B. durch Entwickeln eines Wir-Gefühls)
- Verbesserung von Kommunikationsbeziehungen durch **Teamentwicklung**

16 Welche *Vorteile (Chancen)* bietet die *Teamarbeit?*

Prozesse — Information, Kommunikation, Kooperation

17 Welche *Nachteile (Probleme)* kann die *Teamarbeit* aufweisen?

- **geringe Arbeitsleistung** und **höherer Zeitaufwand** durch die Notwendigkeit umfangreicher Maßnahmen zur Konfliktbewältigung
- **Kompetenzstreitigkeiten** bei schlechter Teamentwicklung
- Gefahr von **„schlechten Kompromissen"** durch Rücksicht auf Mehrheitsmeinung
- **Dominanz** von **„Vielrednern"** und „Besserwissern"

18 Welche *Phasen der Teamentwicklung* werden in der Fachliteratur im Allgemeinen unterschieden?

Ein Team muss sich in der Regel im Laufe der Zeit erst entwickeln und formen, daher unterscheidet man nach dem US-amerikanischen Psychologen *Bruce Wayne Tuckman* die folgenden **Phasen der Teamentwicklung**:

- **Forming:** In dieser „Orientierungsphase" lernen sich die Teammitglieder erst kennen, sie orientieren sich noch stark am Teamleiter, der in dieser Phase eine besonders hohe Verantwortung trägt, damit das Team zusammenwächst.
- **Storming:** In dieser sogenannten „Nahkampfphase" ringen die Teammitglieder um Positionen, sowohl inhaltlich als auch in der Anerkennung ihrer Rolle im Team. Der Teamleiter versucht, ausgleichend zu wirken. Am Ende dieser Phase sollte allerdings nach einem Abstimmungsprozess die Zielsetzung des Teams von allen anerkannt werden.
- **Norming:** In dieser Orientierungsphase sollten Absprachen über Regeln der Teamarbeit stattfinden, ein „Wir-Gefühl" sollte in der Gruppe von allen getragen werden.
- **Performing:** In dieser eigentlichen Arbeitsphase werden aufgrund eingeübter Verhaltensweisen und gemeinsam festgelegter Regeln Lösungsvorschläge für den anfangs definierten Arbeitsauftrag abgewogen. Die Teamarbeit wird schließlich erfolgreich abgeschlossen, die anfangs gesetzten Ziele werden erreicht.
- **Adjourning Phase:** Nach „getaner Arbeit" kommt es zur Auflösung des Teams. Vorher sollten die gewonnenen Erfahrungen in der Teamarbeit dokumentiert und analysiert werden. Nach einer sehr erfolgreichen Teamarbeit stellt sich häufig das Gefühl der Trauer bei den Teammitgliedern ein, da man im Laufe der Zeit eine besondere Beziehung zu den anderen aufgebaut hat.

Handbuch: Kapitel 15

4.6 Lern-, Arbeits- und Moderationstechniken

18 Was versteht man unter *Lernstrategien*, was unter *Lern- und Arbeitstechniken*?

Lernstrategien beschreiben Verhaltensweisen, ein planerisches Vorgehen, wie Lerninhalte vom Lernenden zielstrebig erschlossen werden können.

Dagegen wird unter **Arbeits- oder Lerntechniken** eher die konkrete Ausführungsebene angesprochen, es werden also Werkzeuge benannt, mit deren Hilfe eine Lernstrategie konkret umgesetzt oder verfolgt werden kann. Ein Beispiel für eine Lerntechnik ist das Mindmapping.

Lern-, Arbeits- und Moderationstechniken

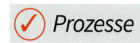 *Prozesse*

- Das **Assoziationslernen** betrifft vor allem das Einstudieren von Daten, Fakten, Vokabeln und Formeln, man spricht hierbei auch von einer **Wiederholungsstrategie**.
- Bei der **Elaboration**, dem sogenannten **Verarbeitungslernen**, geht es vor allem um die Erschließung komplexer (mündlicher oder schriftlicher) Texte. Je mehr man sich mit der Information eines Textes auseinandersetzt, desto eher wird die Information im **Langzeitgedächtnis gespeichert**, also behalten. Das Verfolgen der Elaborationsstrategie (lat. laborare: arbeiten) beim Lernen besagt, dass man neue Wissensinhalte mit bereits bestehendem Wissen im Gehirn verknüpfen muss, sie in vorhandene Wissensstrukturen integrieren muss. Das kann z. B. dadurch geschehen, dass man Fragen zu den Wissensinhalten formuliert oder neue Beispiele zum Erlernen bildet, das Erlernte mit eigenen Worten erklärt oder „Eselsbrücken" zum bisherigen Wissen baut.

19 Allgemein wird bei den Lernstrategien zwischen den *Assoziations-* und den *Elaborationsstrategien* unterschieden. Erläutern Sie beide Fachbegriffe.

- Das **Mindmapping** stellt eine Lerntechnik oder Arbeitsmethode dar, bei der Ideen oder Gedanken visualisiert werden, indem sie in einer sogenannten **Mindmap** (einer „Gedanken-Landkarte") spontan erfasst werden.
- In die Mindmap können **Haupt-** und **Nebenäste** in **beliebiger Reihenfolge** eingetragen werden, das ist auch ein großer Vorteil gegenüber einem traditionellen hierarchisch strukturierten Tafelbild. Zusätzlich können auch Piktogramme zur Visualisierung eingesetzt werden.
- Ablauf:
  - Auf einem Blatt Papier, einer Tafel oder in der Monitormaske (z. B. bei Benutzung der Software „MindManager") wird in der **Mitte** das **Thema festgehalten** und mit einem Oval oder einem Kreis umrahmt.
  - **Hauptäste** werden, beginnend von der Mitte, mit Schlüsselwörtern (Oberbegriffen) versehen.
  - Von den Hauptästen zweigen **Nebenäste** ab, die Unterbegriffe festhalten.
  - Falls es notwendig erscheint, können auch Nebenäste weiter durch **zusätzliche Äste** oder **Zweige unterteilt** werden.
  - Unter Umständen wird nach der ersten angefertigten Mindmap zum selben Thema eine **zweite** erstellt.

20 Erläutern Sie die Lerntechnik *Mindmapping*.

Beispiel:

nach: Lipp, Ulrich; Pädagogik-Heft 10, Julius Beltz GmbH & Co. KG, Weinheim, Oktober 1994, Seite 22

Prozesse ✓ — Information, Kommunikation, Kooperation

21) Welche Ziele verfolgt die *Moderationsmethode*?

- Die in den 60er-Jahren des 20. Jahrhunderts entstandene Methode hat das Ziel, zwischen Mitgliedern einer Gruppe **gleichberechtigte Kommunikation** zu ermöglichen, bei der ein **Moderator** darauf achtet, dass bestimmte **Kommunikationsregeln** eingehalten werden.
- Der Moderator lenkt die Gruppe nicht inhaltlich, er unterstützt die Gruppenmitglieder nur darin, ihre eigenen Zielvorstellungen und Erkenntnisse zu **aktivieren**, zu **visualisieren** und eine **Problemlösung** oder **Entscheidungsfindung** zielgerichtet voranzutreiben.
- Bei der Moderationsmethode werden in starkem Maße sowohl **Visualisierungs-** als auch **Frage-** und **Antworttechniken** genutzt, um eine ausgesprochen **interaktive Kommunikation** zwischen den Gruppenmitgliedern zu ermöglichen.

22) Welche *Voraussetzungen* sollten für die Anwendung der *Moderationsmethode* erfüllt sein?

- Alle Gruppenmitglieder akzeptieren die **Grundregeln** der Moderationsmethode.
- **Gruppe** und **Moderator(en) akzeptieren sich** gegenseitig.
- Der **Moderator** hat so viel **Vorwissen** über das zu bearbeitende Thema, dass er die **Kommunikation effektiv gestalten** kann.
- Der Moderator verfügt sowohl über grundlegende **Visualisierungs-** als auch über **Frage-** und **Antworttechniken**.
- Die **emotionale Betroffenheit** durch das Thema ist für den **Moderator** allenfalls in **geringem Maße** gegeben.
- Die **Größe der Gruppe** sollte **beschränkt** sein (optimale Gruppengröße ca. 15 Personen).

23) Welche *Ziele* werden mit dem Einsatz der *Visualisierungstechniken* der Moderationsmethode verfolgt?

- Ermöglichung einer **gleichberechtigten Kommunikation** durch Einbeziehung möglichst aller Gruppenmitglieder
- **Erhöhung der Behaltensquote** durch zusätzliche Nutzung von Schriftsprache und Grafik
- permanente **Rückverfolgung des Diskussionsstranges**
- **Trennung von Wichtigem und Unwichtigem** bzw. Gewichtung ausgewählter Merkmale und Aussagen
- gezielte **Ergebnissicherung** (auch von Zwischenergebnissen)

Lern-, Arbeits- und Moderationstechniken

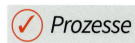 **Prozesse**

- Gliederung in **Ober-** und **Unterbegriffe**/Erstellung von **Strukturdiagrammen**:

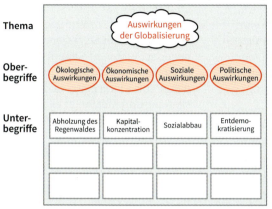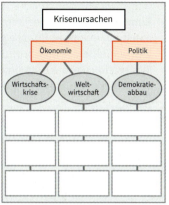

- Erstellung eines **Netzes**:

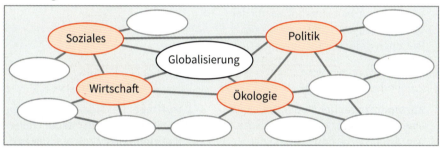

- Erstellung einer **Liste** (z. B. von Regeln oder zu bearbeitenden Aufgaben):
- Aufbau einer **Tabelle** oder **Matrix**:

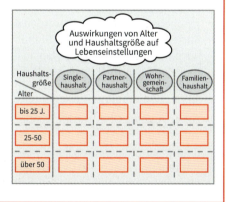

Welche *Visualisierungstechniken* werden bei der *Moderationsmethode* angewandt? (24)

Der Moderator sollte ...

- niemals inhaltlich Stellung beziehen,
- alle Gruppenmitglieder einbeziehen,
- allen Gruppenmitgliedern ausreichend zuhören,
- Störungen im Gruppenprozess beachten („Störungen haben Vorrang"),
- flexibel bzw. situativ reagieren (z. B. in Schwächephasen motivieren),
- Fragen eindeutig formulieren,
- Gesprochenes visualisieren (soweit sinnvoll),
- Arbeits- und Pausenzeiten mit der Gruppe abstimmen.

Welche *Verhaltensregeln* sollte der *Moderator* bei der Moderationsmethode einhalten? (25)

Prozesse ✓ Information, Kommunikation, Kooperation

26 Welche *Sozialformen* werden in der *Moderationsmethode* angewandt? Wozu dient jeweils die *Sozialform*?

- **Einzelarbeit:** Diese Sozialform wird meist nur in kurzen Phasen genutzt, z. B. während der Beschriftung von Moderationskarten oder beim Lesen von Materialien.
- **Partnerarbeit:** Zwei Partner arbeiten zusammen, um einen klar überschaubaren Arbeitsauftrag gemeinsam zu lösen.
- **Gruppenarbeit:** Diese Sozialform wird bei der Moderation benutzt, um die Vorteile von Gruppenprozessen zu nutzen. Erst in der Gruppe entstehen bestimmte Arbeitsergebnisse, da der Gedankenaustausch von mehreren Personen dafür Voraussetzung ist.
- **Plenum:** In der Großgruppe wird der Moderationsprozess begonnen und beendet. Auch viele Sammlungs- und Entscheidungsprozesse finden in dieser Sozialform statt, da die Meinung und Kreativität aller Beteiligten zeitgleich gefragt ist. Die Entscheidung über die Bildung von Teilgruppen obliegt ebenfalls dem Plenum.

27 Welche *Frage- und Antworttechniken* werden bei der *Moderationsmethode* genutzt?

- **Kartenabfrage:** Der Moderator stellt eine Frage – meist schriftlich zusätzlich visualisiert – und lässt sie per Moderationskarten schriftlich beantworten. Dies kann in Einzel- und Partnerarbeit, offen oder anonym geschehen. Anschließend werden die Karten gesammelt und vom Plenum nach Ober- und Unterbegriffen an der Pinnwand geordnet (geclustert). Für weitergehende Sortierungsphasen steht meistens eine zweite Pinnwand zur Verfügung. Oberbegriffe können vor oder auch erst nach der Sammlungsphase gebildet werden. Die Kartenabfrage ist meist Grundlage für eine weiterführende Gruppenarbeitsphase.
- **Zuruffrage:** Der Moderator stellt eine Frage und notiert die mündlichen Antworten selbst (z. B. auf Karten) oder lässt sie von einem Zweitmoderator schriftlich fixieren. Die Zuruffrage kann mit der Methode des Mindmappings kombiniert werden (siehe Aufgabe 20).
- **Einpunktfrage:** Eine Frage wird schriftlich vom Moderator z. B. an Pinnwand oder Flipchart fixiert. Die Gruppenmitglieder erhalten für die Gestaltung der Antwort (der Skalierung) einen Klebepunkt. Das anonyme Abfragen von Meinungen oder Stimmungen steht bei der Einpunktfrage im Vordergrund.

Beispiele für Einpunktfragen:

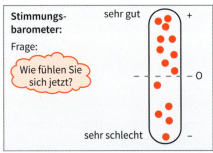

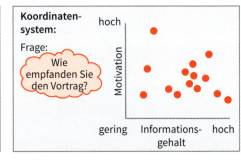

Planung, Durchführung und Kontrolle von Projekten

- **Mehrpunktfrage:** Auf einer Pinnwand oder einer Wandzeitung wird ein Fragekomplex offen oder anonym bearbeitet, indem die Gruppenmitglieder schriftlich vorgegebene Antworten mithilfe von Klebepunkten gewichten.

Eine beschränkte Anzahl von Klebepunkten (z. B. drei Klebepunkte für fünf mögliche Antworten) führt zu einer eindeutigen Entscheidungsfindung.

Beispiel:

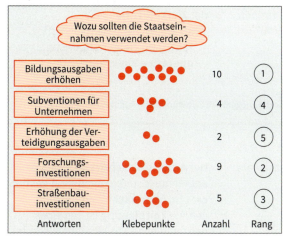

4.7 Planung, Durchführung und Kontrolle von Projekten

Handbuch: LF 13

Nach DIN 69901 handelt es sich bei einem Projekt um „**ein Vorhaben**, das im Wesentlichen durch die **Einmaligkeit der Bedingungen** in ihrer Gesamtheit gekennzeichnet ist, wie z. B. Zielvorgabe, zeitliche, finanzielle, personelle und andere Begrenzungen, Abgrenzung gegenüber anderen Vorhaben, projektspezifische Organisation"[1].

Projekte werden in Unternehmen, aber auch in politischen, sozialen und kulturellen Organisationen durchgeführt.

(28) Was versteht man im Sinne des Projektmanagements unter einem *Projekt*?

---

1 *aus:* DIN 69901-05. Projektmanagement – Projektmanagementsysteme – Teil 5: Begriffe. Berlin 2009

Prozesse Information, Kommunikation, Kooperation

29 Welche *Projektziele* werden in der Fachliteratur unterschieden?

Grundlegende Ziele aller Projekte sind nach Olfert/Steinbuch:

- Einhaltung des ökonomischen Prinzips,
- konsequente Kundenfokussierung,
- systematische Prozessorientierung,
- Schonung der Umwelt.

Die **Projektziele** lassen sich im Einzelnen einteilen nach …:

- der **Zielausrichtung**:
  - **Ergebnisziele** (beziehen sich auf das Projektergebnis),
  - **Arbeitsziele** (beziehen sich auf die Projektdurchführung);
- dem **Zielinhalt**:
  - **qualitative Ziele** (nicht in Zahlen vorgebbar),
  - **quantitative Ziele** (zahlenmäßig vorgebbare Ziele);
- der **Zielkategorie**:
  - **strategische Ziele** (langfristig),
  - **taktische Ziele** (mittelfristig),
  - **operative Ziele** (kurzfristig).

vgl.: Olfert, Klaus: Kompakt-Training Projektmanagement. 8., aktualisierte Auflage, Herne, 2012, S. 18

30 Welche *zeitliche Begrenzung* weist ein Projekt auf?

- Ein Projekt hat sowohl einen **Start-** als auch einen **Endtermin**.
- Der **zeitliche Umfang** kann sich z. B. auf wenige Wochen, aber auch auf Monate oder sogar Jahre erstrecken (z. B. Bau einer internationalen Pipeline).
- Der **Arbeitsfortschritt** im Projektablauf muss stets zielgerichtet **gesteuert** und **überwacht** werden. Eine genaue **Zeitplanung** ist Teil eines ganzheitlichen Projektmanagements.

31 Erläutern Sie die Fachbegriffe *Budget*, *Projektkostenplan* und *Projektcontrolling* mit eigenen Worten.

- Für ein Projekt steht in der Regel ein bestimmtes **Budget** zur Verfügung. Dieses soll die gesamten Projektkosten abdecken, also sowohl **Sach-** als auch **Personalkosten**.
- Der **Projektkostenplan** enthält die geschätzte Höhe der einzelnen Kostenarten (z. B. Softwarekosten für die Projektdauer) und ermittelt somit die Gesamtprojektkosten. Voraussetzung dafür ist, dass die einzelnen Projektaufgaben, das notwendige Personal, die erforderlichen Sach-mittel vorher abgeschätzt werden und eine Terminplanung vorliegt, die die Dauer der Nutzung der einzelnen Ressourcen enthält. **Kostenrisiken** müssen vorher abgeschätzt werden, sogenannte Risikoreserven werden daher einkalkuliert.
- Ein **Projektcontrolling** wird während der Projektdurchführung (z. B. ein permanenter Soll-Ist-Vergleich der einzelnen Kostenarten) und zum Projektabschluss durchgeführt.

32 Was versteht man unter dem *magischen Viereck des Projekterfolgs*?

Um ein Projekt erfolgreich abschließen zu können, wird der Projektmanager (Projektleiter) das sogenannte **magische Viereck des Projekterfolgs** mit seinen Bestandteilen („Ecken") **Lösungsumfang, Qualität, Kosten** und **Termine** permanent ausbalancieren müssen, um den Projektzweck zu erreichen. Dieses Ausbalancieren kann man als „magisch" bezeichnen, da die Verbesserung einer Ecke meist zu einer Verschlechterung einer anderen Ecke führt.

Planung, Durchführung und Kontrolle von Projekten 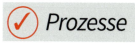 Prozesse

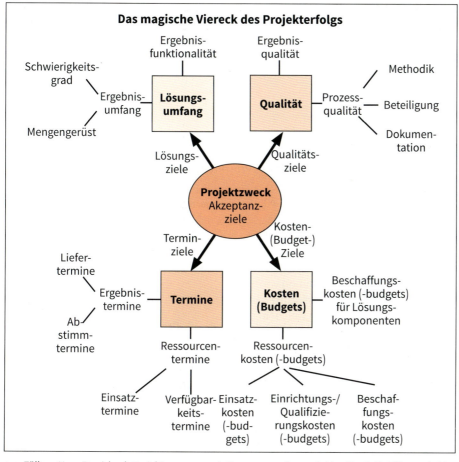

aus: Zöllner, Uwe: Praxisbuch Projektmanagement. Das neue, umfassende Handbuch für Führungskräfte und Projektmitarbeiter. 1. Auflage, Galileo Press, Bonn 2003, S. 65

Welche *Organisationsformen können* Projekte aufweisen? (33)

Da jedes Projekt in seiner Existenz einmalig ist, muss auch bei jedem Projekt neu überlegt werden, welche Organisationsform für dieses Vorhaben angemessen ist.

- In einem Unternehmen wird die **Geschäftsleitung** oder der Bereichsleiter einen **Projektmanager** (Projektleiter) zur Leitung des Projektes **berufen**. Ihm sind die Mitglieder der Projektgruppe unterstellt.
- Bei großen Projekten wird zwischen **Projektmanager** und einem ihm **unterstellten Projektleiter** unterschieden, häufig gibt es zusätzlich noch einen **kaufmännischen Projektleiter**.
- Möglich – wenn auch sehr selten anzutreffen – ist auch ein **Selbstmanagement**, bei dem *alle* **Projektmitarbeiter gleichberechtigt** sind.
- Bei einigen Großprojekten wird oberhalb des Projektmanagers noch ein sogenannter **Lenkungsausschuss** eingesetzt, der eher auf der **strategischen Entscheidungsebene** des Unternehmens angesiedelt ist. Er dient als **oberstes Entscheidungs-** und **Kontrollgremium,** Mitglieder der Geschäftsführung eines Unternehmens werden in ihn entsandt.

Wenn bei einer Projektorganisation in der Regel auch hierarchische Strukturen erkennbar sind, ist doch die vorherrschende Arbeitsweise die **Teamarbeit**.

Information, Kommunikation, Kooperation

34 Was versteht man unter einem *Projekthandbuch*?

In einem **Projekthandbuch** werden alle für die Organisation eines Projektes **notwendigen Informationen** festgehalten. Eine permanente Pflege des Projekthandbuches ist notwendig und wird vom **Projektmanager** angewiesen und überwacht. Eine große Hilfe bei der Organisation eines Projektes kann der Einsatz von **Projektmanagementsoftware** (z. B. MS Project) sein.

35 Was versteht man unter *Projektmanagement*?

Laut DIN 69901 ist das **Projektmanagement** „die Gesamtheit von Führungsaufgaben, Führungsorganisation, Führungstechniken und Führungsmitteln für die Abwicklung eines Projektes". Die Abwicklung eines Projektes geschieht in sogenannten **Projektphasen**.

vgl.: DIN 69901-05. Projektmanagement – Projektmanagementsysteme – Teil 5: Begriffe. Berlin 2009

36 Welche *Projektphasen* werden im Allgemeinen unterschieden?

Es gibt **kein allgemein anerkanntes Begriffssystem** für die Definition von einzelnen Projektphasen. Umstritten ist in der Fachliteratur auch, zu welchem Zeitpunkt ein Projekt als solches beginnt: Soll man schon bei der ersten Projektidee vom Projektbeginn sprechen oder beispielsweise erst bei der Vereinbarung eines Projektauftrages mit unternehmensinternen oder -externen Auftraggebern?

In jedem Fall können folgende **Projektphasen** grob abgegrenzt werden:

1. **Projektvorbereitung**
    ↓
2. **Projektplanung**
    ↓
3. **Projektdurchführung**
    ↓
4. **Projektabschluss**

37 Was beinhaltet die *Projektvorbereitungsphase*?

- Am Anfang eines Projektes steht meist eine wenig klar abgegrenzte **Projektidee**, die zu einer eindeutigen **Projektdefinition** fortentwickelt werden muss. Viele Projekte scheitern daran, dass diese Definition keine klaren Ziele für die Projektarbeit setzt oder den Projektzweck nicht eindeutig von ähnlichen Vorhaben abgrenzt.

- Die Projektdefinition mündet in einen **Projektantrag**, über den ein unternehmensinternes Gremium oder ein externer Kunde entscheidet. Der genehmigte Projektantrag führt zum rechtlich verbindlichen **Projektauftrag**.

- Der schriftlich fixierte **Projektauftrag** enthält zumindest Angaben über:

    - Projektzweck
    - Projektziele
    - Projektbeginn, -ende
    - Auftraggeber
    - Projektmanager
    - Projektzeitplan
    - Projektbudget
    - Projektergebnisse

vgl.: Tiemeyer, Ernst: Projekte erfolgreich managen. Methoden, Instrumente, Erfahrungen. Beltz Verlag, Weinheim, Basel 2002, S. 19

Planung, Durchführung und Kontrolle von Projekten

 Prozesse

Die Projektplanungsphase ist die entscheidende Grundlage für die anschließende Projektdurchführungsphase. Je genauer geplant wird, umso reibungsloser kann die Realisierung des Projektes erfolgen. Im Rahmen der **Projektplanung** muss über folgende **Planungsgrößen** entschieden werden:

- einzelne Arbeitsschritte bzw. Arbeitspakete
- Ressourcen (Eigen- und Fremdpersonal)
- zeitliche Abfolge der einzelnen Arbeitsschritte bzw. Arbeitspakete
- finanzieller Aufwand

Was beinhaltet die *Projektplanungsphase*? (38)

Welche **Teilpläne** die **Projektplanungsphase** umfasst, zeigt folgende Darstellung:

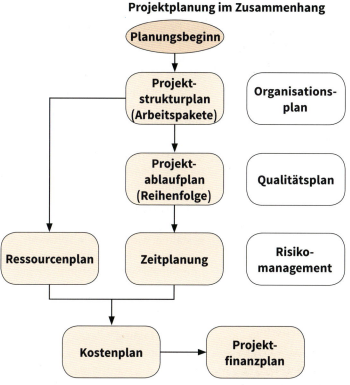

vgl.: Tiemeyer, Ernst: Projekte erfolgreich managen. Methoden, Instrumente, Erfahrungen. Beltz Verlag, Weinheim, Basel 2002, S. 56

- Ein Projekt wird in **kleinste Teilaufgaben** aufgeteilt, man spricht von sogenannten Arbeitspaketen. Laut DIN 69901 ist ein **Arbeitspaket** die **nicht mehr sinnvoll zu unterteilende, kleinste Verantwortungseinheit für einen Mitarbeiter**.
- Das **Ziel des Arbeitspaketes** muss eindeutig **definiert** sein und gegenüber anderen Arbeitspaketen klar abgegrenzt sein.
- **Zeit-** und **Kostenrahmen** des Arbeitspaketes werden vorher festgelegt. Bei der Dauer eines Arbeitspaketes spricht man von Personentagen, -wochen oder -monaten.
- Für jedes Arbeitspaket gibt es nur **einen Verantwortlichen**.
- Die **Arbeitspaketplanung** mündet in ihrer Gesamtheit in den **Projektstrukturplan**, in dem alle Projektaktivitäten systematisch erfasst werden.

Was versteht man unter einem *Arbeitspaket*? (39)

Prozesse Information, Kommunikation, Kooperation

40 Was versteht man unter einem *Meilenstein*?

- Laut DIN 69901 sind **Meilensteine Ereignisse besonderer Bedeutung**, sie sind Teil der Terminplanung eines Projektes. In einem Übersichtsterminplan werden häufig die Meilensteine festgehalten.

- Meilensteine dienen dem **Termin-** und **Ablaufcontrolling** (z. B. bei Fertigstellung des Rohbaus eines Verwaltungsgebäudes). Sie werden als Anlass genommen, um eventuelle Störungen im Arbeitsablauf zu besprechen und Lösungsansätze zu finden.

41 Welche Besonderheiten weist die *Projektdurchführungsphase* auf?

- Ist die Entscheidung über die Durchführung des Projektes getroffen, wird meist mit einem sogenannten **Kick-Off-Meeting** die Projektdurchführungsphase begonnen. Teilnehmer dieses Initiierungstreffens sind:
  - Auftraggeber
  - Projektmanager
  - Projektmitarbeiter
  - weitere Stakeholder (z. B. Lieferanten)

  Das Kick-Off-Meeting soll alle Projektbeteiligten in angemessener Umgebung zusammenführen, um die Motivation aller Beteiligten zu erhöhen und ein **Wir-Gefühl** zu entwickeln. Der geplante Ablauf des gesamten Projektes wird präsentiert und erste Absprachen werden getroffen.

- Im Rahmen der Projektdurchführung ist eine laufende **Projektsteuerung** und **-kontrolle** notwendig. Sie kann durch den Projektmanager, aber auch durch den Lenkungsausschuss oder spezielle **Projektcontroller** erfolgen. Das **Projektcontrolling** vergleicht laufend **Plan-** und **Istdaten** zur Kosten- und Zeitplanung und wertet sie aus; der Projektmanager muss unter Umständen korrigierend eingreifen. Änderungswünsche des Auftraggebers werden durch ein sogenanntes **Claim Management** geprüft und entsprechende Korrekturen werden am Projektablauf vorgenommen.

- Um die **Projektdokumentation** für alle Beteiligten transparent zu gestalten, wird spezielle Software eingesetzt, eventuell wird auch das Internet als Systemplattform für alle Dokumente genutzt. Durch ein Passwort geschützt haben alle Projektbeteiligten beim sogenannten **Projekt-Hosting** jederzeit Zugriff auf alle Dokumente.

42 Was beinhaltet die *Projektabschlussphase*?

- Das Projektteam wird in der Regel in einer **Abschlusspräsentation** die Ergebnisse des Projektes in ansprechender Art und Weise vorstellen, dies kann als Teil des **Projektmarketings** verstanden werden.

- Schließlich wird das Projekt durch den Auftraggeber abgenommen und die Projektergebnisse werden übergeben. Unter Umständen schließt sich eine Einweisung oder sogar Schulung an. Viele Auftraggeber erwarten auch einen förmlichen **Projektabschlussbericht**.

- Unternehmensintern sollte eine **Auswertung** der Projektarbeit erfolgen, z. B. im Hinblick auf die Ursachen von Störungen im Projektablauf.

Umgang mit Konflikten im eigenen Arbeitsumfeld

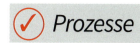 **Prozesse**

- Die **Anforderungen des Auftraggebers** an die Lieferungen und Leistungen eines Auftragnehmers werden in ihrer Gesamtheit im **Lastenheft** formuliert.

- Im **Pflichtenheft** werden die vom Auftragnehmer geplanten **Maßnahmen zur Realisierung** des Projektes genau beschrieben.

43 Was versteht man unter einem *Pflichten- bzw. Lastenheft*?

4.8 Umgang mit Konflikten im eigenen Arbeitsumfeld

Handbuch: LF 7, Kapitel 15

- **Wertekonflikte** zwischen Menschen entstehen dadurch, dass die Beteiligten des Konfliktes unterschiedliche Wertvorstellungen besitzen. Was dem einen Menschen als sehr wichtig erscheint (z. B. wirtschaftlicher Erfolg), kann für den anderen Menschen relativ unbedeutend sein.

- **Zielkonflikte** entstehen dadurch, dass die Beteiligten unterschiedliche Zielvorstellungen haben. Im unternehmerischen Bereich kann es z. B. Zielkonflikte zwischen kurzfristigen und langfristigen Unternehmenszielen geben. So kann ein kurzfristiges Ziel darin bestehen, die Liquidität des Unternehmens in Krisensituationen rasch zu verbessern – das langfristige Ziel der Gewinnmaximierung wird in dieser Situation eher bewusst vernachlässigt.

- **Beziehungskonflikte** entstehen zwischen Menschen, wenn die „Chemie" zwischen ihnen nicht stimmt, ihr Verhalten zueinander nicht von beiden als angemessen oder sogar positiv empfunden wird. Häufig wird das „Anderssein" des Kommunikationspartners nicht akzeptiert.

44 Als *Konfliktursachen* werden in der Regel *Wertekonflikte*, *Zielkonflikte* und *Beziehungskonflikte* unterschieden. Was ist damit im Einzelnen gemeint?

- Zwischen den Kommunikationspartnern tritt eine **gereizte Stimmung** auf.
- Ein Gespräch wird nur sehr oberflächlich geführt, sogenannte **Gesprächsfloskeln** bestimmen einen Großteil der Unterhaltung.
- Man versucht das **Gespräch** relativ **schnell zu beenden**, obwohl kein eigentlicher Zeitdruck besteht.
- Der **Gesprächsverlauf** ist **stockend** und gehemmt.

- Man hat während des Gesprächs das **Gefühl**, dass man **„aneinander vorbeiredet"**.
- Man **vermeidet** bewusst oder unbewusst, dem **Kommunikationspartner** während des Gesprächs **in die Augen zu sehen**.
- **Gefühle** werden während des Gesprächs **unterdrückt**, man spürt gerade am Ende der Kommunikation eine innere Unzufriedenheit.

45 Nennen Sie *Beispiele* für *Erkennungszeichen* von *Problemen* bei der *Gesprächsführung*.

- Beide Gesprächspartner müssen bereit sein, das **„Anderssein"** des jeweils anderen prinzipiell zu akzeptieren. Lösung von Kommunikationsproblemen kann nicht bedeuten, die Persönlichkeit, die Individualität eines Menschen beschneiden zu wollen.

- Die Lösung von Kommunikationsproblemen darf nicht mit dem Beseitigen von **betrieblichen Strukturen** oder **Abhängigkeiten** verwechselt werden. Zum Beispiel ist die offene Gesprächsbereitschaft eines Vorgesetzten nicht als die Aufgabe seiner Vorgesetztenrolle zu interpretieren.

46 Welche *Gesichtspunkte* sind bei der *Lösung von Kommunikationsproblemen* zu beachten?

Prozesse ✓ Information, Kommunikation, Kooperation

- Es wird selten der Fall sein, dass bereits ein erstes Gespräch zur Lösung der Probleme führt. **Geduld** und **Toleranz** sind notwendige Voraussetzungen der Gesprächsführung.

- Bei dem Gespräch sollte nicht nur sachlogisch argumentiert werden. Genauso wichtig sind häufig **gefühlsbetonte Ausdrucksweisen**. Gerade sogenannte nonverbale Kommunikationsmittel, Mimik und Gestik, können eine bedeutende Rolle spielen. Sie helfen in vielen Fällen, eventuell bestehende Hemmungen und Ängste abzubauen.

- **Schwächen des Kommunikationspartners**, egal welcher Art, dürfen nicht zur „Lösung" der Probleme ausgenutzt werden. Auch wenn es zunächst so aussehen sollte, als käme man mit dieser „Technik" eher an sein Ziel, führt dieses Vorgehen in der Regel nur zu neuen Schwierigkeiten.

- Der sprachliche Ausdruck ist **situations-** und **partnerbezogen** zu wählen. Es ist z. B. sehr wichtig, sich an die jeweilige Aufnahmefähigkeit des Kommunikationspartners und dessen Ausdrucksweise anzupassen.

---

47 Bei der Behandlung von Problemen in der zwischenmenschlichen Kommunikation wird die *Sach- und Beziehungsebene* unterschieden. Was ist damit gemeint?

- Die **Sachebene** in der zwischenmenschlichen Kommunikation bezieht sich auf die „Sache", den Inhalt der Kommunikation, z. B. in einem Konflikt zwischen Kunde und Verkäufer der Preis eines Produktes oder die unterschiedlichen Qualitätsanforderungen an das Produkt.

- Die **Beziehungsebene** bezieht sich auf das Verhalten der Beteiligten zueinander und auf ihr persönliches Verhältnis zueinander.

    Möchte man die Probleme zwischen den beteiligten Personen lösen, müssen beide Ebenen zunächst logisch getrennt werden, wenn auch Verbindungen zwischen beiden Ebenen bestehen.

---

48 Was verdeutlicht das sogenannte *„Eisbergmodell"* im Rahmen der zwischenmenschlichen Kommunikation?

Mithilfe des sogenannten **Eisbergmodells** wird in den Wissenschaftsdisziplinen Kommunikationstheorie und Psychologie verdeutlicht, dass bei der zwischenmenschlichen Kommunikation nur **10 % – 20 %** der kommunikativen Botschaft – wie bei einem Eisberg – **sichtbar** sind, **80 % – 90 % eher unsichtbar**, also verborgen, bleiben. Demnach spielen z. B. **Gefühle, Einstellungen, Motive** oder **Absichten** eine sehr große Rolle bei der zwischenmenschlichen Kommunikation, ja, sie bestimmen häufig die Wirkung kommunikativer Äußerungen bzw. kommunikativen Verhaltens.

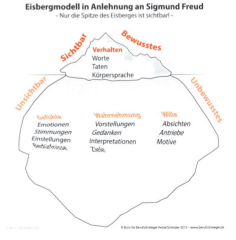

166

Umgang mit Konflikten im eigenen Arbeitsumfeld

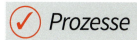 *Prozesse*

Phasen eines Gesprächs zur **Konfliktlösung** sind:

- **Gesprächseröffnungsphase:**
  Die **neutrale dritte Person** begrüßt die Konfliktparteien in einer **freundlichen Gesprächsatmosphäre**, die gewählte **Räumlichkeit unterstützt die Begrüßungsphase**.

- **Vorstellungsphase:**
  Die Beteiligten machen jeweils Angaben zu ihrer eigenen Person und definieren ihre Rolle.

- **Problembeschreibungsphase:**
  Das Problem, der Konflikt, wird von den Beteiligten aus ihrer jeweiligen Sicht beschrieben, eventuell werden Gefühle zum Ausdruck gebracht und Erwartungshaltungen beschrieben. Die Beteiligten lassen sich gegenseitig aussprechen. Die neutrale Person verhindert, dass sie sich „in das Wort fallen".

- **Befragungsphase:**
  Die beiden Konfliktparteien und auch die neutrale Person stellen Verständnis- und Vertiefungsfragen zur erfolgten Problembeschreibung. Dabei ist das Zuhören manchmal wichtiger als das Fragen. Gemeinsamkeiten und Differenzen können nun klar benannt werden.

- **Phase der Lösungssuche:**
  Mithilfe der neutralen Person suchen die Beteiligten gemeinsam nach einer Lösung. Handlungsalternativen werden gesucht und problematisiert. Man versucht, einen Kompromiss zu finden.

- **Vereinbarungsphase:**
  Eine gefundene Lösung wird schriftlich festgehalten und eine Zielvereinbarung wird getroffen. Man legt einen Zeitplan und eventuell auch Evaluationskriterien fest, um überprüfen zu können, ob die angestrebte Losung tatsächlich umgesetzt wurde.

49 In welchen *Phasen* könnte ein *Gespräch zur Konfliktlösung* unter Nutzung einer neutralen Person ablaufen?

- Ein **Coach** leitet gezielt ein Konfliktgespräch, indem er die Stärken der Beteiligten geschickt nutzt. Dabei benutzt er von ihm vorher ausgearbeitete Fragen an die Beteiligten, damit sie **eigene Lösungen** entwickeln können.

- Ein **Moderator** lenkt ein Konfliktgespräch, ohne eigene Interessen zu verfolgen. Er organisiert das Gespräch und ergreift abwechselnd jeweils für eine kurze Phase die Partei eines Beteiligten, um die Klärung des Konfliktes zu ermöglichen.

- Ein **Mediator** (Vermittler) strukturiert in dem von den Beteiligten freiwillig gewählten Verfahren als neutrale Person das Konfliktgespräch. Sein Ziel ist es, einen Kompromiss oder eine Vereinbarung zwischen den Konfliktparteien herbeizuführen.

50 Bei der Behandlung von Kommunikationsproblemen werden u. a. ein *Coach*, ein *Moderator* und ein *Mediator* unterschieden. Was ist damit jeweils gemeint?

Prozesse ✓

Information, Kommunikation, Kooperation

51 Erklären Sie das Modell der „Gewaltfreien Kommunikation".

Das Modell der **„Gewaltfreien Kommunikation"** beschreibt nicht, wie zwischenmenschliche Kommunikation abläuft, sondern es ist eher als ein wünschenswertes **Konzept** für einen friedlichen Umgang zwischen Menschen zu bezeichnen oder als eine **Konfliktlösetechnik** zu verstehen.

Das Hauptziel besteht darin, verletzende oder schmerzhafte Kommunikation zu verhindern. Begründer dieses Modells ist der US-Amerikaner *Marshall B. Rosenberg*. Er möchte eine wertschätzende Kommunikation zwischen den Menschen unterstützen, deshalb ist die **Empathie**, also das „Hineinfühlen" in die Situation des Kommunikationspartners, für ihn von besonderer Bedeutung. Dazu gehört das **aktive Zuhören**, um die **Bedürfnisse** (z. B. körperliche oder soziale Bedürfnisse) des Kommunikationspartners erkennen zu können. Bei der Beobachtung von Verhalten gilt es, zwischen der reinen Beobachtung und einer Bewertung des beobachteten Verhaltens zu unterscheiden. Herausgearbeitete **Gefühle** und **Bedürfnisse** sollen dem Kommunikationspartner schließlich in Form einer handlungsbezogenen **Bitte** – nicht in Form einer Forderung – entgegengebracht werden. Die Anwendung des Modells der Gewaltfreien Kommunikation setzt Vertrauen und letztendlich den Einsatz von viel Energie und Zeit voraus.

Das Modellunternehmen 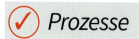 *Prozesse*

5 Fallorientierte Aufgaben (ungebundene Aufgaben) und Lösungen

5.1 Das Modellunternehmen

Die Finanzbuchhaltung und die Kosten- und Leistungsrechnung werden anhand des folgenden Modellunternehmens **OfficeCom KG** verdeutlicht:

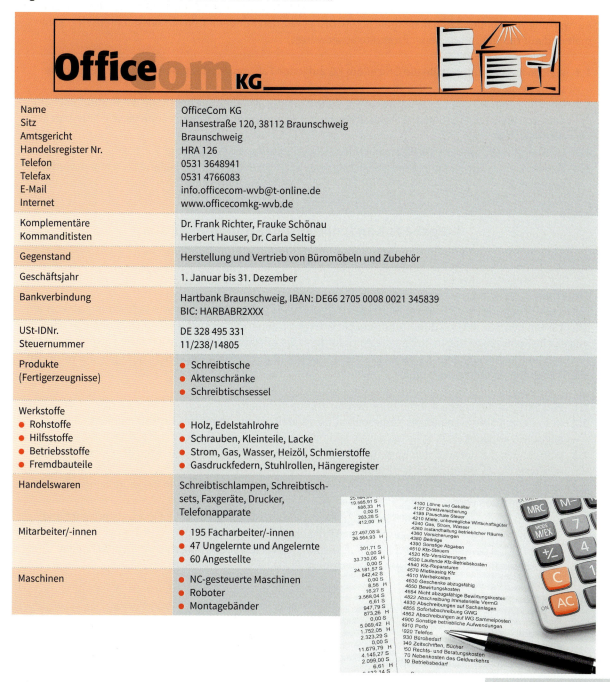

Name	OfficeCom KG
Sitz	Hansestraße 120, 38112 Braunschweig
Amtsgericht	Braunschweig
Handelsregister Nr.	HRA 126
Telefon	0531 3648941
Telefax	0531 4766083
E-Mail	info.officecom-wvb@t-online.de
Internet	www.officecomkg-wvb.de
Komplementäre	Dr. Frank Richter, Frauke Schönau
Kommanditisten	Herbert Hauser, Dr. Carla Seltig
Gegenstand	Herstellung und Vertrieb von Büromöbeln und Zubehör
Geschäftsjahr	1. Januar bis 31. Dezember
Bankverbindung	Hartbank Braunschweig, IBAN: DE66 2705 0008 0021 345839 BIC: HARBABR2XXX
USt-IDNr.	DE 328 495 331
Steuernummer	11/238/14805
Produkte (Fertigerzeugnisse)	• Schreibtische • Aktenschränke • Schreibtischsessel
Werkstoffe • Rohstoffe • Hilfsstoffe • Betriebsstoffe • Fremdbauteile	 • Holz, Edelstahlrohre • Schrauben, Kleinteile, Lacke • Strom, Gas, Wasser, Heizöl, Schmierstoffe • Gasdruckfedern, Stuhlrollen, Hängeregister
Handelswaren	Schreibtischlampen, Schreibtischsets, Faxgeräte, Drucker, Telefonapparate
Mitarbeiter/-innen	• 195 Facharbeiter/-innen • 47 Ungelernte und Angelernte • 60 Angestellte
Maschinen	• NC-gesteuerte Maschinen • Roboter • Montagebänder

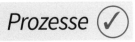

Fallorientierte Aufgaben und Lösungen

5.2 Fallorientierte Aufgaben zu: Kundenorientierte Auftragsabwicklung

Aufgabe 1: Primär- und Sekundärforschung

Situation:
Die OfficeCom KG möchte die Primärforschung des Unternehmens im Hinblick auf die Erfassung und Auswertung von Kundendaten neu organisieren. Bisher wurden Kundendaten nur unsystematisch gesammelt und nur zur Einführung neuer Produkte ausgewertet.

1.1 Welche Kundendaten sollte die OfficeCom KG auf jeden Fall von ihren Kunden erfassen? Nennen Sie sechs Beispiele.
1.2 Die OfficeCom KG überlegt, ob sie eine Kundenbefragung als Erhebungsmethode der Primärforschung einsetzen sollte. Welche Inhalte/Anlässe könnten für eine Kundenbefragung sinnvoll sein? Nennen Sie drei Beispiele.
1.3 Warum ist insbesondere die Datenerhebung bei A- und B-Kunden so wichtig?
1.4 Warum kann es für die OfficeCom KG wichtig sein, auch betriebsexterne Quellen zur Datenauswertung zu nutzen?

Aufgabe 2: Kundenorientierte Kommunikation

Situation:
Die Geschäftsleitung der OfficeCom KG hat beschlossen, eine unternehmensinterne Fortbildung zur kundenorientierten Kommunikation durchzuführen. Ein externer Trainer soll genutzt werden, um vor allem die mündliche Kommunikation in Rollenspielen zu fördern. Sie werden beauftragt, wichtige Basisinformationen (im Einzelnen siehe Aufgabe 2.1 bis 2.7) zu dieser Fortbildung schriftlich zusammenzutragen, die vorher an alle Teilnehmer verteilt werden sollen.

2.1 Was versteht man unter Kundenorientierung in Unternehmen?
2.2 Beschreiben Sie ein geläufiges Kommunikationsmodell, das die menschliche Kommunikation allgemein abbildet.
2.3 Warum wird der nonverbalen Kommunikation in der Kommunikation mit Kunden des Unternehmens eine so große Bedeutung beigemessen?
2.4 Nennen Sie zwei Beispiele, die die Ausdrucksformen des aktiven Zuhörens in der mündlichen Kommunikation verdeutlichen.
2.5 Erläutern Sie die drei Argumentationstechniken „Einwandsvorwegnahme", „Einwandsumkehr" und „Relativierung", die in Kundengesprächen häufig angewandt werden.
2.6 Es werden bei der Gestaltung von Verkaufsgesprächen verschiedene Fragetypen/Fragetechniken unterschieden. Erklären Sie folgende Fragetypen:
- offene Fragen
- geschlossene Fragen
- Entscheidungsfragen
- Suggestivfragen
- rhetorische Fragen

2.7 Welche Gesichtspunkte sind bei der Führung eines Telefonats mit einem Kunden zu beachten?

Kundenorientierte Auftragsabwicklung 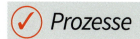 Prozesse

Aufgabe 3: Kaufvertrag, Zahlungsverzug

Situation:
Der Stammkunde der OfficeCom KG, das Unternehmen Kohlhass GmbH, hat aufgrund eines Angebotes vom 02.03. am 06.03. Waren bei der OfficeCom KG bestellt. Am 10.03. trifft die Ware zusammen mit der Rechnung bei der Kohlhass GmbH termingerecht und im ordnungsgemäßen Zustand ein. Laut Angebot ist die Ware 14 Tage nach Eingang der Ware zu bezahlen, demnach also am 24.03. Bis zum 01.04 ist kein Zahlungseingang zu verzeichnen. In der Mahnabteilung wird überlegt, ob dem bisher sehr zuverlässigen Stammkunden umgehend eine Mahnung geschrieben werden solle.

3.1 Wann kam rechtlich ein Kaufvertrag zwischen beiden Unternehmen zustande? Begründen Sie Ihre Antwort.

3.2 Was könnte sofort unternommen werden, ohne eine Mahnung schreiben zu müssen?

3.3 Nachdem der Kunde auch bis zum 10.04. nicht bezahlt hat, wird am gleichen Tag eine Mahnung geschrieben. Welche Inhalte sollte die 1. Mahnung aufweisen? Nennen Sie die wesentlichen Punkte.

3.4 Was versteht man unter der Verjährung einer Forderung?

Lösungen

Aufgabe 1:

1.1
- Kontaktdaten (z. B. Name/Firma, Adresse, Telefonnummer, E-Mail-Adresse)
- angelegte Kundennummer
- Umsatz des Kunden insgesamt und nach Produktgruppen aufgeschlüsselt, jeweils Monats- und Jahreszahlen
- Absatz des Kunden insgesamt und nach Produktgruppen aufgeschlüsselt, jeweils Monats- und Jahreszahlen
- gewährte Konditionen (z. B. Rabatt, Skonto, Zahlungsziel, Zahlungs- und Lieferungsbedingungen)
- Kontodaten (Bankverbindungen)

1.2
- Befragung zur Auswertung des firmeneigenen Beschwerdemanagements
- Befragung zur Kundenzufriedenheit mit Preisstellung des Unternehmens
- Befragung zur Produktqualität, z. B. besonders bei der Einführung neuer Produkte

1.3 **A-Kunden** sind sehr bedeutsam, weil sie einen hohen Umsatzanteil an unserem Gesamtumsatz aufweisen.
Die Erfassung von Daten zu **B-Kunden** ist wichtig, da es nach der Datenauswertung eventuell möglich ist, sie unter Einsatz von absatzpolitischen Instrumenten zu A-Kunden zu machen.

1.4 Bei dieser Form der Sekundärforschung kann die OfficeCom KG z. B. Daten über die Konjunkturlage oder über langfristige Markttrends auswerten.

Fallorientierte Aufgaben und Lösungen

Aufgabe 2:

2.1 Kundenorientierung bedeutet, dass sich ein Unternehmen in seinen gesamten unternehmerischen Planungs- und Entscheidungsprozessen an den Kundenwünschen und -bedürfnissen orientiert. Der Kundengewinnung und Kundenpflege wird höchste Aufmerksamkeit geschenkt.

2.2 Im Folgenden werden zwei Kommunikationsmodelle vorgestellt, zunächst ein Modell, das den Kommunikationsprozess eher **technisch**, danach ein Modell, das diesen Prozess eher **psychologisch** abbildet:

Einfaches (technisches) Kommunikationsmodell:

Einfaches Kommunikationsmodell

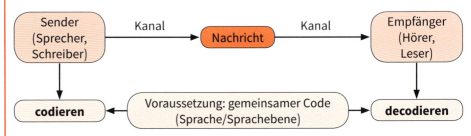

Die vier Seiten (Aspekte) einer Nachricht

2.3 Insbesondere beim Verkaufs- oder Verhandlungsgespräch spielt die nonverbale Kommunikation eine ausgesprochen bedeutende Rolle. Mimik und Gestik signalisieren dem Gesprächspartner beispielsweise Zustimmung, Ablehnung oder Kompromissfähigkeit.

2.4 Beispiele für Ausdrucksformen des aktiven Zuhörens:

- Ausdruck kurzer Gefühlsäußerungen: „Ach!", „Hm", „Na ja!", „Gern"
- Einsatz von Mimik (Gesichtssprache) und Gestik (Körpersprache), z. B. Kopfnicken, dem Redner zugewandte Körperhaltung

2.5 Bei Kunden- bzw. Verkaufsgesprächen werden folgende **Argumentationstechniken** häufig angewandt:

- **Einwandsvorwegnahme:** Mögliche Kundeneinwände werden im Vorfeld der Gesprächsführung bereits bewusst aufgegriffen und argumentativ in die gewünschte Richtung gelenkt.
  Beispiel: „Sie werden sicherlich argumentieren, dass …. – Sie sollten aber bedenken, dass gerade …"

Kundenorientierte Auftragsabwicklung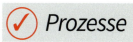

- **Einwandsumkehr:** Geäußerte Kundeneinwände werden gewürdigt, aber argumentativ in eine positive Richtung gelenkt.
  Beispiel: „Ich stimme Ihrem Einwand zu – Dadurch kann aber gerade …"
- **Relativierung:** Einer kritische Äußerung des Kunden wird prinzipiell zugestimmt, aber demgegenüber positive Aspekte gezielt betont.
  Beispiel: Sie betonen zurecht, dass … – Als Vorteile können aber genannt werden, dass …"

2.6
- **offene Fragen:** Diese sogenannten **W-Fragen** – Warum …? Weshalb …? Wo …? Wie …? Wann …? Was …? Wofür …? Welche …? – ermöglichen dem Antwortenden, die Fragestellung ausführlich zu beantworten.
- **geschlossene Fragen:** Diese Fragen können in der Regel mit „ja" oder „nein" beantwortet werden.
- **Entscheidungsfragen:** Sie bieten verschiedene vorgegebene Antwortmöglichkeiten, der Antwortende entscheidet sich für eine Antwort.
- **Suggestivfragen:** Diese Fragen haben manipulativen Charakter, d. h., sie beeinflussen durch die Fragestellung den Antwortenden, z. B.: „Sind Sie nicht auch der Meinung, dass …?
- **rhetorische Fragen:** Auf diese Fragen wird keine Antwort erwartet. *Beispiel:* „Begleiten Sie mich mit zur Kasse?"

2.7 Beim **Gesprächsverlauf** sollten folgende **Gesichtspunkte** beachtet werden:
- Zu Gesprächsbeginn sollte man sich kurz und freundlich vorstellen (Personenname, Unternehmen, eventuell Abteilung/Funktion).
- Soweit gegeben, kann sich auf eine vorherige Kontaktaufnahme bezogen werden. Denkbar ist auch, sich kurz auf eine persönliche Empfehlung zu beziehen.
- Das Gesprächsanliegen sollte rasch angesprochen werden, keinesfalls sollte „weit ausgeholt" werden. Ein kurzer Smalltalk kann angemessen sein.
- Bei der Gesprächsführung sollte auf die Wahl der geeigneten Sprachvariante geachtet werden.
- Die Sprache ist durchgängig zu modulieren, d. h. beispielsweise, dass auf die Variation von Lautstärke, Betonung und Sprachgeschwindigkeit zu achten ist.
- Das aktive Zuhören ist entscheidend für die Gesprächsführung. Formulierungen des Gesprächspartners sind bei der Antwort gegebenenfalls bewusst aufzunehmen.
- Während des Gesprächs sollte der Name des Gesprächspartners mehrfach benutzt werden.
- Die Verabschiedung sollte freundlich geschehen, eventuell sind wichtige Tatbestände/Entscheidungen zusammenfassend zu wiederholen.

Ein **Tipp**: Bevor Sie das Gespräch beginnen, lächeln Sie!

Prozesse ✓ — Fallorientierte Aufgaben und Lösungen

Aufgabe 3:

3.1 Am 06.03. kam ein Kaufvertrag zustande, da zwei übereinstimmende Willenserklärungen vorliegen.

3.2 Es kann eine Rechnungskopie zugesandt werden, sie gilt nicht als Mahnung, sondern nur als Zahlungserinnerung.

3.3
- Rechnungsnummer und -datum
  - Rechnungsbetrag (auf Forderung nach Ersatz von Mahnkosten kann verzichtet werden)
  - Daten der Bestellung (evtl. auch des Angebotes) und der Warenlieferung
  - Hinweis auf ordnungsgemäße Lieferung der Ware
  - Datum der Fälligkeit der Rechnung
  - Setzen einer Nachfrist
  - Kontoverbindung der OfficeCom KG (oder Hinweis auf Angaben im Brieffuß)
  - „Gegenstandslosklausel": „Sollten Sie den Rechnungsbetrag bereits überwiesen haben, sehen Sie dieses Schreiben bitte als gegenstandslos an."

3.4 Als Verjährung bezeichnet man den Ablauf eines Zeitraumes (einer Frist), innerhalb dessen (derer) ein Anspruch bzw. eine Forderung mithilfe des Gerichtes durchgesetzt werden kann. Der Anspruch des Gläubigers erlischt aber nicht automatisch am Ende des Verjährungszeitraumes, vielmehr muss der Schuldner die Einrede der Verjährung geltend machen. Aus Beweisgründen sollte dies schriftlich geschehen.

5.3 Fallorientierte Aufgaben zu: Personalbezogene Aufgaben

Aufgabe 1: Neueinstellung von Mitarbeitern

Situation:
Sie sind Mitarbeiter/-in der Personalabteilung der OfficeCom KG. Die Personalchefin beauftragt Sie, zur Vorbereitung einer gemeinsamen Sitzung mit der Geschäftsleitung, den Abteilungsleitern und dem Betriebsrat zum Thema „Neueinstellung von Mitarbeitern" wichtige Grundüberlegungen zusammenzutragen. Geplant ist, diese Grundüberlegungen bzw. Informationen allen Beteiligten der Sitzung demnächst zukommen zu lassen, damit dann schneller Beschlüsse gefasst werden können.

1.1 Stellen Sie je zwei Argumente für die interne und externe Personalbeschaffung zusammen.

1.2 Beschreiben Sie zwei Möglichkeiten, wie die interne Personalbeschaffung den Mitarbeitern der OfficeCom KG bekannt gemacht werden kann.

1.3 Was spricht für bzw. gegen die befristete Einstellung von Mitarbeitern? Formulieren Sie jeweils ein Argument für bzw. gegen die befristete Einstellung.

Personalbezogene Aufgaben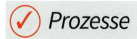

1.4 Bei der externen Personalbeschaffung sollen die besonderen Vorzüge einer Anstellung bei der OfficeCom KG in der Stellenausschreibung herausgestellt werden, um die besten Arbeitskräfte gewinnen zu können. Formulieren Sie drei entsprechende Vorzüge, die dann bei der Sitzung inhaltlich abgestimmt werden sollten.

1.5 Welche betriebsexternen Faktoren könnten dazu führen, dass die geplanten Neueinstellungen doch nicht vorgenommen werden könnten? Erläutern Sie kurz zwei mögliche Faktoren.

1.6 Für einige Arbeitsplätze im Unternehmen wird überlegt, ob zur Personalauswahl ein Assessment-Center genutzt werden sollte. Was ist darunter zu verstehen?

Aufgabe 2: Personalwirtschaft

Situation:
Momentan sind Sie in der Personalabteilung der OfficeCom KG eingesetzt, deren Leiterin Frauke Riemann ist. Einmal pro Woche vermittelt Ihnen Frau Riemann in einem Unterweisungsgespräch die Grundlagen der **Personalwirtschaft**. Sie sollen wichtige Inhalte der Unterweisungsgespräche für Ihr Ausbildungsnachweisheft bezüglich der nachfolgenden Schwerpunkte zusammenfassen.

2.1 Nennen Sie mögliche Aufgabenfelder der Personalwirtschaft.

2.2 Was versteht man im Rahmen der Personalwirtschaft unter Outsourcing und welche Gesichtspunkte sind dabei für die Personalwirtschaft zu berücksichtigen?

2.3 Definieren Sie den Begriff Personalakte und nennen Sie drei Aufgaben der Personalakte.

2.4 Nennen Sie mindestens jeweils drei wirtschaftliche und soziale Ziele der Personalwirtschaft.

2.5 Was versteht man unter Personalinformationssystemen?

Aufgabe 3: Personalstatistik

Situation:
Das Personalinformationssystem der OfficeCom KG liefert Ihnen folgende **Personalstatistik**, die Sie auswerten sollen.

Mitarbeiterkostenstruktur der OfficeCom KG im Monat November				
Mitarbeiterstruktur	männliche Mitarbeiter	weibliche Mitarbeiter	Bruttolohn- und -gehaltssumme	Lohn-nebenkosten
Angestellte	28	32	216.000,00 €	216.000,00 €
Facharbeiter	75	120	585.000,00 €	515.708,00 €
Ungelernte, Angelernte	20	27	91.650,00 €	87.600,00 €

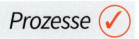

Fallorientierte Aufgaben und Lösungen

3.1 Unterscheiden Sie ungelernte, angelernte und gelernte Mitarbeiter, indem Sie Ihre Erläuterungen zusätzlich mit jeweils einem Beispiel verbinden.

3.2 Werten Sie das obige Zahlenmaterial der OfficeCom KG aus (Genauigkeit für Prozentangaben: eine Dezimalstelle; Genauigkeit für Geldbeträge: zwei Dezimalstellen), indem Sie sowohl für die Gruppe der Un- und Angelernten als auch für die Gruppe der Facharbeiter folgende Kennzahlen berechnen:
3.2.1 den Anteil an der Belegschaft in Prozent,
3.2.2 den Anteil der gesamten Lohnkosten an den gesamten Personalkosten in Prozent,
3.2.3 den durchschnittlichen Bruttoverdienst,
3.2.4 die durchschnittlichen Personalkosten und
3.2.5 den Anteil der Mitarbeiterinnen an der Gesamtbelegschaft.

3.3 Das Gutachten einer externen Unternehmensberatung beinhaltet den Vorschlag, die Anzahl der Facharbeiter zugunsten der Anzahl von Un- und Angelernten zu verringern. Zeigen Sie mögliche Konsequenzen für das Unternehmen auf.

Lösungen

Aufgabe 1:

1.1 Argumente für die interne Personalbeschaffung:
- Der Mitarbeiter kennt bereits das Unternehmen, eine rasche Kündigung des Mitarbeiters ist daher nicht zu erwarten.
- Die Stärken und Schwächen des Mitarbeiters sind bereits bekannt, er kann gezielt eingesetzt werden.

Argumente für die externe Personalbeschaffung:
- Der neue Mitarbeiter bringt neue Ideen und Erfahrungen aus einem anderen Unternehmen mit.
- Die Auswahl an Bewerbern wird in der Regel größer sein.

1.2
- internes Rundschreiben an alle Mitarbeiter
- Stellenausschreibung am Schwarzen Brett

1.3 Argument für die befriste Einstellung von Mitarbeitern:
Für das einstellende Unternehmen besteht eine hohe Flexibilität bei der Personalplanung.

Argument gegen eine befriste Einstellung von Mitarbeitern:
Der neue Mitarbeiter ist eventuell nicht so motiviert, da er mit dem Auslaufen des Beschäftigungsverhältnisses rechnen muss.

1.4 Mögliche besondere Vorzüge der Anstellung bei der OfficeCom KG:
- übertarifliche Bezahlung
- Übernahme von Fahrtkosten öffentlicher Verkehrsmittel für die Entfernung zwischen Wohnung und Arbeitsstätte
- kostenloses Weiterbildungssystem bei der OfficeCom KG

Personalbezogene Aufgaben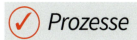

1.5 zwei mögliche Faktoren:
- Beginn einer Wirtschaftskrise
- negative politische Entwicklung

1.6 Dieses aufwendige Personalauswahlverfahren wird in der Regel mit Gruppen von Bewerbern durchgeführt und kann unter Umständen sogar mehrere Tage dauern. Durch dieses Verfahren sollen die verschiedenen Kompetenzbereiche der Bewerber überprüft werden (z. B. Teamfähigkeit, Sozial- und Selbstkompetenz, Kreativität, Kommunikationsfähigkeit). Eingesetzt werden verschiedene Verfahren, z. B. Rollenspiele, Gruppendiskussionen, Projektaufgaben.

Aufgabe 2:

2.1 Personalplanung, Personalbeschaffung, Personaleinsatz, Personalentwicklung, Aus- und Fortbildung, Personalverwaltung, Personalabrechnung, Sozialwesen, Personalleasing, Personalabbau, Arbeitsrecht

2.2 Unter Outsourcing im Personalbereich versteht man das Verlagern von Aufgaben, die bisher selbst erfüllt worden sind, auf externe Personaldienstleister.

Gesichtspunkte:
- Können die Leistungen auf Dauer extern kostengünstiger erbracht werden?
- Werden Abhängigkeiten zum externen Dienstleister geschaffen?
- Treten negative Effekte für das Unternehmen durch die Verlagerung von personellen Teilbereichen auf?

2.3 Die Personalakte ist eine Sammlung von Dokumenten, die über einen Mitarbeiter von der Einstellung bis zu seinem Ausscheiden aus dem Unternehmen Auskunft gibt.

Aufgaben:
- Aufbewahrung und Dokumentation der Unterlagen
- Informationsgrundlage für andere Stellen/Abteilungen des Unternehmens
- Kontrolle von Fehl-, Gleitzeit- und Urlaubszeiten
- Aktualität der Daten

2.4 wirtschaftliche Ziele (Beispiele)
- Senkung der Personalkosten
- Erhöhung der Arbeitsleistung der Mitarbeiter
- Abbau von überflüssigen Stellen
- Einsatz der „richtigen" Mitarbeiter am „richtigen" Ort
- Nutzung von Fach- und Methodenkompetenz der Mitarbeiter

soziale Ziele (Beispiele)
- Verringerung der Arbeitszeit
- Ergonomische Gestaltung von Arbeitsplätzen
- Aus- und Fortbildung während der Arbeitszeit
- Sicherstellung einer betrieblichen Altersversorgung
- Aufbau und Betrieb sozialer Einrichtungen (z. B. Kindergarten)

2.5 Personalinformationssysteme bestehen aus Datenbanken, die nach verschiedenen Kriterien geordnet und nach unterschiedlichen Anforderungen auswertbar sind.

Fallorientierte Aufgaben und Lösungen

Aufgabe 3:

3.1

Mitarbeiter	Erläuterung	Beispiele
ungelernte Mitarbeiter	– Als ungelernte Mitarbeiter werden Mitarbeiter bezeichnet, die keine abgeschlossene Berufsausbildung haben und einfache Arbeiten erledigen. – Die Arbeiten sind überwiegend schematisch auszuführen.	– Botengänge – Reinigungsarbeiten – Regalservice – Küchenhilfe
angelernte Mitarbeiter	– Angelernte Mitarbeiter haben keine abgeschlossene Berufsausbildung, sind aber für einen bestimmten Arbeitsbereich ausgebildet worden. – Der Arbeitsbereich ist in der Regel einfach strukturiert und erfordert keine komplexen Bearbeitungen.	– Kassieren – Telefonannahme – Erfassen von Kundendaten – Belegbuchungen nach vorbereiteten Unterlagen
gelernte Mitarbeiter	– Gelernte Mitarbeiter können eine abgeschlossene Ausbildung in einem staatlich anerkannten Beruf (z. B. Kaufleute für Büromanagement) vorweisen. – Die Tätigkeiten werden in der Regel selbstständig in einem vorgegebenen Tätigkeitsprofil ausgeübt.	– Sachbearbeitung im Einkauf – Personalverwaltung – Ausarbeitung von Schichtplänen

3.2

3.2.1 Anteil an der Belegschaft (302 Mitarbeiter) in Prozent:

Facharbeiter	(195 : 302) · 100 = 64,6 %
Ungelernte, Angelernte	(47 : 302) · 100 = 15,6 %

3.2.2 den Anteil der gesamten Lohnkosten an den gesamten Personalkosten (1.711.958,00 €):

Facharbeiter	[(585.000,00 + 515.708,00) : 1.711.958,00] · 100 = 64,3 %
Ungelernte, Angelernte	[(91.650,00 + 87.600,00) : 1.711.958,00] · 100 = 10,5 %

3.2.3 durchschnittlicher Bruttoverdienst:

Facharbeiter	585.000,00 : 195 = 3.000,00 €
Ungelernte, Angelernte	91.650,00 : 47 = 1.950,00 €

Personalbezogene Aufgaben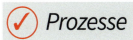

3.2.4 durchschnittliche Personalkosten:

| Facharbeiter | (585.000,00 + 515.708,00) : 195 = 5.644,66 € |
| Ungelernte, Angelernte | (91.650,00 + 87.600,00) : 47 = 3.813,83 € |

3.2.5 Anteil der weiblichen Mitarbeiter an der Gesamtbelegschaft:

| Facharbeiter | (120 : 302) · 100 = 39,7 % |
| Ungelernte, Angelernte | (27 : 302) · 100 = 8,9 % |

3.3

mögliche Vorteile	– Die Bruttolohnsumme wird verringert. Bei sonst gleichen Bedingungen führt eine Verringerung der Bruttolohnsumme zu einer Senkung der Lohnstückkosten. Dies erhöht die Wettbewerbsfähigkeit.
	– Wenn die ungleiche Entlohnung von Facharbeitern und Ungelernten/Angelernten als ungerecht empfunden wird, könnte auf dem Wege der Verringerung der Facharbeiteranzahl das Gerechtigkeitsempfinden der Belegschaft – und damit das Betriebsklima – verbessert werden.
mögliche Nachteile	– Es ist zu untersuchen, ob die Aufgaben, die bisher die Facharbeiter übernommen haben, auch von Ungelernten/Angelernten ausgeführt werden können. Sicherlich sind Kosten für Schulungsmaßnahmen und organisatorische Umstrukturierungen zu berücksichtigen.
	– Die Auswirkungen auf die Unternehmensziele (z. B. Null-Fehler-Konzept, flexibler Personaleinsatz) sind abzuwägen.

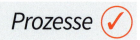

Fallorientierte Aufgaben und Lösungen

5.4 Fallorientierte Aufgaben zu: Kaufmännische Steuerung

Situation für die folgenden Aufgaben 1 bis 3:

Sie arbeiten in der Finanzbuchhaltung der OfficeCom KG. Dort kontieren Sie Belege auf der Grundlage des abgebildeten Kontenplans.

Kontenplan OfficeCom KG

Kontonummer		Kontobezeichnung
0510		Bebaute Grundstücke
0700		Technische Anlagen und Maschinen
0840		Fuhrpark
0860		Büromaschinen, Organisationsmittel und Kommunikationsanlagen
0870		Büromöbel und sonstige Geschäftsausstattung
2280		Waren (Handelswaren)
2400		Forderungen aus Lieferungen und Leistungen gegenüber Kunden
	2401	Fischer Elektronik e. K., Hannover
	2402	Telefon AG, Frankfurt/Main
2600		Vorsteuer (19 %)
2800		Hartbank Braunschweig
2880		Kasse
3000		Kapital OfficeCom KG (Komplementäre)
4250		Langfristige Verbindlichkeiten (Darlehen)
4400		Verbindlichkeiten aus Lieferungen und Leistungen gegenüber Lieferanten
	4401	Knaber OHG. Hamburg
	4402	Transfahrt AG; Hamburg
	4403	Wohlfahrt e. K., Braunschweig
	4404	Maschinenfabrik Kurt Utzinger e. K., Magdeburg
	4405	Scharte KG, Braunschweig
	4406	Carl B. Fischer GmbH, Braunschweig
	4407	Autohaus Schnell e. K., Berlin
4800		Umsatzsteuer (19 %)
5100		Umsatzerlöse aus Handelswaren
	5101	Erlösberichtigungen
5710		Zinserträge
6030		Aufwendungen für Betriebsstoffe
6050		Aufwendungen für Energie
6080		Aufwendungen für Waren (Handelswaren)
	6081	Bezugskosten
	6082	Nachlässe
6520		Abschreibungen auf Sachanlagen
6820		Portokosten
6830		Kosten für Telekommunikation
7510		Zinsaufwendungen
8010		Schussbilanzkonto
8020		Gewinn- und Verlustkonto

Kaufmännische Steuerung 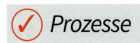 Prozesse

Aufgabe 1: Beleggeschäftsgang zum Einkauf von Handelswaren

Situation:
Zur Bearbeitung eines Geschäftsfalls im Zusammenhang mit dem Einkauf von Handelswaren liegen Ihnen die folgenden Belege Nr. 1 bis 4 vor.

1.1 Kontieren Sie Beleg 1 und nennen Sie den zugehörigen Buchungssatz.

Beleg 1

Kontierung:

Soll	Kontennummern	Haben

Buchungssatz:

Prozesse ✓ — Fallorientierte Aufgaben und Lösungen

1.2 Kontieren Sie Beleg 2 und nennen Sie den zugehörigen Buchungssatz.

Beleg 2

Kontierung:

Soll	Kontennummern	Haben

Buchungssatz:

Kaufmännische Steuerung 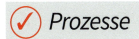 Prozesse

1.3 Kontieren Sie Beleg 3 und nennen Sie den zugehörigen Buchungssatz.

Beleg 3

KNABER OHG

Knaber OHG • Dreieichweg 8 • 21029 Hamburg

OfficeCom KG
Hansestraße 120
38112 Braunschweig

Ihr Zeichen:
Ihre Nachricht vom: 02.03.20..
Unser Zeichen: hef
Unsere Nachricht vom:

Telefon: 040 7342856
Telefax: 040 7342858
E-Mail: knaber-aber-wvb@t-online.de
Internet: www.knaber-aber-wvb.de

Datum: 03.03.20..

Gutschriftanzeige – Auftrags-Nr.: 123/13 vom 7. Febr. ..

Sehr geehrte Damen und Herren,

aufgrund des von Ihnen an uns gemäß telefonischer Vereinbarung vom 2. März .. zurückgesandten mangelhaften Multifunktions-Laserdruckers KM 16 aus Auftrag 123/13 vom 7. Februar .. (Einzelpreis 1.632,00 € abzüglich 8 % Rabatt) im Gesamtwert von 1.501,44 € zuzüglich 19 % Umsatzsteuer erhalten Sie eine Gutschrift in gleicher Höhe.

Wir bitten um gleich lautende Buchung.

Mit freundlichen Grüßen

Knaber OHG

i. A. Heffemann

Konto	Soll	Haben
Gebucht:		

Bankverbindung:
Hamburger Sparkasse, Konto 15 264 869, BLZ 200 505 50
BIC: HASPDEHH, IBAN: DE88 2005 0550 0015 2648 69

Knaber OHG, Sitz Hamburg,
Amtsgericht Hamburg,
Handelsregister Nr. HRA967
USt-IdNr. DE 450432 629

Kontierung:

Soll	Kontennummern	Haben

Buchungssatz:

Fallorientierte Aufgaben und Lösungen

1.4 Kontieren Sie Beleg 4 und nennen Sie den zugehörigen Buchungssatz.

Beleg 4

Hartbank Braunschweig

KONTOAUSZUG
für Konto-Nr.

Bankleitzahl	Datum	Auszug Nr.	Blatt Nr.	21 345 839
250 500 08	30.03.20..	162	1	

Buchungstext	Buchungstag	Valuta	Umsatz	Soll = –
Transfahrt AG, Hamburg Rechnung Nr. 4498/5 vom 01.03.20..	05.03.20..	05.03.20..	2.523,19 € –	
Knaber OHG, Hamburg Rechnung Nr. 2338/M vom 01.03.20..	14.03.20..	14.03.20..	85.797,99 € –	

Herrn/Frau/Firma

OfficeCom KG
Hansestraße 120
38112 Braunschweig

Soll	Alter Saldo	Haben
		175.417,60 €
Soll	Neuer Saldo	Haben
		87.096,42 €

BIC: HARBABR2XXX
IBAN: DE66 2505 0008 0021 345 839

Kontierung:

Soll	Kontennummern	Haben

Buchungssatz:

Kaufmännische Steuerung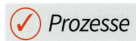

Aufgabe 2: Beleggeschäftsgang zum Verkauf von Handelswaren sowie dem Einkauf einer Maschine

Situation:
Zur Bearbeitung von zwei Geschäftsfällen im Zusammenhang mit dem Verkauf von Handelswaren bzw. dem Einkauf einer Maschine liegen Ihnen die folgenden Belege Nr. 5 bis 7 vor.

Beleg 5

OfficeCom KG
OfficeCom KG · Hansestr. 120 · 38112 Braunschweig

Telefon AG
Elektronstraße 12
65933 Frankfurt/Main

Ihr Zeichen: kr
Ihre Nachricht vom: 15.01.20..
Unser Zeichen: shf
Unsere Nachricht vom: 08.02.20..

Telefon: 0531 3688941
Telefax: 0531 4766083
E-Mail: info.officecom-wvb@t-online.de
Internet: www.officecomkg-wvb.de

Rechnung-Nr. 3269/BT   Datum: 01.03.20..

Kunden-Nr.	Auftrags-Nr.	Liefertermin
16-6-55	124/11	31.03.20..

Lieferanschrift	Lieferung
Telefon AG Elektronstraße 12 65933 Frankfurt/Main	frei Haus durch Spedition

Menge	Artikelbezeichnung	Einzelpreis	Gesamtpreis
2 St.	Multifunktions-Laserdrucker KM 16	1.710,00 €	3.420,00 €
	19 % Umsatzsteuer		649,80 €
			4.069,80 €

Konto	Soll	Haben

Gebucht:

Zahlungsbedingungen:
2 % Skonto, zahlbar innerhalb 10 Tagen nach Rechnungsdatum;
netto Kasse, zahlbar innerhalb 4 Wochen nach Rechnungsdatum.

Bankverbindung:
Hartbank Braunschweig, Konto 21 345 839, BLZ 250 500 08
BIC: HARBABR2XXX, IBAN: DE66 2505 0008 0021 345 839

Amtsgericht Braunschweig,
Handelsregister Nr. HRB 126
USt-IdNr. DE 328 495 331

2.1 Kontieren Sie Beleg 5 und nennen Sie den zugehörigen Buchungssatz.

Kontierung:

Soll	Kontennummern	Haben

Buchungssatz:

Prozesse — Fallorientierte Aufgaben und Lösungen

2.2 Kontieren Sie Beleg 6 und nennen Sie den zugehörigen Buchungssatz.

Beleg 6

Kontierung:

Soll   Kontennummern   Haben

Buchungssatz:

Kaufmännische Steuerung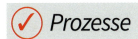

2.3 Kontieren Sie Beleg 7 und nennen Sie den zugehörigen Buchungssatz.

Beleg 7

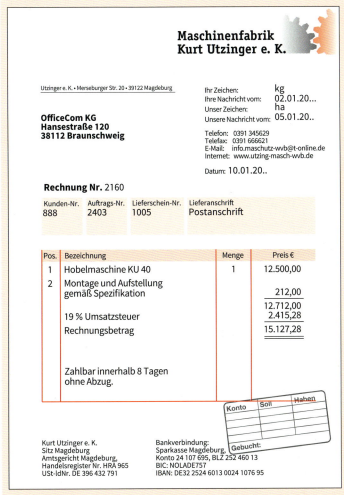

Kontierung:

Soll	Kontennummern	Haben

Buchungssatz:

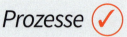

Fallorientierte Aufgaben und Lösungen

Aufgabe 3: Beleggeschäftsgang zu verschiedenen Geschäftsfällen

Situation:
Zur Bearbeitung mehrerer verschiedener Geschäftsfälle liegen Ihnen die folgenden Belege Nr. 8 bis 10 vor.

3.1 Kontieren Sie Beleg 8 und nennen Sie den zugehörigen Buchungssatz.

Beleg 8

Deutsche Telekom AG
53171 Bonn

DV 03 0,55

OfficeCom KG
Hansestraße 120
38112 Braunschweig

Datum 21.06.20..
Seite 1 von 4
Kundennummer 298 100 9725
Rechnungsnummer 913 685 3071
Buchungskonto 476 020 3885
Haben Sie noch Fragen zu Ihrer Rechnung? www.telekom.de/rechnungshilfe
Telefon 0800 33 01000

Ihre Rechnung für Juni 20..

Die Leistungen im Überblick (Summen) — Beträge (Euro)

Monatliche Beträge — 33,36
Nutzungsabhängige Beträge — 485,82
Beträge anderer Anbieter — 4,24
Summe der oben angeführten Beträge — 523,42
Umsatzsteuer 19 % auf... 523,42 Euro — 99,45

Rechnungsbetrag — **622,87**

Der Rechnungsbetrag wird nicht vor dem 7. Tag nach Zugang der Rechnung von Ihrem Konto 0021345839, BLZ 25050008 abgebucht.

Auf einen Blick alles Wichtige -
mehr Details sehen Sie auf der Rückseite dieser Rechnung.

Konto	Soll	Haben

Gebucht:

Kontierung:

Soll	Kontennummern	Haben

Buchungssatz:

Kaufmännische Steuerung 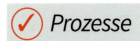 Prozesse

3.2 Kontieren Sie Beleg 9 und nennen Sie den zugehörigen Buchungssatz.

Beleg 9

Kontierung:

Soll	Kontennummern	Haben

Buchungssatz:

Prozesse — Fallorientierte Aufgaben und Lösungen

3.3 Kontieren Sie Beleg 10 und nennen Sie den zugehörigen Buchungssatz.

Beleg 10

Inventar-/Bilanzposition: Technische Anlagen und Maschinen			Menge: 1	Anlagenkarte Nr. 136
Bezeichnung: Hobelmaschine KU 40				**Office**om KG
Standort: Fertigung	Kostenstelle: 110	Lieferant: Kurt Utzinger e. K.		Hansestraße 120 38112 Braunschweig
Anschaffungs- datum: 10.01.20..	Anschaffungskosten: 12.712,00 €			
Nutzungsdauer: 8 Jahre	Voraussichtlicher Schrottwert: –			Abschreibungsmethode: linear Abschreibungssatz: 12,5 %
Buchungsdatum	Beleg-Nr.	Buchungstext	Betrag in €	Buchwert
10.01.20..	ER 324	Lieferung	12.712,00 €	
31.12.20..		Abschreibung	1.589,00 €	11.123,00 €

Kontierung:

Soll	Kontennummern	Haben

Buchungssatz:

Kaufmännische Steuerung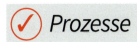

Aufgabe 4: Zuschlagskalkulation

Situation:
Aufgrund der Anfrage eines Kunden über Herstellung und Lieferung einer Sonderanfertigung eines Schreibtisches will das Zweigwerk der **OfficeCom KG** ein Angebot ausarbeiten. Sie arbeiten in der Kalkulationsabteilung und erhalten die Aufgabe, den Angebotspreis zu ermitteln.

Hierfür liegen aus der Abteilung Kosten- und Leistungsrechnung folgende Daten vor:

Fertigungsmaterial (Materialeinzelkosten):	950,00 €
Fertigungslöhne (Fertigungseinzelkosten)	500,00 €
Gewinnzuschlagssatz:	15 %
Kundenrabatt	20 %
Kundenskonto	2 %

Außerdem rechnet die OfficeCom KG mit folgenden Normalgemeinkostenzuschlagssätzen

für den Materialbereich:	23,5 %
für den Fertigungsbereich:	630,3 %
für den Verwaltungsbereich:	12,0 %
für den Vertriebsbereich:	6,2 %

4.1 Erläutern Sie den Begriff Normalgemeinkostenzuschlagssatz.

4.2 Berechnen Sie mithilfe der Zuschlagskalkulation den Angebotspreis.

Aufgabe 5: Betriebsabrechnungsbogen (BAB), Gemeinkostenzuschlagssätze, Kostenüber- und -unterdeckung, Nachkalkulation

Situation:
Der Kunde bestellt zu den Konditionen der OfficeCom KG einen Schreibtisch. Die Sonderanfertigung des Schreibtisches erfolgt zusammen mit weiteren Büromöbeln im September 20.. im Zweigwerk der OfficeCom KG, in dem Sie in der Abteilung Kostenrechnung beschäftigt sind. Zum Monatsende haben Sie einige Berechnungen im Zusammenhang mit der Erstellung des Betriebsabrechnungsbogens (BAB) vorzunehmen.

Für das Zweigwerk der **OfficeCom KG** liegt der folgende unvollständige BAB vor, bei dem noch einige Gemeinkostenarten verteilt werden müssen:

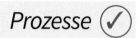

Fallorientierte Aufgaben und Lösungen

BAB des Zweigwerks der OfficeCom KG für Monat September 20..						
Gemein-kostenarten	Zahlen der KLR in €	Verteilungs-grundlagen	Kosten der Kostenstellen in €			
			I Material	II Fertigung	III Verwaltung	IV Vertrieb
Verschiedene Gemeinkosten-arten	185.000,00	Verschiedene Verteilungs-grundlagen	35.400,00	106.000,00	19.700,00	23.900,00
Betriebsstoffe (Gas)	16.200,00	Verbrauch nach Zählerstand in m³				
Mietaufwendungen	10.000,00	Fläche in m²				
Kalkulatorische Abschreibungen	520.000,00	Anlagendatei				
Zinskosten	24.000,00	Kalkulatorische Restwerte in €				
Telefonkosten	5.800,00	Zahl der Mitarbeiter				
Summe	761.000,00					
		Zuschlags-grundlagen	Fertigungs-Material	Fertigungs-löhne	Herstellkosten der Erzeugung	
		Gemeinkosten-zuschlagssätze				

Die folgende Tabelle der **OfficeCom KG** zeigt die **Verteilungsschlüssel** für die noch zu verteilenden Gemeinkostenarten auf die Kostenbereiche bzw. -stellen des BAB für den Monat September:

Gemein-kostenarten	Zahlen der KLR in €	Verteilungs-schlüssel	I Material	II Fertigung	III Verwaltung	IV Vertrieb
Betriebsstoffe (Gas)	16.200,00	Verbrauch nach Zählerstand in m³ AB/EB*	1 420/1 670	5 900/8 700	2 345/2 745	1 240/1 490
Mietaufwendungen	10.000,00	Fläche in m²	1 000	23 000	3 500	2 500
Kalkulatorische Abschreibungen	520.000,00	Anlagendatei	1	15	3	1
Zinskosten	24.000,00	Kalkulatorische Restwerte in €	140.000,00	600.000,00	250.000,00	120.000,00
Telefonkosten	5.800,00	Zahl der Mitarbeiter	4	12	8	6

* AB = Anfangsbestand EB = Endbestand

Zusätzlich werden noch die folgenden Informationen für September 20.. benötigt:

Verbrauch an Fertigungsmaterial: 260.000,00 €
Gezahlte Fertigungslöhne: 84.000,00 €

5.1
Vervollständigen Sie den BAB, indem Sie die noch nicht verteilten Gemeinkosten auf der Grundlage der angegebenen Verteilungsschlüssel auf die Kostenstellen verteilen.

5.2
Begründen Sie, warum die Betriebsstoffe (Gas) Kostenstelleneinzelkosten, die Telefonkosten dagegen Kostenstellengemeinkosten sind.

Kaufmännische Steuerung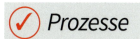

5.3
Ermitteln Sie die Istgemeinkostenzuschlagssätze für den Monat September 20..; Berechnungsgrundlage für die Verwaltungs- und Vertriebsgemeinkostenzuschlagssätze sind die Herstellkosten der Erzeugung (da es keine Bestandsveränderungen an unfertigen und fertigen Erzeugnissen gibt, entsprechen die Herstellkosten der Erzeugung den Herstellkosten des Umsatzes).

5.4
Errechnen Sie auf der Grundlage der vorgegebenen Normalgemeinkostenzuschlagssätze und der errechneten Istgemeinkostenzuschlagssätze die Kostenüberdeckungen bzw. Kostenunterdeckungen in den einzelnen Kostenstellen bzw. -bereichen und insgesamt.

5.5
Wie wirken sich Kostenüber- bzw. -unterdeckungen gegenüber der Vorkalkulation auf das Betriebsergebnis aus?

5.6
Führen Sie die Nachkalkulation des Angebotspreises für die Sonderanfertigung des Schreibtisches auf der Grundlage der errechneten Istgemeinkostenzuschlagssätze durch. Dabei wird angenommen, dass die geplanten Einzelkosten (Fertigungsmaterial und Fertigungslöhne) den tatsächlich entstandenen Einzelkosten entsprechen.

Aufgabe 6: Fixe und variable Kosten, Break-even-Menge rechnerisch und grafisch, Deckungsbeitragsrechnung

Situation:
Die Centaur OHG ist ein Lieferant der OfficeCom KG, die unter anderem auch Schrankscharniere für die OfficeCom KG herstellt. Für das kommende Jahr ist eine Produktions- und Absatzmenge von 30 000 Stück zu einem Verkaufspreis von 23,84 €/Stück geplant. Die Abteilung Kostenrechnung der Centaur OHG plant daher auf der Grundlage dieser Menge für das kommende Jahr mit folgenden Kosten:

Materialkosten	84.000,00 €
Löhne	147.000,00 €
Gehälter	63.000,00 €
Soziale Kosten (17,5 % auf Löhne und Gehälter)	36.750,00 €
Reparatur- und Wartungskosten	14.000,00 €
kalkulatorische Abschreibungen	19.125,00 €
verschiedene Kosten	10.000,00 €
	373.875,00 €

Verhalten der Kosten:
- Material- und Lohnkosten sind variabel.
- Gehälter, Abschreibungen und verschiedene Kosten sind fix.
- 5.600,00 € der Reparatur- und Wartungskosten sind fix.
- die variablen Kosten entwickeln sich proportional (im gleichen Verhältnis) zur Ausbringungsmenge.

Sie arbeiten in der Abteilung Kostenrechnung der Centaur OHG und haben die Aufgabe, die Break-even-Menge für die Schrankscharniere zu ermitteln.

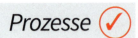

Fallorientierte Aufgaben und Lösungen

6.1 Bestimmen Sie zunächst die für das kommende Jahr geplanten fixen und variablen Kosten.

6.2 Errechnen Sie die variablen Stückkosten und stellen Sie die für das kommende Jahr geltende Umsatzfunktion und die Kostenfunktion auf.

6.3 Definieren Sie die Break-even-Menge und errechnen Sie diese für die Schrankscharniere auf der Grundlage der Vollkostenrechnung und der Teilkostenrechnung (Deckungsbeitragsrechnung).

6.4 Stellen Sie die Ermittlung der Break-even-Menge auf der Grundlage der Vollkostenrechnung und der Teilkostenrechnung (Deckungsbeitragsrechnung) grafisch dar.

Aufgabe 7: Deckungsbeitrag, Zusatzauftrag

Situation:
Sie sind in der Abteilung Kostenrechnung der OfficeCom KG beschäftigt und haben die Aufgabe, mithilfe der Deckungsbeitragsrechnung die bisher vorliegenden Zahlen des Geschäftsjahres 20.. auszuwerten und eine begründete Entscheidung zur Annahme oder Ablehnung eines möglichen Zusatzauftrages im laufenden Geschäftsjahr 20… vorzubereiten.

7.1 Für den bisherigen Verlauf des Geschäftsjahres 20.. liegen die folgenden Zahlen vor:

	Schreibtischsessel	Aktenschränke	Schreibtische	Gesamt
Umsatzerlöse (in €)	1.200.000,00	10.500.000,00	950.000,00	
– variable Kosten (in €)	440.000,00	4.100.000,00	560.000,00	
= Deckungsbeitrag (in €)				
– fixe Kosten (in €)				5.700.000,00
= Betriebsergebnis (in €)				

Ermitteln Sie die Deckungsbeiträge der drei Produktgruppen und das Betriebsergebnis für den bisherigen Verlauf des Geschäftsjahres 20…

7.2 Die OfficeCom KG erhält eine Anfrage über die Fertigung von zusätzlich 130 Schreibtischen. Der Kunde ist bereit, einen Stückpreis von 610,00 € zu zahlen. Aus der Kalkulation ist zu entnehmen, dass die variablen Stückkosten 690,00 € betragen werden.
Prüfen und begründen Sie, ob der Zusatzauftrag angenommen werden soll.

7.3 Wie würden Sie entscheiden, wenn der Kunde bereit wäre, einen Preis von 720,00 € pro Schreibtisch zu bezahlen? Belegen Sie ihre Aussage durch entsprechende Zahlen.

Kaufmännische Steuerung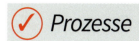

Aufgabe 8: Kalkulation von Handelswaren, Preisuntergrenze

14

Situation:
Sie arbeiten in der Kalkulationsabteilung der OfficeCom KG. Ein Kunde wünscht für eine Telefonanlage einen Preisnachlass auf den Angebotspreis, da ein Mitbewerber die gleiche Anlage zu einem günstigeren Preis anbietet. Um den Kunden zu halten, sind Sie bereit, den Preis so weit zu senken, dass Sie bei der Anlage wenigstens keinen Verlust machen.

8.1 Welcher Preis bildet dann die Untergrenze?

(1) Der Nettoverkaufspreis zuzüglich USt
(2) Der Einstandspreis zuzüglich USt
(3) Der Selbstkostenpreis zuzüglich USt
(4) Der Selbstkostenpreis ohne USt
(5) Der Nettoverkaufspreis ohne USt
(6) Der Einstandspreis ohne USt

8.2 Begründen Sie Ihre Entscheidung für die Wahl des Preises, bei dem die OfficeCom KG weder einen Gewinn noch einen Verlust macht. Überprüfen Sie Ihre Begründungen anhand des folgenden Kalkulationsschemas:

```
  Listeneinkaufspreis
– Lieferantenrabatt
= Zieleinkaufspreis
– Lieferantenskonto
= Bareinkaufspreis
+ Bezugskosten
= Einstandspreis
+ Handlungskosten
= Selbstkostenpreis
+ Gewinn
= Barverkaufspreis
+ Kundenskonto
= Zielverkaufspreis
+ Kundenrabatt
= Listenverkaufspreis netto
+ Umsatzsteuer (USt)
= Listenverkaufspreis brutto
```

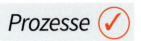

Fallorientierte Aufgaben und Lösungen

Lösungen

Aufgabe 1:

1.1

Kontierung:

Soll	Kontennummern	Haben
6080		4401
2600		

Buchungssatz:

Aufwendungen für Waren (6080)   75.072,00 €
Vorsteuer (2600)   14.263,68 €
an Verbindlichkeiten a. LL. gegenüber Knaber OHG (4401)   89.335,68 €

1.2

Kontierung:

Soll	Kontennummern	Haben
6081		4402
2600		

Buchungssatz:

Bezugskosten (6081)   2.120,33 €
Vorsteuer (2600)   402,86 €
an Verbindlichkeiten a. LL. gegenüber Transfahrt AG (4402)   2.523,19 €

1.3

Kontierung:

Soll	Kontennummern	Haben
4401		6080
		2600

Buchungssatz:

Verbindlichkeiten a. LL. gegenüber Knaber OHG (4401)   1.786,71
an Aufwendungen für Waren (6080)   1.501,44 €
an Vorsteuer (2600)   285,27 €

Kaufmännische Steuerung — Prozesse

1.4
Kontierung:

Soll	Kontennummern	Haben
4402		2800
4401		2800
		6082
		2600

Buchungssätze:

Verbindlichkeiten a. LL. gegenüber Transfahrt AG (4402) 2.523,19 €
an Bankguthaben Hartbank Braunschweig (2800) 2.523,19 €

Verbindlichkeiten a. LL. gegenüber Knaber OHG (4401) 87.548,97 €
an Bankguthaben Hartbank Braunschweig (2800) 85.797,99 €
an Nachlässe (6082) 1.471,41 €
an Vorsteuer (2600) 279,57 €

Erläuterung des Rechnungsausgleichs gegenüber Knaber OHG

Verbindlichkeit lt. Rechnung (Beleg 1)	89.335,68 €
− Rücksendung lt. Gutschriftanzeige (Beleg 3)	1.786,71 €
= Restverbindlichkeit	87.548,97 €
− 2 % Skonto lt. Rechnung (Beleg 1)	1.750,98 € (einschl. USt)
= Überweisungsbetrag	85.797,99 €

Skonto einschl. Vorsteuer	1.750,98 € (119 %)	
− Vorsteuer	279,57 € (19 %)	→ Vorsteuerkorrektur
= Skonto ohne Vorsteuer	1.471,41 € (100 %)	→ Nachlässe

Aufgabe 2:

2.1

Kontierung:

Soll	Kontennummern	Haben
2402		5100
		4800

Buchungssatz:

Forderungen a. LL. gegenüber Telefon AG (2402) 4.069,80 €
an Umsatzerlöse aus Handelswaren (5100) 3.420,00 €
an Umsatzsteuer (4800) 649,80 €

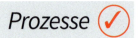

Fallorientierte Aufgaben und Lösungen

2.2

Kontierung:

Soll	Kontennummern	Haben
5 1 0 0		2 4 0 2
4 8 0 0		

Buchungssatz:

Umsatzerlöse aus Handelswaren (5100)	1.710,00 €	
Umsatzsteuer (4800)	324,90 €	
an Forderungen a. LL. gegenüber Telefon AG (2402)		2.034,90 €

2.3

Kontierung:

Soll	Kontennummern	Haben
0 7 0 0		4 4 0 4
2 6 0 0		

Buchungssatz:

Technische Anlagen und Maschinen (0700)	12.712,00 €	
Vorsteuer (2600)	2.415,28 €	
an Verbindlichkeiten a. LL. gegenüber Maschinen- fabrik Kurt Utzinger (4404)		15.127,28 €

Aufgabe 3:

3.1

Kontierung:

Soll	Kontennummern	Haben
6 8 3 0		2 8 0 0
2 6 0 0		

Buchungssatz:

Kosten für Telekommunikation (6830)	523,42 €	
Vorsteuer (2600)	99,45 €	
an Bankguthaben Hartbank Braunschweig (2800)		622,87 €

Kaufmännische Steuerung ✓ Prozesse

3.2

Kontierung:

Soll	Kontennummern	Haben
6 8 2 0		2 8 8 0

Buchungssatz:

Portokosten (6820) 7,00 €
an Kasse (2880) 7,00 €

3.3

Kontierung:

Soll	Kontennummern	Haben
6 5 2 0		0 7 0 0

Buchungssatz:

Abschreibungen auf Sachanlagen (6520) 1.589,00 €
an Technische Anlagen und Maschinen (0700) 1.589,00 €

Aufgabe 4:

4.1

- Ein Normalgemeinkostenzuschlagssatz, z. B. der Kostenstelle Material, ist der Durchschnittswert von Istgemeinkostenzuschlagssätzen mehrerer vergangener Perioden.
- Normalgemeinkostenzuschlagssätze werden für die Vor- bzw. Angebotskalkulation benötigt.

4.2
Angebotskalkulation mithilfe der Normalgemeinkostenzuschlagssätze

(1)	Fertigungsmaterial		950,00 €
(2)	+ Materialgemeinkosten	23,50 %	223,25 €
(3)	+ Fertigungslöhne		500,00 €
(4)	+ Fertigungsgemeinkosten	630,30 %	3.151,50 €
(5)	= Herstellkosten		4.824,75 €
(6)	+ Verwaltungsgemeinkosten	12,00 %	578,97 €
(7)	+ Vertriebsgemeinkosten	6,20 %	299,13 €
(8)	= Selbstkosten		5.702,85 €
(9)	+ Gewinn	15,00 %	855,43 €
(10)	= Barverkaufspreis		6.558,28 €
(11)	+ Kundenskonto	2,00 %	133,84 €
(12)	= Zielverkaufspreis		6.692,13 €
(13)	+ Kundenrabatt	20,00 %	1.673,03 €
(14)	= Angebotspreis netto		8.365,16 €

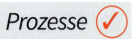 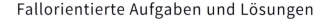

Fallorientierte Aufgaben und Lösungen

Aufgabe 5:

5.1

BAB des Zweigwerks der OfficeCom AG für Monat September 20..						
Gemeinkostenarten	Zahlen der KLR in €	Verteilungsgrundlagen	Kosten der Kostenstellen in €			
			I Material	II Fertigung	III Verwaltung	IV Vertrieb
Verschiedene Gemeinkostenarten	185.000,00	Verschiedene Verteilungsgrundlagen	35.400,00	106.000,00	19.700,00	23.900,00
Betriebsstoffe (Gas)	16.200,00	Verbrauch nach Zählerstand in m³	1.094,59	12.259,47	1.751,35	1.094,59
Mietaufwendungen	10.000,00	Fläche in m²	333,33	7.666,67	1.166,67	833,33
Kalkulatorische Abschreibungen	520.000,00	Anlagendatei	26.000,00	390.000,00	78.000,00	26.000,00
Zinskosten	24.000,00	Kalkulatorische Restwerte in €	3.027,03	12.972,97	5.405,41	2.594,59
Telefonkosten	5.800,00	Zahl der Mitarbeiter	773,33	2.320,00	1.546,67	1.160,00
Summe	761.000,00		66.628,28	531.219,11	107.570,10	55.582,51
		Zuschlagsgrundlagen	Fertigungs-Material	Fertigungs-löhne	Herstellkosten der Erzeugung	
			260.000,00	84.000,00	941.847,39	
		Gemeinkostenzuschlagssätze*:	25,63 % *	632,40 % *	11,42 % *	5,90 % *

* Zur Errechnung der Prozentsätze siehe die Lösung zu Aufgabe 5.3.

Verteilung der Gemeinkosten auf die Kostenstellen am Beispiel Betriebsstoffe (Gas):

- Zunächst ist der Gasverbrauch je Kostenstelle wie folgt zu ermitteln:
  Endbestand – Anfangsbestand. Für den Materialbereich gilt:
  Gasverbrauch = 1 670 m³ – 1 420 m³ = 250 m³.

- Gesamtverbrauch aller Kostenstellen: 3 700 m³

- Im Wege der Verteilungs- bzw. Dreisatzrechnung sind die Gemeinkostenarten auf die Kostenstellen zu verteilen.

- Anteil der Stelle Material an den Betriebsstoffkosten = $\dfrac{16.200,00\ €}{3\,700\ m^3} \cdot 250\ m^3 = 1.094,59\ €$

- Analog ist mit den anderen Gemeinkostenarten zu verfahren.

Kaufmännische Steuerung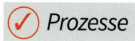

5.2

- Da in jeder Kostenstelle ein **Gaszähler** montiert ist, kann der mengenmäßige Gasverbrauch für jede Kostenstelle unmittelbar, das heißt verursachungsgerecht, abgelesen und in Euro bewertet werden. Daher werden in diesem konkreten Fall die **Betriebsstoffe** als **Kostenstelleneinzelkosten** angesehen werden.

- Die **Telefonkosten** werden nach der **Zahl der Mitarbeiter** auf die Kostenstellen verteilt. Das unterstellt gleich hohe Telefonkosten je Mitarbeiter. Da die Telefonkosten je Mitarbeiter und damit je Kostenstelle jedoch in der Regel unterschiedlich hoch sind, dient die Mitarbeiterzahl lediglich als Verteilungsschlüssel; daher gelten die Telefonkosten in diesem Fall als **Kostenstellengemeinkosten**.

5.3

Fertigungsmaterial	260.000,00 €	
+ Materialgemeinkosten	66.628,28 €	
= Materialkosten		326.628,28 €
Fertigungslöhne	84.000,00 €	
+ Fertigungsgemeinkosten	531.219,11 €	
= Fertigungskosten		615.219,11 €
= Herstellkosten der Erzeugung		941.847,39 €
+ Minderbestand unf. Erzeugnisse		0,00 €
– Mehrbestand fertiger Erzeugnisse		0,00 €
= Herstellkosten des Umsatzes		941.847,39 €

$$\text{MGKZ (in v. H.)} = \frac{66.628,28}{260.000,00} \cdot 100 = 25,63\,\%$$

$$\text{VwGKZ (in v. H.)} = \frac{107.570,10}{941.847,39} \cdot 100 = 11,42\,\%$$

$$\text{FGKZ (in v. H.)} = \frac{531.219,11}{84.000,00} \cdot 100 = 632,40\,\%$$

$$\text{VtrGKZ (in v. H.)} = \frac{55.582,51}{941.847,39} \cdot 100 = 5,90\,\%$$

5.4

		Normalkosten		Istkosten lt. BAB	Kostenüber- (+)/ -unterdeckung (–)
		in %	in €	in €	in €
(1)	Fertigungsmaterial		260.000,00	260.000,00	
(2)	+ Materialgemeinkosten	23,50 %	61.100,00	66.628,28	−5.528,28
(3)	+ Fertigungslöhne		84.000,00	84.000,00	
(4)	+ Fertigungsgemeinkosten	630,3 %	529.452,00	531.219,11	−1.767,11
(5)	= Herstellkosten der Erzeugung		934.552,00	941.847,39	
(6)	+ Minderbestand UE		0,00	0,00	
(7)	– Mehrbestand FE		0,00	0,00	
(8)	= Herstellkosten des Umsatzes		934.552,00	941.847,39	
(9)	+ Verwaltungsgemeinkosten	12,00 %	112.146,24	107.570,10	4.576,14
(10)	+ Vertriebsgemeinkosten	6,20 %	57.942,22	55.582,51	2.359,71
(11)	= Selbstkosten des Umsatzes		1.104.640,46	1.105.000,00	−359,54

- Der Vergleich der Normalkostenrechnung mit der Istkostenrechnung zeigt, dass die tatsächlich angefallenen Gemeinkosten in der **Materialstelle** sowie in der **Fertigungsstelle** (Istkosten) höher sind als die in den Angeboten kalkulierten

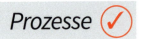

Fallorientierte Aufgaben und Lösungen

Gemeinkosten, das heißt, sie werden nicht durch die kalkulierten oder geplanten Kosten gedeckt.

- In den Stellen **Verwaltung** und **Vertrieb** sind die kalkulierten oder geplanten Kosten dagegen höher als die tatsächlich entstandenen Kosten (Istkosten).
- **Insgesamt** werden die Istkosten von den geplanten Kosten knapp nicht gedeckt.

5.5
- **Kostenüberdeckung** = Normalkosten (kalkulierte Kosten) > Istkosten (tatsächlich entstandene Kosten).
  Gegenüber der Vorkalkulation verbessert sich das Betriebsergebnis.
- **Kostenunterdeckung** = Normalkosten (kalkulierte Kosten) < Istkosten (tatsächlich entstandene Kosten).
  Gegenüber der Vorkalkulation verschlechtert sich das Betriebsergebnis.

5.6
Nachkalkulation mithilfe der Istgemeinkostenzuschlagssätze

(1)	Fertigungsmaterial		950,00 €
(2)	+ Materialgemeinkosten	25,63 %	243,49 €
(3)	+ Fertigungslöhne		500,00 €
(4)	+ Fertigungsgemeinkosten	632,40 %	3.162,00 €
(5)	= Herstellkosten		4.855,49 €
(6)	+ Verwaltungsgemeinkosten	11,42 %	554,50 €
(7)	+ Vertriebsgemeinkosten	5,90 %	286,47 €
(8)	= Selbstkosten		5.696,46 €
(9)	+ Gewinn	15,00 %	854,47 €
(10)	= Barverkaufspreis		6.550,93 €
(11)	+ Kundenskonto	2,00 %	133,69 €
(12)	= Zielverkaufspreis		6.684,62 €
(13)	+ Kundenrabatt	20,00 %	1.671,16 €
(14)	= Angebotspreis netto		8.355,78 €

Der Vergleich des Angebotspreises von 8.365,16 € (siehe Aufgabe 4.2) mit dem Preis der Nachkalkulation von 8.355,78 € zeigt, dass die OfficeCom KG mit ihrem Angebotspreis weitgehend richtig lag.

Aufgabe 6:

6.1

Kostenart	Gesamtkosten	fixe Kosten	variable Kosten
Materialkosten	84.000,00 €		84.000,00 €
Löhne	147.000,00 €		147.000,00 €
Gehälter	63.000,00 €	63.000,00 €	
Soziale Kosten	36.750,00 €	11.025,00 €	25.725,00 €
Reparaturkosten	14.000,00 €	5.600,00 €	8.400,00 €
Abschreibungen	19.125,00 €	19.125,00 €	
Verschiedene Kosten	10.000,00 €	10.000,00 €	
Summe	373.875,00 €	108.750,00 €	265.125,00 €

Kaufmännische Steuerung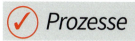

6.2
Variable Stückkosten

Variable Stückkosten (k_v) = variable Gesamtkosten (K_v) : Menge (x)
k_v = 265.125,00 € : 30 000 Stück = 8,84 €/Stück

Kostenfunktion

Kosten (K) = fixe Kosten (K_f) + variable Stückkosten (k_v) · Menge (x)
K = 108.750,00 + 8,84 x

Umsatzfunktion

Umsatz (U) = Verkaufspreis (p) · Menge (x)
U = 23,84 x

6.3
Break-even-Menge auf der Grundlage der Vollkostenrechnung

- **Definition**
  Die Break-even-Menge ist die Menge, bei der die Gesamtkosten genau so hoch sind wie die Umsatzerlöse und damit der Gewinn gleich Null ist, aber auch kein Verlust entsteht.

- **Bedingung**

  Gewinn (G) = Umsatz (U) – Kosten (K) = 0; daraus folgt: U = K

- **Berechnung**
  23,84 x = 108.750,00 + 8,84 x (aus Lösung zu 6.2); Gleichung nach der gesuchten Größe x (Menge) auflösen ➡
  15,00 x = 108.750,00
  x = 7 250

Break-even-Menge auf der Grundlage der Teilkostenrechnung (Deckungsbeitragsrechnung)

- **Definition**
  Die Break-even-Menge ist die Menge, bei der die Summe der Stückdeckungsbeiträge der Höhe der Fixkosten entspricht. Werden also die Fixkosten von den Deckungsbeiträgen gerade gedeckt, ist der Gewinn gleich Null, es entsteht aber auch kein Verlust.

- **Bedingung**

  Gewinn (G) = Stückdeckungsbeitrag (db) · Menge (x) – Fixkosten (Kf) = 0; daraus folgt: db · x = Kf

- **Berechnung**
  Stückdeckungsbeitrag (db) = Verkaufspreis (p) - variable Stückkosten (k_v)
  db = 23,84 € – 8,84 € = 15,00 €
  15,00 x = 108.750,00; Gleichung nach der gesuchten Größe x (Menge) auflösen ➡
  x = 7 250

Beide Wege führen (natürlich) zum selben Ergebnis.

6.4
Grafische Darstellung der Break-even-Menge auf der Grundlage der Vollkostenrechnung

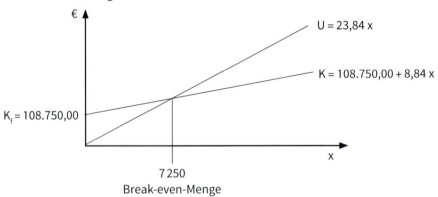

Grafische Darstellung der Break-even-Menge auf der Grundlage der Teilkostenrechnung (Deckungsbeitragsrechnung)

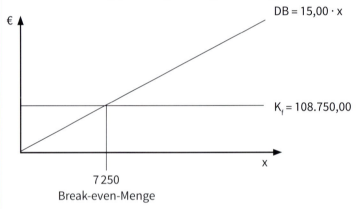

Aufgabe 7:

7.1

	Schreibtisch-sessel	Akten-schränke	Schreibtische	Gesamt
Umsatzerlöse (in €)	1.200.000,00	10.500.000,00	950.000,00	
– variable Kosten (in €)	440.000,00	4.100.000,00	560.000,00	
= Deckungsbeitrag (in €)	760.000,00	6.400.000,00	390.000,00	7.550.000,00
– fixe Kosten (in €)				5.700.000,00
= Betriebsergebnis (in €)				1.850.000,00

Kaufmännische Steuerung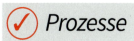

7.2
- Aus **produktionstechnischen Gründen** kann der Zusatzauftrag angenommen werden, sofern noch **Kapazitäten frei** sind.
- **Im Hinblick auf** das bisherige **Betriebsergebnis** (siehe 7.1) sollte der Zusatzauftrag abgelehnt werden, da der Stückdeckungsbeitrag (db) negativ ist:

  $db = p - k_v = 610,00\ € - 690,00\ € = -80,00\ €$.

  Bei Annahme des Zusatzauftrags würde sich das bisherige Betriebsergebnis um 10.400,00 € (130 · 80,00 €) auf 1.839.600,00 € verschlechtern.

- Soll sich das Betriebsergebnis nicht verschlechtern, muss der Verkaufspreis mindestens so hoch sein wie die variablen Stückkosten, er muss also der kurzfristigen oder **absoluten Preisuntergrenze (p = kv)** entsprechen. In dem Fall ist der Stückdeckungsbeitrag gleich Null.

- Handelt es sich um einen neuen Kunden, so wäre aus **absatzpolitischen Gründen** zu erwägen, ob der Zusatzauftrag doch angenommen wird, obwohl der Deckungsbeitrag negativ ist. Im Vordergrund der Überlegungen stünde die **Gewinnung eines neuen Kunden**. Auch würden **beschäftigungspolitisch** kurzfristig **Arbeitsplätze gesichert**.

7.3
Vorausgesetzt, dass noch Kapazitäten frei sind, sollte in diesem Fall der Zusatzauftrag angenommen werden:
- Der **Stückdeckungsbeitrag ist positiv** und beträgt 30,00 € (720,00 € – 690,00 €). Dies bedeutet, **jeder Stückdeckungsbeitrag erhöht den Betriebsgewinn** um 30,00 €, denn die gesamten Fixkosten in Höhe von 5.700.000,00 € wurden ja bereits von der bisher produzierten und abgesetzten Menge der Produkte (siehe Lösung zu 7.1) gedeckt.
- Das Betriebsergebnis würde also von 1.850.000,00 € um 3.900,00 € (130 · 30,00 €) auf 1.853.900,00 € steigen.

Aufgabe 8:

8.1
Antwort (3): Selbstkostenpreis zuzüglich Umsatzsteuer

8.2
Begründungen gegen die übrigen Antworten:
- Nettoverkaufspreis zuzüglich Umsatzsteuer: Er entspricht dem ursprünglichen Bruttoverkaufspreis; hier hätte keine Preissenkung stattgefunden.
- Einstandspreis zuzüglich Umsatzsteuer: Hier würde ein Verlust in Höhe der nicht gedeckten anteiligen Handlungskosten entstehen.
- Selbstkostenpreis ohne Umsatzsteuer: Hier würde ein Verlust in Höhe der Umsatzsteuer entstehen, die das Unternehmen „aus eigener Tasche" an das Finanzamt bezahlen müsste.
- Nettoverkaufspreis ohne Umsatzsteuer: Es entsteht ein Verlust in Höhe der nicht erhaltenen Umsatzsteuer, die an das Finanzamt abzuführen ist.
- Einstandspreis ohne Umsatzsteuer: Es entsteht ein Verlust in Höhe der nicht gedeckten anteiligen Handlungskosten. Außerdem ist die Umsatzsteuer „aus eigener Tasche" zu zahlen

 Fallorientierte Aufgaben und Lösungen

5.5 Fallorientierte Aufgaben zu: Information, Kommunikation, Kooperation

Aufgabe 1: Mitarbeiterzufriedenheit, Feedback-Regeln

Situation:
Die Geschäftsleitung der OfficeCom KG hat beschlossen, Maßnahmen zur Steigerung der Mitarbeiterzufriedenheit durchzuführen.

1.1 Wie erklären Sie sich, dass die Geschäftsleitung der OfficeCom KG Maßnahmen zur Steigerung der Mitarbeiterzufriedenheit ergreifen möchte, was wird sie davon erwarten?
1.2 Welche nichtmateriellen Maßnahmen könnten im Unternehmen ergriffen werden, um die Mitarbeiterzufriedenheit zu fördern?
1.3 Hohe Mitarbeiterzufriedenheit kann auch durch eine positiv gelebte Feedback-Kultur der Vorgesetzten gefördert werden. Worauf ist grundsätzlich beim Geben eines Feedbacks zu achten?

Aufgabe 2: Teamarbeit, Projektarbeit, Meilensteine

Situation:
Die Geschäftsleitung der OfficeCom KG beabsichtigt, mehr Projekte durchzuführen. Darauf soll sich mit verschiedenen Schritten vorbereitet werden.

2.1 Um Projektarbeit sinnvoll durchführen zu können, müssen die Mitarbeiter der OfficeCom KG für Teamarbeit geschult werden. Welche Merkmale weist Teamarbeit auf?
2.2 Welche Vorteile kann Teamarbeit aufweisen?
2.3 Welche Phasen der Teamentwicklung werden im Allgemeinen unterschieden?
2.4 Bei der Projektarbeit müssen sogenannte Meilensteine gesetzt werden. Was ist darunter zu verstehen?

Aufgabe 3: Konfliktursachen, Gesprächsführung, Konfliktlösungen

Situation:
Die OfficeCom KG möchte dem Problem der Konfliktlösung und -vermeidung größere Beachtung schenken, um die betrieblichen Abläufe effektiver zu gestalten und die Mitarbeiterzufriedenheit zu erhöhen.

3.1 Bei den Konfliktursachen wird zwischen Werte-, Ziel- und Beziehungskonflikten unterschieden. Was ist damit jeweils gemeint?
3.2 Bei der Gesprächsführung können erste Erkennungszeichen für zwischenmenschliche Konflikte wahrgenommen werden. Welche Erkennungszeichen können das im Einzelnen sein?
3.3 Bei Gesprächen zur Konfliktlösung werden häufig neutrale Personen hinzugezogen. In welchen Phasen könnte ein solches Gespräch ablaufen?

Information, Kommunikation, Kooperation

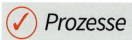
Prozesse

Lösungen

Aufgabe 1:

1.1 Erhöht sich die Mitarbeiterzufriedenheit, wird sich der betriebliche Erfolg langfristig verbessern, z. B. durch den Wegfall von innerbetrieblichen „Reibungsverlusten". Die positive Grundstimmung im Unternehmen wird auch von den Kunden wahrgenommen, sodass die Kommunikation mit Kunden effektiver geführt werden kann.

1.2
- Schaffung von Freiräumen für die Mitarbeiter bei der Gestaltung der Arbeits- und Geschäftsprozesse
- Hervorhebung der besonderen Stärken der einzelnen Mitarbeiter durch die Geschäfts- oder Personalleitung (in Einzelgesprächen)

1.3
- **Hören Sie aufmerksam zu!**
  Bevor Kritik geäußert wird, sollte man die Meinung des anderen genau kennen. Dazu gehört, dass man dem Kommunikationspartner genau zuhört und ihn stets aussprechen lässt.
- **Verstärken Sie Positives!**
  Ein Feedback sollte prinzipiell von Stärken des Kommunikationspartners ausgehen, bevor andere Bereiche angesprochen werden.
- **Äußern Sie die Kritik sachgemäß!**
  Die geäußerte Kritik sollte sich auf die Sache, nicht auf die Person beziehen. Dabei ist prinzipiell zwischen objektiven Fakten und subjektiven Wahrnehmungen zu unterscheiden.
- **Formulieren Sie Ich-Botschaften!**
  Urteile über andere Menschen wirken schnell verletzend und erschweren dadurch den Interaktionsprozess. Wird Kritik an Einstellungen oder am Verhalten anderer Menschen geübt, sollte man Verallgemeinerungen verhindern (z. B.: „Alle sind der Meinung, dass du …"), stattdessen sollten Ich-Botschaften formuliert werden (z. B.: „Ich bin der Meinung, dass du …"), die das abgegebene Urteil als subjektiv (wertend) kennzeichnen.
- **Nutzen Sie die nonverbale Kommunikation!**
  Die Aussagen sind durch nonverbale Elemente zu unterstützen, z. B. durch eine bestimmte Mimik (Gesichtssprache) oder Gestik (Körpersprache). Der Aussagegehalt wird dadurch nicht nur gesteigert, sondern die Kommunikation wird unter Umständen auch vertrauenswürdiger (z. B. durch eine Mimik, die Verständnis oder Anteilnahme ausdrückt).

Aufgabe 2:

2.1
- Eine Gruppe von Personen (meist 5 – 10) arbeitet für ein gemeinsames Ziel zusammen.
- Die Zusammenarbeit ist häufig zeitlich befristet, z. B. im Rahmen eines Projektes.
- Eine Person führt in der Regel als Teamleiter die Gruppe, er definiert sich eher als „Primus inter Pares" („Erster unter Gleichen").

Prozesse ✓ — Fallorientierte Aufgaben und Lösungen

- Bei der Verfolgung des Gruppenziels kommt es auf die Ausprägung eines Wir-Gefühls an; es werden dabei hohe Anforderungen an die Kommunikationsbeziehungen des Teams gestellt (z. B. Offenheit, Gleichberechtigung).
- Die gestellten Aufgaben sind meistens so komplex und/oder innovativ, dass diese Arbeitsform ihre besonderen Vorzüge nutzt; die Arbeitsleistung eines Teams ist mehr als die Summe der Einzelleistungen, da es häufig zu Synergieeffekten („2 + 2 = 5") kommt.
- Die Arbeitsverteilung innerhalb des Teams sollte transparent und gerecht erfolgen, jedes Teammitglied hat sich aktiv am Gruppenprozess zu beteiligen.
- Die Verantwortung für das gemeinsame Ziel lastet auf allen Mitgliedern.
- Konflikte müssen deutlich ausgesprochen werden, sie werden in der Regel innerhalb des Teams selbst gelöst, allerdings können auch externe Personen (z. B. Berater) zur Teamentwicklung herangezogen werden.
- Die Bewertung der Teamleistung kann sowohl intern als auch extern (z. B. durch die Unternehmensleitung) vorgenommen werden, sogenannte Feedbackregeln können dabei unterstützend eingesetzt werden.

2.2 Vorteile der Teamarbeit:
- höhere Arbeitsleistung durch Ausnutzen von Synergieeffekten
- hohe Arbeitsmotivation der Teammitglieder (z. B. durch Gleichberechtigung)
- gegenseitige Fortbildung der Teammitarbeiter (Kostenersparnis)
- Entwicklung eines guten Betriebsklimas (z. B. durch Entwickeln eines Wir-Gefühls)
- Verbesserung von Kommunikationsbeziehungen durch Teamentwicklung

2.3 Ein Team muss sich in der Regel im Laufe der Zeit erst entwickeln und formen, daher unterscheidet man nach dem US-amerikanischen Psychologen *Bruce Wayne Tuckman* folgenden **Phasen der Teamentwicklung**:
- **Forming:** In dieser „Orientierungsphase" lernen sich die Teammitglieder erst kennen, sie orientieren sich noch stark am Teamleiter, der in dieser Phase eine besonders hohe Verantwortung trägt, damit das Team zusammmenwächst.
- **Storming:** In dieser sogenannten „Nahkampfphase" ringen die Teammitglieder um Positionen, sowohl inhaltlich als auch in der Anerkennung ihrer Rolle im Team. Der Teamleiter versucht, ausgleichend zu wirken. Am Ende dieser Phase sollte allerdings nach einem Abstimmungsprozess die Zielsetzung des Teams von allen anerkannt werden.
- **Norming:** In dieser Orientierungsphase sollten Absprachen über Regeln der Teamarbeit stattfinden, ein „Wir-Gefühl" sollte in der Gruppe von allen getragen werden.
- **Performing:** In dieser eigentlichen Arbeitsphase werden aufgrund eingeübter Verhaltensweisen und gemeinsam festgelegter Regeln Lösungsvorschläge für den anfangs definierten Arbeitsauftrag abgewogen. Die Teamarbeit wird schließlich erfolgreich abgeschlossen, die anfangs gesetzten Ziele werden erreicht.

Information, Kommunikation, Kooperation

- **Adjourning Phase:** Nach „getaner Arbeit" kommt es zur Auflösung des Teams. Vorher sollten die gewonnenen Erfahrungen in der Teamarbeit dokumentiert und analysiert werden. Nach einer sehr erfolgreichen Teamarbeit stellt sich häufig das Gefühl der Trauer bei den Teammitgliedern ein, da man im Laufe der Zeit eine besondere Beziehung zu den anderen aufgebaut hat.

2.4
- Laut DIN 69901 sind Meilensteine Ereignisse besonderer Bedeutung, sie sind Teil der Terminplanung eines Projektes. In einem Übersichtsterminplan werden häufig die Meilensteine festgehalten.
- Meilensteine dienen dem Termin- und Ablaufcontrolling (z. B. bei Fertigstellung des Rohbaus eines Verwaltungsgebäudes). Sie werden als Anlass genommen, um eventuelle Störungen im Arbeitsablauf zu besprechen und Lösungsansätze zu finden.

Aufgabe 3:

3.1
- **Wertekonflikte** zwischen Menschen entstehen dadurch, dass die Beteiligten des Konfliktes unterschiedliche Wertvorstellungen besitzen. Was dem einen Menschen als sehr wichtig erscheint (z. B. wirtschaftlicher Erfolg), kann für den anderen Menschen relativ unbedeutend sein.
- **Zielkonflikte** entstehen dadurch, dass die Beteiligten unterschiedliche Zielvorstellungen haben. Im unternehmerischen Bereich kann es z. B. Zielkonflikte zwischen kurzfristigen und langfristigen Unternehmenszielen geben. So kann ein kurzfristiges Ziel darin bestehen, die Liquidität des Unternehmens in Krisensituationen rasch zu verbessern – das langfristige Ziel der Gewinnmaximierung wird in dieser Situation eher bewusst vernachlässigt.
- **Beziehungskonflikte** entstehen zwischen Menschen, wenn die „Chemie" zwischen ihnen nicht stimmt und ihr Verhalten zueinander nicht von beiden als angemessen oder sogar positiv empfunden wird. Häufig wird das „Anderssein" des Kommunikationspartners nicht akzeptiert.

3.2
- Zwischen den Kommunikationspartnern tritt eine gereizte Stimmung auf.
- Ein Gespräch wird nur sehr oberflächlich geführt, sogenannte Gesprächsfloskeln bestimmen einen Großteil der Unterhaltung.
- Man versucht das Gespräch relativ schnell zu beenden, obwohl kein eigentlicher Zeitdruck besteht.
- Der Gesprächsverlauf ist stockend und gehemmt.
- Man hat während des Gesprächs das Gefühl, dass man „aneinander vorbeiredet".
- Man vermeidet bewusst oder unbewusst, dem Kommunikationspartner während des Gesprächs in die Augen zu sehen.
- Gefühle werden während des Gesprächs unterdrückt, man spürt gerade am Ende der Kommunikation eine innere Unzufriedenheit.

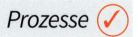

Fallorientierte Aufgaben und Lösungen

3.3 Die Phasen eines Gesprächs zur Konfliktlösung sind:

- **Gesprächseröffnungsphase:**
  Die neutrale dritte Person begrüßt die Konfliktparteien in einer freundlichen Gesprächsatmosphäre, die gewählte Räumlichkeit unterstützt die Begrüßungsphase.

- **Vorstellungsphase:**
  Die Beteiligten machen jeweils Angaben zu ihrer eigenen Person und definieren ihre Rolle.

- **Problembeschreibungsphase:**
  Das Problem, der Konflikt, wird von den Beteiligten aus ihrer jeweiligen Sicht beschrieben, eventuell werden Gefühle zum Ausdruck gebracht und Erwartungshaltungen beschrieben. Die Beteiligten lassen sich gegenseitig aussprechen. Die neutrale Person verhindert, dass sie sich „in das Wort fallen".

- **Befragungsphase:**
  Die beiden Konfliktparteien und auch die neutrale Person stellen Verständnis- und Vertiefungsfragen zur erfolgten Problembeschreibung. Dabei ist das Zuhören manchmal wichtiger als das Fragen. Gemeinsamkeiten und Differenzen können nun klar benannt werden.

- **Phase der Lösungssuche:**
  Mithilfe der neutralen Person suchen die Beteiligten gemeinsam nach einer Lösung. Handlungsalternativen werden gesucht und problematisiert. Man versucht, einen Kompromiss zu finden.

- **Vereinbarungsphase:**
  Eine gefundene Lösung wird schriftlich festgehalten, eine Zielvereinbarung getroffen. Man legt einen Zeitplan und eventuell auch Evaluationskriterien fest, um überprüfen zu können, ob die angestrebte Lösung tatsächlich umgesetzt wurde.

Kundenorientierte Auftragsabwicklung 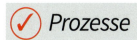 *Prozesse*

6 Multiple-Choice-Aufgaben und Lösungen zu I

6.1 Multiple-Choice-Aufgaben zu: Kundenorientierte Auftragsabwicklung

Aufgabe 1: Fachbegriffe der Marktanalyse

Ordnen Sie die Fachbegriffe der Marktanalyse jeweils der richtigen Erklärung zu:

Fachbegriffe der Marktanalyse:

1. Marktpotenzial   2. Marktanteil   3. Marktvolumen

Erklärungen:
( ) der erzielte Umsatz (wertmäßig) oder Absatz (mengenmäßig) eines Unternehmens, ausgedrückt als Prozentsatz des Marktvolumens
( ) der erzielte Umsatz oder Absatz aller betreffenden Unternehmen in einem Zielmarkt
( ) die mögliche Aufnahmefähigkeit eines Marktes für ein Produkt

Aufgabe 2: Primärforschung

Bitte kreuzen Sie die EINE richtige Antwort an:

(1) Die Primärforschung wertet vorhandenes Datenmaterial aus betriebsinternen und -externen Quellen aus.
(2) Die Primärforschung ist immer zeitraumbezogen, niemals zeitpunktbezogen.
(3) Die Primärforschung nutzt nur Datenmaterial aus unternehmensinternen Quellen.
(4) Die Primärforschung erhebt neue Daten im Rahmen der Feldforschung (Field-Research).
(5) Die Primärforschung ist für ein Unternehmen immer kostengünstiger als die Sekundärforschung.

Aufgabe 3: Sekundärforschung

Bitte kreuzen Sie die EINE richtige Antwort an:

(1) Die Sekundärforschung ist immer zeitraumbezogen, niemals zeitpunktbezogen.
(2) Die Sekundärforschung wertet im Rahmen der Schreibtischforschung (Desk-Research) vorhandenes Datenmaterial aus betriebsinternen und -externen Quellen aus.
(3) Die Sekundärforschung erhebt neue Daten im Rahmen der Feldforschung (Field-Research).
(4) Die Sekundärforschung kann keine internationalen Marktveränderungen zum Gegenstand haben.
(5) Die Sekundärforschung nutzt nur Datenmaterial aus unternehmensinternen Quellen.

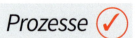

Multiple-Choice-Aufgaben und Lösungen zu I

Aufgabe 4: Kundentypen

Bitte kreuzen Sie die EINE richtige Antwort an:

(1) Laufkunden sind Kunden, die ein Unternehmen aufsuchen, ohne einen Pkw zu benutzen.
(2) Unter C-Kunden werden Kunden verstanden, die zwar zahlenmäßig eine große Gruppe für ein Unternehmen darstellen, aber einen geringen Umsatzanteil aufweisen.
(3) Unter A-Kunden werden Kunden verstanden, die zahlenmäßig eine große Gruppe für ein Unternehmen darstellen, aber einen geringen Umsatzanteil aufweisen.
(4) Unter B-Kunden werden Kunden verstanden, die zahlenmäßig eine sehr kleine Gruppe für ein Unternehmen darstellen, aber jeweils einen sehr großen Umsatzanteil aufweisen.
(5) Unter C-Kunden werden Kunden verstanden, die zahlenmäßig eine kleine Gruppe für ein Unternehmen darstellen, aber jeweils einen hohen Umsatzanteil aufweisen.

Aufgabe 5: Psychologisches Kommunikationsmodell (4-Ohren-Modell)

Bitte kreuzen Sie die EINE richtige Antwort an:

(1) Sachinhalt bedeutet: Wozu ich den anderen veranlassen möchte.
(2) Selbstoffenbarung bedeutet: Worüber ich informiere.
(3) Beziehung bedeutet: Was ich von dem anderen halte und wie wir zueinander stehen.
(4) Appell bedeutet: Was ich selbst von mir kundgebe.
(5) Selbstoffenbarung bedeutet: Wozu ich den anderen veranlassen möchte.

Aufgabe 6: Argumentationstechniken

Bitte kreuzen Sie die EINE richtige Antwort an:

(1) Bei der Einwandsumkehr werden unterschiedliche Ansichten/Einschätzungen mit ihren Merkmalen deutlich herausgestellt.
(2) Bei der Polarisierung wird einer kritischen Äußerung des Kunden prinzipiell zugestimmt, aber demgegenüber werden positive Aspekte gezielt betont.
(3) Bei der Einwandsvorwegnahme werden mögliche Kundeneinwände im Vorfeld der Gesprächsführung bereits bewusst aufgegriffen und argumentativ in die gewünschte Richtung gelenkt.
(4) Bei der Einwandsumkehr wird einer kritischen Äußerung des Kunden prinzipiell zugestimmt, negative Aspekte werden herausgearbeitet.
(5) Bei der Relativierung werden unterschiedliche Ansichten/Einschätzungen deutlich mit ihren Merkmalen herausgestellt.

Aufgabe 7: Anfrage

Bitte kreuzen Sie die EINE richtige Antwort an:

(1) Eine Anfrage bei einem Unternehmen ist grundsätzlich rechtlich bindend.
(2) Eine Anfrage stellt beim Abschluss eines Kaufvertrages rechtlich eine Willenserklärung dar.
(3) Eine Anfrage ist Teil des Verpflichtungsgeschäftes beim Kaufvertrag.
(4) Eine Anfrage ist Teil des Erfüllungsgeschäftes beim Kaufvertrag.
(5) Eine Anfrage hat für den Abschluss eines Kaufvertrages keine rechtliche Bedeutung, da sie keine Willenserklärung darstellt.

Kundenorientierte Auftragsabwicklung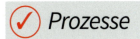

Aufgabe 8: Angebot

Bitte kreuzen Sie die EINE richtige Antwort an:

(1) Ein Angebot ist grundsätzlich unverbindlich.
(2) Ein Angebot kann keine Willenserklärung darstellen.
(3) Anfrage und Angebot stellen zwei Willenserklärungen dar, die den Abschluss eines Kaufvertrages ausdrücken.
(4) Ein Angebot ist grundsätzlich verbindlich, allerdings können sogenannte Freizeichnungsklauseln die Verbindlichkeit einschränken.
(5) Einem Angebot muss stets eine Anfrage vorausgehen.

Aufgabe 9: Zahlungsverzug

Bitte kreuzen Sie die EINE richtige Antwort an:

(1) Man spricht vom Zahlungsverzug, wenn die Ware unbar bezahlt wird.
(2) Der Zahlungsverzug führt automatisch zur Einleitung des gerichtlichen Mahnverfahrens.
(3) Ein Zahlungsverzug wird auch als Mängelrüge bezeichnet.
(4) Man spricht vom Zahlungsverzug, wenn die Ware per Ratenzahlung erfolgt.
(5) Wird die Ware vom Käufer nicht fristgerecht gezahlt, spricht man vom Zahlungsverzug.

Aufgabe 10: Lieferungsverzug

Bitte kreuzen Sie die EINE richtige Antwort an:

(1) Zum Eintritt des Lieferungsverzugs muss ein Verschulden des Lieferanten vorliegen.
(2) Zum Eintritt des Lieferungsverzugs muss in jedem Fall eine Mahnung erfolgt sein.
(3) Im Lieferungsverzug ist Schadenersatz grundsätzlich ausgeschlossen.
(4) Der Lieferungsverzug wird auch als Mängelrüge bezeichnet.
(5) Beim Fixkauf ist ein Lieferungsverzug ausgeschlossen.

Aufgabe 11: Mangelhafte Lieferung

Bitte kreuzen Sie die EINE richtige Antwort an:

(1) Beim einseitigen Handelskauf gilt eine dreijährige Rügefrist bei offenen und versteckten Mängeln.
(2) Die mangelhafte Lieferung wird auch als Schlechtleistung bezeichnet.
(3) Sachmängel können bei der mangelhaften Lieferung innerhalb einer Rügefrist von zehn Jahren rechtlich geltend gemacht werden.
(4) Sachmängel gelten grundsätzlich als arglistig verschwiegene Mängel.
(5) Beim zweiseitigen Handelskauf können offene Mängel innerhalb einer Rügefrist von einem Jahr angezeigt werden.

Prozesse 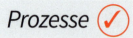 Multiple-Choice-Aufgaben und Lösungen zu I

Aufgabe 12: Kulanz

Bitte kreuzen Sie die EINE richtige Antwort an:

(1) Die Kulanz stellt stets einen Forderungsverzicht des Verkäufers dar.
(2) Die Kulanz leitet das gerichtliche Mahnverfahren ein.
(3) Die Kulanz des Verkäufers ist gesetzlich geregelt.
(4) Die Kulanz bei Kundenbeschwerden stellt eine freiwillige Leistung des Verkäufers gegenüber dem Kunden dar.
(5) Die Kulanz bei Kundenbeschwerden stellt stets eine vertragliche Leistung des Verkäufers gegenüber dem Kunden dar.

Lösungen

Aufgabe 1: (2), (3), (1)

Aufgabe 2: (4)

Aufgabe 3: (2)

Aufgabe 4: (2)

Aufgabe 5: (3)

Aufgabe 6: (3)

Aufgabe 7: (5)

Aufgabe 8: (4)

Aufgabe 9: (5)

Aufgabe 10: (1)

Aufgabe 11: (2)

Aufgabe 12: (4)

Personalbezogene Aufgaben 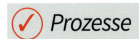 Prozesse

6.2 Multiple-Choice-Aufgaben zu: Personalbezogene Aufgaben

Aufgabe 1: Personalbestandsanalyse

Bitte kreuzen Sie die EINE richtige Antwort an:

(1) Die Personalbestandsanalyse bewertet die bisherige Arbeitsleistung der Mitarbeiter eines Unternehmens.
(2) Die Personalbestandsanalyse beschreibt die zukünftige Personalentwicklung des Unternehmens.
(3) Die Personalbestandsanalyse erfasst die laufenden Gehaltszahlungen an Mitarbeiter.
(4) Die Personalbestandsanalyse bewertet das Verhalten der Mitarbeiter gegenüber Kunden.
(5) Die Personalbestandsanalyse umfasst den augenblicklichen Bestand des Unternehmens an Mitarbeitern, zum Beispiel gegliedert nach Anzahl, Qualifikation, Einsatzbereichen.

Aufgabe 2: Personalbedarf

Bitte kreuzen Sie die EINE richtige Antwort an:

(1) Der kurzfristige Personalbedarf verringert sich durch Erhöhung des Urlaubsanspruchs der Mitarbeiter.
(2) Der langfristige Personalbedarf ist unabhängig von konjunkturellen Entwicklungen.
(3) Der langfristige Personalbedarf verringert sich durch eine Verkürzung der Arbeitszeit der Mitarbeiter.
(4) Der kurzfristige Personalbedarf kann sich für eine Urlaubsvertretung erhöhen.
(5) Der langfristige Personalbedarf erhöht sich durch Personaltausch in einer Abteilung.

Aufgabe 3: Personalbeschaffung

Bitte kreuzen Sie die EINE richtige Antwort an:

(1) Externe Personalbeschaffungsmaßnahmen können zu keinen Leistungssteigerungen im Unternehmen führen.
(2) Ein Vorteil der externen Personalbeschaffung kann darin bestehen, dass neue Mitarbeiter neue Ideen und Erfahrungen in das Unternehmen einbringen.
(3) Externe Personalbeschaffungsmaßnahmen motivieren stets die unternehmensinternen Mitarbeiter.
(4) Interne und externe Personalbeschaffungsmaßnahmen können niemals gleichzeitig verfolgt werden.
(5) Externe Personalbeschaffungsmaßnahmen sind stets kostengünstiger als interne.

Aufgabe 4: Dienstreise

Bitte kreuzen Sie die EINE richtige Antwort an:

Welche der folgenden Aussagen trifft nicht auf eine Dienstreise zu?
(1) Eine Dienstreise wird aus beruflichen Gründen angetreten.
(2) Dienstreisen haben einen vorübergehenden Charakter.
(3) Von einer Dienstreise spricht man, wenn Mitarbeiter ein Unternehmen außerhalb der regelmäßigen Arbeitsstätte aufsuchen müssen.
(4) Die Kosten einer Dienstreise sind erstattungsfähig.
(5) Die Fahrt von und zur regelmäßigen Arbeitsstätte sind Dienstreisen.

Prozesse — Multiple-Choice-Aufgaben und Lösungen zu I

Aufgabe 5: Qualifiziertes Arbeitszeugnis

Bitte kreuzen Sie die EINE richtige Antwort an:

(1) Ein qualifiziertes Arbeitszeugnis ist ein Arbeitszeugnis von hochqualifizierten Arbeitnehmern.
(2) Ein qualifiziertes Arbeitszeugnis ist ein Arbeitszeugnis, das nur Angaben über die Art der Beschäftigung und die Dauer des Arbeitsverhältnisses enthält.
(3) Ein qualifiziertes Arbeitszeugnis ist ein Arbeitszeugnis, das überwiegend positive Beurteilungen enthält.
(4) Ein qualifiziertes Arbeitszeugnis ist ein Arbeitszeugnis, das zusätzlich zu den Inhalten des einfachen Arbeitszeugnisses Angaben über die Leistungen und das Verhalten des Arbeitsnehmers enthält.
(5) Ein qualifiziertes Arbeitszeugnis ist ein Arbeitszeugnis, das nur Angaben von Arbeitnehmern mit abgeschlossener Berufsausbildung enthält.

Aufgabe 6: Beitragsbemessungsgrenze in der Sozialversicherung

Bitte kreuzen Sie die EINE richtige Antwort an:

(1) Die Beitragsbemessungsgrenze wird alle zwei Jahre angehoben.
(2) Die Beitragsbemessungsgrenze für die Krankenversicherung ist höher als diejenige für die Rentenversicherung.
(3) Die Beitragsbemessungsgrenze gilt nur für Beamte.
(4) Die Beitragsbemessungsgrenze ist eine Einkommensgrenze, bis zu deren Höhe die Beiträge der jeweiligen Sozialversicherung des Versicherten prozentual berechnet werden.
(5) Die Beitragsbemessungsgrenze bestimmt den Höchststeuersatz in der Einkommensteuer.

Aufgabe 7: Tarifvertrag

Bitte kreuzen Sie die EINE richtige Antwort an:

(1) Tarifautonomie bedeutet, dass ein Unternehmen einen Tarifvertrag nicht anwenden muss.
(2) Tarifverträge werden vom Gesetzgeber festgelegt.
(3) Branchentarifverträge werden zwischen Gewerkschaften und Arbeitgeberverbänden geschlossen.
(4) Tarifverträge können nicht für minderjährige Arbeitnehmer abgeschlossen werden.
(5) Tarifverträge dürfen jeweils nur für ein Jahr abgeschlossen werden.

Aufgabe 8: Betriebsvereinbarung

Bitte kreuzen Sie die EINE richtige Antwort an:

(1) Eine Betriebsvereinbarung wird zwischen einer Gewerkschaft und dem Arbeitgeberverband abgeschlossen.
(2) Eine Betriebsvereinbarung muss immer von der Gewerkschaft unterschrieben werden.
(3) Eine Betriebsvereinbarung wird vom Gesetzgeber erlassen.
(4) Eine Betriebsvereinbarung kann nur für volljährige Arbeitnehmer abgeschlossen werden.
(5) Eine Betriebsvereinbarung wird zwischen dem Betriebsrat und dem Arbeitgeber abgeschlossen.

Personalbezogene Aufgaben 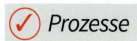

Aufgabe 9: Probezeit von Auszubildenden laut Berufsbildungsgesetz (BBiG)

Bitte kreuzen Sie die EINE richtige Antwort an:

(1) Das BBiG macht keine Angaben zur Probezeit von Auszubildenden.
(2) Laut BBiG beträgt die Probezeit von Auszubildenden einen Monat.
(3) Laut BBiG beträgt die Probezeit von Auszubildenden drei Monate.
(4) Das BBiG sieht vor, dass die Probezeit von Auszubildenden frei zwischen den Vertragsparteien des Ausbildungsvertrages ausgehandelt werden kann.
(5) Laut BBiG muss die Probezeit von Auszubildenden mindestens einen Monat und darf höchstens vier Monate betragen.

Aufgabe 10: Lohnsteuerklassen

Bitte kreuzen Sie die EINE richtige Antwort an:

(1) Die Lohnsteuerklassen werden in den Branchentarifverträgen festgelegt.
(2) Die Lohnsteuerklasse IV gilt für verheiratete Arbeitnehmer, wenn beide Ehepartner Arbeitslohn beziehen.
(3) Die Lohnsteuerklasse VI gilt nur für geschiedene Arbeitnehmer.
(4) Die Lohnsteuerklasse I gilt für Arbeitnehmer, die jünger als 20 Jahre alt sind.
(5) Die Lohnsteuerklassen werden vom zuständigen Finanzamt festgelegt.

Lösungen

Aufgabe 1: (5)

Aufgabe 2: (4)

Aufgabe 3: (2)

Aufgabe 4: (5)

Aufgabe 5: (4)

Aufgabe 6: (4)

Aufgabe 7: (3)

Aufgabe 8: (5)

Aufgabe 9: (5)

Aufgabe 10: (2)

6.3 Multiple-Choice-Aufgaben zu: Kaufmännische Steuerung

Aufgabe 1: Kosten – Aufwendungen

Bitte kreuzen Sie die EINE richtige Antwort an.

Welcher Zusammenhang besteht zwischen Kosten und Aufwendungen?
(1) Neutrale Aufwendungen gibt es nur in der Kosten- und Leistungsrechnung.
(2) Kosten sind solche Aufwendungen, die betriebsnotwendig und periodenbezogen sind sowie der Erstellung der betrieblichen Leistung dienen.
(3) Neutrale Aufwendungen gehören zu den Grundkosten.
(4) Es gibt überhaupt keinen Unterschied zwischen Aufwendungen und Kosten.
(5) Kosten gibt es nur im Rechnungswesenbereich Finanzbuchhaltung.

Aufgabe 2: Leistungen – Erträge

Bitte kreuzen Sie die EINE richtige Antwort an.

Welche Erträge gehören zu den Leistungen eines Industriebetriebs?
(1) Erlös aus dem Verkauf eines gebrauchten Pkw an einen Betriebsangehörigen
(2) Erlöse aus der Vermietung eines Teiles des Bürogebäudes
(3) Erträge aus dem Eingang von Spenden
(4) Erlöse aus dem Verkauf eigener Erzeugnisse
(5) Erlöse aus dem Verkauf eines nicht mehr benötigten Betriebsgrundstücks

Aufgabe 3: Fixkosten und Beschäftigungsgrad

Bitte kreuzen Sie die EINE richtige Antwort an.

Wie ändern sich die gesamten Fixkosten, wenn sich der Beschäftigungsgrad ändert?
(1) Die gesamten Fixkosten steigen stärker als der Beschäftigungsgrad.
(2) Die gesamten Fixkosten steigen weniger stark als der Beschäftigungsgrad.
(3) Die gesamten Fixkosten sinken mit steigendem Beschäftigungsgrad.
(4) Die gesamten Fixkosten sind vom Beschäftigungsgrad unabhängig.
(5) Die gesamten Fixkosten sinken mit abnehmendem Beschäftigungsgrad.

Aufgabe 4: Aufgabe der Kosten- und Leistungsrechnung

Bitte kreuzen Sie die EINE richtige Antwort an.

Welche Aufgabe erfüllt die Kosten- und Leistungsrechnung?
(1) Ermittlung des Betriebsergebnisses
(2) Ermittlung von Vermögen und Schulden
(3) Errechnung des Unternehmensergebnisses
(4) Bildung der Grundlage für die Bilanzerstellung
(5) Ermittlung des Neutralen Ergebnisses

Aufgabe 5: Betriebsabrechnungsbogen

Bitte kreuzen Sie die EINE richtige Antwort an.

Welcher Aufgabe dient der Betriebsabrechnungsbogen?
(1) Ermittlung der Preisuntergrenze
(2) Berechnung der Selbstkosten eines Produktes
(3) Verteilung der Gemeinkosten auf die Kostenstellen
(4) Verteilung der Einzelkosten auf die Kostenträger
(5) Planung des Personaleinsatzes

Aufgabe 6: Deckungsbeitrag

Bitte kreuzen Sie die EINE richtige Antwort an.

Wie wird der Deckungsbeitrag errechnet?
(1) Fixe Kosten plus variable Kosten
(2) Bruttoverkaufserlöse (einschließlich Umsatzsteuer) minus variable Kosten
(3) Nettoverkaufserlöse minus variable Kosten
(4) Nettoverkaufserlöse minus fixe Kosten
(5) Bruttoverkaufserlöse (einschließlich Umsatzsteuer) minus fixe Kosten

Aufgabe 7: Deckungsbeitrag

Bitte kreuzen Sie die EINE richtige Antwort an.

Welche Aufgabe hat die Deckungsbeitragsrechnung?
(1) Berechnung des Angebotspreises
(2) Ermittlung der kurzfristigen Preisuntergrenze
(3) Ermittlung der langfristigen Preisuntergrenze
(4) Ermittlung der variablen Stückkosten
(5) Ermittlung der fixen Kostenstelle

Aufgabe 8: Selbstkosten

Bitte kreuzen Sie die EINE richtige Antwort an.

Wie hoch sind die Selbstkosten eines Produktes, wenn folgende Daten vorliegen (Berechnung auf zwei Nachkommastellen genau):
Fertigungsmaterial: 10,00 €, Materialgemeinkosten: 8 %,
Fertigungslöhne: 5,00 €, Fertigungsgemeinkosten: 120 %
Verwaltungsgemeinkosten: 9 %, Vertriebsgemeinkosten: 4 %
(1) 23,10 €
(2) 22,91 €
(3) 24,63 €
(4) 24,01 €
(5) 23,94 €

Prozesse — Multiple-Choice-Aufgaben und Lösungen zu I

Aufgabe 9: Kostenüberdeckung

Bitte kreuzen Sie die EINE richtige Antwort an.

In welchem Fall liegt eine Kostenüberdeckung vor?
(1) Normalgemeinkosten < Ist-Gemeinkosten
(2) Umsatzerlöse > Ist-Gemeinkosten
(3) Normalgemeinkosten > Ist-Gemeinkosten
(4) Selbstkosten = Normalgemeinkosten
(5) Umsatzerlöse < Normalgemeinkosten

Aufgabe 10: Break-even-point

Bitte kreuzen Sie die EINE richtige Antwort an.

Welche Aussage zum Break-even-point ist richtig?
(1) Die Verkaufserlöse entsprechen den Fixkosten.
(2) Der Deckungsbeitrag ist gleich Null.
(3) Der Deckungsbeitrag ist so hoch wie die Fixkosten.
(4) Der Deckungsbeitrag entspricht den variablen Kosten.
(5) Die variablen Kosten sind so hoch wie die Fixkosten.

Aufgabe 11: Kosten – Aufwendungen

Bitte kreuzen Sie die EINE richtige Antwort an.

Welche der folgenden Aufwendungen sind Kosten?
(1) bilanzielle Abschreibungen auf Maschinen
(2) Fertigungslöhne
(3) Gewerbesteuernachzahlung aufgrund des Gewerbesteuerbescheids für das Vorjahr
(4) Spende an das Kinderhilfswerk
(5) Kauf einer Maschine im Wert von 20.000,00 €

Aufgabe 12: Kosten und Beschäftigungsgrad

Bitte kreuzen Sie die EINE richtige Antwort an.

Wie wirkt sich ein steigender Beschäftigungsgrad auf die Kosten aus, wenn eine lineare Kostenfunktion zugrunde gelegt wird?
(1) Die fixen Gesamtkosten nehmen zu.
(2) Die variablen Gesamtkosten nehmen ab.
(3) Die Stückkosten nehmen ab, weil die variablen Stückkosten sinken.
(4) Die fixen Stückkosten nehmen ab.
(5) Die variablen Stückkosten steigen und die fixen Stückkosten sinken.

Kaufmännische Steuerung — Prozesse

Aufgabe 13: Aufgabe der Abgrenzungsrechnung

Bitte kreuzen Sie die EINE richtige Antwort an.

Welcher Zweck wird mit der Abgrenzungsrechnung (Ergebnistabelle) verfolgt?
(1) Einteilung der Kosten in fixe und variable Kosten
(2) Durchführung eines Probeabschlusses der Konten, um nach der Inventur Inventurdifferenzen buchen zu können
(3) Ermittlung des periodengerechten Erfolgs durch wirtschaftliche Zuordnung von Ein- und Auszahlungen auf die richtigen Perioden (zeitliche Abgrenzung)
(4) Herausfiltern der Kosten und Leistungen aus der Gewinn- und Verlustrechnung der Finanzbuchhaltung
(5) Trennung von Einzel- und Gemeinkosten

Aufgabe 14: Deckungsbeitrag

Bitte kreuzen Sie die EINE richtige Antwort an.

Wie wird der Deckungsbeitrag errechnet?
(1) Preis – variable Gesamtkosten
(2) Umsatz – fixe Kosten
(3) variable Kosten – fixe Kosten
(4) Umsatz – variable Gesamtkosten
(5) Menge · Preis

Aufgabe 15: Normalkostenrechnung

Bitte kreuzen Sie die EINE richtige Antwort an.

Welche Aussage zur Normalkostenrechnung ist richtig?
(1) Sind die Ist-Kosten geringer als die Normalkosten, liegt eine Kostenunterdeckung vor.
(2) Die Kostenüberdeckung führt zu einer Verbesserung des tatsächlichen Betriebsergebnisses gegenüber dem geplanten.
(3) Sind die Normalkosten geringer als die Ist-Kosten, liegt eine Kostenüberdeckung vor.
(4) Normalkosten sind Kosten, die auf der Grundlage technischer Daten geplant werden.
(5) Normalkosten spiegeln nicht die Kostensituation vergangener Rechnungsperioden wider.

Aufgabe 16: Handlungskosten

Bitte kreuzen Sie die EINE richtige Antwort an.

Welche der aufgeführten Aufwendungen bzw. Ausgaben stellen Handlungskosten dar?
(1) Überweisung einer Spende für das Rote Kreuz
(2) Arbeitgeberanteil zur Sozialversicherung
(3) Rechnungsbetrag für die Gartenanlage des Privatgrundstücks des Einzelhändlers
(4) Bezugskosten für die eingekauften Waren
(5) gezahlte Vorsteuer beim Einkauf der Ware

Prozesse — Multiple-Choice-Aufgaben und Lösungen zu I

Aufgabe 17: Handlungskostenzuschlagssatz

Bitte kreuzen Sie die BEIDEN richtigen Antworten an.

In welchen zwei Fällen steigt der Handlungskostenzuschlagssatz?
(1) Die Handlungskosten steigen bei sinkendem Wareneinsatz oder Umsatz zu Einstandspreisen.
(2) Die Handlungskosten sinken bei gleich bleibendem Wareneinsatz oder Umsatz zu Einstandspreisen.
(3) Die Handlungskosten sinken bei steigendem Wareneinsatz oder Umsatz zu Einstandspreisen.
(4) Die Handlungskosten steigen bei gleich bleibendem Wareneinsatz oder Umsatz zu Einstandspreisen.
(5) Die Handlungskosten bleiben gleich bei steigendem Wareneinsatz oder Umsatz zu Einstandspreisen.

Aufgabe 18: Abschreibungshöhe

Bitte kreuzen Sie die EINE richtige Antwort an.

Wie wirkt sich eine Verringerung der betriebsgewöhnlichen Nutzungsdauer aus?
(1) Die Handlungskosten sinken.
(2) Der Reingewinn steigt.
(3) Die jährlichen Abschreibungsbeträge steigen.
(4) Die Liquidität des Einzelhandelsunternehmens sinkt.
(5) Die Umsatzsteuer wird mit abgeschrieben.

Aufgabe 19: Kalkulationszuschlagssatz

Bitte kreuzen Sie die EINE richtige Antwort an.

Welche der folgenden Formeln gibt den Kalkulationszuschlagssatz (in Prozent) an?

(1) $\dfrac{\text{Bruttoverkaufspreis}}{\text{Einstandspreis}}$

(2) $\dfrac{\text{Bruttoverkaufspreis} - \text{Einstandspreis}}{\text{Einstandspreis}} \cdot 100$

(3) $\dfrac{\text{Nettoverkaufspreis} - \text{Einstandspreis}}{\text{Nettoverkaufspreis}} \cdot 100$

(4) $\dfrac{\text{Bruttoverkaufspreis} - \text{Einstandspreis}}{\text{Bruttoverkaufspreis}} \cdot 100$

(5) $\dfrac{\text{Einstandspreis}}{\text{Bruttoverkaufspreis}}$

Kaufmännische Steuerung ✓ Prozesse

Aufgabe 20: Inventar – Bilanz

Bitte kreuzen Sie die BEIDEN richtigen Antworten an.

Welche zwei Aussagen über Bilanz und Inventar sind falsch?
(1) Die Bilanz wird nach der Aufstellung des Inventars erstellt.
(2) Das Inventar ist eine verkürzte Darstellung der Bilanz in anderer Form.
(3) Die gesetzlichen Aufbewahrungsfristen von Bilanz und Inventar betragen zehn Jahre.
(4) Inventar und Bilanz unterscheiden sich nicht.
(5) Die Aufstellung des Inventars und die Erstellung der Bilanz sind gesetzlich vorgeschrieben.

Aufgabe 21: Bilanz

Bitte kreuzen Sie die EINE richtige Antwort an.

Wo sind bei einer Analyse des Jahresabschlusses die Vermögensquellen (Mittelherkunft) zu finden?
(1) auf der Aktivseite der Bilanz
(2) auf der Sollseite des Gewinn- und Verlustkontos
(3) auf der Aktivseite des Gewinn- und Verlustkontos
(4) auf der Sollseite des Kontos Eigenkapital
(5) auf der Passivseite der Bilanz

Aufgabe 22: Inventur

Bitte kreuzen Sie die EINE richtige Antwort an.

Wann ist die OfficeCom KG nach HGB verpflichtet, eine Inventur durchzuführen?
(1) täglich
(2) zum Ende des Kalenderjahres
(3) an jedem Monatsende
(4) wöchentlich
(5) zum Ende des Geschäftsjahres

Aufgabe 23: Handlungskosten

Bitte kreuzen Sie die BEIDEN richtigen Antworten an.

Welche zwei betrieblichen Vorgänge beeinflussen die Handlungskosten nicht?
(1) Aufgrund von Tarifvereinbarungen sind ab 1. Juni 20.. höhere Löhne zu zahlen.
(2) Der Geschäftsinhaber erhöht das Eigenkapital, indem er 50.000,00 € aus seinem Privatvermögen in sein Unternehmen steckt.
(3) Kauf von Büromaterial
(4) Die Hausbank senkt den Zinssatz für ein aufgenommenes Darlehen um 0,5 %.
(5) Ein Kunde erhält nachträglich einen Preisnachlass, da an seiner gekauften Ware ein kleiner Farbfehler sichtbar ist.

Prozesse — Multiple-Choice-Aufgaben und Lösungen zu I

Aufgabe 24: Bilanz

Bitte kreuzen Sie die BEIDEN richtigen Antworten an.

Welche zwei Informationen sind aus der Bilanz zu abzulesen?
- (1) die Anzahl der Gesellschafter (Eigenkapitalgeber) des Unternehmens
- (2) die Summe des Kapitals und des Vermögens des Unternehmens
- (3) die verschiedenen Erträge und Aufwendungen des abgelaufenen Geschäftsjahres
- (4) die Summe der Forderungen des Unternehmens und die Namen der Schuldner
- (5) die Zusammensetzung und Summe des Umlaufvermögens

Aufgabe 25: Inventur

Bitte kreuzen Sie die EINE richtige Antwort an.

Was versteht man unter Inventur?
- (1) tägliche Kontrolle der Warenbestände
- (2) Inventur ist das Gleiche wie Inventar.
- (3) wertmäßige Bestandsaufnahme aller Vermögensteile und Schulden zu einem Stichtag
- (4) art-, mengen- und wertmäßige Bestandsaufnahme aller Vermögensteile und Schulden zu einem Stichtag
- (5) wertmäßige Bestandsaufnahme der Schulden

Aufgabe 26: Zeitlich verlegte Inventur

Bitte kreuzen Sie die EINE richtige Antwort an.

Welche Aussage trifft auf die zeitlich verlegte Inventur zu?
- (1) Die Inventur erfolgt zeitnah zum Bilanzstichtag, d. h. Innerhalb zehn Tagen vor oder nach dem Bilanzstichtag.
- (2) Die Inventur erfolgt innerhalb der letzten drei Monate vor dem Bilanzstichtag bzw. innerhalb der ersten zwei Monate nach dem Bilanzstichtag.
- (3) Die Inventur erfolgt innerhalb der letzten zwei Monate vor dem Bilanzstichtag bzw. innerhalb der ersten drei Monate nach dem Bilanzstichtag.
- (4) Die Inventur erfolgt permanent, täglich.
- (5) Die Inventur erfolgt genau am Bilanzstichtag.

Kaufmännische Steuerung — Prozesse

Aufgabe 27: Rückrechnung

Bitte kreuzen Sie die EINE richtige Antwort an.

Bei der zeitlich verlegten Inventur, zum Beispiel im Februar, muss eine Rückrechnung auf den Bilanzstichtag (31.12.) vorgenommen werden. Wie viel Stück beträgt der Inventurbestand zum 31.12, wenn folgende Zahlen vorliegen: Aufnahmebestand am 16.02.: 130 Stück, zwischen dem 31.12. und 16.02.: Einkäufe 34 Stück, Verkäufe 47 Stück.

(1) 130 Stück
(2) 164 Stück
(3) 177 Stück
(4) 211 Stück
(5) 143 Stück

Aufgabe 28: Inventurdifferenz

Bitte kreuzen Sie die BEIDEN richtigen Antworten an.

Der Ist-Bestand laut Inventur ist geringer als der Soll- oder Buchbestand laut Warenwirtschaftssystem (WWS). Welche zwei Aussagen zu dieser Inventurdifferenz sind richtig?

(1) An der Kasse wurde zu wenig Wechselgeld herausgegeben.
(2) Eine Warenlieferung wurde im WWS nicht erfasst.
(3) Eine Warenlieferung wurde im WWS doppelt erfasst.
(4) Ein Warenausgang wurde im WWS doppelt erfasst.
(5) Eine Warenrückgabe wurde im WWS doppelt erfasst

Aufgabe 29: Inventar

Bitte kreuzen Sie die BEIDEN richtigen Antworten an.

Was versteht man unter dem Begriff „Inventar"?

(1) Inventar ist das Gleiche wie Inventur.
(2) Inventar ist das Ergebnis der Inventur.
(3) Inventar ist das Gleiche wie Bilanz.
(4) Inventar ist das art-, mengen- und wertmäßige (und damit ausführliche) Verzeichnis aller Vermögensteile und Schulden am Bilanzstichtag.
(5) Das Inventar ist, anders als die Bilanz, eine kurz gefasste, ausschließlich wertmäßige Zusammenstellung aller Vermögensteile und Schulden am Bilanzstichtag.

Multiple-Choice-Aufgaben und Lösungen zu I

Aufgabe 30: Aufgaben der Finanzbuchhaltung

Bitte kreuzen Sie die EINE richtige Antwort an.

Welche Tätigkeit ist nicht Gegenstand der Finanzbuchhaltung?
(1) Erfassen der Geschäftsfälle aufgrund von Belegen
(2) Aufstellen der Jahresbilanz
(3) Kontieren von Belegen
(4) Kalkulation des Selbstkostenpreises
(5) Abschließen der Aufwands- und Ertragskonten über das Gewinn- und Verlustkonto

Aufgabe 31: Inventurdifferenz

Bitte kreuzen Sie die EINE richtige Antwort an.

Der Inventurbestand der Schrauben beträgt zum 31.12.20.. 350 Stück, der Soll-Bestand gemäß Lagerbuchhaltung 290 Stück. Worin kann der Grund für diese Inventurdifferenz liegen?
(1) Die 60 Schrauben wurden gestohlen.
(2) Der Verbrauch von 60 Schrauben am 15. April wurde nicht erfasst.
(3) Der Zugang von 60 Stahlrohren wurde nicht gebucht.
(4) Im September wurden 6 760 Schrauben gekauft, als Lagereingang aber nur 6 700 Stück als Zugang gebucht.
(5) Der Zugang von 60 Stahlrohren wurde doppelt gebucht.

Aufgabe 32: Zahlungsbedingungen

Bitte kreuzen Sie die EINE richtige Antwort an.

Die OfficeCom KG hat am 01.03.20.. (Rechnungsdatum) Schrauben im Wert von 2.500,00 € zuzüglich 19 % Umsatzsteuer gekauft, Zahlungsbedingungen: bei Zahlung innerhalb 10 Tagen ab Rechnungsdatum 2 % Skonto, innerhalb 30 Tagen netto.
Welche Aussage trifft auf die angegebenen Zahlungsbedingungen zu?
(1) Die OfficeCom KG muss spätestens am 12.03.20.. zahlen, um den Skonto abziehen zu können.
(2) Wenn die OfficeCom KG das Zahlungsziel ausnutzt, muss sie zusätzlich an den Schraubenlieferanten effektiv 36 % Zinsen zahlen.
(3) Der Schraubenlieferant gewährt der OfficeCom KG einen zinspflichtigen Kredit über zehn Tage.
(4) Wenn die OfficeCom KG das Zahlungsziel ausnutzt, erzielt der Schraubenlieferant einen effektiven Zinsertrag von rund 36 %.
(5) Um den Skonto ausnutzen zu können, müsste die OfficeCom KG einen Kontokorrentkredit für 18 % (Zinsen einschließlich Nebenkosten) aufnehmen. Das würde sich für die OfficeCom KG nicht lohnen.

Kaufmännische Steuerung — Prozesse

Aufgabe 33: Arbeitsschritte Statistik

Bringen Sie in die richtige Reihenfolge.

In welcher Reihenfolge sind die folgenden Arbeitsschritte zur Erstellung einer Statistik vorzunehmen?
- (1) grafische Darstellung der gesammelten Daten
- (2) Planung und Vorbereitung der Sammlung von Daten
- (3) Auswertung der gesammelten Daten
- (4) Sammeln der Daten (des Zahlenmaterials)
- (5) Ordnen der Daten (des Zahlenmaterials)

Aufgabe 34: Grafische Darstellungsformen

Bitte kreuzen Sie die EINE richtige Antwort an.

Welche grafische Darstellungsform eignet sich am besten, um den Anteil der Warengruppe „Schreibtische" am Gesamtumsatz der OfficeCom KG darzustellen?
- (1) Liniendiagramm
- (2) Punktdiagramm
- (3) Säulendiagramm
- (4) dreidimensionales Liniendiagramm
- (5) Kreisdiagramm

Lösungen

Aufgabe 1: (2)

Aufgabe 2: (4)

Aufgabe 3: (4)

Aufgabe 4: (1)

Aufgabe 5: (3)

Aufgabe 6: (3)

Aufgabe 7: (2)

Aufgabe 8: (3)

Aufgabe 9: (3)

Aufgabe 10: (3)

Aufgabe 11: (2)

Prozesse ✓ Multiple-Choice-Aufgaben und Lösungen zu I

Aufgabe 12: (4)

Aufgabe 13: (4)

Aufgabe 14: (4)

Aufgabe 15: (2)

Aufgabe 16: (2)

Aufgabe 17: (1), (4)

Aufgabe 18: (3)

Aufgabe 19: (2)

Aufgabe 20: (2), (4)

Aufgabe 21: (5)

Aufgabe 22: (5)

Aufgabe 23: (2), (5)

Aufgabe 24: (2), (5)

Aufgabe 25: (4)

Aufgabe 26: (2)

Aufgabe 27: (5)

Aufgabe 28: (3), (5)

Aufgabe 29: (2), (4)

Aufgabe 30: (4)

Aufgabe 31: (4)

Aufgabe 32: (4)

Aufgabe 33: (2), (4), (5), (1), (3)

Aufgabe 34: (5)

Information, Kommunikation, Kooperation 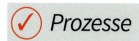 Prozesse

6.4 Multiple-Choice-Aufgaben zu: Information, Kommunikation, Kooperation

Aufgabe 1: Feedback-Regeln

Bitte kreuzen Sie die EINE richtige Antwort an:

(1) Die nonverbale Kommunikation ist beim Feedback unbedingt zu unterlassen.
(2) Kritische Äußerungen sollten als Ich-Botschaften formuliert werden.
(3) Beim Feedback sollte niemals von den Stärken des Kommunikationspartners ausgegangen werden.
(4) Mimik und Gestik dürfen beim Feedback nicht eingesetzt werden.
(5) Kritische Äußerungen sollten das Mittel der Übertreibung nutzen.

Aufgabe 2: Merkmale der Teamarbeit

Bitte kreuzen Sie die EINE richtige Antwort an:

(1) Bei Teamarbeit lastet die Verantwortung für das gemeinsame Ziel nur beim Teamleiter.
(2) Teamarbeit kann nur bei leichten Aufgabenstellungen eingesetzt werden.
(3) Bei der Projektarbeit muss auf Teamarbeit verzichtet werden.
(4) Bei Teamarbeit lastet die Verantwortung für das gemeinsame Ziel auf allen Mitgliedern.
(5) Konflikte dürfen bei Teamarbeit nicht thematisiert werden.

Aufgabe 3: Teamentwicklung

Bringen Sie die Phasen der Teamentwicklung in die richtige Reihenfolge:

(1) Adjourning Phase
(2) Forming
(3) Performing
(4) Storming
(5) Norming

Aufgabe 4: Arbeitspakete im Projekt

Bitte kreuzen Sie die EINE richtige Antwort an:

(1) Arbeitspakete beschreiben die Anforderungen des Projektauftragsgebers an die Leistungen des Projektauftragsnehmers.
(2) Die Arbeitspakete sind vor der Entwicklung der Projektidee festzulegen.
(3) Die Arbeitspakete können erst in der Projektabschlussphase festgelegt werden.
(4) Jedes Arbeitspaket muss von mehreren Verantwortlichen betreut werden.
(5) Die kleinsten Teilaufgaben eines Projektes werden als Arbeitspaket bezeichnet.

Prozesse 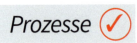 Multiple-Choice-Aufgaben und Lösungen zu I

Aufgabe 5: Gespräch zur Konfliktlösung

Bringen Sie die Phasen eines Gesprächs zur Konfliktlösung in die richtige Reihenfolge:

(1) Vereinbarungsphase
(2) Phase der Lösungssuche
(3) Begrüßungs- und Vorstellungsphase
(4) Befragungsphase
(5) Problembeschreibungsphase

Lösungen

Aufgabe 1: (2)

Aufgabe 2: (4)

Aufgabe 3: (2), (4), (5), (3), (1)

Aufgabe 4: (5)

Aufgabe 5: (3), (5), (4), (2), (1)

Ziele, Aufgaben und Stellung des Ausbildungsbetriebes WiSo

II Prüfungsbereich Wirtschafts- und Sozialkunde

1 Stellung, Rechtsform und Organisationsstruktur des Ausbildungsbetriebes

1.1 Ziele, Aufgaben und Stellung des Ausbildungsbetriebes

Handbuch: LF 1

Die volkswirtschaftliche Aufgabe von Unternehmen sollte sein, durch den **Einsatz von Produktionsfaktoren** solche **Sachgüter** und **Dienstleistungen** zu **erzeugen**, die der **Befriedigung menschlicher Bedürfnisse** dienen.

1. Welches *volkswirtschaftliche Ziel* sollten Unternehmen verfolgen?

2. Welche *Ziele von Unternehmen* werden im Allgemeinen unterschieden?

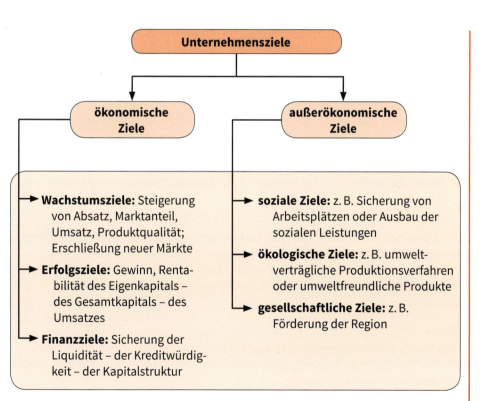

Stellung, Rechtsform und Organisationsstruktur

3 Unterscheiden Sie *Zielharmonie* und *Zielkonflikte* bei der Verfolgung von Unternehmenszielen.

- **Zielharmonie** ist gegeben, wenn sich die Unternehmensziele gegenseitig nicht widersprechen, sie sich eventuell sogar fördern (z. B. kann das Unternehmensziel Gewinnmaximierung auch soziale oder ökologische Ziele fördern).
- **Zielkonflikte** ergeben sich, wenn sich die Unternehmensziele gegenseitig ausschließen oder zumindest behindern (z. B. kann das Ziel der Gewinnmaximierung die Verfolgung ökologischer Ziele häufig behindern).

Gerade bei Zielkonflikten müssen die verfolgten Ziele in eine **Rangfolge** gebracht werden, man spricht dann von einer **Zielhierarchie**, die den unternehmerischen Entscheidungen zugrunde liegt.

4 Worin unterscheiden sich *Formal-* und *Sachziele?*

- **Formalziele** geben an, was (langfristig) erreicht werden soll, es sind wünschenswerte Zielvorstellungen. *Beispiel:* Erhöhung des Marktanteils auf 60 %
- **Sachziele** dienen der Verwirklichung der Formalziele durch Festlegung von konkreten Maßnahmen. *Beispiel:* schnelle Abwicklung der Auftragsbearbeitung durch Einsatz moderner Software

5 Worin unterscheiden sich *strategische* und *operative* Unternehmensziele?

- **Strategische Ziele** werden langfristig verfolgt (z. B. grundlegende Positionierung im Markt) und von der oberen Unternehmensebene festgelegt.
- **Operative Ziele** werden kurzfristig verfolgt (z. B. Aufbau eines neuen Vertriebssystems).

6 Was versteht man unter dem *ökonomischen Prinzip?*

Da die Wirtschaftsgüter knapp sind, muss mit ihnen **gewirtschaftet** werden. Für wirtschaftliches Handeln nach dem ökonomischen Prinzip gelten folgende Grundsätze:

- **Minimalprinzip:** Eine vorbestimmte Leistung soll mit möglichst geringen Mitteln erbracht werden.
- **Maximalprinzip:** Mit gegebenen Mitteln soll die größtmögliche Leistung erbracht werden.

Das ökonomische Prinzip ist aus dem **Vernunftprinzip (Rationalprinzip)** abgeleitet. Wirtschaftliche Entscheidungen müssen aber nicht immer dem ökonomischen Prinzip entsprechen, persönliche, gesellschaftliche oder politische Einflussfaktoren führen häufig auch zu irrationalen Entscheidungen im wirtschaftlichen Alltag.

7 Was versteht man unter einer *Unternehmensstrategie?*

Mithilfe von **Unternehmensstrategien**, d. h. langfristigen Planungen, positioniert sich das Unternehmen im Markt und grenzt sich damit von Mitbewerbern bewusst ab. Dies geschieht durch:

- Festlegung der **Geschäftsfelder**, in denen das Unternehmen tätig sein soll;
- Aufstellung der **obersten Unternehmensziele**;
- Bestimmung **unternehmenspolitischer Instrumente** (z. B. im Absatzbereich die Festlegung der Preispolitik) zur Beeinflussung der Marktgegebenheiten.

Ziele, Aufgaben und Stellung des Ausbildungsbetriebes

 WiSo

Langfristige Grundlage für das Agieren eines Unternehmens im Markt ist die **Unternehmensphilosophie**. Diese „Weltanschauung" des Unternehmens legt grundsätzliche Wertvorstellungen und Ziele fest, die detailliert in Form von Unternehmensgrundsätzen im **Unternehmensleitbild** schriftlich fixiert werden. Eine ganz spezifische Unternehmensethik kann z. B. dazu führen, dass ein Unternehmen sich spezielle soziale oder ökologische Ziele setzt. Konkretisiert werden diese Zielvorstellungen in der **Unternehmensidentität** im Markt.

Beispiel: Lifestyle AG

Unternehmensphilosophie: Gesundheitsbedürfnisse der Kunden im Bereich Wohnen befriedigen

↓

Unternehmensleitbild mit Unternehmensgrundsätzen: Unternehmensgrundsätze der Lifestyle AG (Auszug):
– Wir orientieren uns an den konkreten Kundenbedürfnissen.
– Wir berücksichtigen ökologische Wohnbedürfnisse.

↓

Unternehmensidentität im Markt: Bereitstellung ergonomisch gestalteter Wohnmöbel

(8) Grenzen Sie die Begriffe *Unternehmensphilosophie*, *Unternehmensleitbild* und *Unternehmensidentität* voneinander ab.

Betriebswirtschaftliche Produktionsfaktoren

- **Elementarfaktoren**
  - ausführende Arbeit
  - Betriebsmittel, z. B. Maschinen
  - Waren, Betriebsstoffe
  - Rechte, z. B. Patente, Lizenzen

- **dispositiver Faktor** (= dispositive Arbeit)
  - Kombination der Elementarfaktoren im Zuge der Zielbestimmung, Organisation, Planung, Leitung, Durchführung und Kontrolle

Die Produktionsfaktoren werden so kombiniert, dass sie den für den Unternehmer größtmöglichen Nutzen ergeben.

(9) Wie heißen die betriebswirtschaftlichen *Produktionsfaktoren*?

Unter der **Substitution** versteht man das **Ersetzen von Produktionsfaktoren** durch andere Produktionsfaktoren, um den größtmöglichen Nutzen (Ertrag) zu erzielen. Zum Beispiel wird häufig der Produktionsfaktor Arbeit durch den Produktionsfaktor Betriebsmittel (z. B. Maschinen) ersetzt.

(10) Was versteht man unter der *Substitution* der Produktionsfaktoren?

WiSo — Stellung, Rechtsform und Organisationsstruktur

11. Welche *Aufgabenfelder eines Betriebes* können im Allgemeinen unterschieden werden?

Folgende **Aufgabenfelder** eines Industriebetriebes können genannt werden:

- Beschaffung
- Lagerhaltung
- Produktion
- Absatz (Vertrieb)
- Verwaltung

12. Unterscheiden Sie die Begriffe *Betrieb* und *Unternehmen*.

- Der **Betrieb** kann als planvoll organisierte Wirtschaftseinheit bezeichnet werden, in der Sachgüter und Dienstleistungen durch Kombination der Produktionsfaktoren unter Beachtung des Wirtschaftlichkeitsprinzips erstellt und abgesetzt werden, unabhängig vom Wirtschaftssystem.
- Ein **Unternehmen** ist ein Betrieb des marktwirtschaftlichen Wirtschaftssystems, das gekennzeichnet ist durch
  - selbstständige, autonome Bestimmung seines Wirtschaftsplanes,
  - Verfolgung des erwerbswirtschaftlichen Prinzips (Gewinnmaximierung).

Anmerkung: In der Fachliteratur werden die Begriffe zum Teil unterschiedlich definiert.

13. Welche *volkswirtschaftlichen Aufgaben* sollen Betriebe erfüllen?

Die volkswirtschaftliche Aufgabe von Betrieben sollte sein, durch den Einsatz von Produktionsfaktoren solche Sachgüter und Dienstleistungen zu erzeugen, die der **Befriedigung menschlicher Bedürfnisse** dienen. Diese Güter und Dienstleistungen werden den anderen Wirtschaftseinheiten über den Absatzmarkt zur Verfügung gestellt.

14. Was beschreibt der *einfache Wirtschaftskreislauf*?

Er beschreibt als **Modell** die **ökonomischen Beziehungen** zwischen **privaten Haushalten** und **Unternehmen** (ohne gesondert ausgewiesene Banken) im Inland. Jede staatliche Aktivität wird modellhaft ausgeklammert.
Weitere Annahmen sind:

- Die privaten Haushalte verwenden ihr gesamtes Einkommen für den Kauf von Gütern und Dienstleistungen.
- Alle von den Unternehmen erzeugten bereitgestellten Güter und Dienstleistungen werden an die privaten Haushalte verkauft.

Die Güter- und Geldströme bewegen sich gegenläufig.

Ziele, Aufgaben und Stellung des Ausbildungsbetriebes

- Auf der **Beschaffungsseite** kaufen Industrieunternehmen Güter von Urproduktionsunternehmen (z. B. Grundstoffindustrie), anderen weiterverarbeitenden Industrieunternehmen (z. B. Maschinen) oder Handelsbetrieben ein. Daneben werden Dienstleistungen und finanzielle Mittel von entsprechenden Unternehmen beschafft.

- Auf der **Absatzseite** verkaufen Industrieunternehmen Güter an andere Industrieunternehmen (z. B. Grundstoffindustrie), an Groß- und Einzelhandelsunternehmen, an andere Dienstleistungsunternehmen oder an Handwerksbetriebe. Vereinzelt wird auch **an den Endverbraucher direkt verkauft**.

WiSo

15 Welche *Beziehungen* unterhält ein Industrieunternehmen *zu anderen Unternehmen der Gesamtwirtschaft?*

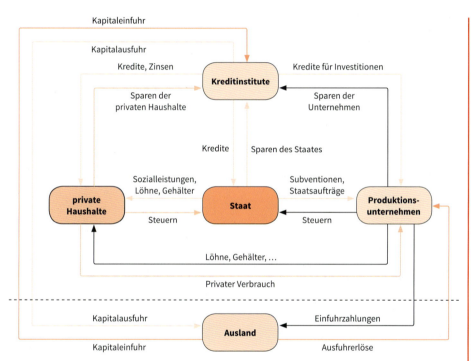

aus: Bundesverband deutscher Banken (Hrsg.): Ordner Wirtschaft. Materialien für den Unterricht, Köln 1994, 2.1/4

16 Skizzieren Sie einen *erweiterten Wirtschaftskreislauf.*

WiSo Stellung, Rechtsform und Organisationsstruktur

(17) Ordnen Sie im Modell des erweiterten Wirtschaftskreislaufs die unten stehenden 15 *Geldströme den einzelnen Wirtschaftssubjekten* durch Eintragung der entsprechenden *Kennziffer* in die Matrix zu.

(1) *Kapitaleinfuhr*
(2) *Kapitalausfuhr*
(3) *Kredite f. Investitionen*
(4) *Konsumkredite*
(5) *Sparen der private Haushalte*
(6) *Sparen der Unternehmen*
(7) *Kredite für den Staat*
(8) *Sparen des Staates*
(9) *Sozialleistungen*
(10) *Steuern (3×)*
(11) *Subventionen, Staatsaufträge*
(12) *Löhne u. Gehälter (2×)*
(13) *Privater Konsum*
(14) *Zahlungen für Importe*
(15) *Ausfuhrerlöse*

Geldströme zwischen den Wirtschaftssubjekten:

vom Wirtschaftssubjekt \ zum Wirtschaftssubjekt	Private Haushalte	Unternehmen	Kreditinstitute	Staat (öffentliche Haushalte)	Ausland
Private Haushalte	–	(13)	(5)	(10)	–
Unternehmen	(12)	–	(6)	(10)	(14)
Kreditinstitute	(4)	(3)	–	(7) (10)	(2)
Staat	(9) (12)	(11)	(8)	–	–
Ausland	–	(15)	(1)	–	–

(18) Was *stellen die Haushalte den Unternehmen beim einfachen Wirtschaftskreislauf zur Verfügung* und was erhalten die Haushalte als *Gegenleistung* von den Unternehmen?

- **Güterstrom** (realer Strom)
  Die privaten **Haushalte** stellen den **Unternehmen** die **Produktionsfaktoren Arbeit, Boden und Kapital** zur Verfügung.

- **Geldstrom** (monetärer Strom)
  Die **Unternehmen** bezahlen als Gegenleistung an die privaten **Haushalte Faktorentgelte** (Gehälter, Löhne, Pacht, Mieten, Zinsen, Dividenden).

(19) Welche *Unterschiede* bestehen zwischen dem *einfachen* und dem *erweiterten Wirtschaftskreislauf*?

- Zusätzlich zu den privaten Haushalten und den Unternehmen kommen im Modell des erweiterten Wirtschaftskreislaufs drei weitere Sektoren dazu:
  – die **Kreditinstitute** (Kapitalsammelstellen),
  – der **Staat** mit seiner Staatstätigkeit,
  – das **Ausland**.

- Aus der **statischen** Betrachtungsweise beim einfachen Wirtschaftskreislauf (die Wirtschaft kann weder schrumpfen noch wachsen) wird u. a. durch die Einbeziehung der Ersparnisse bei den Kreditinstituten eine **dynamische** Betrachtungsweise berücksichtigt.

Ziele, Aufgaben und Stellung des Ausbildungsbetriebes

WiSo

Von den privaten Haushalten und den Unternehmen erhält der Staat **Einnahmen** und nimmt **Ausgabenzahlungen** vor.

- **Staatseinnahmen**
  Die privaten Haushalte und Unternehmen entrichten an den Staat **Steuern, Gebühren und Abgaben**.

- **Staatsausgaben**
  – Durch **Subventionen** an Unternehmen, um u. a. Standortnachteile auszugleichen, kann die Wettbewerbsfähigkeit beeinflusst werden.
  – Durch **Transferzahlungen**, u. a. durch Wohngeldausgaben an die privaten Haushalte, erhöht sich das zur Verfügung stehende Einkommen.

20 Welche Rolle bzw. Funktion nimmt der *Staat* im Wirtschaftskreislauf ein?

Die Kreditinstitute nehmen eine **Vermittlerrolle** beim **Sparen** und **Investieren** der Wirtschaftssubjekte ein.

- **Sparen**
  Die privaten Haushalte geben ihr Einkommen nicht vollständig für Konsumzwecke aus, sondern **sparen** hiervon einen Teil bei den **Kreditinstituten** (Sparquote in der BRD ca. 10 %–13 %). Sparen wird durch **Konsumverzicht** erreicht.

- **Investitionen**
  Die Unternehmen sind durch Kreditaufnahmen in der Lage, durch Investitionen, z. B. in neue Maschinen, ihre **Produktionskapazitäten** zu **erweitern**. Dadurch kann sich auch unter Umständen ein **höheres Wirtschaftswachstum** innerhalb einer Volkswirtschaft entwickeln.

21 Welche Rolle bzw. Funktion haben die *Kreditinstitute* im erweiterten Wirtschaftskreislauf?

- **Offene Volkswirtschaft**
  Mit dem Sektor Ausland wird aus der geschlossenen eine **offene** Volkswirtschaft im erweiterten Wirtschaftskreislauf. Durch den **grenzüberschreitenden Austausch** von Waren-, Kapital- und Dienstleistungsverkehr mit dem Ausland durch Exporte und/oder Importe können die **Güter- und Geldmengenströme** einer Volkswirtschaft **zu- oder abnehmen**.

- **Positiver oder negativer Außenbeitrag**
  Wenn die Exporterlöse größer sind als die Importaufwendungen, spricht man von einem **Außenhandelsüberschuss** und es liegt ein **positiver Außenbeitrag** vor.
  Sind die Exporterlöse niedriger als die Importaufwendungen, spricht man von einem **Außenhandelsdefizit** und es liegt ein **negativer Außenbeitrag** vor.

22 Welche besondere Rolle nimmt der Sektor *Ausland* im erweiterten Wirtschaftskreislauf ein?

WiSo — Stellung, Rechtsform und Organisationsstruktur

23. Welche wirtschaftlichen Zusammenhänge können mithilfe des erweiterten Wirtschaftskreislaufs nur *begrenzt* bzw. gar *nicht* aufgezeigt werden?

- Er hat **Modellcharakter** und stellt gesamtwirtschaftliche Zusammenhänge nur **vereinfacht** dar.
- Er berücksichtigt nur bezahlte Leistungen, **unbezahlte** Leistungen wie z. B. die Hausarbeitstätigkeit werden **nicht erfasst**.
- Ökologische und ökonomische Aktivitäten werden im Hinblick auf **Umweltkosten** überhaupt nicht berücksichtigt. Die **Abnahme** der **Rohstoffvorkommen** oder die Erfassung der sogenannten externen Kosten wird **nicht erfasst**.

24. Was versteht man unter *Arbeitsteilung*?

Unter **Arbeitsteilung** versteht man die Auflösung eines Arbeitsvorganges in Teilprozesse.

25. Welche *Formen der Arbeitsteilung* werden unterschieden?

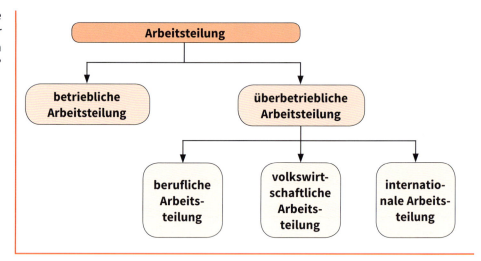

26. In welcher *Form* findet die *betriebliche Arbeitsteilung* statt?

Die **betriebliche Arbeitsteilung** findet in der Form der **Abteilungsbildung** (z. B. Beschaffung, Absatz) und in der Form der **Arbeitszerlegung** (z. B. Anfrage erstellen, Angebote vergleichen, Bestellung vornehmen, Wareneingang prüfen) statt.

27. Inwieweit findet innerhalb einer *Volkswirtschaft* eine *Arbeitsteilung* statt?

Innerhalb einer **Volkswirtschaft** findet eine **Arbeitsteilung**

- **vertikal** innerhalb unterschiedlicher **Wirtschaftsstufen** (z. B. Urproduktion, Weiterverarbeitung, Verteilung),
- **horizontal** innerhalb unterschiedlicher Branchen und einzelner Unternehmen statt.

Rechtsformen

Der Theorie nach wird in dem Land, in der Region produziert, in der es am (kosten-)günstigsten ist. In der Realität spielen vor allem **historische Gründe** eine Rolle (z. B. die Folgen des Kolonialismus oder der Weltkriege). Benachteiligte Regionen (z. B. die sog. „**Dritte Welt**") haben aufgrund **zementierter Strukturen** und **politischer Abhängigkeiten** vor allem von Großmächten kaum eine Chance, eine gleichberechtigte, partnerschaftliche Wirtschaftsentwicklung zu verwirklichen.

28 Was wird an der *internationalen Arbeitsteilung* kritisiert?

Industrieunternehmen agieren heutzutage i. d. R. **international**, das heißt, sie müssen die **Bedingungen** der **globalisierten Märkte** beachten. Es reicht nicht mehr aus, sich an nationalen Standards des Produktionsstandortes und der Nachbarländer auszurichten. Die Kunden kaufen „rund um den Globus ein" und vergleichen ständig Leistungen und Preise der international aufgestellten Mitbewerber. Viele Industrieunternehmen haben darauf reagiert, indem sie zum einen **global einkaufen** und zum anderen verschiedene **Produktionsstandorte** sogar auf **unterschiedlichen Kontinenten** auswählen. Im Bereich der **Investition** und **Finanzierung** werden die Vorteile internationaler Kapitalströme (z. B. Zins- und Steuersatzunterschiede) ausgenutzt.

29 Wie wirkt sich die *Globalisierung* auf die unternehmerischen *Planungs-* und *Entscheidungsprozesse* aus?

1.2 Rechtsformen

Handbuch: LF 9

- **Anzahl der Gründungsmitglieder**
- Möglichkeiten der **Kapitalaufbringung** (Anzahl der Personen, Höhe der Kapitalsumme)
- **Haftungsumfang** (Voll- oder Teilhafter)
- **steuerrechtliche Behandlung** (z. B. des Gewinns)
- **Entscheidungsbefugnisse** (z. B. Geschäftsführung, Vertretung)
- **Gewinn- und Verlustverteilung**
- rechtliche Vorschriften zur **Mitbestimmung** der Arbeitnehmerschaft

30 Welche *Bestimmungsgründe* sind vornehmlich für die *Wahl einer Unternehmensrechtsform* maßgeblich?

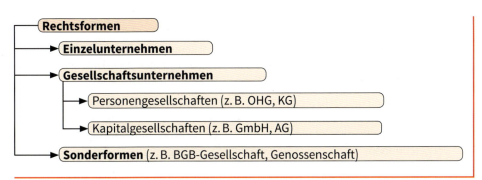

31 In welche *Gruppen* werden die *Rechtsformen von Unternehmen* unterteilt?

WiSo Stellung, Rechtsform und Organisationsstruktur

32 Welche *Vorteile* weist ein *Einzelunternehmen* auf?

- Der alleinige Eigentümer hat auch die **alleinige Entscheidungsmacht**. Rasche Entscheidungen gerade bei plötzlichen Marktveränderungen sind möglich.
- Es ist **kein Mindestkapital** für die Gründung vorgeschrieben.
- Der Eigentümer kann **allein** über die Verwendung des erwirtschafteten **Gewinns entscheiden**.
- Der Eigentümer hat ein **hohes Interesse** an der **wirtschaftlichen Entwicklung** des Unternehmens.

33 Welche *Nachteile* weist das *Einzelunternehmen* auf?

- Der Eigentümer hat das **alleinige wirtschaftliche Risiko**, er **haftet allein** mit seinem **Privat- und Geschäftsvermögen**.
- Die **Finanzierungs- und Kreditmöglichkeiten** sind **eng begrenzt**. Die **Expansionsfähigkeit** des Unternehmens ist **folglich begrenzt**.

34 Welche *Vorteile* hat eine *Personengesellschaft*?

- Das **wirtschaftliche Risiko** und damit auch die **Haftung** werden auf mehrere Personen **verteilt**.
- Das notwendige **Kapital** wird von **mehreren Personen** aufgebracht, es ergeben sich **bessere Finanzierungs- und Kreditmöglichkeiten** als z. B. bei einem Einzelunternehmen.
- Eine Arbeitsteilung ist möglich, da die **einzelnen Eigentümer** jeweils ihre **persönlichen Kenntnisse und Fähigkeiten** einbringen können.
- Es ist **kein Mindestkapital** für die Gründung vorgeschrieben.

35 Welche *Nachteile* weist eine *Personengesellschaft* auf?

- Es kann auf der Eigentümerebene zu **Streitigkeiten** und **langen Entscheidungsprozessen** kommen.
- Der **einzelne Eigentümer** hat unter Umständen **weniger Interesse** an der wirtschaftlichen Entwicklung als beispielsweise bei einem Einzelunternehmen.
- Gegenüber der Kapitalgesellschaft sind die **Finanzierungs- und Kreditmöglichkeiten** und damit die **Expansionsfähigkeit eingeschränkt**.

36 Welche *allgemeinen Merkmale* weist eine *OHG* auf?

- Zweck einer OHG ist laut § 105 HGB der **Betrieb eines Handelsgewerbes** unter **gemeinschaftlicher Firma**.
- Zur **Gründung** einer OHG sind mindestens **zwei Personen** notwendig, ein Mindestkapital ist nicht vorgeschrieben.
- Bei keinem der Gesellschafter ist die **Haftung** gegenüber den Gesellschaftsgläubigern eingeschränkt.
- Zur **Führung der Geschäfte** der Gesellschaft sind **alle Gesellschafter berechtigt** und **verpflichtet**.
- Das Rechtsverhältnis der Gesellschafter untereinander wird laut § 109 HGB im **Gesellschaftsvertrag** festgelegt.

Rechtsformen WiSo

37 — Wie erfolgt die *Verteilung des Gewinns* und *des Verlustes*?

- Nach § 121 HGB erhält jeder Gesellschafter vom **Gewinn 4 %** auf seinen **Kapitalanteil**. Übersteigt der Gewinn diesen Betrag, wird der **Rest nach Köpfen** verteilt.
- Der **Verlust** wird **nach Köpfen** verteilt.
- Im **Gesellschaftsvertrag** kann eine **andere Regelung** über die Gewinn- und Verlustverteilung festgelegt werden.

38 — Gegenüber Gesellschaftsgläubigern haften die Gesellschafter *unbeschränkt, unmittelbar* und *solidarisch*. Was ist damit gemeint?

- **Unbeschränkte Haftung:** Im Außenverhältnis haften jeweils alle Gesellschafter sowohl mit ihrem **Geschäfts-** als auch mit ihrem **Privatvermögen**.
- **Unmittelbare Haftung:** Die Gesellschaftsgläubiger können ihre Forderungen **direkt** von **jedem einzelnen Gesellschafter** einfordern, sie müssen sich nicht vorher an die OHG allgemein wenden. Jeder Gesellschafter haftet im Außenverhältnis den Gläubigern als **Gesamtschuldner**.
- **Solidarische Haftung:** Fordert ein Gesellschaftsgläubiger von nur einem Gesellschafter im Rahmen dessen gesamtschuldnerischer Haftung seine Forderungen ein, hat der betreffende Gesellschafter das Recht, sich im Innenverhältnis an die anderen Gläubiger zu halten, um eine gleichmäßige **Verteilung der Gläubigerschulden** zu erzielen.

39 — Welche allgemeinen *Rechte* hat ein *Gesellschafter* einer *OHG*?

- Recht auf **Gewinnanteil** (siehe oben)
- Recht auf **Privatentnahmen**
- Recht auf **Geschäftsführung**: Bei gewöhnlichen Geschäften hat jeder Gesellschafter das Recht auf Einzelentscheidung, bei außergewöhnlichen Geschäften (z. B. Grundstücksverkauf) ist ein Beschluss sämtlicher Gesellschafter erforderlich.
- Recht auf **Vertretungsbefugnis** im Außenverhältnis (Einzelvertretungsbefugnis); der Gesellschaftsvertrag kann eine gemeinsame Gesamtvertretung aller Gesellschafter für alle oder einzelne Geschäfte vorsehen.
- **Informations-** und **Kontrollrecht** (gilt auch bei Einschränkung der Geschäftsführung laut Gesellschaftsvertrag)
- Recht auf **Widerspruch** gegenüber Entscheidungen anderer Gesellschafter
- Recht auf **Kündigung** eines Gesellschafters innerhalb sechs Monaten zum Schluss des Geschäftsjahres
- Recht auf Anteil am **Liquidationserlös**

Stellung, Rechtsform und Organisationsstruktur

40 Welche allgemeinen *Pflichten* hat ein *Gesellschafter* einer OHG?

- **Einlagepflicht** des Kapitalanteils
- **Verzinsungspflicht** z. B. bei verspäteter Einlage
- **Wettbewerbsverbot:** Ein Gesellschafter darf ohne Einwilligung anderer Gesellschafter weder in dem Handelszweig der Gesellschaft Geschäfte machen noch an einer anderen gleichartigen Handelsgesellschaft als persönlich haftender Gesellschafter beteiligt sein.
- Pflicht zur **Geschäftsführung**
- Beteiligung am **Verlust** (siehe oben)
- **Haftungspflicht** (siehe Frage 38)

41 Welche *allgemeinen Merkmale* weist eine KG auf?

- Zweck einer KG ist laut § 161 HGB der **Betrieb eines Handelsgewerbes** unter **gemeinschaftlicher Firma**.
- Zur **Gründung** einer KG sind mindestens **zwei Personen** notwendig, mindestens je ein **Voll-** und **Teilhafter**.
- Ein **Mindestkapital** ist nicht vorgeschrieben.
- Im Hinblick auf den Umfang der **Haftung** gegenüber den Gesellschaftsgläubigern unterscheidet man **Komplementäre** (Vollhafter) und **Kommanditisten** (Teilhafter). Die Komplementäre haften mit ihrem Geschäfts- und Privatvermögen, die Kommanditisten nur mit der Höhe ihrer Einlage. Die Komplementäre haften gegenüber Gesellschaftsgläubigern ebenso wie die Gesellschafter einer OHG unbeschränkt, unmittelbar und solidarisch.
- Hinsichtlich der **Führung der Geschäfte** der Gesellschaft haben die **Komplementäre** dieselben Rechte und Pflichten wie die Gesellschafter einer OHG.
- Die **Kommanditisten** sind von der Führung der Geschäfte der Gesellschaft ausgeschlossen. Sie haben aber ein **Widerspruchsrecht** bei außergewöhnlichen Geschäften, z. B. bei Änderung des Geschäftszweiges. Weiterhin verfügen die Kommanditisten über ein **Kontrollrecht**. Sie haben Einblick in die Bücher und in die Bilanz. Die Kommanditisten sind zur Vertretung der Gesellschaft nach außen nicht ermächtigt, sie unterliegen aber nicht dem Wettbewerbsverbot.

42 Wie erfolgt die *Verteilung des Gewinns* und *des Verlustes*?

- Nach § 168 HGB erhält jeder Gesellschafter vom **Gewinn 4 %** auf seinen **Kapitalanteil**. Übersteigt der Gewinn diesen Betrag, wird der **Rest im angemessenen Verhältnis** verteilt.
- Der **Verlust** wird im **angemessenen Verhältnis** verteilt.
- Im **Gesellschaftsvertrag** kann eine **andere Regelung** über die Gewinn- und Verlustverteilung festgelegt werden.

Rechtsformen — WiSo

Gesellschaft	Kapital	Gewinnanteil 4 %	Restgewinn	Gesamt-gewinn
A	420.000,00 €	16.800,00 €	33.040,00 €	49.840,00 €
B	380.000,00 €	15.200,00 €	33.040,00 €	48.240,00 €
C	260.000,00 €	10.400,00 €	16.520,00 €	26.920,00 €
Gesamt	1.060.000,00 €	42.400,00 €	82.600,00 €	125.000,00 €

43 *Verteilen Sie den KG-Gewinn von 125.000,00 € : je 4 % pro Gesellschafteranteil; Gesellschafter A: 420.000,00 €, Gesellschafter B: 380.000,00 €, Gesellschafter C: 260.000,00 €. Die Komplementäre A und B erhalten vom Restgewinn je 40 %, C 20 %.*

Die **Komplementäre** haben dieselben Rechte wie die Gesellschafter einer OHG (siehe S. 240).

44 Welche *Rechte* haben die *Komplementäre* einer KG?

- Das **wirtschaftliche Risiko** und damit auch die **Haftung** werden auf das Gesellschaftsvermögen **beschränkt**.
- Kapitalgesellschaften sind **juristische Personen** mit dem Vorteil der eigenen Rechtspersönlichkeit (z. B. kann dadurch die Haftung der Gesellschafter mit ihrem Privatvermögen ausgeschlossen werden).
- Die **Übertragung von Geschäftsanteilen** ist **einfach möglich**, der Fortbestand des Unternehmens ist dadurch prinzipiell gesichert.
- Die **Finanzierungs-** und **Kreditmöglichkeiten** sind durch die Nutzung des Kapitalmarktes prinzipiell **gut**.

45 Welche *Vorteile* hat eine *Kapitalgesellschaft*?

- Es ist ein **Mindestkapital** zur Gründung der Kapitalgesellschaft **notwendig** (unerheblich nur bei der haftungsbeschränkten Unternehmergesellschaft).
- Es müssen **mehrere Organe** eingerichtet werden, die rasche **Entscheidungen** häufig **erschweren**.
- **Gründungskosten** sind in der Regel **höher** als bei Personengesellschaften.
- Bei großen Kapitalgesellschaften können umfangreiche **Mitbestimmungsrechte** der Arbeitnehmervertreter **Entscheidungsprozesse verzögern**.
- Große Kapitalgesellschaften unterliegen **umfangreichen Offenlegungspflichten** beim Jahresabschluss.

46 Welche *Nachteile* weist eine *Kapitalgesellschaft* auf?

WiSo — Stellung, Rechtsform und Organisationsstruktur

47. Durch welche Umstände wird eine Kapitalgesellschaft aufgelöst?

- **Entscheidung** der Gesellschafter (Beschluss mit qualifizierter Mehrheit)
- durch **Ablauf** der in der Satzung festgelegten **Zeit**
- **Eröffnung** des **Insolvenzverfahrens**
- Entscheidung durch **Gerichtsurteil**

48. Welche *allgemeinen Merkmale* weist eine *GmbH* auf?

- Nach § 1 des GmbH-Gesetzes kann eine GmbH zu jedem gesetzlich zugelassenen Zweck von **einer** oder **mehreren Personen gegründet** werden.
- Als **Kapitalgesellschaft** ist die GmbH eine **juristische Person**, sie hat als solche selbstständig ihre Rechte und Pflichten. Sie **kann Eigentum erwerben**, vor Gericht **klagen** und **verklagt werden**.
- Der **Gesellschaftsvertrag** einer GmbH bedarf notarieller Form.
- Die **Haftung** der Gesellschaft gegenüber den Gläubigern ist auf das **Gesellschaftsvermögen begrenzt**.
- Als **Mindestkapital** muss das **Stammkapital** der Gesellschaft **25.000,00 €** betragen, als **„Unternehmergesellschaft (haftungsbeschränkt)"** kann eine Gründung mit einem Stammkapital von **1,00 €** erfolgen. Die **„UG (haftungsbeschränkt)"** darf ihre jährlichen Gewinne allerdings nicht in voller Höhe ausschütten, dadurch soll das Mindeststammkapital einer normalen GmbH von 25.000,00 € nach und nach **angespart** werden.
- Der **Nennbetrag** jedes Geschäftsanteils eines Gesellschafters muss auf **volle Euro** lauten. Ein Gesellschafter kann bei Errichtung der Gesellschaft **mehrere Geschäftsanteile** übernehmen. Die **Summe der Nennbeträge** aller Geschäftsanteile muss **mit dem Stammkapital übereinstimmen**. Es können auch **Sacheinlagen** geleistet werden. Geschäftsanteile sind veräußerlich und vererblich.
- Die Gesellschaft muss einen oder mehrere **Geschäftsführer** haben. Geschäftsführer kann nur eine natürliche, unbeschränkt geschäftsfähige Person sein. Die GmbH wird durch Geschäftsführer gerichtlich und außergerichtlich vertreten.

49. Welche *Inhalte* muss der *Gesellschaftsvertrag einer GmbH* mindestens aufweisen?

- die **Firma** und den **Sitz** der Gesellschaft
- den **Gegenstand** des Unternehmens
- den **Betrag** des **Stammkapitals**
- die **Zahl** und die **Nennbeträge der Geschäftsanteile**, die jeder Gesellschafter gegen Einlage auf das Stammkapital (Stammeinlage) übernimmt

Rechtsformen

- **Firma** und **Sitz** der Gesellschaft
- **inländische Geschäftsanschrift**
- **Gegenstand** des Unternehmens
- **Höhe** des **Stammkapitals**
- **Tag des Abschlusses** des Gesellschaftsvertrages
- **Personen** der Geschäftsführer
- **Umfang der Vertretungsbefugnis** der Geschäftsführer

50 Welche *Inhalte* umfasst die *Eintragung* der GmbH in das *Handelsregister*?

- Recht auf **Gewinnanteil** im Verhältnis der Geschäftsanteile. Der Gesellschaftsvertrag kann auch eine andere Verteilung vorsehen.
- **Stimmrecht** in der Gesellschafterversammlung, jeder Euro eines Geschäftsanteils gewährt eine Stimme.
- Recht auf **Auskunft** über die Angelegenheiten der Gesellschafter und auf Einsicht der Bücher und Schriften
- Recht auf **Liquidationserlös**

51 Welche *Rechte* besitzt der *Gesellschafter* einer GmbH?

- **Feststellung des Jahresabschlusses** und **Verwendung** des **Ergebnisses**
- Entscheidung über die **Offenlegung** eines Einzelabschlusses nach internationalen Rechnungslegungsstandards
- **Billigung** eines von den Geschäftsführern aufgestellten **Konzernabschlusses**
- **Einforderung** der **Einlagen**
- **Rückzahlung** von nicht benötigten **Nachschüssen**
- **Teilung, Zusammenlegung** sowie **Einziehung** von **Geschäftsanteilen**
- **Bestellung** und **Abberufung** von **Geschäftsführern** sowie **Entlastung** derselben
- Maßregeln zur **Prüfung** und **Überwachung** der **Geschäftsführung**
- **Bestellung** von **Prokuristen** und von **Handlungsbevollmächtigten zum gesamten Geschäftsbetrieb**
- Geltendmachung von **Einzelansprüchen** sowie **Vertretung** der **Gesellschaft in Prozessen**, welche sie **gegen die Geschäftsführer** zu führen haben

52 Welche *Pflichten* besitzt der *Gesellschafter* einer GmbH?

Schließt man mit einem Kunden einen Kaufvertrag über eine hohe Summe (sogenannte **Großaufträge**), ist es wichtig zu wissen, ob der Kunde auch zahlungsfähig ist. Bei Problemfällen ist dem Lieferanten wichtig, ob der Schuldner für einen hohen Forderungsausfall überhaupt haften kann. Bei Kapitalgesellschaften ist die Haftung auf das Gesellschaftsvermögen beschränkt, sodass der Lieferant im Streitfall unter Umständen nur einen kleinen Teil seiner Forderung erhält.

53 Warum spielt die *Haftung* bei einer Rechtsform gerade bei der Annahme von *Großaufträgen* eine besondere Rolle?

WiSo Stellung, Rechtsform und Organisationsstruktur

Handbuch: LF 9

1.3 Investition und Finanzierung

54 Was verstehen Sie unter *Investition*?

Unter **Investition** versteht man die Verwendung finanzieller Mittel in einem Unternehmen (z. B. für Sachvermögen). Investitionen verändern das Anlage- bzw. Umlaufvermögen auf der Aktivseite der Bilanz (Mittelverwendung).

55 Nennen Sie *mögliche Investitionsanlässe*.

- Erschließung eines **neuen Marktes** durch Eröffnung von Auslandsfilialen
- Sicherung der **Wettbewerbsfähigkeit** durch Anschaffung neuer Produktionsanlagen
- **Anpassung** an veränderte gesetzliche Vorschriften (z. B. Umweltrecht) durch Modernisierung der Produktionsanlagen

56 Welche betrieblichen *Investitionsarten* unterscheidet man?

- Nach dem **Zweck** der Investition unterscheidet man:
  - **Erstinvestition** (z. B. Bau einer Lagerhalle bei Gründung des Unternehmens)
  - **Ersatzinvestition** (z. B. eine verbrauchte Verpackungsmaschine wird durch eine gleichartige ersetzt)
  - **Rationalisierungsinvestition** (z. B. eine technisch leistungsfähigere Maschine verbessert die Wirtschaftlichkeit des Unternehmens)
  - Erweiterungsinvestition (z. B. ein weiterer Produktionsstrang vergrößert die Kapazität des Unternehmens)
- Nach der **Vermögensart** unterscheidet man:
  - **Sachinvestition** (z. B. Lkw)
  - **Finanzinvestition** (z. B. Beteiligung)
  - **immaterielle Investition** (z. B. Patente)

57 Wovon ist die *Entscheidung für eine unternehmerische Investition* vor allem abhängig?

Ein wesentliches Entscheidungskriterium ist die Überlegung, ob sich die **Investition** für das Unternehmen **lohnt**. Daneben können auch soziale (z. B. Sicherung von Arbeitsplätzen) oder politische Faktoren (z. B. Erhaltung einer sauberen Umwelt) eine Rolle spielen.

 58 Was verstehen Sie unter *Finanzierung*?

Darunter versteht man sämtliche Maßnahmen eines Unternehmens, die der **Beschaffung von Kapital** für unternehmerische Zwecke dienen. Diese Mittel verändern das Eigen- bzw. Fremdkapital auf der Passivseite der Bilanz (Mittelherkunft).

Investition und Finanzierung

Wird die **Finanzierung** als **Kapitalbeschaffung** definiert, so beschreibt die **Investition** ganz allgemein die **Kapitalverwendung**. Dieser Zusammenhang lässt sich in der Bilanz eines Unternehmens darstellen:

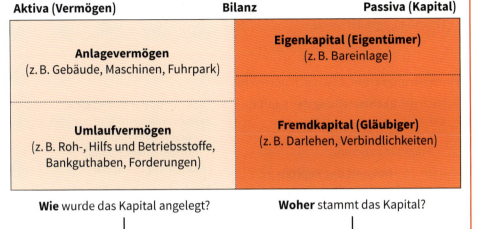

Zeigen Sie anhand der beiden Seiten einer *Bilanz* auf, was man unter *Investition* und *Finanzierung* versteht. **59**

- Kauf von Maschinen
- Erwerb einer Lizenz
- Aktualisierung der Software (Update)
- Umwandlung der Rechtsform (z. B. GmbH in eine AG)
- Schließung von Finanzierungslücken (z. B. per Kreditaufnahme)
- Finanzierung von Sozialplänen

Nennen Sie *mögliche Finanzierungsanlässe*. **60**

Der **Finanzplan** ist ein Bestandteil des Gesamtplanes eines Unternehmens. Er enthält die Aufstellung der **erwarteten Einnahmen und Ausgaben** für eine Planungsperiode (z. B. für ein Quartal). Diese Schätzwerte müssen – insbesondere bei langfristigen Finanzplanungen – laufend an die tatsächlichen betrieblichen Entwicklungen (z. B. Preis-/Absatzschwankungen) angepasst werden.

Was versteht man unter einem *Finanzplan*? **61**

Mithilfe des Finanzplans soll die **Zahlungsfähigkeit** eines Unternehmens sichergestellt werden; es sollen aber auch überschüssige Finanzierungsmittel begrenzt werden, um eine **optimale Unternehmensrentabilität** zu erreichen. Eine vorausschauende Finanzplanung soll frühzeitig finanzielle Engpässe aufdecken und eine **Gegensteuerung** ermöglichen.

Worin besteht das *Ziel* des *Finanzplanes*? **62**

Stellung, Rechtsform und Organisationsstruktur

63 Welche *Finanzierungsgrundsätze* kennen Sie?

Finanzierungsgrundsätze:
- Vermeidung einer Überschuldung
- höchstmögliche Kapitalrentabilität
- Auswahl der kostengünstigsten Finanzierungsalternative
- Liquiditätssicherung (fristgerechte Zahlungsfähigkeit)
- Sicherstellung der Kapitaldienstzahlungen (Zinsen, Tilgungsraten)

64 Nach welchen Gesichtspunkten lassen sich *Finanzierungsarten* unterscheiden?

Finanzierungsarten lassen sich unterscheiden:
- nach der **Rechtsstellung der Kapitalgeber**:
  - Eigenfinanzierung
  - Fremdfinanzierung
- nach der **Herkunft des Kapitals** in:
  - Innenfinanzierung
  - Außenfinanzierung
- nach der **Dauer der Kapitalbereitstellung**:
  - kurzfristiges Kapital
  - mittelfristiges Kapital
  - langfristiges Kapital
- **Sonderformen der Finanzierung**:
  - Leasing
  - Factoring

65 Unterscheiden Sie zwischen *Eigen-* und *Fremdfinanzierung*.

- Bei der **Eigenfinanzierung** (Einlagen-/Beteiligungsfinanzierung) stellen die Eigentümer dem Unternehmen unbefristetes Eigenkapital zur Verfügung (z. B. bei einer OHG durch Aufnahme eines neuen Komplementärs, bei der AG durch die Ausgabe junger Aktien). Auch die Bildung von Gewinnrücklagen zählt dazu.
- Bei der **Fremdfinanzierung** (Kreditfinanzierung) überlassen Gläubiger dem Unternehmen Fremdkapital für eine begrenzte Zeit (z. B. Aufnahme eines Darlehens). Die Aufnahme von Fremdkapital erfordert anders als beim Eigenkapital Zins- und Tilgungsleistungen, die die Unternehmensliquidität beeinflussen. Auch die Finanzierung aus Rückstellungen gehört dazu.

66 Unterscheiden Sie zwischen *Innen-* und *Außenfinanzierung*.

- Bei der **Innenfinanzierung** resultiert das Kapital aus dem Unternehmen selbst (mehrere Möglichkeiten):
  - **Selbstfinanzierung**
    - Erwirtschaftete Gewinne werden ganz oder teilweise im Unternehmen behalten (Gewinnthesaurierung).
    - Bei der offenen Selbstfinanzierung werden nicht ausgeschüttete Gewinne entweder den Kapitalkonten zugeführt (z. B. bei der OHG) oder auf Rücklagenkonten gutgeschrieben (z. B. bei der AG).
  - Bei der stillen Selbstfinanzierung entstehen stille Rücklagen durch die Unterbewertung von Vermögen oder die Überbewertung von Schulden.
  - Freisetzungsfinanzierung (Finanzierung aus Kapitalfreisetzung) Man unterscheidet die Finanzierung
    - aus Abschreibungen,
    - durch Änderung der Vermögensstruktur (z. B. Veräußerung eines nicht benötigten Grundstücks),
    - durch Rationalisierungsmaßnahmen (z. B. die Reduzierung der Lagerdauer von Fertigerzeugnissen).

Investition und Finanzierung

- Bei der **Außenfinanzierung** wird dem Unternehmen von außen Kapital zugeführt. Die Finanzierung kann durch die Aufnahme von **Fremdkapital** erfolgen oder durch die Bereitstellung zusätzlichen Kapitals **durch die Eigentümer** des Unternehmens.

Vorteile der Eigenfinanzierung:

- Das Unternehmen kann i. d. R. unbefristet über das Kapital verfügen.
- Das Unternehmen ist unabhängig von Kapitalgebern.
- Es gibt keine festgeschriebenen Zins- und Tilgungszahlungen und dadurch keinen Liquiditätsabfluss.
- Die Kreditwürdigkeit des Unternehmens steigt.
- In Verlustjahren wird die betriebliche Substanz nicht verringert, weil ein Recht auf Gewinnzuweisung nur entsteht, wenn das Unternehmen Gewinne erzielt. Dagegen müssen bei der Fremdfinanzierung auch in Verlustjahren Zinsen bezahlt werden.
- Die Investitionsbereitschaft steigt.

67 Worin sehen Sie *Vorteile* der *Eigenfinanzierung*?

Vorteile der Fremdfinanzierung:

- Kapitalgeber haben i. d. R. kein Mitspracherecht bei der Unternehmensführung.
- Fremdkapitalzinsen mindern als Betriebsausgaben den steuerpflichtigen Gewinn und führen zu einer geringeren steuerlichen Belastung des Unternehmens.
- keine Beteiligung am Gewinn und am Vermögenszuwachs des Unternehmens

68 Worin sehen Sie *Vorteile* der *Fremdfinanzierung*?

Unter **Leasing** versteht man die **Vermietung** bzw. **Verpachtung** von beweglichen oder unbeweglichen Wirtschaftsgütern (z. B. Lkw oder Lagerhalle) durch den Hersteller oder eine spezielle Leasinggesellschaft.

69 Was versteht man unter *Leasing*?

70 Nach welchen Gesichtspunkten werden *Leasingarten* unterschieden?

Leasingarten
- nach der **Stellung** des Leasinggebers **im Absatzweg**
  - direktes Leasing (Herstellerleasing)
  - indirektes Leasing (Leasinggesellschaft)
- nach der **Art** des Leasingobjektes
  - Konsumgüterleasing
  - Investitionsgüterleasing

WiSo Stellung, Rechtsform und Organisationsstruktur

71 **Unterscheiden Sie zwischen *Firmen-* und *Privatleasing*.**

- Beim **Firmenleasing** ist der Leasingnehmer ein Unternehmen.
- Beim **Privatleasing** ist der Leasingnehmer eine Privatperson.

72 **Fallbeispiel zum Privatleasing:**

Iris Schnelle möchte sich einen Wohnwagen anschaffen. Sie hat dafür 7.250,00 € gespart. Der Autohändler EUROPE CAR GmbH bietet den Wagen wie folgt an:
Kaufpreis bei Barzahlung 32.250,00 €, Leasing mit Kilometerabrechnung der Firma Leasing Nord AG, 7.250,00 € Sonderzahlung, monatliche Leasingraten 409,30 €, Laufzeit 36 Monate, Fahrleistung 9 000 km p. a.; Mehrkilometer werden mit 0,10 € in Rechnung gestellt, Minderkilometer mit 0,05 € vergütet. Nach drei Jahren kann der Wohnwagen zum Restwert von 20.000,00 € erworben werden.

Für einen Barkauf muss Frau Schnelle einen Kredit von 25.000,00 € (32.250,00 € – 7.250,00 €) aufnehmen. Von der Autobank AG erhält sie folgendes Angebot: 0,32 % Zinsen p. M.; Laufzeit 36 Monate, effektiver Zinssatz 9,01 %.

Vergleich zwischen Leasing und Barkauf mit Kreditaufnahme:

Leasing:		Barkauf mit Kreditaufnahme:	
monatl. Rate: 409,30 €		Kreditbetrag	25.000,00 €
	+	0,32 % Zinsen p. M. für 36 Monate	2.880,00 €
		Rückzahlung insgesamt	27.880,00 €
		monatliche Rate (Tilgung + Zinsen)	774,44 €

Die monatliche Belastung ist bei der Kreditfinanzierung um 365,14 € höher.

Der Gesamtaufwand beträgt:

	Sonderzahlung	7.250,00 €		eigene Mittel	7.250,00 €
+	409,30 € · 36 =	14.734,80 €		Gesamtkredit	27.880,00 €
+	Restwert lt. Vertrag	20.000,00 €			
	insgesamt	41.984,80 €		insgesamt	35.130,00 €
				angenommener Marktwert nach drei Jahren	10.000,00 €

Nach vier Jahren geht der Wohnwagen in das Eigentum des Kreditnehmers über.

Es handelt sich hierbei um eine Modellrechnung. Es gelten vier Annahmen:

1. Das Leasingobjekt wird gekauft.
2. Der geschätzte Leasingrestwert (nicht identisch mit dem Restwert laut Vertrag) ist identisch mit dem Marktwert.
3. Auf- und Abzinsungen werden nicht berücksichtigt.
4. Beim Firmenleasing sind noch zusätzlich steuerliche Gesichtspunkte zu berücksichtigen.

Investition und Finanzierung

- Beim **direkten Leasing** schließen der Leasinggeber (Hersteller) und der Leasingnehmer einen Vertrag über das Leasingobjekt ab: Der Leasingnehmer zahlt die Leasingraten an den Leasinggeber.

- Beim **indirekten Leasing** kauft der Leasinggeber das Leasingobjekt vom Hersteller und überlässt es dem Leasingnehmer zum Gebrauch; dieser zahlt die Leasingraten an den Leasinggeber.

73 Wie unterscheiden sich *direktes* und *indirektes Leasing*?

- **Vorteile:**
  - Schonung der Liquidität zum Zugangszeitpunkt des Gutes, da die Kosten über Leasingraten auf die Nutzungsdauer verteilt werden
  - Berücksichtigung des technischen Fortschritts durch möglichen Austausch des Leasingobjekts
  - Rücknahmeverpflichtung des Leasinggebers nach Ablauf der Vertragszeit
  - Da die Leasingraten als Betriebsausgaben abgesetzt werden können, reduzieren sie die gewinnabhängigen Steuern.
  - In vielen Fällen erhält der Leasingnehmer spezielle Dienstleistungen angeboten.

- **Nachteile:**
  - eingeschränkte Verfügungsgewalt über das Leasingobjekt, da kein Eigentum erworben wird
  - umfangreiche Vertragsverpflichtungen (z. B. bei Pkws Abschluss einer Vollkaskoversicherung)
  - erhöhte Kosten bei vorzeitiger Vertragsauflösung (z. B. Konventionalstrafe)
  - laufende Liquiditätsbelastungen durch die monatlichen Leasingraten
  - i. d. R. insgesamt höhere Aufwendungen als beim Kauf

74 Welche *Vor- und Nachteile* sind mit dem *Firmenleasing* aus der Sicht des Leasingnehmers verbunden?

Unter Factoring versteht man den **Verkauf kurzfristiger Forderungen** aus Lieferungen und Leistungen an einen **Factor** (Factoring-Gesellschaft, i. d. R. Tochtergesellschaft einer Bank). Er zieht von dem Forderungsbetrag Zinsen und Provisionen (Inkasso- und ggf. Delkredereprovision) ab und schreibt dem Unternehmen den Restbetrag gut.

75 Was versteht man unter *Factoring*?

Funktionen des Factors:

- **Dienstleistungsfunktion:** Übernahme der Debitorenbuchhaltung, des Mahnwesens und des Forderungsinkassos
- **Risikofunktion:** Übernahme des Risikos des Forderungsausfalls

- **Finanzierungsfunktion:** auf Wunsch des Unternehmens Bevorschussung der Forderungen
- **Delkrederefunktion:** Übernahme des Ausfallrisikos und Verzicht auf Regressansprüche bei Zahlungsausfällen

76 Welche *Funktionen* übernimmt der *Factor*?

WiSo — Stellung, Rechtsform und Organisationsstruktur

77. Welche Vor- und Nachteile ergeben sich aus dem *Factoring* für den Kunden?

- **Vorteile:**
  - Kosteneinsparungen bei der Debitorenbuchhaltung sowie beim Inkasso- und Mahnwesen
  - verbesserte Liquidität
  - Vermeidung von Verlusten aus Kundeninsolvenzen

- **Nachteile:**
  - hohe Kosten für Zinsen und Provision
  - Einschränkung des Kontaktes zu Kunden

78. Was versteht man unter einem *Kredit*?

Unter einem **Kredit** versteht man die befristete Überlassung von Geldmitteln (**Geldkredit**) oder Gütern (**Warenkredit**) zur freien oder vertragsgebundenen Nutzung, i. d. R. gegen Entgelt.

79. Welche wesentlichen Regelungen werden in einem Kreditvertrag festgelegt?

In einem **Kreditvertrag** werden i. d. R. festgelegt die:

- Kredithöhe
- Kreditlaufzeit
- Kreditkosten (Zinsen und Provision)
- Zahlungsmodalitäten (z. B. Zins- und Tilgungsplan)
- Kreditsicherheiten
- Effektivzins

80. Welche Kreditarten sind zu unterscheiden?

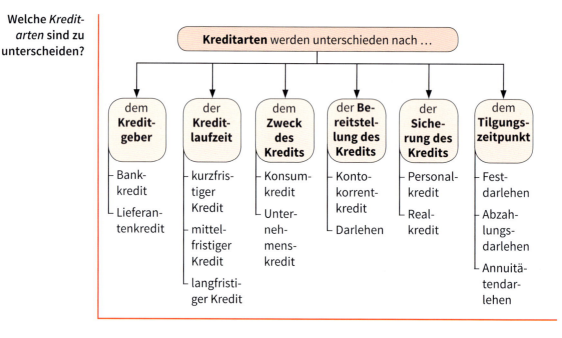

Investition und Finanzierung

 WiSo

- Bei einem **Bankkredit** stellt das Kreditinstitut dem Kunden i. d. R. liquide Mittel zur Verfügung.

- Bei einem **Lieferantenkredit** räumt der Verkäufer dem Kunden ein Zahlungsziel ein (z. B. Zahlung innerhalb 90 Tagen netto Kasse); möglich ist auch ein Geldkredit für den Erwerb von Einrichtungsgegenständen (z. B. für eine Gaststätte).

81 Worin besteht der Unterschied zwischen einem *Bank-* und einem *Lieferantenkredit*?

- Ein **Konsumkredit** ist ein Kredit an private Haushalte (Endverbraucher) zur Finanzierung von Gebrauchsgütern (z. B. zum Kauf eines Pkw).

- Ein **Unternehmenskredit** wird zur Finanzierung der betrieblichen Tätigkeit gewährt.

82 Worin unterscheidet sich ein *Konsum-* von einem *Unternehmenskredit*?

Bei einem **Kontokorrentkredit** gewährt die Bank einen Kredit in laufender Rechnung: Der Kreditnehmer darf sein Kontokorrentkonto bis zu einer vereinbarten Kredithöhe überziehen (Kreditlimit).

Dafür stellt ihm die Bank Kreditzinsen (Sollzinsen, nur vom effektiv in Anspruch genommenen Kredit), Umsatzprovision und Gebühren für Auslagen in Rechnung und ggf. schreibt sie ihm Zinsen (Habenzinsen) für Guthaben gut.
Bei Überschreiten des Kreditlimits wird ein erhöhter Zinssatz in Rechnung gestellt.

83 Was verstehen Sie unter einem *Kontokorrentkredit*?

Bei einem **Darlehen** stellt der Kreditgeber (z. B. ein Kreditinstitut) dem Kreditnehmer den Geldbetrag in einer Summe (u. U. auch in Teilbeträgen) mittel- oder langfristig zur Verfügung als:

- **Festdarlehen** (Fälligkeitsdarlehen): Die Tilgung erfolgt am Ende der Laufzeit in einer Summe; konstante Jahresleistung, bestehend nur aus Zinsen.

- **Annuitätendarlehen:** Die Tilgungszahlungen steigen in Höhe der eingesparten Zinsen; konstante Jahresleistung (Annuität), bestehend aus Zins- und Tilgungszahlungen.

- **Abzahlungsdarlehen:** Es erfolgen konstante Tilgungszahlungen; abnehmende Jahresleistung, bestehend aus Tilgungs- und sinkenden Zinszahlungen.

84 Welche *Darlehensarten* werden unterschieden?

Die **Kreditwürdigkeit** des Kreditnehmers wird aufgrund der **Bonitätsprüfung** ermittelt. Man beurteilt vor allem die **Persönlichkeit** des Kreditnehmers und seine **persönlichen Verhältnisse** (z. B. berufliche Stellung, Zuverlässigkeit), seine **wirtschaftlichen Verhältnisse** (z. B. Einkommen, Vermögen) und bei Unternehmenskrediten die wirtschaftliche Situation des Unternehmens (z. B. Rechtsform, Größe, Rentabilität, Liquidität).

85 Von welchen *Faktoren* hängt die *Kreditwürdigkeit* ab?

WiSo — Stellung, Rechtsform und Organisationsstruktur

86 Unterscheiden Sie verschiedene *Formen der Kreditsicherung*.

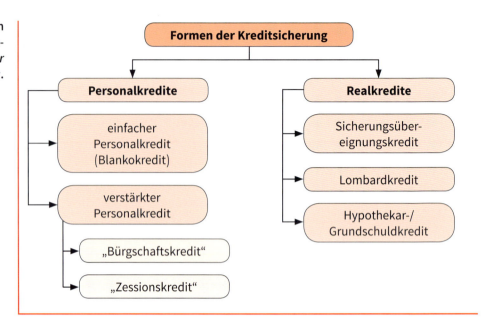

87 Was versteht man unter einem *einfachen Personalkredit*?

Beim **einfachen Personalkredit** (Blankokredit) erfolgt die Sicherung des Kredites nur durch die Kreditwürdigkeit des Schuldners.

88 Was versteht man unter einem *verstärkten Personalkredit*?

Beim **verstärkten Personalkredit** erfolgt die Sicherung des Kredites nicht nur durch die Kreditwürdigkeit des Schuldners, sondern zusätzlich durch weitere haftende Personen.

89 Erklären Sie einen *Bürgschaftskredit*.

Dem **„Bürgschaftskredit"** (Kredit mit Bürgschaftsabsicherung) liegen zwei Verträge zugrunde:

- der **Kreditvertrag** zwischen Kreditgeber und Kreditnehmer
- der **Bürgschaftsvertrag** zwischen Kreditgeber und Bürge, in dem der Bürge sich verpflichtet, für die Verbindlichkeiten des Kreditnehmers einzustehen. Ein Bürgschaftsvertrag muss schriftlich abgeschlossen werden.
- Kaufleute können eine Bürgschaft auch mündlich übernehmen, wenn sie die Bürgschaft für geschäftliche Zwecke eingehen.

Investition und Finanzierung — WiSo

- **selbstschuldnerische Bürgschaft:** Der Bürge haftet wie der Hauptschuldner. Er verzichtet auf das Recht der Einrede der Vorausklage.* Deshalb kann er sofort ohne vorherige Zwangsvollstreckung zur Zahlung verpflichtet werden, wenn der Schuldner nicht zahlt.

  Banken akzeptieren nur selbstschuldnerische Bürgschaften. Kaufleute können nur selbstschuldnerische Bürgschaften übernehmen.

- **Ausfallbürgschaft:** Der Bürge kann die Einrede der Vorausklage geltend machen und haftet nur für die nach einer Zwangsvollstreckung in das bewegliche Vermögen des Hauptschuldners verbleibenden Verbindlichkeiten.

90 Worin besteht der *Unterschied* zwischen einer *selbstschuldnerischen Bürgschaft* und einer *Ausfallbürgschaft*?

* Der Bürge kann die Befriedigung des Gläubigers verweigern, solange nicht der Gläubiger eine Zwangsvollstreckung gegen den Hauptschuldner ohne Erfolg versucht hat (vgl. § 771 BGB).

Beim **„Zessionskredit"** (Kreditvertrag mit Zession) tritt der Kreditnehmer Forderungen als Sicherheit an den Kreditgeber (z. B. an die Bank) ab. Dadurch gehen die Forderungen des bisherigen Gläubigers (Zedent) gegenüber seinem Schuldner (Drittschuldner) auf den neuen Gläubiger (Zessionar) über.

91 Was versteht man unter einem *Zessionskredit*?

Beim **Realkredit** dienen bewegliche oder unbewegliche Sachen (dingliche Sicherheit) neben dem Kreditnehmer zur Sicherung des Kredits.

92 Wann liegt ein *Realkredit* vor?

Dabei wird das Eigentum an einer beweglichen Sache (z. B. an einer Maschine, an einem Pkw) **sicherungshalber** an den Kreditgeber **übereignet**, d. h., er darf die zur Sicherung übereignete Sache nur bei Nichterfüllung der gesicherten Forderung verwerten. Der Kreditnehmer bleibt im Besitz der Sache und kann sie weiter nutzen. Nach Tilgung der gesicherten Forderung muss die Bank das Eigentum auf den Kreditnehmer rückübertragen.

93 Was versteht man unter einem *Sicherungsübereignungskredit*?

- **Vorteile:**
  - Der Kreditnehmer kann das übereignete Sicherungsgut weiter nutzen.
  - Die Sicherungsübereignung ist für Dritte nicht sofort erkennbar.
  - Der Kreditgeber muss diese Gegenstände nicht verwahren.
  - Im Insolvenzfall hat der Kreditgeber ein Absonderungsrecht.

- **Nachteile:**
  - Das Sicherungsgut kann beschädigt, verkauft, zerstört oder gestohlen werden.
  - Der Wert des Sicherungsgutes mindert sich durch Preisrückgang oder Verwertungsschwierigkeiten.
  - Das Sicherungsgut wurde bereits einem anderen Kreditgeber übereignet (Doppelübereignung).
  - Der Kreditnehmer darf die übereigneten Sachen nicht verkaufen.

94 Nennen Sie *Vor- und Nachteile der Sicherungsübereignung*.

WiSo — Stellung, Rechtsform und Organisationsstruktur

95. Was versteht man unter einem *Lombardkredit*?

- Beim **Lombardkredit** dienen dem Kreditgeber bewegliche Sachen (z. B. wertvoller Schmuck, Wertpapiere) zur Kreditsicherung. Durch die Pfandübergabe geht der Besitz auf den Kreditgeber über, der Kreditnehmer bleibt aber Eigentümer der Sache. Bei Nichterfüllung des Kreditvertrages kann der Kreditgeber das Pfand verwerten; bei Beendigung des Kreditverhältnisses muss er es zurückgeben.
- Der **Beleihungswert** hängt ab
  - vom Marktwert,
  - von den Verwertungsmöglichkeiten des Pfandgutes.

96. Nennen Sie *Vor- und Nachteile* des *Lombardkredits*.

- **Vorteile:**
  - Es ist ein relativ preiswerter Kredit.
  - Nach der Kredittilgung bekommt der Kreditnehmer das Pfand zurück.
- **Nachteile:**
  - Der Beleihungssatz des Pfandgutes (abhängig z. B. von der Verwertbarkeit) ist oft relativ niedrig.
  - Der Kreditnehmer kann die verpfändeten Sachen nicht mehr nutzen.
  - Der Kreditgeber muss das Pfandgut i. d. R. verwahren.

97. Was versteht man unter einem *Grundpfandrecht*?

Ein **Grundpfandrecht** ist die Belastung eines Grundstücks mit einer Hypothek oder Grundschuld zur Sicherung eines langfristigen Immobilienkredits. Das Grundpfandrecht entsteht durch Einigung und Eintragung im Grundbuch.

98. Was versteht man unter einem *Grundbuch*?

Das **Grundbuch** ist ein beim Amtsgericht (Grundbuchamt) geführtes öffentliches Register, das verbindliche Auskünfte über die rechtlichen Verhältnisse der Grundstücke eines Amtsgerichtsbezirks gibt.

99. Was versteht man unter einem *Hypothekarkredit*?

Beim **Hypothekarkredit** räumt der Kreditnehmer dem Kreditgeber zur Sicherung einer Forderung sowohl ein Pfandrecht an einem Grundstück (dingliche Haftung) als auch den Zugriff auf sein gesamtes Vermögen (persönliche Haftung) ein. Die Hypothek ist **akzessorisch**, d. h., sie ist untrennbar mit einer Forderung verbunden und wird ins Grundbuch eingetragen. Erlischt die Forderung, so steht die Hypothek dem Eigentümer des belasteten Grundstücks zu: Es entsteht eine **Eigentümergrundschuld**.

Aufbauorganisation, Arbeits- und Geschäftsprozesse

 WiSo

Die **Grundschuld** ist **abstrakt**, d. h., sie ist in ihrem Bestand von einer konkreten Forderung unabhängig. Sie wird ins Grundbuch eingetragen. Beim **Grundschuldkredit** besteht ebenso wie beim Hypothekarkredit ein Pfandrecht des Kreditgebers an einem Grundstück (dingliche Haftung), allerdings keine persönliche Haftung des Kreditnehmers. Deshalb wird von den Banken regelmäßig die persönliche Haftung in den Kreditvertrag mit einbezogen.

100 Was versteht man unter einem *Grundschuldkredit*?

Mithilfe eines **Grundschuldkredits** können alle Kredite – sowohl langfristige wie auch Kontokorrentkredite – gesichert werden.

Banken verwenden stets die Grundschuld: Sie erlischt nach der Rückführung des Kredits nicht und kann bei erneuter Kreditaufnahme ohne weitere Kosten wieder zur Kreditsicherung bestellt werden. Kommt der Schuldner seinem Kapitaldienst nicht nach, so kann sich der Grundpfandrechtsgläubiger im Wege der Zwangsvollstreckung aus dem Grundstück zwangsweise befriedigen.

101 Worin besteht der wesentliche *Vorteil* eines *Grundschuldkredits*?

1.4 Aufbauorganisation, Arbeits- und Geschäftsprozesse

Handbuch: LF 1 und 11

Der **Begriff der Organisation** beinhaltet:

- Organisation als Oberbegriff für **Institutionen**:
  Im soziologischen Sinn werden Systeme gekennzeichnet, in denen **Menschen und Sachmittel zu einem bestimmten Zweck** zusammenwirken.

- Organisation als **Tätigkeit**:
  Formulieren von Vorschriften und Regelungen zum zielwirksamen Gestalten der Arbeitsprozesse in der Unternehmung und Festlegung der **Beziehungen der Mitarbeiter untereinander**.

- Organisation als **Zustand**:
  Das Gestaltungsergebnis stellt die Gesamtheit der aufgestellten **Regelungen und Vorschriften** dar. Es wird eine künstliche Ordnung geschaffen, die für einen gewissen Zeitraum den innerbetrieblichen Ordnungsrahmen für die Verwirklichung der Unternehmensziele schafft. Der Bereich der betrieblichen Organisation wird in die **Aufbau-** und die **Ablauforganisation** aufgeteilt.

102 Welche unterschiedlichen Bedeutungen beinhaltet der Begriff der *Organisation*?

Aufbauorganisation	Ablauforganisation
– bildet den Betrieb in Bereitschaft ab – verknüpft die organisatorischen Grundelemente (Stelle, Instanz, Abteilung) und stellt ihre Beziehungen zueinander dar	– bildet den Betrieb in Aktion ab – ordnet Handlungsvorgänge und Arbeitsprozesse

103 Unterscheiden Sie *Aufbau-* und *Ablauforganisation* und nennen Sie Beispiele.

Stellung, Rechtsform und Organisationsstruktur

Aufbauorganisation	Ablauforganisation
– gliedert die Unternehmung nach bestimmten Kriterien in aufgabenteilige und funktionsfähige Teileinheiten – regelt die Kompetenz- und Weisungsverhältnisse	– befasst sich mit den Arbeits- und Bewegungsabläufen innerhalb der Aufbauorganisation – gliedert die einzelnen Prozesse in sachlogischer, mengenmäßiger, zeitlicher und räumlicher Hinsicht
Beispiele: – Organigramme des Unternehmensaufbaus – Stellenbeschreibungen – Beschreibungen von Führungstechniken – Festlegung von Informations- und Instanzenwegen	*Beispiele:* – ereignisgesteuerte Prozessketten (EPK) – Flussdiagramme – Balkendiagramme – Netzpläne – Kommunikationsübersichten

104 Was versteht man unter *Regelungen*?

Regelungen sind **Vorschriften und Anweisungen**, die das Betriebsgeschehen **festlegen und ordnen**, wobei organisatorische Strukturen entstehen. Eine Organisation wird durch Regelungen, die mündlich getroffen oder schriftlich festgelegt sind, sichtbar.

105 Welche Anforderungen sind an eine *wirkungsvolle Betriebsorganisation* zu stellen?

- Nach **innen** gerichtete Anforderungen:
  - **Führungseffizienz** für schnelle, kostengünstige Planung, Steuerung und Kontrolle
  - **Geschäftsprozesseffizienz** für spezialisierte, schnelle und qualitätsgemäße Erfüllung der einzelnen Geschäftsprozesse
  - **Ressourceneffizienz** zur möglichst optimalen und nachhaltigen Ausschöpfung der finanziellen und materiellen Gegebenheiten (z. B. Rohstoffe, Maschinen)
  - **Mitarbeitereffizienz** für motivierte und qualifizierte Führungskräfte und andere Mitarbeiter

- Nach **außen** gerichtete Anforderungen:
  - **Flexibilität** für die Sicherstellung der betrieblichen Aktionsfähigkeit und für eine schnelle Reaktionsfähigkeit (z. B. bei Konjunktur- oder Nachfrageänderungen)
  - Konsequente **Kundenorientierung** für die Markt- und Wettbewerbsausrichtung, um z. B. Kundennähe und Globalisierung zu verknüpfen
  - **Innovationsfähigkeit** zur Entwicklung kundengerechter, marktfähiger Produkte
  - **Kooperationsfähigkeit** zur Bildung unternehmensübergreifender Netzwerke und Wertschöpfungsketten

Aufbauorganisation, Arbeits- und Geschäftsprozesse WiSo

- Eine **Stelle** ist die **kleinste organisatorische Einheit** eines Unternehmens. Sie entsteht durch die Bündelung von Teilaufgaben zum **Aufgabenbereich einer Person**. Dabei sind Zahl, Art und Umfang der Teilaufgaben, die einer Stelle zugeordnet werden sollen, auf das **durchschnittliche Leistungsvermögen des Stelleninhabers** abzustimmen.

- Eine **Abteilung** (Stellengruppe) entsteht, wenn mehrere Stellen nach bestimmten Gliederungskriterien unter einer **einheitlichen Leitung** organisatorisch zusammengefasst werden. Die Abteilung stellt einen Aufgabenkomplex dar, deren Leitung einer Person übertragen wird. Die Größe von Abteilungen variiert in Abhängigkeit von der Aufgabenzuordnung.

Grenzen Sie die *Stelle* von der *Abteilung* ab. (106)

- [1, 2] **Leitende Stellen (Instanzen)** haben Führungsbefugnisse und können den ihnen untergeordneten Mitarbeitern Anweisungen geben (z. B. Gruppenleiter im Einkauf). Instanzen können wiederum einer übergeordneten Stelle mit Anweisungsbefugnis untergeordnet werden. Beispielsweise sind alle Gruppenleiter des Einkaufs dem Abteilungsleiter Einkauf unterstellt.

- [3] **Ausführende** Stellen haben **keine Leitungsbefugnisse**. Ihnen sind keine Mitarbeiter untergeordnet (z. B. Sachbearbeiter im Einkauf).
- [4] **Stabsstellen** sind den Instanzen zur Unterstützung zugeordnet. Sie haben keine Leitungs- und Entscheidungsbefugnisse, bereiten aber Entscheidungen der Instanzen durch **Beratung** und **Information** vor und können im Auftrag einer Instanz Kontrollaufträge durchführen. Ihnen sind keine Mitarbeiter unterstellt.

Ordnen Sie den Ziffern des unten abgebildeten Organigramms die entsprechende Stellenart zu und unterscheiden Sie die unterschiedlichen *Stellenarten*. (107)

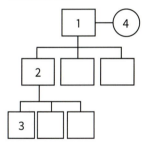

- Sekretariat
- Organisation
- Recht
- Revision
- Controlling
- Public Relations

- Planung
- Steuern
- Datenverarbeitung
- Patentwesen
- Unternehmensbeteiligungen

Geben Sie *Beispiele* für *Bereiche*, die von *Stabsstellen* bzw. *Stabsabteilungen* wahrgenommen werden. (108)

Gerade eine **globalisierte und arbeitsteilige Wirtschaft** erfordert, dass Vorgesetzte ihren Mitarbeitern spezielle Rechte einräumen, damit diese den Vorgesetzten vertreten können. Man spricht in diesem Zusammenhang von einer **Vollmacht** oder einer **gewillkürten Vertretungsmacht**, die die Befugnis zur Vertretung zum Inhalt hat.

Warum werden im geschäftlichen Alltag *Vollmachten* erteilt? (109)

- **Prokura** und
- **Handlungsvollmacht**

Welche *Arten der Vollmacht* werden unterschieden? (110)

WiSo — Stellung, Rechtsform und Organisationsstruktur

111 Was versteht man unter der Prokura?

Die **Prokura** ermächtigt zu allen Arten von gerichtlichen und außergerichtlichen Geschäften und Rechtshandlungen, die der Betrieb (irgend)eines Handelsgewerbes mit sich bringt. Sie stellt die **umfassendste Art der Vollmacht** dar.

112 Wann beginnt die Prokura?

- Im **Innenverhältnis** beginnt die Prokura **mit deren Erteilung**,
- im **Außenverhältnis gegenüber Dritten** (z. B. Lieferanten), wenn diese **Kenntnis davon erlangt haben** oder mit der Eintragung und Veröffentlichung im Handelsregister (deklaratorische Wirkung).

113 Wodurch endet die Prokura?

Sie **endet durch …**

- den Widerruf seitens des Geschäftsinhabers,
- Beendigung des Rechtsverhältnisses,
- Wechsel des Geschäftsinhabers,
- Auflösung des Geschäftes,
- Tod des Prokuristen.

114 Welche Maßnahmen sind dem Prokuristen gesetzlich verboten?

Dem Prokuristen ist es **nicht erlaubt, …**

- Steuererklärungen oder Bilanzen zu unterschreiben;
- Grundstücke zu verkaufen oder zu belasten, es sei denn, es liegt eine besondere Ermächtigung vor;
- Prokura zu erteilen;
- das Unternehmen zu verkaufen oder zu verändern;
- neue Gesellschafter aufzunehmen;
- das Insolvenzverfahren zu beantragen.

115 Welche Arten der Prokura werden unterschieden?

- **Einzelprokura:** Ausübung der Vollmacht ohne Mitwirkung einer anderen Person
- **Gesamtprokura:** Ausübung der Vollmacht nur im Zusammenwirken mit einer anderen vertretungsberechtigten Person
- **Filialprokura:** Beschränkung der Vollmacht auf den Betrieb einer Niederlassung

116 Wie unterzeichnen Prokuristen z. B. Geschäftsbriefe oder Verträge?

Sie unterzeichnen mit dem Zusatz **per procura** (**pp.** oder **ppa.**). Der Zusatz erfolgt laut DIN 5008 zwischen der Bezeichnung des Unternehmens und der maschinenschriftlichen Namenswiedergabe oder vor der Namenswiedergabe in derselben Zeile.

Beispiele:

OfficeCom KG
ppa. *Alexandra Fröhlich*
Alexandra Fröhlich

OfficeCom KG
Alexandra Fröhlich
ppa. Alexandra Fröhlich

Aufbauorganisation, Arbeits- und Geschäftsprozesse

Die **Handlungsvollmacht**, die nicht in das Handelsregister einzutragen ist, ist **jede erteilte Vollmacht, soweit sie nicht eine Prokura darstellt**. Eine Handlungsvollmacht kann auch vom Prokuristen erteilt werden. Der Handlungsbevollmächtigte handelt nicht im eigenen Namen, sondern im Namen des Geschäftsinhabers.

Was ist eine *Handlungsvollmacht*? (117)

- **Generalhandlungsvollmacht** (allgemeine Handlungsvollmacht): eine **auf Dauer** erteilte Vollmacht, die zur Erledigung **aller gewöhnlichen Rechtsgeschäfte** im Unternehmen befugt.
- **Artvollmacht** (Gattungshandlungsvollmacht, Teilvollmacht): eine **auf Dauer** erteilte Vollmacht, die zur Erledigung **einer bestimmten Art von wiederkehrenden Geschäften** im Unternehmen befugt, z. B. Warenbestellungen vornehmen oder Mitarbeiter einstellen.
- **Spezialhandlungsvollmacht** (Einzel- oder Spezialvollmacht): eine Vollmacht, die zur Erledigung eines **einzelnen Rechtsgeschäftes** im Unternehmen ermächtigt, z. B. zum Kauf eines Schreibtisches.

Welche *Arten der Handlungsvollmacht* werden unterschieden? (118)

Die Erteilung der Handlungsvollmacht geschieht **formfrei**. Sie erfolgt **mündlich**, **schriftlich** (aus Beweisgründen) oder **stillschweigend durch Duldung** der Tätigkeit(en).

Welche *Formvorschriften* gelten für die Erteilung einer *Handlungsvollmacht*? (119)

Bei der **Generalhandlungs-** oder **Artvollmacht** wird mit dem Zusatz **i. V. (in Vollmacht)**, bei der **Spezialhandlungsvollmacht** mit dem Zusatz **i. A. (im Auftrag)** unterschrieben.

Wie *unterzeichnen* Handlungsbevollmächtigte *Geschäftsbriefe oder Verträge*? (120)

- Widerruf der Vollmacht
- Kündigung des Dienstverhältnisses
- Zeitablauf (bei vorher bestimmter Frist)
- Auflösung des Unternehmens
- Erledigung des Auftrages bei der Spezialhandlungsvollmacht (Einzelvollmacht)

Wodurch *endet* die *Handlungsvollmacht*? (121)

Die **Betriebshierarchie** gibt Auskunft über die **Struktur der betrieblichen Leitungsebenen**, anhand derer die betriebliche Rangordnung der Stellen ersichtlich ist.

Je **umfangreicher die Anordnungsbefugnis** einer Stelle ist, desto **höher** ist sie **in der Betriebshierarchie** eingeordnet.

Was versteht man unter *Betriebshierarchie*? (122)

WiSo — Stellung, Rechtsform und Organisationsstruktur

123. Was versteht man unter *Delegation*?

- **Delegation** bedeutet die **Übertragung von Aufgaben, Kompetenzen** und **Verantwortung** von ranghöheren Stellen auf rangniedere.
- Der **Vorgesetzte** hat die **Folgen der Delegation** innerhalb seiner Führungsverantwortung **zu tragen**.
- Nicht alle Aufgaben sind delegierbar (z. B. schwierige Entscheidungen, Beurteilung von Mitarbeitern).

124. Welche *Leitungsebenen (Hierarchieebenen)* kann man in einem Unternehmen unterscheiden?

- **Oberste Leitungsebene** (Top-Management), auf der die **Unternehmensleitung** (z. B. Vorstand, Geschäftsleitung) **Grundsatzentscheidungen** verabschiedet.
- **Mittlere Leitungsebene** (Middle-Management), auf der die Grundsatzentscheidungen in den **Funktionsbereichen** der Unternehmung (Abteilungen, Ressorts) durch die **Bereichsleiter** (z. B. Abteilungsleiter, Ressortleiter) umgesetzt werden.
- **Untere Leitungsebene** (Lower-Management), bei der auf der Ebene der **Gruppenleitung** (z. B. Meister, Büroleiter) der **Arbeitsablauf** zu koordinieren ist.

125. Was versteht man unter einem *Organigramm*?

Ein **Organigramm** ist die **grafische Darstellung** der **Organisationsstruktur** einer Unternehmung, aus der die Rangfolge einzelner Stellen und ihre Zusammenfassung zu Abteilungen und Bereichen ersichtlich sind. *Beispiel:* funktionsorientierte Aufbauorganisation

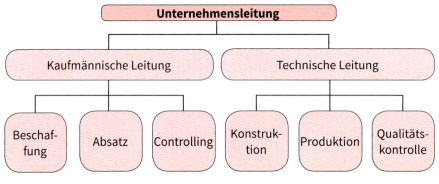

126. Was ist ein *Leitungssystem*?

- Ein **Leitungssystem** (auch: Weisungssystem, Kompetenzsystem, Zuständigkeitssystem) gibt Auskunft über die **Anordnungsbeziehungen** zwischen ranghöheren und rangniederen Stellen.
- Man erkennt für eine Unternehmung, **wer wem Anweisungen geben** darf.
- Wichtige Weisungssysteme sind das **Einlinien-, Mehrlinien-, Stabliniensystem** sowie das **Matrix-** und **Spartensystem**. Da sich die Weisungssysteme an den unternehmensindividuellen Bedingungen und Aufgabenstellungen orientieren, sind in der Praxis Mischformen und unterschiedliche Ausprägungen zu beobachten.

Aufbauorganisation, Arbeits- und Geschäftsprozesse

WiSo

- Das **Einliniensystem** ist dadurch gekennzeichnet, dass **einer untergeordneten Stelle genau eine übergeordnete Stelle zugeordnet** ist.

- Der Weisungs,- Informations- und Kontrollfluss erfolgt über **genau** eine Linie (Dienst- oder Instanzenweg), womit das **Prinzip der Einheit der Auftragserteilung** umgesetzt wird.

- **Gleichrangige Stellen** treten nur über die **gemeinsam übergeordnete Stelle in Verbindung**.

Skizzieren Sie das *Einliniensystem* und nennen Sie mögliche *Vor-* und *Nachteile*.

127

```
                  Unternehmensleitung
                  /                \
        Kaufmännische Leitung    Technische Leitung
         /      |      \          /       |      \
        A       B       C        D        E       F
```

- **Vorteile** sind z. B.:
  - eindeutige Instanzenwege
  - abgegrenzte Kompetenzbereiche
  - klare Verantwortlichkeiten
  - übersichtliche Betreuung und Kontrolle der Mitarbeiter
  - eindeutiger Informationsfluss durch Einhaltung des Instanzenweges

- **Nachteile** sind z. B.:
  - lange Weisungswege bei großen Unternehmen
  - Überlastung von Führungskräften durch Routine- und Koordinationsaufgaben
  - Gefahr der Bürokratisierung, da der Dienstweg einzuhalten ist
  - ggf. lange Entscheidungswege für kurzfristig zu treffende Entscheidungen
  - ggf. Informationsfilterung entlang des Instanzenweges („stille Post")
  - Zusammenarbeit und Teamwork müssen organisatorisch gesondert umgesetzt werden.

WiSo — Stellung, Rechtsform und Organisationsstruktur

128 Durch welches Weisungssystem kann der *Nachteil der Überlastung der Instanzen beim Einliniensystem* organisatorisch überwunden werden?

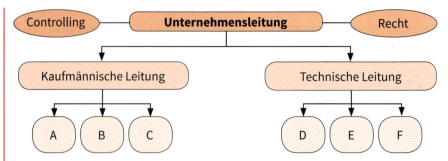

Durch das **Stabliniensystem**. Das Einliniensystem wird im Wesentlichen beibehalten. Die **Instanzen** werden durch **Zuordnung von Stabsstellen** (oder Stabsabteilungen), die grundsätzlich kein Weisungsrecht gegenüber anderen Stellen besitzen, entlastet.

- **Vorteile** sind z. B.:
  - siehe Einliniensystem
  - Entlastung der Instanzen von Routineaufgaben
  - Verbreiterung der Entscheidungsbasis

- **Nachteile** sind z. B.:
  - siehe Einliniensystem
  - mögliche Demotivation von Stabsstellen aufgrund fehlender Entscheidungsbefugnisse
  - ggf. informelle Macht von Stabsstellen durch Informationsvorsprung gegenüber Instanzen
  - Entscheidungsvorbereitung und Entscheidung sind getrennt

129 Durch welches Weisungssystem kann der *Nachteil* des unter Umständen *langen Entscheidungsweges beim Einliniensystem* organisatorisch überwunden werden?

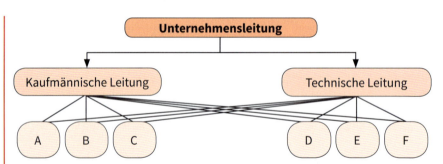

- Durch das **Mehrliniensystem** (Funktionssystem, Funktionsmeistersystem), bei dem **eine untergeordnete Stelle mehreren übergeordneten Stellen zugeordnet** ist.
- Damit wird das Prinzip der Einheit der Auftragserteilung beim Einliniensystem vom **Prinzip des kürzesten Entscheidungsweges** abgelöst.
- **Vorteile** sind z. B.:
  - kurze Entscheidungswege
  - Spezialisierung der Instanzen
  - Mitarbeiterbeurteilung durch mehrere Vorgesetzte
  - flexible Erweiterung der Organisationsstruktur

- **Nachteile** sind z. B.:
  - Schwierigkeiten bei der Abgrenzung von Zuständigkeiten und Kompetenzen
  - unklare Verantwortlichkeiten der Instanzen
  - Unübersichtlichkeit der Organisation
  - schwierige Kontrolle der Arbeitsdurchführung
  - Verunsicherung der Mitarbeiter durch Mehrfachunterstellung

Aufbauorganisation, Arbeits- und Geschäftsprozesse

WiSo

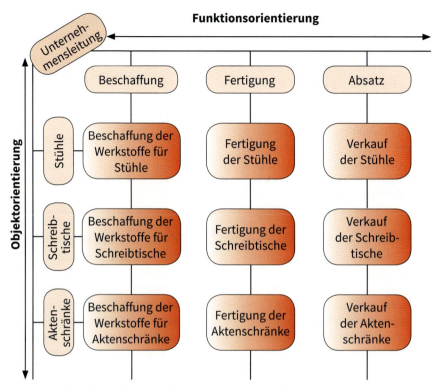

130 Welches Weisungssystem ist rechts abgebildet? Nennen Sie mögliche *Vor-* und *Nachteile* dieses Systems.

- Es handelt sich um das **Matrixsystem**, bei dem **jede untergeordnete Stelle zwei übergeordneten Stellen** zugeordnet ist.
- Die Matrixorganisation setzt die Grundidee um, dass **zwei Fachabteilungen** mit unterschiedlichen Denkansätzen eine **Lösung der gleichen Aufgabe** finden sollen.
- Dabei werden auf der oberen Hierarchieebene **zwei Gliederungsprinzipien** eingesetzt, sodass jede Aufgabe von zwei Entscheidungslinien betroffen ist. Die Unternehmung wird nach **Funktionen und Objekten** gegliedert.

- **Vorteile:**
  - Intensivierung von Teamarbeit
  - Berücksichtigung unterschiedlicher Denkansätze
  - ggf. erhöhte Motivation durch Beteiligung an der Entscheidungsfindung
  - direkte Kommunikationswege
  - Entlastung der Unternehmensleitung durch Delegation der Entscheidungsfindung

- **Nachteile:**
  - Kompetenzüberschneidungen
  - unklare Instanzenwege
  - Konfliktpotenzial bei Zwang zur Einigung
  - unter Umständen erhöhte Kommunikations- und Koordinationskosten
  - Irritation der Mitarbeiter durch Mehrfachunterstellung
  - Kompromissentscheidungen können den Blick für die optimale Lösung versperren.

Stellung, Rechtsform und Organisationsstruktur

131 Was versteht man unter einem Geschäftsprozess?

„Ein **Geschäftsprozess** besteht aus einer **zusammenhängenden abgeschlossenen Folge von Tätigkeiten**, die zur Erfüllung einer betrieblichen Aufgabe notwendig sind. Die Tätigkeiten werden von Aufgabenträgern in organisatorischen Einheiten unter Nutzung der benötigten Produktionsfaktoren geleistet. Unterstützt wird die Abwicklung der Geschäftsprozesse durch das Informations- und Kommunikationssystem IKS des Unternehmens."

Beispiele von Geschäftsprozessen:
- Erstellung von Angeboten
- Beschaffung von Fremdleistungen
- Abwicklung des Zahlungsverkehrs

aus: Staud, Josef: Geschäftsprozessanalyse. Ereignisgesteuerte Prozessketten und objektorientierte Geschäftsprozessmodellierung für Betriebswirtschaftliche Standardsoftware. Berlin, Heidelberg, New York 2006, S. 9

132 Warum hat sich das „Denken in Geschäftsprozessen" in Unternehmen durchgesetzt?

- Das „Denken in Geschäftsprozessen" stellt die **Kundenorientierung**, die **Kundenzufriedenheit**, in den Mittelpunkt betrieblichen Handelns. Kunden können sowohl externe Nachfrager (Kunden im eigentlichen Sinne) als auch interne Nachfrager (z. B. Abteilungen des eigenen Industrieunternehmens) sein.
- Die Kundenorientierung unterstützt die Ausgestaltung eines **marktorientierten Unternehmens**. Man erhofft sich durch das Denken in Geschäftsprozessen das **schnelle Reagieren** auf Marktveränderungen.
- Schnelle Reaktion auf Marktveränderungen und ein kundenorientiertes Denken und Handeln im Industrieunternehmen sollen zu einer **Qualitätssteigerung** bei den **Produkten** und **Dienstleistungen** des Unternehmens führen.
- Letztendlich wird **betriebswirtschaftlich erwartet**, dass durch das Denken und Handeln in Geschäftsprozessen **Rationalisierungspotenziale** im Unternehmen aufgespürt werden. Die **Kosten** pro Geschäftsprozess lassen sich durch den Einsatz entsprechender Software (z. B. SAP R/3) genauestens kontrollieren, notwendige Änderungen im Arbeitsablauf sind deswegen schnell ausfindig zu machen.
- Das Denken in Geschäftsprozessen soll den Mitarbeitern des Unternehmens innerbetriebliche **Ablauf-** und **Entscheidungsprozesse transparenter** machen, man erwartet sich dadurch auch eine **höhere Motivation der Mitarbeiter**.

133 Welche Arten von Geschäftsprozessen werden im Allgemeinen unterschieden?

- **Nach der Kundenart** unterscheidet man **Haupt-** und **Serviceprozesse**:
  - **Hauptprozesse** stellen eine Folge von zusammenhängenden Tätigkeiten dar, die an externe Kunden geleistet werden;
  - **Serviceprozesse** stellen eine Folge von zusammenhängenden Tätigkeiten dar, die an interne Kunden geleistet werden – sie unterstützen also die Hauptprozesse.
- **Nach der Bedeutung für den Betrieb** unterscheidet man **Kern-** und **Supportprozesse**:
  - **Kernprozesse** stellen Geschäftsprozesse dar, mit denen die Hauptleistung eines Unternehmens, d. h. die eigentliche Wertschöpfung (= Betriebsertrag − Vorleistungen), erbracht wird.
  - **Supportprozesse** sind Geschäftsprozesse, die die Kernprozesse unterstützen, z. B. die Beschaffung des Personals.

Aufbauorganisation, Arbeits- und Geschäftsprozesse

 WiSo

- **Nach dem Umfang des Prozesses** unterscheidet man zwischen **Prozesskette** und **Subprozess**:
  - Eine **Prozesskette** stellt eine Abfolge von zusammenhängenden Prozessen dar.
  - Ein **Subprozess** ist als Teil- oder Unterprozess eines Geschäftsprozesses anzusehen.

Bei der **Prozessanalyse** werden alle bestehenden **Geschäftsprozesse analysiert** und **hinterfragt**. Soweit notwendig, schließt sich daran die Geschäftsprozessmodellierung an. Die **Prozessanalyse** wird in **zwei Schritten** durchgeführt:

134 Was versteht man unter einer *Prozessanalyse, wie* wird sie *durchgeführt*?

1. Schritt: Istaufnahme der bestehenden Organisation
Dazu werden Organisations- und Arbeitsunterlagen ausgewertet und gegebenenfalls Mitarbeiterinterviews durchgeführt.

Als **Methoden** dienen:
- Beobachtung- Befragung- Selbstaufschreibung (des Arbeitsablaufs)

2. Schritt: Istanalyse der Prozesse

Als **Methoden** werden dazu z. B. genutzt:
- Benchmarking
- Workflowanalyse
- Referenzanalyse
- Schwachstellenanalyse
- Checklistentechnik
- Vorgangskettenanalyse

Als **Darstellungsformen** zur Abbildung von betrieblichen **Prozessen** werden genutzt:

- **Ablaufdiagramme**
- **Ereignisgesteuerte Prozessketten (EPK)**

135 Welche Darstellungsformen werden in Unternehmen genutzt, um betriebliche Prozesse grafisch darzustellen?

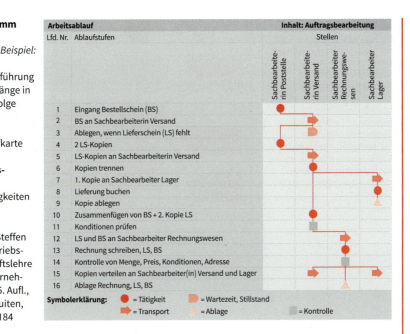

Ablaufdiagramm

Beispiel:

Inhalt:
Wörtliche Aufführung aller Arbeitsgänge in ihrer Reihenfolge

Form:
Arbeitsablaufkarte

Anwendungsbereich:
Einfache Tätigkeiten

aus: Berner, Steffen u. a.: Betriebswirtschaftslehre der Unternehmung, 25. Aufl., Haan-Gruiten, 2010, S. 184

136 Wie kann ein *Ablaufdiagramm* zur Darstellung der Bearbeitung einer Bestellung aussehen?

Stellung, Rechtsform und Organisationsstruktur

137 Welche *grafischen Elemente* benutzt die *EPK-Technik*?

Sinnbilder der EPK-Technik:

Element	Symbol	Beschreibung	Element	Symbol	Beschreibung
Ereignis		Eingetretensein eines Zustandes, der eine Folge auslöst	UND-Operator	△	Verknüpfungsoperator UND
Funktion		Verarbeitungsaktivität, die eine Transformation vom Eingangszustand in den Zielzustand bewirkt	ODER-Operator	▽	Verknüpfungsoperator ODER
Objekt		Informations- oder Material- oder Ressourcenobjekt, also die Abbildung eines Gegenstandes der realen Welt	EXKLUSIV-ODER-Operator	xor	Verknüpfungsoperator EXKLUSIV-ODER
			Kontrollfluss	----▶	Ausweis der zeitlichlogischen Abhängigkeiten von Ereignissen und Funktionen
Organisationseinheit		Aufbauorganisatorische Stelle oder Gremium	Informations- und Materialfluss	──▶	Fluss von Informationen oder Materialien
Prozesswegweiser		Navigationshilfe, zur Darstellung der Verbindung von einem bzw. zu einem anderen Prozess	Organisationseinheitenzuordnung	────	Zuordnung von Organisationseinheiten oder Ressourcen zu Funktionen

vgl.: Steinbuch, Pitter A. (Hrsg.), Prozessorganisation – Business Reengineering – Beispiel R/3, Ludwigshafen (Rhein), 1997, S. 117

---

138 Wie könnte ein **Ereignisgesteuertes Prozesskettendiagramm** zur Bearbeitung einer Lieferantenrechnung aussehen?

Beispiel: **Geschäftsprozess**

Die eingegangene Lieferantenrechnung wird von der Rechnungskontrolle mithilfe der

- Bestellkopie und dem
- Wareneingangsschein

geprüft. Erweist sich die Eingangsrechnung bei der Rechnungsprüfung als fehlerhaft, so wird von der Rechnungskontrolle ein Begleitschreiben erstellt, indem der Rechnungsfehler ausgewiesen und dargestellt wird. Begleitschreiben und fehlerhafte Rechnung werden an den Lieferanten zurückgeschickt. Ist die Eingangsrechnung fehlerfrei, so wird sie von der Buchhaltung mithilfe eines Softwaresystems verbucht. Die Konten werden in der Kontendatei fortgeschrieben und der Buchungssatz in der Buchungsdatei gespeichert.

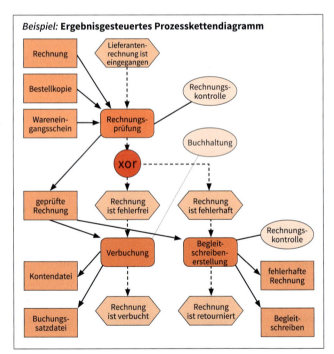

Beispiel: **Ergebnisgesteuertes Prozesskettendiagramm**

Zusammenarbeit mit externen Adressaten

1.5 Zusammenarbeit mit externen Adressaten

Handbuch: LF 1

Industrieunternehmen sind meist **Mitglied** eines **Arbeitgeberverbandes**, der sie umfassend **beraten** kann.

Beispiele:
BDI (Bundesverband der deutschen Industrie)
BDA (Bundesvereinigung der Deutschen Arbeitgeberverbände)

Die Arbeitgeberverbände sind in der Regel sowohl nach **Branchen** als auch nach **Regionen** (Bundesländer oder Tarifbezirke) unterteilt.

139 Mit welchen *Wirtschaftsorganisationen* können z. B. Industrieunternehmen *zusammenarbeiten*?

Unternehmen sind **Pflichtmitglieder** in der IHK. Die Kammern

- nehmen die **Interessen** ihrer Mitglieder gegenüber **Öffentlichkeit und Politik** wahr,
- bieten den Mitgliedern ein breites **Angebot an Dienstleistungen** (z. B. Beratung, Fortbildung) und
- führen mittels Prüfungsausschüssen die **Berufsausbildungsprüfungen** durch.

140 Inwieweit arbeitet ein Unternehmen mit der *Industrie- und Handelskammer (IHK)* zusammen?

Wichtige **Institutionen** für die Unternehmen sind:

- **Finanzamt** (Abführung der einzelnen Steuerarten, z. B. Umsatz-, Einkommen-, Gewerbe-, Körperschaftsteuer);
- **Berufsgenossenschaft** (Träger der Unfallversicherung);
- **Gewerbeaufsichtsamt** (Überwachung der Einhaltung arbeitsrechtlicher Bestimmungen, z. B. Jugendarbeitsschutzgesetz);
- **Bundesagentur für Arbeit** (Angebot verschiedener Dienstleistungen, z. B. Förderung der Berufsaus- und -weiterbildung, Leistungszahlungen im Rahmen der Arbeitsförderung);
- **Behörden der Kommunalverwaltung** (Dienstleistungen der Gemeinde- oder Stadtverwaltungen);
- **Gewerkschaften** (Zusammenarbeit bei der Bewältigung von Wirtschaftskrisen oder Strukturanpassungen).

141 Mit welchen weiteren *Institutionen* arbeiten Unternehmen zusammen?

WiSo Produkt- und Dienstleistungsangebot

2 Produkt- und Dienstleistungsangebot

2.1 Leistungserstellung in Industrie- und Dienstleistungsbetrieben

1 Welche *Arten von Betrieben* werden unterschieden?

- **nach Art der Leistung**
  - Sachleistungsbetriebe, z. B. Computerhersteller
  - Dienstleistungsbetriebe, z. B. Betriebe, die Netzwerke installieren
- **nach Wirtschaftszweigen**
  - Industriebetriebe
  - Handwerksbetriebe
  - Handelsbetriebe
  - Kreditinstitute
  - Versicherungsbetriebe
  - Verkehrsbetriebe

- **nach dem vorherrschenden Einsatz eines Produktionsfaktors**
  - arbeitsintensive Betriebe (hoher Lohnkostenanteil), z. B. Handwerksbetriebe
  - anlage- oder kapitalintensive Betriebe (hoher Maschinenkostenanteil), z. B. Betriebe der chemischen Industrie
  - materialintensive Betriebe (hoher Materialkostenanteil), z. B. Stahlwerke
  - energieintensive Betriebe (hoher Energiekostenanteil), z. B. Betriebe der Aluminiumherstellung

- **nach der rechtlichen Stellung in Verbindung mit den verfolgten Zielen**

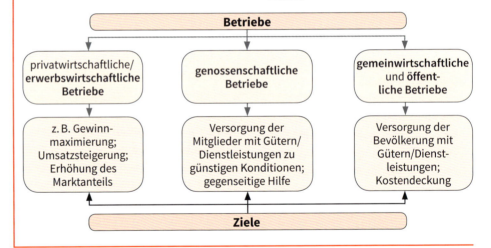

Wirtschaftssektoren

2.2 Wirtschaftssektoren

Handbuch: LF 1

Die **Struktur einer Volkswirtschaft** lässt sich am Anteil der einzelnen Wirtschaftssektoren an der Gesamtleistung dieser Volkswirtschaft ablesen.

In der Regel werden **drei Wirtschaftssektoren** unterschieden:

- Der **primäre Sektor** bezeichnet die Urproduktion. Darunter werden alle Betriebe, die sich der Rohstoffgewinnung widmen (Gewinnungsbetriebe), zusammengefasst.
  Hierzu gehören die Land-, Forst- und Fischwirtschaft, der Bergbau und die Öl- und Gasgewinnung.

- Der **sekundäre Sektor** beinhaltet die Be- und Verarbeitung von Rohstoffen in Handwerks- und Industriebetrieben (Weiterverarbeitungsbetriebe). Bedeutende Branchen der Industrie in Deutschland sind z. B. die Automobil-, die Maschinenbau- und die Chemieindustrie.

- Der **tertiäre Sektor** (Dienstleistungssektor) umfasst die „verteilende Wirtschaft" (Handelsbetriebe) mit den Groß- und Einzelhandelsbetrieben sowie weitere Dienstleistungsbetriebe, wie z. B. Banken.

  Wegen der zunehmenden Bedeutung werden Unternehmen des Informations- und Telekommunikationsbereichs häufig gesondert zum **quartären Sektor** zusammengefasst.

(2) Welche *Wirtschaftssektoren* einer Volkswirtschaft werden unterschieden?

Sowohl im Hinblick auf den **Anteil der Erwerbstätigen** als auch nach dem **Anteil der Wertschöpfung** lässt sich folgende **Entwicklung der drei Wirtschaftssektoren** in Deutschland feststellen:

- Der **primäre Sektor** war zu Beginn der Industrialisierung im 19. Jahrhundert der entscheidende Wirtschaftssektor: über 50 % der Erwerbstätigen waren darin beschäftigt, heute sind es ca. 2 %.

  Zu Beginn der Industrialisierung trug der primäre Sektor knapp 50 % zur gesamten Wertschöpfung bei, heute ist es etwa 1 %.

- Im Zuge der Industrialisierung im 19. Jahrhundert nahm die Beschäftigtenzahl im **sekundären Sektor** stark zu: Waren um 1800 noch gut 20 % der Erwerbstätigen in diesem Sektor tätig, waren es um 1900 knapp 40 % und 1960 fast 50 %, seit 1970 nimmt die Beschäftigtenzahl ab, heute arbeiten ca. 30 % der Erwerbstätigen im sekundären Sektor.

  Der Anteil des sekundären Sektors an der gesamten Wertschöpfung stieg zwischen 1850 und 1940 von ca. 20 % auf knapp über 50 %, heute beträgt dieser Anteil knapp 30 %.

- Um 1850 waren ca. 20 % der Erwerbstätigen im **tertiären Sektor** tätig, dieser Anteil stieg bis heute auf ca. 70 %.

  Der Anteil des tertiären Sektors an der gesamten Wertschöpfung betrug um 1850 ca. 30 %, heute ca. 70 %.

(3) Welche *Entwicklung* ist in Bezug auf die *Bedeutung der einzelnen Wirtschaftssektoren* mit der Industrialisierung festzustellen?

Produkt- und Dienstleistungsangebot

2.3 Markt- und Wettbewerbssituation von Unternehmen

4. Was versteht man unter einem *Markt*?

Als **Markt** wird ein Ort bezeichnet, an dem sowohl **Güter** als auch **Dienstleistungen** durch **Verkäufer** (Anbieter) angeboten und durch **Käufer** (Nachfrager) nachgefragt werden. Zum Beispiel: Spargel oder Erdbeeren auf einem Wochenmarkt

5. Welcher Unterschied besteht zwischen einem *konkreten* und einem *abstrakten Markt*?

- Bei einem **konkreten** Markt fallen **Ort**, **Zeit** und das **Marktgeschehen**, u. a. Preisbildung und Kauf bzw. Verkauf, zusammen, z. B. auf einem Wochenmarkt.

- Bei einem **abstrakten** Markt ist das Marktgeschehen **nicht** an einen bestimmten **Ort**, wie z. B. der Internethandel, gebunden. Die Preisbildung ist ein **Ergebnis** (Zusammenfassung) der Angebots- und Nachfragebeziehungen, bei denen u. a. auch die Preise der **Mitbewerber** (Konkurrenz) berücksichtigt werden müssen. *Beispiele:* Rohöl-, Auto-, Immobilienmarkt.

6. Wie entwickelt sich normalerweise die *angebotene Menge* eines Gutes auf dem Markt, wenn der *Preis* dieses Gutes *steigt* bzw. *sinkt*?

Wenn der **Preis** des Gutes steigt, steigt normalerweise auch die auf dem Markt angebotene Menge; wenn er sinkt, sinkt normalerweise auch die angebotene Menge (**Angebotsfunktion**).

Beispiel:

Preis in €	Angebot in Stück
20,00	100
40,00	200
60,00	300
80,00	400
100,00	500

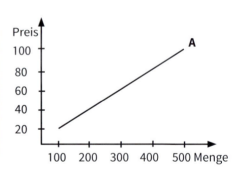

7. Aus welchen Gründen wird ein *Verkäufer* sein Angebot auf einem Markt *erweitern* bzw. *einschränken*?

- **Angebotserweiterung** bei
  - zukünftigen *höheren Gewinnerwartungen*, z. B. durch größere Nachfrage nach einem Gut oder bei
  - zukünftigen *höheren Preiserwartungen*, wenn der Verbraucher bereit ist, einen höheren Preis zu bezahlen, z. B. für „Öko-Strom", „Bio-Produkte".

- **Angebotseinschränkung** bei zukünftig **sinkenden Preisen**, die auf dem Markt für ein Produkt zu erzielen sind.

Markt- und Wettbewerbssituation von Unternehmen WiSo

Wenn der **Preis** des Gutes sinkt, steigt normalerweise die auf dem Markt nachgefragte Menge; wenn er steigt, sinkt normalerweise die nachgefragte Menge (**Nachfragefunktion**).

Beispiel:

Preis in €	Angebot in Stück
20,00	500
40,00	400
60,00	300
80,00	200
100,00	100

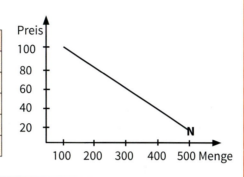

8 Wie entwickelt sich normalerweise die *nachgefragte Menge* eines Gutes auf dem Markt, wenn der *Preis* dieses Gutes *sinkt* bzw. *steigt*?

- **Nachfrageerweiterung** bei
  - zukünftig steigendem **Einkommen**, wenn dem Käufer z. B. eine höhere Konsumsumme zur Verfügung steht durch neue Tarifverträge oder eine Einkommensteuersenkung oder bei
  - zukünftig sinkenden **Preisen**, wenn der Verbraucher nur bereit ist, einen niedrigeren Preis zu bezahlen, wie z. B. für leicht verderbliches Obst kurz vor Marktschließung.

- **Nachfrageeinschränkung** bei zukünftig steigenden Preisen, wenn monatlich weniger Kaufkraft zur Verfügung steht, z. B. durch höhere Sozialabgaben. Die Nachfrager werden dann auf den Kauf solcher Güter verzichten, die sie als nicht unbedingt notwendig erachten.

9 Aus welchen Gründen wird ein *Käufer* seine Nachfrage auf einem Markt *erweitern* bzw. *einschränken*?

Der **Marktpreis** ergibt sich durch das Aufeinandertreffen von **Angebot** und **Nachfrage**.

Beispiel:

Preis in €	Angebot in Stück	Nachfrage in Stück
20,00	100	500
40,00	200	400
60,00	300	300
80,00	400	200
100,00	500	100

10 Wie bildet sich der *Marktpreis*?

WiSo — Produkt- und Dienstleistungsangebot

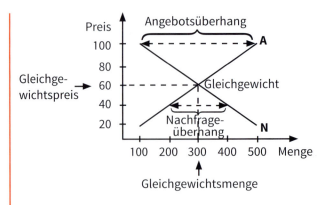

Dort, wo sich in der Grafik Angebots- und Nachfragekurve schneiden, befindet sich der Markt im Gleichgewicht, d. h., die auf dem Markt angebotene Menge eines Gutes (300 Stück) ist genauso groß wie die nachgefragte Menge des Gutes (300 Stück). Diese Menge wird als **Gleichgewichtsmenge** bezeichnet. Den dazugehörigen Marktpreis (60,00 €) nennt man **Gleichgewichtspreis**.

11 Was versteht man unter einem *Nachfrageüberhang*?

Ist die Nachfrage nach einem Gut auf dem Markt größer als das Angebot, spricht man von einem **Nachfrageüberhang**. Tabelle und Grafik zeigen, dass zum Beispiel bei einem Preis von 40,00 € die nachgefragte Menge 400 Stück beträgt, angeboten werden aber nur 200 Stück. Dadurch besteht ein Nachfrageüberhang (Mehrnachfrage gegenüber dem Angebot) von 200 Stück. Die Anbieter werden deshalb den Preis des Gutes so lange erhöhen, bis der Markt im Gleichgewicht ist.

12 Was versteht man unter einem *Angebotsüberhang*?

Ist die Angebotsmenge eines Gutes auf dem Markt größer als die Nachfrage, spricht man von einem **Angebotsüberhang**. Tabelle und Grafik zeigen, dass zum Beispiel bei einem Preis von 100,00 € die nachgefragte Menge 100 Stück beträgt, angeboten werden aber 500 Stück. Dadurch besteht ein Angebotsüberhang (Mehrangebot gegenüber der Nachfrage) von 400 Stück. Die Anbieter werden deshalb den Preis des Gutes so lange senken, bis der Markt im Gleichgewicht ist.

13 Was bedeutet die Aussage „Ein Unternehmen wird *vom Markt aus geführt*"?

Im Zeichen von **Käufermärkten** (vgl. S. 275) und der zunehmenden **Globalisierung** haben sich die unternehmerischen **Planungs-** und **Entscheidungsprozesse** an den **Marktbedingungen** auszurichten. Dabei bestimmen die im **Absatzmarkt** vorherrschenden Bedingungen (z. B. Kundenwünsche, konjunkturelle Daten) nicht nur die im Industrieunternehmen bestehenden Produktionsprozesse, sondern meist auch die Aktivitäten im Beschaffungsmarkt. So diktieren die Kundenpräferenzen, z. B. ökologische Anforderungen, auch die unternehmerischen Entscheidungen auf der Einkaufsseite, z. B. bei der Beschaffung von Roh-, Hilfs- und Betriebsstoffen.

Markt- und Wettbewerbssituation von Unternehmen

 WiSo

Marktorientierte Unternehmen richten ihr gesamtes Führungsverhalten konsequent am Markt aus. Dieses Führungsverhalten ist ein **ganzheitliches Steuerungsinstrument** auf der Top-Managementebene.

Die **Vorteile** von **marktorientierten Unternehmen** sind:
- Eingehende Informationen werden schnellstmöglich im Unternehmen ausgewertet, der regelmäßige Abgleich der Produktentwicklungen mit den Anforderungen des Marktes führt zu einer **hohen Innovationskraft** des Unternehmens.

- Die hohe Innovationskraft führt über die Entwicklung innovativer Produkte zu einer **hohen Kundenzufriedenheit**.

- Hohe Kundenzufriedenheit schlägt sich im **Umsatz-** und **Gewinnwachstum** nieder.

- Umsatz- und Gewinnwachstum führen bei börsennotierten Unternehmen in der Regel zu einer **verbesserten Wertstellung** an der **Börse**.

- Eine verbesserte Börsennotierung stärkt die **Möglichkeit der Kapitalerhöhung**, das **Ranking** des Unternehmens bei der **Kreditaufnahme** wird **positiv** beeinflusst.

- Marktorientierung führt über ein transparentes Informationsmanagement zu einer **hohen Mitarbeiterzufriedenheit**.

14 Welche *Vorteile* weisen *marktorientierte Unternehmen* auf?

- Bei einem **Verkäufermarkt** ist die Marktmacht der Verkäufer (Anbieter) größer als die der Käufer (Nachfrager). Die Ursache ist, dass ein Nachfrageüberhang besteht. Dies hat zur Folge, dass die Verkäufer ihre Preisvorstellungen und andere Angebotsbedingungen im Markt gut durchsetzen können. Verkäufermärkte entstehen z. B. in Zeiten von Katastrophen und kriegerischen Entwicklungen.

- Bei einem **Käufermarkt** ist die Marktmacht der Käufer (Nachfrager) größer als die der Verkäufer. Die Ursache ist ein Überangebot an Gütern. In dieser Marktsituation sind die Verkäufer gezwungen, sich auf die Kundenwünsche gezielt einzustellen.

15 Worin unterscheiden sich *Verkäufer-* und *Käufermarkt*?

WiSo Produkt- und Dienstleistungsangebot

16 **Welche *Marktformen* lassen sich unterscheiden?**

Folgende **Marktformen** lassen sich unterscheiden:

Anbieter / Nachfrager	einer	wenige	viele
einer	bilaterales Monopol	beschränktes Nachfragemonopol	Nachfragemonopol
wenige	beschränktes Angebotsmonopol	bilaterales Oligopol	Nachfrageoligopol
viele	Angebotsmonopol	Angebotsoligopol	Polypol

Erklärung: mono = ein; oligo = wenig; poly = viel
aus: Hübscher, Heinrich u. a.: IT-Handbuch, IT-Systemkaufmann/-frau, Informatikkaufmann/-frau, 10. Aufl., Braunschweig 2017, S. 38

Die vorherrschende Marktform entscheidet darüber, über welche Marktmacht Anbieter und Nachfrager jeweils verfügen.

17 **Was sind die Bedingungen eines *vollkommenen Marktes*?**

- viele Anbieter und viele Nachfrager (Polypol)
- Anbieter und Nachfrager haben vollständige Marktübersicht (Markttransparenz).
- Anbieter und Nachfrager reagieren auf Marktänderungen ohne zeitliche Verzögerungen.
- Das von den Anbietern angebotene Gut ist homogen (Güter unterscheiden sich nicht).
- Angebot und Nachfrage treffen an einem bestimmten Ort aufeinander (Punktmarkt).
- Anbieter und Nachfrager haben keine sachlichen, zeitlichen, räumlichen oder persönlichen Präferenzen.
- Unter diesen Bedingungen ergibt sich für das angebotene Gut ein Einheitspreis, der von dem einzelnen Anbieter nicht verändert werden kann (Preis ≙ Datum).

vgl.: Hübscher, Heinrich u. a.: IT-Handbuch, IT-Systemkaufmann/-frau, Informatikkaufmann/-frau, 10. Aufl., Braunschweig 2017, S. 39

18 **Welche *Ursachen* führen zu *Wirtschaftsschwankungen*?**

In einer **Marktwirtschaft** entwickelt sich die Wirtschaft nicht nach einem gesamtgesellschaftlichen Plan, sondern die Wirtschaftssubjekte (z. B. Unternehmen, Konsumenten) können unter Beachtung gesetzlicher Rahmenbedingungen ihre **wirtschaftlichen Entscheidungen frei treffen**. Da sich diese Entscheidungen in der Regel an dem Angebot und an der Nachfrage orientieren, führen **Angebots-** und **Nachfrageveränderungen** der Wirtschaftssubjekte zu Schwankungen in der wirtschaftlichen Entwicklung.

Beispiele für Angebots- und Nachfrageveränderungen:

- Die Unternehmen verändern ihr Angebot an Waren und Dienstleistungen.
- Die Unternehmen verändern ihre Preise.
- Die Unternehmen verändern ihre Investitionspolitik.
- Die Konsumenten verändern ihr Konsumverhalten, sie geben mehr oder weniger aus oder fragen andere Güter und Dienstleistungen nach.

Markt- und Wettbewerbssituation von Unternehmen WiSo

- Die Konsumenten erhöhen oder senken ihre Sparquote.

Weitere Ursachen für **Wirtschaftsschwankungen** können sein:

- **politische Ereignisse** (z. B. [Bürger]Krieg)
- **Einflussnahme des Staates** auf die wirtschaftliche Entwicklung (z. B. Zahlung von Subventionen oder Veränderung gesetzlicher Bestimmungen)
- bahnbrechende **Erfindungen** (z. B. Nutzung der Brennstoffzelle) bzw. Entwicklung neuer Technologien (z. B. Anwendung der Nano-Technologie)
- **außenwirtschaftliche Ereignisse** (z. B. internationale Wirtschaftskrise)

- **saisonale Schwankungen**, z. B. veränderte Nachfrage durch schlechte Witterungsbedingungen
- **konjunkturelle Schwankungen**, z. B. Anstieg der Arbeitslosigkeit in der Konjunkturphase der Rezession
- **sektorale Schwankungen**, d. h. Veränderungen in der Wirtschaftsstruktur, z. B. Absterben der Textilindustrie in Deutschland durch wirtschaftliche Erfolge der Textilindustrie in Asien

19 Welche *Arten* von *wirtschaftlichen Schwankungen* werden in einer Marktwirtschaft grundsätzlich unterschieden?

In dem **Konjunkturphasenmodell** der Volkswirtschaftslehre werden idealtypisch folgende **vier Phasen** unterschieden:

- **Aufschwung (Expansion)**
- **Hochkonjunktur (Boom)**
- **Abschwung (Rezession)**
- **Konjunkturtief (Depression)**

20 Welche *Konjunkturphasen* werden grundsätzlich unterschieden?

Die **Nachfrage** nach Gütern und Dienstleistungen von privaten Haushalten (Verbrauchern), den Unternehmen, dem Staat und dem Ausland **steigt**. ➡ Als Folge davon werden **mehr Güter produziert** bzw. Dienstleistungen erbracht. ➡ Die höhere Nachfrage führt zu **Preissteigerungen**. ➡ Soweit es notwendig erscheint, werden infolge der erhöhten Produktion **mehr Arbeitskräfte** eingestellt. ➡ Unternehmen **erhöhen** aufgrund optimistischer Erwartungen die **Investitionen**. ➡ Als Folge des erhöhten Verbrauchs und der gestiegenen Investitionen werden **mehr Kredite** nachgefragt, wodurch die **Zinsen steigen**. ➡ Arbeitnehmerorganisationen (Gewerkschaften) können in der Regel **höhere Löhne** und Gehälter im Rahmen von Tarifverhandlungen durchsetzen. ➡ Die **Gewinne** der Unternehmen **nehmen** aufgrund der gestiegenen Kapazitätsauslastung und des erhöhten Umsatzes **zu**.

21 Wodurch wird die *Aufschwungphase* charakterisiert?

WiSo Produkt- und Dienstleistungsangebot

22. Welche Merkmale weist die Hochkonjunkturphase auf?

Die **Kapazitäten** in der Wirtschaft sind aufgrund der sehr hohen Nachfrage **voll ausgelastet**. ➜ Sonderschichten und Überstunden werden in vielen Unternehmen geleistet, es herrscht **Vollbeschäftigung**, zum Teil sogar Arbeitskräftemangel. ➜ Die **Einkommen steigen**, aber auch die **Preise** und **Zinsen ziehen** weiter **an**. ➜ Weiter **zunehmende Investitionen** führen zu einer **fortlaufenden Produktion**, bis es schließlich zu einer **Überhitzung** kommt: Man spricht von einer Überproduktion, die **Marktsättigung** ist erreicht. ➜ An diesem Punkt nimmt das reale Bruttoinlandsprodukt im Gegensatz zum nominalen nicht weiter zu, es **tritt** nun eine **Wende** dieser Entwicklung **ein**.

23. Wodurch wird die Abschwungphase charakterisiert?

Die Marktsättigung führt dazu, dass die **Nachfrage stagniert** und schließlich **sinkt**. ➜ Die Erstellung von Gütern und Dienstleistungen passt sich der abnehmenden Nachfrage an, der **Kapazitätsauslastungsgrad** in den Unternehmen wird **geringer**. ➜ **Arbeitskräfte** werden **entlassen** und die **Löhne** und Gehälter beginnen zu **sinken**. ➜ Geringere Nachfrage führt zu **fallenden Preisen**. ➜ Die Unternehmen nehmen aufgrund **pessimistischer Absatz- und Gewinnerwartungen** nur noch die wichtigsten Investitionen vor. ➜ Es werden vornehmlich **Rationalisierungs- und Ersatzinvestitionen** statt Erweiterungsinvestitionen getätigt. ➜ Die **Zinsen sinken**, da die Nachfrage nach Krediten rückläufig ist. ➜ Das nominale wie auch das reale **Bruttoinlandsprodukt sinken** als Folge der eingetretenen Entwicklung.

24. Welche Merkmale weist die Konjunkturtiefphase auf?

Die **Nachfrage** nach Gütern und Dienstleistungen erreicht in der Depression **niedrigstes Niveau**. ➜ Die **Kapazitätsauslastung** in den Unternehmen ist **gering**, auch **sinkende Preise** können die Gesamtnachfrage kaum steigern. ➜ **Löhne** und Gehälter **sinken** weiter, die **Arbeitslosigkeit steigt stark an**. ➜ Viele Unternehmen müssen **Insolvenz** anmelden, die **Investitionsneigung** befindet sich **auf** einem **Tiefpunkt**. ➜ Die **geringe Kreditnachfrage** führt zu sehr **niedrigen Zinssätzen**. ➜ Die Wirtschaftssubjekte **erhöhen** – soweit möglich – aufgrund pessimistischer Zukunftserwartungen ihre **Sparneigung**. ➜ Das **Bruttoinlandsprodukt** ist **stark gesunken**. ➜ Ist die Talsohle (Tiefpunkt) des Konjunkturverlaufs erreicht, zeigen sich wieder **leichte Aufschwunganzeichen**. In Deutschland helfen häufig Nachfrageimpulse aus dem Ausland, die zum großen Teil auf die geringen Preise zurückzuführen sind, aus dem Konjunkturtief herauszukommen.

25. Welchem Ziel dient die Unterteilung eines Konjunkturverlaufs in Phasen?

Zur **Beschreibung** und **Analyse** der einzelnen Phasen des Konjunkturverlaufs werden charakteristische Merkmale der wirtschaftlichen Entwicklung herangezogen, wie z. B. die Höhe der Kapazitätsauslastung in der Industrie oder die Höhe des Bruttoinlandsproduktes. Diese Merkmale haben aber nicht nur beschreibenden Charakter, sie dienen auch der **Konjunkturprognose**. Aussagen über die Zukunft der wirtschaftlichen Entwicklung sind z. B. für Unternehmen wichtig, um Investitionsentscheidungen abzusichern, oder sie dienen dem Staat, um den Konjunkturverlauf rechtzeitig durch **konjunkturpolitische Maßnahmen**, wie z. B. Veränderung des Steuersatzes, zu beeinflussen. Der Konjunkturanalyse und der Konjunkturprognose dienen auch die sogenannten **Konjunkturindikatoren**. Ihre Auswertung dient der Voraussage eines **Konjunkturtrends**.

Markt- und Wettbewerbssituation von Unternehmen

 WiSo

- **vorlaufende Konjunkturindikatoren (Frühindikatoren)**

  Beispiele:
  - Geschäftserwartungen von Unternehmen
  - Entwicklung der Aktienkurse
  - Auftragseingänge in Unternehmen

- **gleichlaufende Konjunkturindikatoren (Gegenwartsindikatoren)**

  Beispiele:
  - Kapazitätsauslastung in Industrieunternehmen
  - Einzelhandelsumsatz
  - Außenhandelsumsatz

- **nachlaufende Konjunkturindikatoren (Spätindikatoren)**

  Beispiele:
  - Zahl der Beschäftigten
  - Zahl der Arbeitslosen
  - Zahl der Insolvenzen

26 Welche *Arten* von *Konjunkturindikatoren* werden im Allgemeinen unterschieden?

Beispiele für staatliche Eingriffe:

- Vor allem in der Abschwungphase gilt es, den **Anstieg der Arbeitslosigkeit zu verhindern**. Dies geschieht z. B. durch die Vergabe staatlicher Aufträge oder durch die verlängerte Zahlung von Kurzarbeitergeld.

- In der Aufschwungphase ist der Staat besonders daran interessiert, die **Steigerung des Preisniveaus zu begrenzen**. Dies wird z. B. dadurch erreicht, dass staatliche Investitionen eher gebremst werden. Die geringere staatliche Nachfrage soll weitere Preiserhöhungen verhindern.

27 Welchen *Zielen* dienen *staatliche Ausgleichseingriffe* im Rahmen der Konjunkturpolitik?

Aufgrund der **konjunkturellen Lage** wird jedes Unternehmen andere **Entscheidungen** treffen, z. B. im Hinblick auf die **Absatz-** oder **Personalplanung** des Unternehmens. In Zeiten des wirtschaftlichen Aufschwungs wird man z. B. Personal einstellen, in Zeiten des Abschwungs Personal eher abbauen. Sicherlich wird man auch die **Beschaffungs-** und die **Investitionsplanung** im Unternehmen an der konjunkturellen Lage ausrichten.

28 Warum sind Kenntnisse über die *konjunkturelle Lage* für die Unternehmen sehr wichtig?

Unter dem Bruttoinlandsprodukt versteht man die **innerhalb** der **Staatsgrenzen** einer **Volkswirtschaft** erstellten Güter und Dienstleistungen, die dem in einer Periode zu **Marktpreisen** gemessenen Wert entsprechen, unabhängig davon, ob sie von In- oder Ausländern erzeugt wurden (**Inlandskonzept**).

29 Was versteht man unter dem *Bruttoinlandsprodukt* (BIP)?

WiSo — Berufsbildungsgesetz und Berufsausbildungsvertrag

3 Berufsbildung

Handbuch: LF 1

3.1 Berufsbildungsgesetz und Berufsausbildungsvertrag

(1) Welche Pflichten des Auszubildenden legt das Berufsbildungsgesetz (BBiG) fest?

Der **Auszubildende** hat laut § 13 BBiG …

- sich zu bemühen, die **berufliche Handlungsfähigkeit zu erwerben**, die erforderlich ist, um das Ausbildungsziel zu erreichen;
- die ihm im Rahmen seiner Berufsausbildung aufgetragenen **Aufgaben sorgfältig auszuführen**;
- am **Berufsschulunterricht** und an **Prüfungen** teilzunehmen;
- den **Weisungen zu folgen**, die ihm im Rahmen der Berufsausbildung von weisungsgebundenen Personen erteilt werden;
- die für die Ausbildungsstätte geltende **Ordnung zu beachten**;
- Werkzeuge, Maschinen und sonstige Einrichtungen **pfleglich zu behandeln**;
- über Betriebs- und Geschäftsgeheimnisse **Stillschweigen** zu wahren.

Nach § 5 Absatz 2 Nr. 7 kann die Ausbildungsordnung vorsehen, dass ein Berichtsheft zu führen ist.

(2) Welche Pflichten des Ausbildenden legt das BBiG fest?

Der **Ausbildende** hat laut § 14 ff. BBiG …

- mit dem Auszubildenden einen **Berufsausbildungsvertrag** zu schließen und ihn schriftlich niederzulegen;
- mit dem Auszubildenden eine **Probezeit** zu vereinbaren (mindestens einen Monat, höchstens **vier** Monate);
- dafür zu sorgen, dass dem Auszubildenden die **berufliche Handlungsfähigkeit** vermittelt wird, die zum Erreichen des Ausbildungszieles erforderlich ist;
- die **Ausbildung planmäßig** durchzuführen;
- dem Auszubildenden kostenlos die notwendigen **Ausbildungsmittel** zur Verfügung zu stellen;
- den Auszubildenden zum **Besuch der Berufsschule** sowie zum Führen von Berichtsheften anzuhalten;
- dafür zu sorgen, dass der Auszubildende **charakterlich gefördert** sowie sittlich und körperlich nicht gefährdet wird;
- sicherzustellen, dass dem Auszubildenden nur Verrichtungen übertragen werden, die dem **Ausbildungszweck dienen** und seinen körperlichen Kräften angemessen sind;
- den Auszubildenden für die Teilnahme am **Berufsschulunterricht** und an **Prüfungen freizustellen**;
- dem Auszubildenden eine angemessene **Vergütung** zu gewähren;
- dem Auszubildenden bei Beendigung des Ausbildungsverhältnisses ein **Zeugnis** auszustellen.

WiSo

§ 11 BBiG legt fest, dass Ausbildende unverzüglich nach Abschluss des Berufsausbildungsvertrages, spätestens vor Beginn der Berufsausbildung, den wesentlichen Inhalt des Vertrages **schriftlich niederzulegen** haben; die elektronische Form ist ausgeschlossen.

③ In welcher *Form* wird ein *Ausbildungsvertrag* geschlossen?

Laut § 11 BBiG sind in die **Niederschrift** mindestens aufzunehmen:
1. Art, sachliche und zeitliche Gliederung sowie Ziel der Berufsausbildung, insbesondere die Berufstätigkeit, für die ausgebildet werden soll,
2. Beginn und Dauer der Berufsausbildung,
3. Ausbildungsmaßnahmen außerhalb der Ausbildungsstätte,
4. Dauer der regelmäßigen täglichen Ausbildungszeit,
5. Dauer der Probezeit,
6. Zahlung und Höhe der Vergütung,
7. Dauer des Urlaubs,
8. Voraussetzungen, unter denen der Berufsausbildungsvertrag gekündigt werden kann,
9. ein Hinweis auf Tarifverträge, Betriebs- oder Dienstvereinbarungen.

Die Niederschrift ist von den Ausbildenden, den Auszubildenden und deren gesetzlichen Vertretern/Vertreterinnen zu unterzeichnen.

④ Welche *Inhalte* muss ein *Ausbildungsvertrag* aufweisen?

- **Arbeitstage** sind die Tage, an denen im Unternehmen gearbeitet wird.
- **Werktage** sind die Tage von Montag bis einschließlich Samstag (soweit nicht Feiertag).

⑤ Bei der Berechnung der *Urlaubstage* ist unter Umständen der Unterschied zwischen *Arbeits- und Werktagen* zu berücksichtigen. Worin liegt der Unterschied?

Der Vertragspartner des Auszubildenden ist der **Ausbildende** (in der Regel der Inhaber des Unternehmens), dieser beauftragt unter Umständen einen oder mehrere **Ausbilder**, sich konkret um die Vermittlung der beruflichen Handlungsfähigkeit zu kümmern.

⑥ Welcher rechtliche Unterschied besteht zwischen *Ausbildenden* und *Ausbildern*?

Nach dem Abschluss des Berufsausbildungsvertrages muss der Ausbildende unverzüglich die Eintragung in das Verzeichnis der Berufsausbildungsverhältnisse beantragen. Dies geschieht bei der zuständigen Industrie- und Handelskammer.

⑦ Welche Rolle übernimmt die *IHK* beim Abschluss von Ausbildungsverträgen?

WiSo — Berufsbildungsgesetz und Berufsausbildungsvertrag

8. Welche Bestimmung sieht das BBiG für eine *Kündigung während der Probezeit* vor?

Während der Probezeit kann das Berufsausbildungsverhältnis jederzeit **ohne** Einhalten einer **Kündigungsfrist** und **ohne** Angabe eines **Kündigungsgrundes** gekündigt werden.

9. Wie ist die *Kündigung nach der Probezeit* geregelt?

Nach der Probezeit kann nur gekündigt werden …

1. von beiden Vertragsparteien aus einem **wichtigen Grund** ohne Einhalten einer Kündigungsfrist,
2. vom Auszubildenden mit einer Kündigungsfrist von vier Wochen, wenn er die **Berufsausbildung aufgeben** oder sich für eine **andere Berufstätigkeit** ausbilden lassen will.

Die Kündigung hat **schriftlich** zu erfolgen.

10. Welche Art von *Zeugnis* erhält der Auszubildende nach Beendigung des Ausbildungsverhältnisses?

- Das **einfache Zeugnis** muss Angaben enthalten über
  - Art, Dauer und Ziel der Berufsausbildung,
  - die erworbenen Fertigkeiten, Kenntnisse und Fähigkeiten.
- Auf Verlangen des Auszubildenden ist ein **qualifiziertes Arbeitszeugnis** auszustellen, das außerdem Angaben über das Verhalten und die Leistung enthält.

11. Sind *Nebentätigkeiten* während der Berufsausbildung erlaubt?

Grundsätzlich ist die Ausübung einer **Nebentätigkeit** zwar **erlaubt**, sie darf den Auszubildenden aber nicht so stark belasten, dass er seine vertraglichen Pflichten, insbesondere das Erreichen des Ausbildungszieles, nicht mehr erfüllen kann.
Aus diesem Grund ist die Ausübung der Nebentätigkeit mit dem Ausbildenden abzustimmen.

12. Wie ist der *Vergütungsanspruch* von Auszubildenden geregelt?

Ausbildende haben Auszubildenden eine **angemessene** Vergütung zu gewähren. Sie ist nach dem Lebensalter der Auszubildenden so zu bemessen, dass sie mit fortschreitender Berufsausbildung, **mindestens jährlich, ansteigt**.

13. *Wann* ist die Vergütung *zu zahlen*?

Die finanzielle Vergütung für den laufenden Kalendermonat ist spätestens **am letzten Arbeitstag des Monats** zu zahlen.

Es endet mit dem Ablauf der Ausbildungszeit.

- Bestehen Auszubildende vor Ablauf der Ausbildungszeit die Abschlussprüfung, endet das Ausbildungsverhältnis mit **Bekanntgabe** des Ergebnisses durch den **Prüfungsausschuss**.

- Wird die Prüfung nicht bestanden, verlängert sich das Ausbildungsverhältnis auf Verlangen des Auszubildenden bis zur nächstmöglichen Wiederholungsprüfung, **höchstens um ein Jahr**.

Wann endet das Berufsausbildungsverhältnis? (14)

3.2 Duales Ausbildungssystem

Handbuch: LF 1

Die berufliche Erstausbildung der staatlich anerkannten Ausbildungsberufe im Sinne des Berufsbildungsgesetzes (BBiG) findet in Form des **dualen Ausbildungssystems** statt, das die beiden Lernorte Ausbildungsbetrieb und Berufsschule umfasst.

Was versteht man unter dem dualen Ausbildungssystem in Deutschland? (15)

Unter den **zuständigen Stellen** gemäß § 71 BBiG versteht man in der Regel die Kammern, z. B. die Industrie- und Handelskammer (IHK) oder die Handwerkskammer. Sie haben die Aufgaben, die Berufsausbildung zu überwachen und Beratung anzubieten (§ 76 BBiG).

Was versteht man unter den in § 71 BBiG genannten „zuständigen Stellen"? (16)

3.3 Ausbildungsplan und Ausbildungsordnung

Handbuch: LF 1

Die **Ausbildungsordnung** hat mindestens festzulegen:

1. die **Bezeichnung** des anerkannten Ausbildungsberufes,
2. die **Ausbildungsdauer**; sie soll nicht mehr als drei und nicht weniger als zwei Jahre betragen,
3. die beruflichen Fertigkeiten, Kenntnisse und Fähigkeiten, die mindestens Gegenstand der Berufsausbildung sind (**Ausbildungsberufsbild**),
4. eine Anleitung zur sachlichen und zeitlichen Gliederung der Vermittlung der beruflichen Fertigkeiten, Kenntnisse und Fähigkeiten (**Ausbildungsrahmenplan**),
5. die **Prüfungsanforderungen**.

Was legt die Ausbildungsordnung laut § 5 Berufsbildungsgesetz (BBiG) fest? (17)

- Der **Ausbildungsrahmenplan** legt verbindlich fest, was im Ausbildungsbetrieb zu vermitteln ist.

- Dagegen definiert der von der Kultusministerkonferenz (KMK) beschlossene **Rahmenlehrplan**, was die Berufsschule im berufsbezogenen Bereich zu vermitteln hat.

Worin unterscheiden sich Ausbildungsrahmenplan und Rahmenlehrplan? (18)

WiSo Betriebsverfassungs- und Jugendarbeitsschutzgesetz

19 **Wer hat das *Recht*, Ausbildungsordnungen zu erlassen?**

Das Bundesministerium für Wirtschaft und Arbeit oder das sonst zuständige Fachministerium kann nach § 4 BBiG im Einvernehmen mit dem Bundesministerium für Bildung und Forschung Ausbildungsordnungen erlassen.

20 **Was versteht man unter einem *Ausbildungsplan*?**

Aufgrund des Ausbildungsrahmenplans legt der Ausbildende schriftlich einen betrieblichen **Ausbildungsplan** fest, der die sachliche und zeitliche Gliederung der Ausbildung beinhaltet.

Handbuch: LF 1

3.4 Betriebsverfassungs- und Jugendarbeitsschutzgesetz

21 **Was beinhaltet das Betriebsverfassungsgesetz (BetrVerfG)?**

Im **Betriebsverfassungsgesetz** wird die Organisation der Interessenvertretung von Arbeitnehmern und Auszubildenden in der Privatwirtschaft geregelt. Das Gesetz beinhaltet eine Vielzahl von Bestimmungen und Regelungen für die Wahl des **Betriebsrats** und der **Jugend- und Auszubildendenvertretung (JAV)**.

22 **Welches besondere *Mitbestimmungsrecht* sieht das Betriebsverfassungsgesetz (BetrVerfG) für *Auszubildende* vor?**

Laut § 60 werden in Betrieben mit in der Regel mindestens **fünf Arbeitnehmern**, die das 18. Lebensjahr noch nicht vollendet haben oder die zu ihrer Berufsausbildung beschäftigt sind und das 25. Lebensjahr noch nicht vollendet haben, **Jugend- und Auszubildendenvertretungen** gewählt. Sie nehmen die besonderen Belange dieser Arbeitnehmer wahr.

23 **Welche *Aufgaben* hat die Jugend- und Auszubildendenvertretung (JAV)?**

- **Beantragung von Maßnahmen** beim Betriebsrat zugunsten der Arbeitnehmer im Sinne des § 60; die Jugend- und Auszubildendenvertreter können zu allen Betriebsratssitzungen einen Vertreter entsenden. Sie haben in diesen besonderen Belangen in der Regel Stimmrecht beim Betriebsrat.
- **Überwachung** der einschlägigen **Rechtsvorschriften** (z. B. Unfallverhütungsvorschriften, Tarifverträge)
- **Weitergabe von Anregungen und Beschwerden** der entsprechenden Arbeitnehmer an den Betriebsrat
- Förderung der **Integration ausländischer Arbeitnehmer** im Sinne des § 60

24 **Wer ist als Jugend- und Auszubildendenvertreter *wählbar*?**

Wählbar sind alle Arbeitnehmer des Betriebes, die das **25. Lebensjahr noch nicht vollendet** haben. Mitglieder des Betriebsrates können nicht zu Jugend- und Auszubildendenvertretern gewählt werden.

WiSo

25 *Wann* werden die Jugend- und Auszubildendenvertreter *gewählt, wie lange* dauert ihre *Amtszeit*?

- Die regelmäßigen Wahlen finden **alle zwei Jahre** in der Zeit vom 1. Oktober bis zum 30. November statt.
- Die regelmäßige **Amtszeit** beträgt **zwei Jahre**.

26 Hat die JAV *regelmäßige Sprechstunden* während der Arbeitszeit?

In Betrieben, die in der Regel **mehr als fünfzig** der in § 60 genannten Arbeitnehmer beschäftigen, kann die JAV Sprechstunden **während der Arbeitszeit** einrichten.

27 Existiert eine *Jugend- und Auszubildendenversammlung* neben der Betriebsversammlung des Betriebsrates?

Die JAV kann **vor oder nach jeder Betriebsversammlung** im Einvernehmen mit dem Betriebsrat eine betriebliche Jugend- und Auszubildendenversammlung einberufen.

28 Welche *Personengruppen schützt* das Jugendarbeitsschutzgesetz (JArbSchG)?

Das Gesetz schützt **Kinder** (Personen unter 15 Jahren) und **Jugendliche** (Personen ab 15 Jahren, aber noch unter 18 Jahren), die sich noch in der Berufsausbildung befinden oder in einem Beschäftigungsverhältnis als Arbeitnehmer oder Heimarbeiter tätig sind (§ 1).

29 Welche Bestimmungen enthält das JArbSchG zur *Arbeitszeit*?

- Jugendliche dürfen nicht mehr als **8 Stunden täglich** und nicht mehr als **40 Stunden** wöchentlich beschäftigt werden.
- Wird die Arbeitszeit an einzelnen Werktagen verkürzt, kann die Arbeitszeit an anderen Tagen auf **maximal 8,5 Stunden** verlängert werden (§ 8).
- Jugendliche dürfen prinzipiell nur **zwischen 06:00 Uhr und 20:00 Uhr** beschäftigt werden (§ 14), Ausnahmen gelten bei Jugendlichen über 16 Jahren z. B. bei **mehrschichtigen Betrieben (bis 23:00 Uhr)**.
- Bei Jugendlichen darf die **Schichtzeit** prinzipiell **10 Stunden** nicht überschreiten, Ausnahmen regelt das Gesetz (z. B. auf Bau- und Montagestellen maximal 11 Stunden).
- Jugendliche dürfen nach Beendigung der täglichen Arbeitszeit nicht vor Ablauf einer ununterbrochenen **Freizeit von mindestens 12 Stunden** beschäftigt werden (§ 13).
- Jugendliche dürfen nur an **5 Tagen** in der Woche beschäftigt werden. Die beiden wöchentlichen Ruhetage sollen nach Möglichkeit aufeinander folgen (§ 15).
- An **Samstagen und Sonntagen** dürfen Jugendliche prinzipiell nicht beschäftigt werden, Ausnahmen regelt das Gesetz (z. B. in offenen Verkaufsstellen).
- Am **24. und 31. Dezember** nach 14:00 Uhr und an **gesetzlichen Feiertagen** dürfen Jugendliche prinzipiell nicht beschäftigt werden. Ausnahmen sind in § 18 Abs. 2 geregelt.

Betriebsverfassungs- und Jugendarbeitsschutzgesetz

30. Welche Regelungen enthält das JArbSchG zu den *Pausenzeiten*?

- Die Pausenzeiten gelten nicht als Arbeitszeit (Ausnahme: Schichtzeit). Als Arbeitspause gilt nur eine Arbeitsunterbrechung von **mindestens 15 Minuten** (§ 11).
- Die Pausenzeiten müssen insgesamt 30 Minuten bei einer Arbeitszeit von mehr als viereinhalb Stunden betragen bzw. **60 Minuten bei mehr als 6 Stunden Arbeitszeit**.

31. Welche Bestimmungen enthält das JArbSchG zum *Urlaubsanspruch*?

Der bezahlte **Erholungsurlaub** beträgt laut § 19 jährlich …

1. mindestens **30 Werktage**, wenn der Jugendliche zu Beginn des Kalenderjahres **noch nicht 16 Jahre alt** ist, und
2. mindestens **27 Werktage**, wenn der Jugendliche zu Beginn des Kalenderjahres **noch nicht 17 Jahre alt** ist, und
3. mindestens **25 Werktage**, wenn der Jugendliche zu Beginn des Kalenderjahres **noch nicht 18 Jahre alt** ist.

Der Urlaub soll Berufsschülern in der Zeit der **Schulferien** gegeben werden. Soweit er nicht in den Schulferien gegeben wird, ist für jeden **Berufsschultag**, an dem die Berufsschule während des Urlaubs besucht wird, **ein weiterer Urlaubstag** zu gewähren.

32. Welche Aussagen trifft das JArbSchG zum *Berufsschulbesuch*?

- Der Arbeitgeber muss den Jugendlichen für die Teilnahme am Berufsschulunterricht, an Prüfungen und außerbetrieblichen Ausbildungsmaßnahmen **freistellen**. Am Arbeitstag **vor** der **schriftlichen** Abschlussprüfung ist der Jugendliche außerdem freizustellen (§§ 9 und 10).
- Der Arbeitgeber darf den Jugendlichen an einem Berufsschultag pro Woche nicht beschäftigen, soweit der **Unterricht mehr als fünf Stunden à 45 Minuten umfasst**. Diese Regelung greift nicht an einem zweiten Berufsschultag in der Woche.

33. Inwieweit schützt das JArbSchG den Jugendlichen vor *gesundheitsgefährdenden Tätigkeiten*?

Jugendliche dürfen **keine Arbeiten ausführen**, die ihre **physische oder psychische Leistungsfähigkeit übersteigen**, die ihre **Gesundheit gefährden** oder bei denen sie **sittlich gefährdet** werden (§ 22).

WiSo

Die wichtigsten **Schutzgesetze** sind:

- Mindesturlaubsgesetz für Arbeitnehmer (**Bundesurlaubsgesetz**)
- **Kündigungsschutzgesetz**
- Gesetz zum Schutze der erwerbstätigen Mutter (**Mutterschutzgesetz**)
- Gesetz zum Elterngeld und zur Elternzeit (**Bundeselterngeld- und Elternzeitgesetz**)
- **Arbeitszeitgesetz**
- Gesetz über die Zahlung des Arbeitsentgelts an Feiertagen und im Krankheitsfall (**Entgeltfortzahlungsgesetz**)
- **Bundesausbildungsförderungsgesetz (BAföG)**
- **Arbeitsförderungsrecht** (Sozialgesetzbuch, Drittes Buch)
- **Schwerbehindertenrecht** (Sozialgesetzbuch, Neuntes Buch)

34 Welche weiteren Gesetze *schützen* den Auszubildenden in der Berufsausbildung?

3.5 Lebenslanges Lernen

Handbuch: LF 1

Der rasche **technische Wandel** und die **Globalisierung** der Märkte führen dazu, dass die einmal erworbenen Qualifikationen rasch an Wert verlieren, man spricht in diesem Zusammenhang auch von der **„Halbwertzeit des Wissens"**, die immer geringer wird. Passt man sich dieser Entwicklung nicht schnell genug an, besteht letztlich die Gefahr, arbeitslos zu werden oder zumindest unattraktive Tätigkeiten ausführen zu müssen.

35 Welche Gründe lassen sich für die Forderung nach *„lebenslangem Lernen"* anführen?

Die **Fortbildung** bezieht sich eher auf die Fortführung der beruflichen Ausbildung, die **Weiterbildung** umfasst darüber hinaus die generelle Ausweitung der eigenen Qualifikationen, unabhängig vom gewählten Beruf. Diese begriffliche Trennung wird häufig nicht mehr benutzt. Stattdessen unterscheidet man z. B. die

- **Anpassungsfortbildung** (z. B. Anpassung an technischen Fortschritt)
- **Aufstiegsfortbildung** (Vorbereitung auf höherwertige Aufgaben)
- **Ergänzungsfortbildung** (Weiterbildung)

36 Was versteht man unter *Fort-* bzw. *Weiterbildung*?

Laut § 1 Absatz 4 des **BBiG** soll die berufliche Fortbildung „es ermöglichen, die berufliche Handlungsfähigkeit zu erhalten und anzupassen oder zu erweitern und beruflich aufzusteigen". Die klare Trennung zwischen Fort- und Weiterbildung verliert auch ihre Bedeutung durch die Diskussion um den Erwerb von **Schlüsselqualifikationen** (z. B. Team- und Kommunikationsfähigkeit) während der Berufserstausbildung. Diese Schlüsselqualifikationen sollen den Arbeitnehmer frühzeitig und umfassend auf die Veränderung in Wirtschaft und Gesellschaft vorbereiten. In der modernen Berufsausbildung wird deswegen nicht nur Wert auf **Fachkompetenz** gelegt, ebenso wichtig sind beispielsweise **Selbst-** und **Sozialkompetenz**.

37 Warum ist die berufliche *Fortbildung* im Berufsbildungsgesetz verankert?

287

WiSo — Sicherheit und Gesundheit am Arbeitsplatz

4 Sicherheit und Gesundheitsschutz bei der Arbeit

4.1 Sicherheit und Gesundheit am Arbeitsplatz

Handbuch: LF 2

1 Was versteht man unter *betrieblicher Gesundheitsförderung*?

Bei der betrieblichen Gesundheitsförderung können zeitlich befristete Einzelmaßnahmen zur **Verhaltensvorsorge** bei **Ernährung, Bewegung** und **Stressbewältigung** für die Mitarbeiter in einem Unternehmen eingesetzt werden.

2 Welche Maßnahmen eignen sich bei den Problemfeldern *Bewegung, Ernährung, Stressregulation* und *Suchtprävention* zur Förderung der Gesundheit am Arbeitsplatz?

Problemfeld	Beispiel für Maßnahmen
Bewegung	Betriebssportbeteiligung
Ernährung	Ernährungsberatung
Stressregulation	autogenes Training
Suchtprävention	Teilnahme an Lehrgängen

3 Was können Unternehmen tun, um *Stress-Situationen* bei den Beschäftigten vorzubeugen?

Folgende Maßnahmen können dazu dienen, eine **stressreduzierte Arbeitsumgebung** zu schaffen:

- **gemeinsamer Betriebssport**
- **langfristig angelegte Strukturveränderungen**
- **feste Teams**, die sich gegenseitig stärken
- **Anti-Mobbing-Bossing**-Konzept
- **Lob und Anerkennung** der geleisteten Arbeit
- **Gemeinschaftserlebnisse** planen und durchführen
- **private Kontakte** fördern und stärken
- **fürsorgebezogene Verhaltensweisen** der Vorgesetzten fördern

4 Welche *Ziele* und welche grundsätzlichen *Regelungen* sieht das *Arbeitszeitgesetz* vor?

- **Ziele:**
  - Gewährleistung der **Sicherheit** und des **Gesundheitsschutzes** der volljährigen Arbeitnehmer bei der Arbeitszeitgestaltung
  - Verbesserung der Rahmenbedingungen für **flexible Arbeitszeiten**
  - Schutz der **Arbeitsruhe** an Sonntagen und den staatlich anerkannten Feiertagen

- **Regelungen:**
  - Grundsätzlich darf die werktägliche Arbeitszeit **acht** Stunden nicht überschreiten; Ausnahme: Verlängerung auf bis zu **zehn** Stunden, wenn innerhalb von **sechs** Kalendermonaten oder innerhalb von **24 Wochen** im **Durchschnitt** acht Stunden werktäglich **nicht** überschritten werden.

WiSo

- **Arbeitszeitunterbrechung** durch im **Voraus feststehende Ruhepausen** von mindestens **30** Minuten bei einer Arbeitszeit von mehr als **sechs bis neun** Stunden und **45** Minuten bei einer Arbeitszeit von mehr als **neun** Stunden

- ununterbrochene **Ruhezeit** von mindestens **elf** Stunden nach Beendigung der täglichen Arbeitszeit; Ausnahmeregelungen: Landwirtschaft, Krankenhäuser, Verkehrsbetriebe und Gaststätten

---

- **Staatliche Gewerbeaufsichtsämter**
Sie sind für die Einhaltung von **Gesetzen** und **Verordnungen** zum Arbeitsschutz zuständig und können zu diesem Zweck betriebliche Einrichtungen auf Bundesebene, u. a. in Industrieunternehmen, überwachen und kontrollieren.
- **Berufsgenossenschaften**

- Bei ihnen handelt es sich um Selbstverwaltungseinrichtungen, Körperschaften des öffentlichen Rechts, und sie sind dadurch berechtigt, eigene **Unfallverhütungsvorschriften** zu erlassen. Sie kontrollieren deren Einhaltung selbstständig und werden auch als **Träger** der **gesetzlichen Unfallversicherung** tätig, wenn sich zum Beispiel Arbeitsunfälle ereignet haben.

5 Welche *Organe/Institutionen* bzw. *Funktionsträger* sind für die Einhaltung und die Umsetzung bzw. Überwachung der gesetzlichen *Arbeitsschutzvorschriften* zuständig?

- **Gesetze**
    - Arbeitsschutzgesetz (ArbSchG);
    - Jugendarbeitsschutzgesetz (JArbSchG)
    - Mutterschutzgesetz (MuSchG)

- **Rechtsverordnungen**
    - Arbeitsstättenverordnung (Mindestanforderungen an Arbeits- und Ruheräume)
    - Bildschirmarbeitsverordnung (Sicherheit und Gesundheitsschutz bei der Arbeit an Bildschirmgeräten)
    - Gewerbeordnung (GewO)

6 Nennen Sie mindestens drei wichtige *Gesetze* und drei *Rechtsverordnungen*, die hauptsächlich in den Kompetenzbereich der Staatlichen Gewerbeaufsichtsämter fallen.

- **Funktionsträger Sicherheitsbeauftragte:** In Unternehmen mit mehr als **20** beschäftigten Arbeitnehmern muss der Arbeitgeber einen Sicherheitsbeauftragten (SGB VII), in der Regel einen Mitarbeiter, bestellen bzw. beauftragen. Er soll den Arbeitgeber bei der **Durchführung** des Unfallschutzes unterstützen. Er hat sich durch ständige Überwachung von dem Vorhandensein und der ordnungsgemäßen Benutzung und Beschaffenheit vorgeschriebener Schutzeinrichtungen zu überzeugen.

- **Werkschutz und Betriebsfeuerwehren:** Diese Einrichtungen werden in der Regel in großen Industrieunternehmen, je nach **Gefahrenpotenzial** der Betriebsstätteneinrichtungen, genutzt. Sie sind wie der Sicherheitsbeauftragte in kleineren Unternehmen mit ähnlichen Aufgaben betraut und können darüber hinaus durch die vorhandene Nähe schnell Rettungsdienste und Brandbekämpfungsmaßnahmen durchführen.

7 Welche *innerbetrieblichen Funktionsträger* bzw. *Stellen/Einrichtungen* sind für den Arbeits- und Gesundheitsschutz der Mitarbeiter zuständig?

WiSo Arbeitsschutz- und Unfallverhütungsvorschriften

- **Betriebsrat:** Der Betriebsrat hat im Rahmen des Arbeits- und Unfallschutzes nach § 89 des Betriebsverfassungsgesetzes ein Mitbestimmungs-, Informations-, Überwachungs-, Gestaltungs- und Unterstützungsrecht.
  - *Mitbestimmungsrecht:* Bei Arbeitsschutzmaßnahmen zur Verhütung von Arbeitsunfällen und Berufskrankheiten darf er mitbestimmen (§ 87 Abs. 1 Nr. 7 BetrVerfG).
  - *Informationsrecht:* Bei Anordnungen des Gewerbeaufsichtsamtes muss er unverzüglich informiert und bei betrieblichen Unfällen unterrichtet werden.
  - *Überwachungsrecht:* Er überwacht Gesetze und Verordnungen, die zugunsten der Arbeitnehmer erlassen wurden.
  - *Gestaltungsrecht:* Bei der Gestaltung und Planung von Bauten, technischen Anlagen, Arbeitsverfahren und Arbeitsplätzen ist er zu beteiligen.
  - *Unterstützungsrecht:* Er kann sich von Betriebsärzten und Arbeitssicherheitskräften beraten lassen und er kann sich an Unfalluntersuchungen durch Berufsgenossenschaften oder Betriebsbesichtigungen von Gewerbeaufsichtsämtern beteiligen.

4.2 Arbeitsschutz- und Unfallverhütungsvorschriften

Handbuch: LF 2

8 Welche *Bedeutung* haben Gesundheitsschutz- und Unfallverhütungsmaßnahmen für den *Mitarbeiter* und für den *Arbeitgeber/Betrieb*?

- **Mitarbeiter**
  Durch präventive Gesundheitsschutz- und Unfallverhütungsmaßnahmen sollen die Mitarbeiter vor **Verletzungen** mit der Folge von **Schmerzen** und ängstlichen Erfahrungen weitestgehend geschützt werden. Außerdem soll der **Verlust** der **Arbeitsfähigkeit**, der in der Regel zu einer **Minderung** der **Erwerbsfähigkeit** führt, vermieden werden. Diese könnte letztlich zu einer **Einkommensminderung** des Mitarbeiters führen.

- **Arbeitgeber/Betrieb**
  Ein erkrankter bzw. verletzter Mitarbeiter könnte für einen Industriebetrieb unter Umständen zu einem **Produktionsausfall** bzw. zu **Kundenverlusten** mit entsprechenden wirtschaftlichen Einbußen führen. In Extremfällen muss ein verletzter Mitarbeiter über einen längeren Zeitraum oder sogar auf Dauer ersetzt werden.

9 Welche *Bedeutung* haben präventive Gesundheitsschutz- und Unfallverhütungsmaßnahmen für die *Gesellschaft/Volkswirtschaft*?

- **Entlastung der Sozialsysteme**, wenn geringere Leistungen der **gesetzlichen Unfallversicherungen** in Anspruch genommen werden

- **Verringerung** der **Umweltbelastungen** mit entsprechenden geringeren **Folgekosten** bei der **Schadenregulierung**

WiSo

- **Verbotszeichen**
Kennzeichnung: roter Rand, Hintergrund weiß, Symbol schwarz
Bedeutung: absolutes Verbot einer bestimmten Handlung
Beispiele: offenes Feuer verboten; Rauchverbot

- **Warnzeichen**
Kennzeichnung: schwarzer Rand, Hintergrund gelb, Symbol schwarz
Bedeutung: Warnhinweis auf besondere Gefahrenstoffe
Beispiele: Stoffe sind giftig oder feuergefährlich.

- **Gebotszeichen**
Kennzeichnung: Hintergrund blau, Symbol weiß
Bedeutung: Gebotshinweis auf besondere Schutzvorschriften
Beispiele: Schutzhelm tragen, Gehör- bzw. Augenschutz

10 Welche Kennzeichnungen und welche unterschiedlichen Bedeutungen haben im Rahmen des Gesundheitsschutzes die *Verbots-, Warn-* und *Gebotszeichen*?

Nennen Sie außerdem jeweils zwei Beispiele.

- **Rettungszeichen**
Kennzeichnung: Hintergrund grün, Zeichen bzw. Symbol weiß
Bedeutung: Flucht- oder Rettungshinweise

Beispiele: Notausgangs- oder Rettungswegrichtungsangabe

- **Brandschutzzeichen**
Kennzeichnung: Hintergrund rot, Zeichen bzw. Symbol weiß
Bedeutung: Verwendungshinweis auf bestimmte Hilfsgeräte

Beispiele: Löschschlauch oder Feuerlöschgeräte

11 Welche Kennzeichnungen und welche unterschiedlichen Bedeutungen haben im Rahmen des Gesundheitsschutzes die *Rettungs-* und *Brandschutzzeichen*?

Nennen Sie außerdem jeweils zwei Beispiele.

Grundsätzlich können bei möglichen Unfallursachen entweder menschliches Versagen und/oder technische Fehler bei Arbeitsunfällen festgestellt werden. Daraus lassen sich verschiedene **Maßnahmen** ableiten:

- **Präventive Maßnahmen bei menschlichem Versagen**
  - Beachtung von Arbeitszeitgesetzen zur Vorbeugung **körperlicher und geistiger Überbelastung**

- Einhaltung von Unfallverhütungsvorschriften zur Vermeidung von **Gefahrenquellen**

12 Welche Maßnahmen sind zur Vermeidung von möglichen *Unfallursachen* zu ergreifen?

Nennen Sie jeweils zwei Beispiele.

WiSo Verhaltensweisen bei Unfällen

- **Technische Maßnahmen** bei technischen Fehlern
  - Gefahrenschutz bei Betriebseinrichtungen, Geräten, Maschinen, Gefahrstoffen und der Arbeitsplatzgestaltung
  - Gefahrenschutz bei den Arbeitsverfahren oder der Produktion

13 Welche *Bedeutung* haben die *Berufsgenossenschaften* und welche Maßnahmen können sie im Rahmen der präventiven Unfallverhütung und der Gesundheitsfürsorge gegenüber den Betrieben durchführen?

Zusätzlich zu den **staatlichen** Arbeitsschutzstellen (sozialer und technischer Arbeitsschutz) sind die Berufsgenossenschaften die **zuständigen Stellen** für den **technischen** Arbeitsschutz. Zur **Verhütung** von **Arbeitsunfällen** und zur **Vorbeugung** von **Berufskrankheiten** sind sie berechtigt, folgende Maßnahmen gegenüber den Betrieben durchzuführen:

- **Herausgabe** von „Berufsgenossenschaftlichen Vorschriften für Sicherheit und Gesundheit bei der Arbeit" (BGVA)
- **Herausgabe** von „Berufsgenossenschaftlichen Regeln" (BGR)
- **Durchführung** von unangemeldeten **Betriebsbesichtigungen** zur Überprüfung der **Einhaltung** der BGVA und der BGR

Handbuch: LF 2

4.3 Verhaltensweisen bei Unfällen

14 Welche *Verhaltensweisen* werden von den Mitarbeitern in einem Betrieb nach den Allgemeinen Vorschriften der Berufsgenossenschaften bei Vorliegen eines Betriebs- bzw. Arbeitsunfalls erwartet und welche *Erste-Hilfe-Mittel* sind einzusetzen?

Bei einem **Notfall** sind folgende **Grundregeln** zu beachten:

- Ruhe bewahren
- Lage einschätzen
- situationsgerechte Handlungen/ Entscheidungen treffen

Art und Umfang des Einsatzes der Erste-Hilfe-Mittel hängen davon ab, ob es sich um einen relativ geringen Sach- oder Personenschaden oder um ein großes Schadensereignis handelt.

Zum Beispiel sind bei einem Brand folgende **Sofortmaßnahmen** zu ergreifen:

- **Notruf** aktivieren (situationsabhängig)
- **Schutzausrüstungen** und/oder **Feuerlöscher** nutzen
- **Personen** und **Tiere** evakuieren

15 Welche *Erste-Hilfe-Maßnahmen* hat der Arbeitnehmer in einem Betrieb nach den „Allgemeinen Vorschriften" der Berufsgenossenschaften bei Vorliegen eines Betriebs- bzw. Arbeitsunfalls mit Personenschaden einzuleiten?

Bei einem **medizinischen Notfall** sind zum Beispiel folgende Maßnahmen zu ergreifen:

- **Sofortmaßnahmen** durchführen, wie die verletzte Person aus dem Gefahrenbereich schaffen, bergen und eventuell Atemspenden durchführen
- **Erste-Hilfe-Maßnahmen** selbst durchführen und/oder einen Ersthelfer rufen
- situationsgemäß **Notruf-Einleitung** eines Betriebsarztes/-sanitäters und/ oder eines Rettungsdienstes mit einer eventuellen Krankenhauseinlieferung
- **Beobachtung** des Verletzten bis zum Eintreffen des Arztes

- Grundsätzlich muss vom Arbeitgeber eine **Unfallmeldung** innerhalb dreier Tage bei der zuständigen Berufsgenossenschaft bzw. zuständigen Stelle eingereicht werden.

- Bei **tödlichen** Unfällen und bei Unfällen, bei denen mehr als **fünf Personen** verletzt wurden, muss die Berufsgenossenschaft **unverzüglich** (u. a. telefonisch) unterrichtet werden.

- Zusätzlich muss mit dem Vordruck „**Unfallanzeige**" jeder Arbeitsunfall bei einer **Arbeitsunfähigkeit** mit **mehr als drei Tagen** dem zuständigen Unfallversicherungsträger **schriftlich** gemeldet werden.

- **Unfallanzeige** vom Betriebsrat und der Fachkraft für Arbeitssicherheit bzw. dem Sicherheitsbeauftragten unterschreiben lassen

WiSo

Unter welchen Voraussetzungen müssen Betriebs- bzw. Arbeitsunfälle *gemeldet* werden und wann ist eine *Unfallanzeige* zu schreiben? (16)

4.4 Brandschutzvorschriften und Brandbekämpfung

Handbuch: LF 2 und 8

Eigenschaften des Stoffes:	Bezeichnung:	Gefahrensymbol:
Stoffe, die meist **nicht selbst brennbar** sind, jedoch durch **Sauerstoffabgabe** den **Brand** brennbarer Stoffe **fördern**	(4)	(8)
flüssige Stoffe, die mit Wasser mischbar oder nicht mischbar sind und einen **Flammpunkt** zwischen **21 und 55** Grad Celsius haben	(3)	(5)
flüssige Stoffe mit einem **Flammpunkt unter 21** Grad Celsius und einem **Siedepunkt unter 35** Grad Celsius	(1)	(7)
z. B. Stoffe, die sich bei gewöhnlicher Temperatur an der Luft **ohne Energiezufuhr** erhitzen und schließlich **entzünden** können	(2)	(6)

Im Rahmen des vorbeugenden Brandschutzes muss ein Mitarbeiter *Gefahrstoffeigenschaften* richtig einordnen können. (17)

Ordnen Sie in einem ersten Schritt die Kennziffern 1–4 durch Eintragung der entsprechenden Kennziffer zu: Bezeichnung/Kennziffer
– hochentzündlich (1)
– leichtentzündlich (2)
– entzündlich (3)
– brandfördernd (4)

Zweiter Schritt: Zuordnung der Gefahrensymbole durch Eintragung der Kennziffern 5–8:

5   6

7   8

WiSo — Brandschutzvorschriften und Brandbekämpfung

18 Nennen Sie mindestens *zwei Maßnahmen* einer *vorbeugenden Brandverhinderung*.

Zur Einhaltung von Brandverhütungsvorschriften ist es notwendig, dass ein Brand erst gar nicht entstehen kann.

Maßnahmen zur **Brandbekämpfung** sind:

1. **gesonderte Lagerräume** vorsehen, um leicht entflammbares Material zu deponieren
2. **besondere Schutzmaßnahmen** ergreifen, zum Beispiel bei Schweißarbeiten in der Nähe von feuergefährdeten Materialien
3. **Rauchverbot** am Arbeitsplatz erlassen, insbesondere in Lagerräumen

19 Welche *Maßnahmen* sind bereits bei der *Errichtung* und späteren Nutzung von Arbeitsräumen *zum vorbeugenden Brandschutz* vorgesehen?

- **feuersichere Stahltüren**, automatische Schließung im Brandfall
- **kein Zustellen** von **Notausgängen**
- besondere **Kennzeichnung** von **Fluchtwegen** und **Notausgängen**
- besonderer **Aushang** von **Flucht-** und **Rettungsplänen**
- **Verhaltensanweisungen, Brandschutz-** und **Rettungsübungen** für den Brandfall

20 Nennen Sie mindestens *drei Einrichtungen* zur *Früherkennung von Bränden*.

1. **Thermomelder** (Überwachungsfläche ca. 20 m²)
2. **Rauchmelder** (Überwachungsfläche ca. 120 m²)
3. **Flammen-** und **Strahlenmelder** (Überwachungsfläche ca. 1 000 m² ohne Sichtbehinderung)

21 Nennen Sie mindestens *drei Brandbekämpfungsgeräte oder -anlagen* und erläutern Sie ihre Wirkung, um einen ausgebrochenen Brand zu bekämpfen bzw. seine Folgen zu begrenzen.

1. **Handfeuerlöscher:** Sie sollen gut sichtbar und leicht zugänglich angebracht sein. Mit ihnen können kleine Brände gelöscht werden.
2. **Sprinkleranlagen:** Nach der Verschlussöffnung sprüht das Wasser über einen Sprühteller auf den Brandherd; sie sind für größere Räume geeignet und müssen in Räumen mit erhöhten Brandschutzvorschriften eingebaut werden.
3. **CO_2-Anlagen:** Entstandenes Feuer wird durch Kohlenstoffdioxid, das in den Brandraum geleitet wird, erstickt; bei dieser Anlage müssen Menschen wegen Erstickungsgefahr den Raum sofort verlassen.

WiSo

5 Umweltschutz

5.1 Ursachen und Quellen von betrieblichen Umweltbelastungen

Handbuch: LF 2 und 4

Mögliche **Ursachen und Quellen von Umweltbelastungen** eines Unternehmens können sein:

- der Energieverbrauch, z. B. Kühlwasser oder Heizungsenergie
- belastende Materialien, z. B. gebrauchtes Schmieröl
- die Müllerzeugung, z. B. Verpackungsmaterial

1 Welche *betrieblichen Ursachen und Quellen von Umweltbelastungen* können für ein Unternehmen festgestellt werden?

5.2 Regelungen des betrieblichen Umweltschutzes

Handbuch: LF 2 und 4

- Grundgesetz Artikel 20 u. a.: „Erhaltung einer lebenswerten Umwelt"
- Bundesimmissionsschutzgesetz
- Chemikaliengesetz
- Wasserhaushaltsgesetz
- Kreislaufwirtschafts- und Abfallgesetz
- Gefahrstoffverordnung
- Verpackungsverordnung

2 Welche *gesetzlichen Vorschriften* vermeiden *Umweltbelastungen* durch den Betrieb?

Menschen, Tiere, Pflanzen, der Boden, das Wasser, die Atmosphäre, aber auch Kulturgüter, insbesondere denkmalgeschützte Gebäude, sind vor gefährlichen **Umwelteinwirkungen** bereits durch vorbeugende (präventive) Maßnahmen zu schützen.

3 Welches *Ziel* hat das *Bundesimmissionsschutzgesetz*?

Bei Nichteinhaltung von Immissionsschutzauflagen kann bei der **Errichtung** eine **Genehmigungspflicht** für eine Betriebseröffnung versagt oder bei **Verstößen** während des Betriebes eine **Betriebsstilllegung** ausgesprochen werden.

4 Welche *Konsequenzen* drohen bei dem *Verstoß* gegen *das Bundesimmissionsschutzgesetz*?

- Bei **Emissionen** ist der Ausgangspunkt die betriebene **Anlage**. Durch sie können sich in Form von Luftverunreinigungen, Geräuschen, Strahlen, Wärme usw. Veränderungen der Atmosphäre ergeben.
  Beispiel: Schadstoffausstoß von Rußpartikeln durch ein dieselbetriebenes Kraftfahrzeug
- Bei **Immissionen** handelt es sich um **Einwirkungen** auf den Menschen, die Umwelt oder die Atmosphäre, die sich durch Emissionen ergeben und schädigende **Auswirkungen** haben.
  Beispiel: Auswirkungen des Zigarettenrauches und die überproportional höhere Lungenkrebsrate bei aktiven Rauchern gegenüber Passivrauchern

5 Welcher Unterschied besteht zwischen *Emissionen* und *Immissionen*?

WiSo — Regelungen des betrieblichen Umweltschutzes

6 Welche *Genehmigungsvoraussetzungen* sieht das *Chemikaliengesetz* (Gesetz zum Schutz vor gefährlichen Stoffen) zum Umweltschutz vor?

- **Anmeldung** und **Durchführung** einer **Materialprüfung** bei der Bundesanstalt für Arbeitsschutz- und Arbeitsmedizin, bevor ein Industriebetrieb einen **neuen Gefahrstoff** in den Verkehr, also auf den Markt, bringen kann.
- **Feststellung** eines möglichen **Gefährdungspotenzials** zum Schutz von Mensch und Umwelt. **Grenzwertüberschreitungen** können entweder zu einer **Zulassung** und **Genehmigung** mit bestimmten **Auflagen** oder zu einem **Herstellungsverbot** bei zu großen Gefahren führen.

7 Welche wesentlichen *Zielsetzungen* sieht das *Wasserhaushaltsgesetz* (WHG) vor?

- **Vermeidung** von **Wasserverunreinigung** durch wassergefährdende Stoffe während des **Produktionsprozesses**
  Beispiel: vorgeschriebene Auflage für die Errichtung einer Filteranlage bei Lackierarbeiten in der Automobilindustrie, bevor Reststoffe in den Schmutzwasserkanal eingeleitet werden dürfen
- **Vermeidung** von **Wasserverunreinigung** durch wassergefährdende Stoffe während der **Lagerung** und des **Transportes**
  Beispiele: vorgeschriebene Auflagen für die Errichtung besonderer Lagerschutzräume und besonderer Transportschutzbehälter

8 Welche *Ziele* sieht das *Kreislaufwirtschaftsgesetz* (KrWG) für einen Industriebetrieb vor und welche Konsequenzen ergeben sich daraus?

- Förderung der **Kreislaufwirtschaft**, d. h. **Zurückführung** der nicht mehr benötigten Güter und Stoffe in die **Produktion** (Recycling)
- Absicherung einer **umweltverträglichen Abfallbeseitigung** zur **Schonung** der natürlichen **Ressourcen**
- Die **Abfallvermeidung** hat **Vorrang** vor einer **Abfallverwertung**.
- Nicht vermeidbare und nicht verwertbare Abfälle sind bei der **Abfallbeseitigung umweltverträglich** zu entsorgen (z. B. in einer besonderen Müllverbrennungsanlage mit Schutzfiltern und einer Wärmerückgewinnung werden die Abfälle beseitigt).

9 Welche grundsätzlichen *Ziele* sieht die *Verpackungsverordnung* für einen Industriebetrieb vor?

Die Verpackungsverordnung (VerpV) sieht in § 1 folgende **Ziele** zur Entsorgung von Verpackungsabfällen vor:

- **Auswirkungen** von Verpackungsabfällen auf die Umwelt sind zu vermeiden oder zu **verringern**.
- **Vermeidung** von Verpackungsabfällen ist **wichtiger** als deren Wiederverwendung, Verwertung und Beseitigung.

- Die Gefahrstoffverordnung (GefstoffV) regelt das **Inverkehrbringen** von gefährlichen **Stoffen** und die **Erstellung** von **Erzeugnissen** mit diesen.
- **Beschäftigtenschutz** und **Schutz** anderer **Personen** vor Gefährdungen ihrer **Gesundheit** durch Gefahrstoffe

Welche *Ziele* sieht die *Gefahrstoffverordnung* für einen Industriebetrieb beim Umgang mit *Gefahrstoffen* vor? (10)

Betriebsanweisungen sind zum Zweck des **richtigen Umgangs** mit gefährlichen Stoffen zum Umweltschutz während des gesamten Produktionsprozesses durch den Betrieb für alle Mitarbeiter anzufertigen und ihnen auszuhändigen.

Welche *Aufgabe* hat eine *Betriebsanweisung*? (11)

- **Schutzstufe 1:**
  - eindeutige **Kennzeichnung** der Gefahrstoffe
  - sichere **Aufbewahrung** und **Entsorgung** der Gefahrstoffe
  - **Prüfung** und **Dokumentation** der Wirksamkeit der technischen **Schutzmaßnahmen** in jedem **dritten** Jahr
- **Schutzstufe 2:**
  - Dokumentation der **Gefährdungsbeurteilung**
  - Führen eines **Gefahrstoffverzeichnisses**
  - Erstellen von **Betriebsanweisungen**
  - arbeitsmedizinische **Beratung**
- **Schutzstufe 3:**
  Zusätzlich zu den Maßnahmen, die für die Schutzstufen 1 und 2 vorgesehen sind, müssen darüber hinaus bei **sehr giftigen** Stoffen u. a. **geschlossene** Systeme eingesetzt und **Grenzwerte** durch **Messungen** überwacht werden. Außerdem ist eine **sichere Lagerung** mit entsprechenden baulichen Voraussetzungen durchzuführen und es können **Zugangsbeschränkungen** ausgesprochen werden.
- **Schutzstufe 4:**
  In der höchsten Schutzstufe 4 sind nach der Gefahrstoffliste die **höchsten Sicherheitsstandards** einzuhalten. **Schutzkleidung** und **Atemschutzgeräte** sind z. B. bei Abbruch-, Sanierungs- oder Instandhaltungsarbeiten einzusetzen.

Welche Sicherheitsmaßnahmen müssen nach der Gefahrstoffverordnung in den einzelnen vier Schutzstufen[1] für einen Industriebetrieb beachtet werden? (12)

---

1 vgl. hierzu ausführlich Quelle: **www.umweltschutz-bw.de/?lvl=1681**, eingesehen am 27.11.2014

WiSo — Regelungen des betrieblichen Umweltschutzes

13 Im Rahmen der Beschaffungs- und Logistikkette müssen Mitarbeiter Grundkenntnisse beim Umgang mit *gefährlichen Stoffen* haben.

Ordnen Sie in einem 1. Schritt die nachfolgenden sechs Gefahrensymbolen ihrer wesentlichen Bedeutung zu und geben Sie jeweils zwei Beispiele.

In einem 2. Schritt nennen Sie fünf allgemeine Schutzmaßnahmen.

Gefahrensymbol:

I: II:

III: IV:

V: VI:

Gefahren-symbol	Bedeutung	Beispiele (schülerabhängig)	Allgemeine Schutzmaßnahmen
I	• giftig • sehr giftig	• Verdünnungsmittel • Abbeizer • Schädlingsbekämpfungsmittel • Fassadenreiniger • Fleckenentferner • Zusatz bei Vergaserstoffen	(Gem. § 8 der Gefahrstoffverordnung; ohne Anspruch auf Vollständigkeit) • geeignete Gestaltung des Arbeitsplatzes • sichere Arbeitsplatzeinbindung in die Ablauforganisation • Bereitstellung passender Arbeitsmittel • geeignete Wartungsverfahren, Transport- und Lagermöglichkeiten • Begrenzung der Anzahl der Arbeitnehmer in den gefährdeten Bereichen • angemessene Hygienemaßnahmen • Kennzeichnung der gefährlichen Stoffe und Gemische • Beachtung von Betriebsanweisungen • persönliche Schutzmaßnahmen und Schutzkleidung • Anweisungen über das richtige Verhalten im Gefahrenfall • Schulungen in Erster Hilfe • Verhinderung von Miss- und Fehlgebrauch
II	• Reizwirkung • gesundheitsschädlich • Schädigung der Ozonschicht	• Reinigungsmittel • 2-Komponentenkleber • Desinfektionsmittel • Zitronensaft • Sanitärreiniger • Epoxidharze • Beton, Mörtel • Lacke, Farben • Schimmelentferner • Raumsprays	
III	• Gesundheitsgefahr • krebserzeugend • mutagen (erbgut-schädigend) • reproduktionstoxisch (fortpflanzungsgefährdend)	• Härter- und Spachtelmassen • Nitro- und Kunststofflacke • bestimmte künstliche Mineralfasern • Klebstoffe • Lampenöle • Backofenspray	
IV	• ätzend • reizend • korrosiv (zerfressend, die Oberfläche chemisch angreifend)	• Ammoniak • Säuren, Laugen • Zementschleierentferner • Baukalk • Desinfektionsreiniger • Kunststoffreiniger • WC-Reiniger • Moosentferner	
V	• endzündbar • selbstentzündlich	• Alkohol • Benzin • Lösemittel • Lacke • Spraydosen • Insektenentferner • Kunststoffreiniger • Nitroverdünnung	
VI	• explosiv	• Sprengstoff • bestimmte Gurtstraffer • Airbags • Blitzlichtpulver • Mehlstaub • Feuerwerkskörper	

5.3 Nachhaltiges Wirtschaften

Handbuch: LF 2 und 4

Im Rahmen der Diskussion der gesellschaftlichen Verantwortung zum Umweltschutz haben in der heutigen Zeit auch Industriebetriebe ihren **nachhaltigen Klimaschutzbeitrag** zu leisten.

Durch eine bessere Nutzung des **Ressourceneinsatzes** und eine höhere **Energieeffizienz**, z. B. die Reduktion von CO_2-Emissionen während des **gesamten Produktionsprozesses**, sollen staatliche Umweltschutzauflagen eingehalten werden.

14 Was versteht man unter einem *produktionsintegrierten Umweltschutz*?

Große Industriebetriebe können eine „... Bewältigung des Klimawandels ... nur mittels **wissensbasierter Vernetzung** von Prozessen und Produkten zielführend ..."[1] erreichen.

Zu diesem Zweck wird mithilfe von **zertifizierten Energiemanagementsystemen**, nach ISO 50001, versucht, ein zentrales Lenkungselement aller Funktionsbereiche der Unternehmenssteuerung zu schaffen und dieses weiter auszubauen.

Eine zentrale Rolle spielen in diesem Zusammenhang zur weiteren Konkretisierung von Umwelschutzzielen in Industriebetrieben **Umweltkennzahlen** und **Nachhaltigkeitsberichte**.

15 Was versteht man unter einem *Umweltmanagementsystem* in einem Industriebetrieb und welche Konsequenzen ergeben sich daraus?

Umweltmanagementsysteme in großen Industrieunternehmen enthalten zum Nachweis der Nachhaltigkeit[2] ihres Umweltbeitrages Zahlenangaben zu folgenden Gesichtspunkten:

- **Energiemanagement** und Klimaschutz
  - Gesamtenergieverbrauch einschließlich Strombezug
  - unternehmensweite CO_2-Emissionen aus eigenen Verbrennungsanlagen
- **Schadstoffemissionen** in die Luft
  - Luftschadstoffe durch säureinduzierende Substanzen (SO_2), Lösemittel, Ozon abbauende Substanzen
- **Rohstoff- und Materialeinsatz**
  - Materialverbrauch von Rohstoffen
  - Verbrauch von Hilfs- und Betriebsstoffen und vor- und halbproduzierten Gütern und Teilen

- **Abfallmanagement**
  - Gesamtabfall zur Beseitigung und Verwertung
  - Abfallarten bzw. Behandlungsformen bei gefährlichen und nicht gefährlichen Abfällen
- **Wassermanagement**
  - Wasserverbrauch und Abwassermenge
  - Belastung der Gewässer durch Schwermetalle wie z. B. Quecksilber
- **Logistik und Verkehr**
  - quantitative Angaben über Zu- und Auslieferung des vom Unternehmen unmittelbar verursachten Verkehrs
  - Anzahl von Mitarbeiterreisen

16 Welche *Gesichtspunkte* sollte ein *Umweltmanagementsystem* enthalten? Nennen Sie jeweils zwei Beispiele hierzu.

---

1 *vgl.* SALZGITTER AG (Hrsg.): Geschäftsbericht der Salzgitter AG 2013, S. 75 ff.
2 *vgl. hierzu ausführlich:* Institut für ökologische Wirtschaftsforschung (IÖW) und future e. V. (Hrsg.): Nachhaltigkeitsberichterstattung in Deutschland. Ergebnisse und Trends im Ranking, Berlin/Münster 2007, S. 116 ff.

WiSo — Nachhaltiges Wirtschaften

- **Produktions- und Transportunfälle, Freisetzung von Chemikalien, Kraftstoffen, Ölen**
  - Anzahl der Schadensereignisse
  - Unfallhäufigkeit auf der Straße, Schiene usw.

- **Naturschutz und Artenvielfalt**
  - Aktivitäten in Naturräumen durch die Geschäftstätigkeit
  - Auswirkungen auf die Ökosysteme

17 Nennen Sie mindestens vier wichtige *Umweltkennzahlen*, die im Rahmen eines Umweltmanagementsystems in einem Industriebetrieb angewendet werden.

Im Bereich des Energiemanagements z. B. die **Energiekennzahl**:

$$\text{prozentualer Anteil des Energieträgers} = \frac{\text{Verbrauch des Energieträgers}}{\text{Gesamtenergieverbrauch}} \cdot 100$$

Im Bereich der Schadstoffemissionen z. B. die **Abluftkennzahl**:

$$\text{Schadstoff-Quote X} = \frac{\text{ausgestoßene Schadstoffmenge}}{\text{Anzahl der Produkteinheiten}}$$

Im Bereich des Rohstoff- und Materialeinsatzes z. B. die **Materialkennzahl**:

$$\text{prozentualer Anteil des Betriebsstoffes Y} = \frac{\text{Betriebsstoffeinsatz Y}}{\text{Gesamtbetriebsstoffeinsatz}} \cdot 100$$

Im Bereich des Abfallmanagements z. B. die **Abfallkennzahl**:

$$\text{prozentualer Abfallanteil Z} = \frac{\text{Abfallmenge Z}}{\text{Gesamtabfallmenge}} \cdot 100$$

Im Bereich des Wassermanagements z. B. die **Wasser- und Abwasserkennzahl**:

$$\text{Wassereinsatz- oder Abwasserquote} = \frac{\text{Wassermenge oder Abwassermenge}}{\text{Anzahl der Produkteinheiten}}$$

18 Welche Folgen ergeben sich aus dem *umweltbewussten Einkauf von Roh- Hilfs- und Betriebsstoffen und der Anwendung umweltschonender Produktionsverfahren*?

- Mithilfe von **Umweltkennzahlen** sollen bereits durch eine vorausschauende **Beschaffungspolitik**, u. a. durch recycelte kostengünstigere **Grundstoffe**, unter Berücksichtigung ressourcenschonender **Produktionsprozesse**, z. B. durch erneuerbare Energien, **Kostensenkungspotenziale** erzielt werden.

- Durch den Einkauf umweltschonender Roh-, Hilfs- und Betriebsstoffe sinken die **Umweltrisiken** und damit auch die Höhe von **Versicherungsprämien**. Diese Situation führt für die Gesellschaft und die Unternehmen zu **Win-Win-Situationen**.

19 Was versteht man unter *„Fair Trade"*?

„Fair Trade" kann mit „fairer Handel" übersetzt werden. Dabei wird vornehmlich an Handelsbeziehungen zwischen Staaten der „Dritten Welt" und den Staaten der eher wohlhabenden Industrieländer gedacht. Es geht darum, dass die Produzenten über menschenwürdige Arbeits- und Lebensbedingungen verfügen. Um dies zu gewährleisten, wird den Fair-Trade-Produzenten ein Abnahmepreis geboten, der in der Regel über dem Weltmarktpreis liegt. Dadurch kann sichergestellt werden, dass das Einkommen der Produzenten (z. B. Landwirte, Handwerker) zu menschenwürdigen Lebensbedingungen führt.

WiSo

- Einhaltung von Umweltschutzauflagen am Arbeitsplatz durch Dokumentation und deren Überprüfung
- Einsparung von Energie- und Rohstoffkosten durch Mitarbeiterschulungen und betriebliche Unterweisungen
- Vermeidung von Abfällen, geringere Deponiekosten

- Expertenschulungen und Workshops für Gefahrstofflagerungen und -transporte
- Einrichtung eines ökologischen Vorschlagwesens, um „die Beschäftigten zu motivieren …, … Umsetzungsmaßnahmen … einzuleiten …"[1]

20 Mit welchen Maßnahmen kann *umweltbewusstes Verhalten* am Arbeitsplatz positiv beeinflusst werden?

- Ein energiesparender **Fuhrpark** und eine verbesserte Optimierung der Tourenplanung führen zur **Vermeidung** von **Leerfahrten** und letztlich zur **Einsparung** von **Transportkosten**.

- Zum Beispiel führt die Einrichtung einer „… übergeordneten **Steuerung** … der kompletten Haustechnik mit Licht, Wärme, Lüftung und Brandschutzeinrichtungen…"[2] in Verbindung mit der Inbetriebnahme einer **Solar-** und/oder einer **Photovoltaikanlage** zur **Senkung** des **Stromverbrauchs**.

21 Welche *Investitionsentscheidungen* führen zu *energiesparenden* Betriebs- und Transportmitteln?

- **geringerer Lärm- und Schadstoffausstoß** und **niedrigerer Energieverbrauch** (günstigere Ökobilanz)
- Möglichkeit einer **sparsameren Verwendung**

- Verlängerung der Nutzungsdauer maschineller Anlagen durch regelmäßige **Wartungen**

22 Welche *Folgen* ergeben sich für den Produktionsprozess, wenn bei dem Einsatz der Produktionsfaktoren *ökologische Gesichtspunkte* berücksichtigt werden?

---

1 *vgl.:* Bundesinstitut für Berufsbildung (BIBB). AQU-Umsetzung. Nachhaltige Kompetenzentwicklung im Betrieb. Bonn 2006. www.bibb.de, Seite: 2, eingesehen am 31.01.2009
2 *vgl.:* Blanco GmbH + Co KG. Nachhaltigkeitsbericht 2007. www.blanco.de, Seite: 13, eingesehen am 31.01.2009

WiSo Abfallvermeidung und umweltschonende Entsorgung

Handbuch: LF 2 und 4

5.4 Abfallvermeidung und umweltschonende Entsorgung

23 Welche *betrieblichen Handlungen* sind im Rahmen eines *betrieblichen Abfallkonzepts* vorgesehen?

- Im Unterschied zum privaten Haushalt kann ein Industriebetrieb im Rahmen der **Selbstverwertungspflicht** seine **Abfälle** (nicht verwertbare Reststoffe) in Eigen- oder Fremdregie **beseitigen**. Er kann sachkundige und zuverlässige **Dritte** nach dem Kreislaufwirtschaftsgesetz (KrWG) mit der Abfallbeseitigung beauftragen.

- Anfertigung von **Sicherheitsprotokollen**, in denen eine vorschriftsmäßige **Abfallbeseitigung dokumentiert** wird

24 Wie können *Abfallvermeidung, Abfallverwertung* und *Abfallbeseitigung* in einem Unternehmen umgesetzt werden?

- **Abfallvermeidung** z. B. durch **Kreislaufführung** der eingesetzten Roh-, Hilfs- oder Betriebsstoffe während des betrieblichen Produktionsprozesses und -verfahrens (Folge: **Wegfall** von **Entsorgungs- und Verwertungskosten**)

- **Abfallverwertung** durch **Recycling** (stoffliche Verwertung) oder durch **energetische Verwertung**, z. B. als Ersatzbrennstoff zur Energiegewinnung (Folge: **Ressourcenschonung** und **Schadstoffreduzierung**)
- **Abfallbeseitigung** durch **Müllverbrennung, Deponierung** in Zwischenlagern oder **Endlagerung** von nicht verwertbaren Reststoffen (Folge: geringere **Kosten-** und **Umweltbelastung**)

25 Welche unterschiedlichen *Verpackungsformen* gibt es nach der Verpackungsverordnung (VerpV) und welche *Rücknahmepflichten* sieht sie vor?

- **Verpackungsformen:**
  - Verkaufsverpackungen
  - Umverpackungen
  - Transportverpackungen
  - Mehrwegverpackungen
- **Rücknahmeverpflichtungen** bei:
  - Verkaufsverpackungen durch den Vertreiber

- Umverpackungen durch den Vertreiber
- Transportverpackungen durch den Hersteller und Vertreiber

Rücknahmeverpflichtungen für Hersteller und Vertreiber entfallen, wenn sie sich an einem Rücknahmesystem, wie z. B. dem Dualen System, beteiligen.

26 Welche Rolle spielt das *„Duale System"* im Zusammenhang mit der *Verpackungsverordnung* (Rücknahmepflicht)?

- Das „Duale System" übernimmt die Rücknahme **gebrauchter Verpackungen**, wobei zwischen **Bring- und Holsystemen** bei der Verpackungsabfallerfassung unterschieden wird.

- Hersteller und Handel dürfen aufgrund der Rücknahmeverpflichtung den Endverbraucher nicht mit den Entsorgungskosten für Transportverpackungen belasten.

Stellung, Rechtsform und Organisationsstruktur WiSo

6 Multiple-Choice-Aufgaben und Lösungen zu II

6.1 Multiple-Choice-Aufgaben zu: Stellung, Rechtsform und Organisationsstruktur des Ausbildungsbetriebes

Aufgabe 1: Minimalprinzip des ökonomischen Prinzips

Bitte kreuzen Sie die EINE richtige Antwort an:

Welche der folgenden Aussagen zum Minimalprinzip als Teil des ökonomischen Prinzips ist richtig?
- (1) Mit gegebenen Mitteln soll die größtmögliche Leistung erbracht werden.
- (2) Mit geringsten Mitteln soll die größtmögliche Leistung erbracht werden.
- (3) Eine vorbestimmte Leistung soll mit möglichst geringen Mitteln erbracht werden.
- (4) Mit geringsten Mitteln soll eine möglichst minimale Leistung erbracht werden.
- (5) Eine vorbestimmte Leistung soll mit möglichst hohem Mitteleinsatz erbracht werden.

Aufgabe 2: Ökonomische Unternehmensziele

Bitte kreuzen Sie die EINE richtige Antwort an:

Welches der folgenden Ziele stellt ein vorwiegend ökonomisches Unternehmensziel dar?
- (1) Verringerung der Umweltbelastung bei der Produktion
- (2) Sicherung der Arbeitsplätze im Unternehmen
- (3) Gleichstellung der Geschlechter bei der Beförderung von Mitarbeitern
- (4) Erhöhung des Marktanteils einer Produktgruppe
- (5) Förderung des Betriebssports im Unternehmen

Aufgabe 3: Langfristiges Unternehmensziel

Bitte kreuzen Sie die EINE richtige Antwort an:

Welches der folgenden Ziele stellt das oberste Unternehmensziel von marktwirtschaftlich orientierten Unternehmen dar?
- (1) Erhöhung der Kundenzufriedenheit
- (2) Herstellung ökologischer Produkte
- (3) Erhöhung des Marktanteils einer Produktgruppe
- (4) Abbau von Personal zur Kosteneinsparung
- (5) langfristige Gewinnmaximierung

WiSo — Multiple-Choice-Aufgaben und Lösungen zu II

Aufgabe 4: Betriebswirtschaftliche Produktionsfaktoren

Bitte kreuzen Sie die EINE richtige Antwort an:

Welcher der folgenden Faktoren stellt keinen betriebswirtschaftlichen Produktionsfaktor dar?
- (1) Waren des Unternehmens,
- (2) ausführende Arbeit im Unternehmen
- (3) Betriebsmittel des Unternehmens
- (4) Rechte des Unternehmens, z. B. Patente
- (5) Kaufkraft der Bevölkerung in der Region

Aufgabe 5: Wirtschaftssektoren

Bitte kreuzen Sie die EINE richtige Antwort an:

Welches der folgenden Unternehmen zählt zum tertiären Sektor?
- (1) landwirtschaftliches Unternehmen
- (2) Industrieunternehmen
- (3) Bergbauunternehmen
- (4) Einzelhandelsunternehmen
- (5) Handwerksbetrieb

Aufgabe 6: Arbeitsteilung

Bitte kreuzen Sie die EINE richtige Antwort an:

Was versteht man unter betrieblicher Arbeitsteilung?
- (1) Aufteilung der Gehaltssumme eines Unternehmens nach Einkommensgruppen
- (2) Auflösung eines Arbeitsvorganges in Teilprozesse
- (3) Aufteilung des Unternehmensgewinns nach Produktgruppen
- (4) Aufteilung des Marktanteils nach Kundenzielgruppen
- (5) Auflösung von Betriebsteilen

Aufgabe 7: Wirtschaftskreislauf

Bitte kreuzen Sie die EINE richtige Antwort an:

Welche Bestandteile hat der erweiterte Wirtschaftskreislauf zusätzlich zu den Bestandteilen des einfachen Wirtschaftskreislaufs?
- (1) Konsumausgaben der privaten Haushalte
- (2) Anzahl der Pkws in Deutschland
- (3) Einkommen der privaten Haushalte als Geldstrom von den Unternehmen
- (4) Zahlungsstrom zum Ausland
- (5) Anzahl der privaten Haushalte in Deutschland

Stellung, Rechtsform und Organisationsstruktur WiSo

Aufgabe 8: Einzelunternehmen

Bitte kreuzen Sie die EINE richtige Antwort an:

Welchen Vorteil hat ein Einzelunternehmen gegenüber Gesellschaftsunternehmen?
- (1) Die Mitarbeiterzahl ist höher.
- (2) Das wirtschaftliche Risiko wird auf mehrere Eigentümer verteilt.
- (3) Der Eigentümer kann allein über den erwirtschafteten Gewinn entscheiden.
- (4) Der Verlust wird auf mehrere Eigentümer verteilt.
- (5) Eine Insolvenz ist ausgeschlossen.

Aufgabe 9: Kommanditgesellschaft

Bitte kreuzen Sie die EINE richtige Antwort an:

Welche Aussage zur Kommanditgesellschaft ist richtig?
- (1) Zur Gründung einer Kommanditgesellschaft sind mindestens drei Personen notwendig.
- (2) Der Gewinn wird immer nach Köpfen verteilt.
- (3) Der Verlust wird immer nach Köpfen verteilt.
- (4) Zur Gründung einer Kommanditgesellschaft sind mindestens zwei Personen notwendig.
- (5) Bei einer Kommanditgesellschafter gibt es keine Vollhafter.

Aufgabe 10: GmbH

Bitte kreuzen Sie die EINE richtige Antwort an:

Welche Aussage zur GmbH ist richtig?
- (1) Der Gewinn wird immer nach Köpfen verteilt.
- (2) Zur Gründung einer GmbH sind mindestens drei Personen notwendig.
- (3) Die Haftung der Gesellschaft gegenüber den Gläubigern ist auf das Gesellschaftsvermögen begrenzt.
- (4) Die GmbH zählt zu den Personengesellschaften.
- (5) Der Verlust wird immer nach Köpfen verteilt.

Aufgabe 11: Organe der GmbH

Bitte kreuzen Sie die EINE richtige Antwort an:

Welche der folgenden Aufzählungen gibt die Organe einer GmbH korrekt an?
- (1) Geschäftsführer, Vorstand
- (2) Geschäftsführer, Aufsichtsrat (unter Umständen), Gesellschafterversammlung
- (3) Geschäftsführer, Aufsichtsrat
- (4) Geschäftsführer, Hauptversammlung, Vorstand
- (5) Vorstand, Aufsichtsrat, Hauptversammlung

WiSo — Multiple-Choice-Aufgaben und Lösungen zu II

Aufgabe 12: Investition

Bitte kreuzen Sie die EINE richtige Antwort an:

Welche der folgenden Ereignisse stellt eine Sachinvestition dar?
(1) Der Kauf eines Patentes.
(2) Der Kauf eines Lkw für den Fuhrpark des Unternehmens.
(3) Die Bezahlung einer Lieferantenrechnung.
(4) Die Beteiligung an einem anderen Unternehmen.
(5) Die Schließung eines Zweigwerkes.

Aufgabe 13: Kontokorrentkredit

Bitte kreuzen Sie die EINE richtige Antwort an:

Welche Aussage zum Kontokorrentkredit ist richtig?
(1) Ein Kreditlimit zwischen Bank und Kunden kann nicht vereinbart werden.
(2) Ein Kontokorrentkredit kann von Unternehmen nicht genutzt werden.
(3) Beim Kontokorrentkredit muss der Zinssatz täglich wechseln.
(4) Der Kreditnehmer darf sein Kontokorrentkonto bis zu einer vereinbarten Kredithöhe überziehen (Kreditlimit).
(5) Ein Kontokorrentkredit ist immer zinsfrei.

Aufgabe 14: Leasing

Bitte kreuzen Sie die EINE richtige Antwort an:

Welche der folgenden Vorgänge stellt Leasing dar?
(1) Der Verkauf von Anlagevermögen.
(2) Die Vermietung oder Verpachtung von Wirtschaftsgütern durch den Hersteller oder eine Leasinggesellschaft.
(3) Der Verkauf von Forderungen eines Unternehmens.
(4) Die Gründung einer Leasinggesellschaft.
(5) Der Verkauf von Umlaufvermögen.

Aufgabe 15: Factoring

Bitte kreuzen Sie die EINE richtige Antwort an:

Was versteht man unter Factoring?
(1) Der Verkauf von Forderungen eines Unternehmens an eine Factoring-Gesellschaft.
(2) Die Bezahlung einer Lieferantenrechnung.
(3) Die Auflösung eines Arbeitsvorganges in Teilprozesse.
(4) Der Abschluss eines Kreditvertrages.
(5) Die Gründung einer Personengesellschaft.

Stellung, Rechtsform und Organisationsstruktur

Aufgabe 16: Einfacher Eigentumsvorbehalt

Bitte kreuzen Sie die EINE richtige Antwort an:

Die OfficeCom KG hat einem Großhändler unter einfachem Eigentumsvorbehalt Schreibtische geliefert, die von ihm weiterverkauft wurden. Mit den vereinnahmten Beträgen hat dieser anderweitig Schulden bezahlt. Die Rechnung der OfficeCom KG ist dagegen noch nicht bezahlt.
Welche Aussage ist richtig?

(1) Der Eigentumsvorbehalt gibt der OfficeCom KG ein Pfandrecht, das sich auch auf alle anderen Warenvorräte im Lager des Großhändlers erstreckt.
(2) Die Schreibtische sind zwar Eigentum des Kunden des Großhändlers geworden, doch kann die OfficeCom KG nochmalig Zahlung von ihm verlangen.
(3) Die OfficeCom KG kann sich nur an den Großhändler halten.
(4) Da die OfficeCom KG noch Eigentümer ist, kann sie die Schreibtische von dem Kunden des Großhändlers zurückverlangen.
(5) Da Eigentumsvorbehalt vorliegt, kann sich die OfficeCom KG wahlweise an den Großhändler oder dessen Kunden halten.

Aufgabe 17: Sicherungsübereignung

Bitte kreuzen Sie die EINE richtige Antwort an:

Welche Aussage über die Sicherungsübereignung ist richtig?

(1) Bei der Sicherungsübereignung gehen Besitz und Eigentum an dem Sicherungsgegenstand auf den Kreditgeber über.
(2) Bei der Sicherungsübereignung geht das Eigentum am Sicherungsgegenstand auf den Kreditgeber über, der Kreditnehmer bleibt aber im Besitz des Gegenstandes.
(3) Über die zur Sicherung übereigneten Gegenstände kann der Kreditnehmer weiterhin voll und frei verfügen.
(4) Wenn der Vertrag vom Kreditnehmer nicht erfüllt wird, benötigt der Kreditgeber einen vollstreckbaren Titel, um über die übereigneten Gegenstände verfügen zu können.
(5) Für den Gläubiger entsteht das Problem, die übereigneten Gegenstände bis zur Rückzahlung des Kredits sachgerecht zu lagern.

Aufgabe 18: Stabsstelle

Bitte kreuzen Sie die EINE richtige Antwort an:

Was versteht man unter einer Stabsstelle?

(1) Sie stellt eine Entscheidungsinstanz im organisatorischen Aufbau eines Unternehmens dar.
(2) Eine Stabsstelle ist die oberste Entscheidungsinstanz in einem Unternehmen.
(3) Sie stellt eine Leitungsinstanz im organisatorischen Aufbau eines Unternehmens dar.
(4) Eine Stabsstelle kann ohne Rücksprache mit Vorgesetzten Anweisungen an Mitarbeiter tätigen.
(5) Eine Stabsstelle ist einer Instanz zur Unterstützung zugeordnet. Sie hat keine Leitungs- und Entscheidungsbefugnisse.

Multiple-Choice-Aufgaben und Lösungen zu II

Aufgabe 19: Prokura

Bitte kreuzen Sie die EINE richtige Antwort an:

Welche Handlung darf ein Prokurist nicht vornehmen?
- (1) Waren für das Unternehmen einkaufen.
- (2) Das Unternehmen verkaufen.
- (3) Mitarbeiter einstellen.
- (4) Einen Kredit für das Unternehmen aufnehmen.
- (5) Waren des Unternehmens an andere Unternehmen verkaufen.

Aufgabe 20: Einliniensystem

Bitte kreuzen Sie die EINE richtige Antwort an:

Was versteht man unter einem Einliniensystem?
- (1) Eine Instanz, die nur beratenden Charakter besitzt.
- (2) Ein unternehmerisches Organisationssystem, bei dem einer untergeordneten Stelle genau eine übergeordnete Stelle zugeordnet ist.
- (3) Eine Form der Finanzierung.
- (4) Ein unternehmerisches Organisationssystem, bei dem einer untergeordneten Stelle mehrere übergeordnete Stellen zugeordnet sind.
- (5) Eine Form der innerbetrieblichen Mitbestimmung.

Aufgabe 21: Kernprozesse

Bitte kreuzen Sie die EINE richtige Antwort an:

Welche der folgenden Vorgänge gehört zu den Kernprozessen eines Industrieunternehmens?
- (1) Beschaffung von Aushilfskräften für die Kantine.
- (2) Abschluss des Warenkontos.
- (3) Beschaffung von Rohstoffen
- (4) Entlassung eines Mitarbeiters
- (5) Errichtung eines Sportplatzes für den Betriebssport

Stellung, Rechtsform und Organisationsstruktur

Aufgabe 22: Darstellung von betrieblichen Prozessen

Bitte kreuzen Sie die EINE richtige Antwort an:

Worum handelt es sich bei der Abbildung?

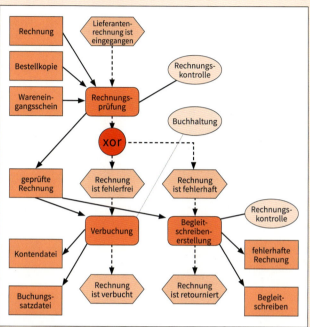

(1) Flussdiagramm
(2) Wirtschaftssektoren
(3) Ereignisgesteuertes Prozesskettendiagramm
(4) Ablaufdiagramm
(5) Arbeitsteilung

Aufgabe 23: Organisationen, Institutionen

Bitte kreuzen Sie die EINE richtige Antwort an:

Welche der folgenden Bezeichnungen stellt den Namen einer Gewerkschaft dar?
(1) Arbeitgeberverband
(2) IHK
(3) Agentur für Arbeit
(4) Berufsgenossenschaft
(5) IG Metall

WiSo Multiple-Choice-Aufgaben und Lösungen zu II

Lösungen

Aufgabe 1: (3)

Aufgabe 2: (4)

Aufgabe 3: (5)

Aufgabe 4: (5)

Aufgabe 5: (4)

Aufgabe 6: (2)

Aufgabe 7: (4)

Aufgabe 8: (3)

Aufgabe 9: (4)

Aufgabe 10: (3)

Aufgabe 11: (2)

Aufgabe 12: (2)

Aufgabe 13: (4)

Aufgabe 14: (2)

Aufgabe 15: (1)

Aufgabe 16: (3)

Aufgabe 17: (2)

Aufgabe 18: (5)

Aufgabe 19: (2)

Aufgabe 20: (2)

Aufgabe 21: (3)

Aufgabe 22: (3)

Aufgabe 23: (5)

Produkt- und Dienstleistungsangebot WiSo

6.2 Multiple-Choice-Aufgaben zu: Produkt- und Dienstleistungsangebot

Aufgabe 1: Sekundärer Sektor

Bitte kreuzen Sie die EINE richtige Antwort an:

Welches der folgenden Unternehmen zählt zum sekundären Sektor?
(1) Geschäftsbank
(2) landwirtschaftliches Unternehmen
(3) Industrieunternehmen
(4) Sparkasse
(5) Bergbauunternehmen

Aufgabe 2: Tertiärer Sektor

Bitte kreuzen Sie die EINE richtige Antwort an:

Welche der folgenden Aussagen zum tertiären Sektor einer Volkswirtschaft ist richtig?
(1) Er beinhaltet die Be- und Verarbeitung von Rohstoffen in Handwerks- und Industriebetrieben.
(2) Er bezeichnet die Urproduktion.
(3) Er beinhaltet alle Industriebetriebe einer Volkswirtschaft.
(4) Er umfasst alle Betriebe der Rohstoffgewinnung einer Volkswirtschaft.
(5) Er umfasst den Dienstleistungssektor einer Volkswirtschaft.

Aufgabe 3: Angebot und Nachfrage

Bitte kreuzen Sie die EINE richtige Antwort an:

Wie wird im volkswirtschaftlichen Sinne das Zusammentreffen von Angebot und Nachfrage bezeichnet?
(1) Angebotspreis
(2) Markt
(3) Umweltschutz
(4) Marketing
(5) Fixkosten

Aufgabe 4: Modell der vollständigen Konkurrenz

Bitte kreuzen Sie die EINE richtige Antwort an:

Welche der folgenden Aussagen beschreibt eine Bedingung des Modells der vollständigen Konkurrenz?
(1) Die Anzahl der Anbieter ist auf zehn begrenzt.
(2) Die Anzahl der Nachfrager ist auf zehn begrenzt.
(3) Die Anbieter bestimmen allein den Preis.
(4) Die Nachfrager bestimmen allein den Preis.
(5) Anbieter und Nachfrager haben vollständige Marktübersicht.

WiSo Multiple-Choice-Aufgaben und Lösungen zu II

Aufgabe 5: Markttransparenz

Bitte kreuzen Sie die EINE richtige Antwort an:

Was versteht man unter Markttransparenz?
- (1) Die Anzahl der Anbieter ist größer als die Anzahl der Nachfrager.
- (2) Die Preise werden einseitig vom Anbieter diktiert.
- (3) Die Preise werden allein von den Nachfragern bestimmt.
- (4) Anbieter und Nachfrager haben vollständige Marktübersicht.
- (5) Die Anzahl der Nachfrager ist größer als die Anzahl der Anbieter.

Aufgabe 6: Käufermarkt

Bitte kreuzen Sie die EINE richtige Antwort an:

Welche Aussage über den Käufermarkt trifft zu?
- (1) Die Verkäufer diktieren die Preise im Markt.
- (2) Im Käufermarkt müssen die Unternehmen keine Marketingmaßnahmen ergreifen.
- (3) Die Marktmacht der Käufer ist größer als die Marktmacht der Verkäufer.
- (4) Im Käufermarkt können nur Waren nachgefragt werden, keine Dienstleistungen.
- (5) Die Marktmacht der Verkäufer ist größer als die Marktmacht der Käufer.

Aufgabe 7: Angebotsmonopol

Bitte kreuzen Sie die EINE richtige Antwort an:

Welche Aussage über das Angebotsmonopol trifft zu?
- (1) Beim Angebotsmonopol stehen viele Anbieter wenigen Nachfragern gegenüber.
- (2) Beim Angebotsmonopol steht ein Anbieter vielen Nachfragern gegenüber.
- (3) Beim Angebotsmonopol diktieren die Nachfrager dem Anbieter den Preis.
- (4) Beim Angebotsmonopol stehen viele Anbieter vielen Nachfragern gegenüber.
- (5) Beim Angebotsmonopol stehen viele Anbieter einem Nachfrager gegenüber.

Aufgabe 8: Polypol

Bitte kreuzen Sie die EINE richtige Antwort an:

Welche Aussage zum Polypol trifft zu?
- (1) Ein Anbieter steht einem Nachfrager gegenüber.
- (2) Der Anbieter diktiert den Preis.
- (3) Der Nachfrager diktiert den Preis.
- (4) Ein Anbieter steht vielen Nachfragern gegenüber.
- (5) Viele Anbieter stehen vielen Nachfragern gegenüber.

Produkt- und Dienstleistungsangebot — WiSo

Aufgabe 9: Konjunkturphasen

Bitte kreuzen Sie die EINE richtige Antwort an:

Welche der folgenden Aufzählungen von Konjunkturphasen beschreibt einen Konjunkturzyklus?
(1) Boom, Aufschwung, Depression, Abschwung
(2) Aufschwung, Depression, Rezession, Boom
(3) Hochkonjunktur, Aufschwung, Abschwung, Depression
(4) Aufschwung, Abschwung, Hochkonjunktur, Depression
(5) Aufschwung, Boom, Abschwung, Depression

Aufgabe 10: Merkmale der Depression (des Konjunkturtiefs)

Bitte kreuzen Sie die EINE richtige Antwort an:

Welche Aussage über die Depression trifft zu?
(1) In der Depression sinkt die Arbeitslosenzahl im großen Umfang.
(2) Die Nachfrage nach Gütern und Dienstleistungen erreicht in der Depression ihr niedrigstes Niveau.
(3) Die Nachfrage nach Gütern und Dienstleistungen steigt in der Depression stark an.
(4) In der Depression steigen die Preise von Gütern und Dienstleistungen im großen Umfang.
(5) Die Depression folgt immer einer Aufschwungphase.

Lösungen

Aufgabe 1: (3)

Aufgabe 2: (5)

Aufgabe 3: (2)

Aufgabe 4: (5)

Aufgabe 5: (4)

Aufgabe 6: (3)

Aufgabe 7: (2)

Aufgabe 8: (5)

Aufgabe 9: (5)

Aufgabe 10: (2)

WiSo — Multiple-Choice-Aufgaben und Lösungen zu II

6.3 Multiple-Choice-Aufgaben zu: Berufsbildung

Aufgabe 1: Duales Ausbildungssystem

Bitte kreuzen Sie die EINE richtige Antwort an:

Welches Merkmal charakterisiert das duale Ausbildungssystem?
- (1) berufliche Erstausbildung von anerkannten Ausbildungsberufen in zwei Lernorten
- (2) rein staatliche Ausbildung von Auszubildenden
- (3) Ausbildung von Auszubildenden in zwei unterschiedlichen Bundesländern
- (4) Ausbildung von Auszubildenden durch Mitarbeiter der Industrie- und Handelskammer
- (5) berufliche Erstausbildung von anerkannten Ausbildungsberufen in einem Lernort

Aufgabe 2: Berufsbildungsgesetz

Bitte kreuzen Sie die EINE richtige Antwort an:

Welche der folgenden Inhalte wird nicht im Berufsbildungsgesetz geregelt?
- (1) Wahrung des Stillschweigens über Betriebs- und Geschäftsgeheimnisse durch den Auszubildenden
- (2) Erwerb der beruflichen Handlungsfähigkeit durch den Auszubildenden
- (3) pflegliche Behandlung von Werkzeugen, Maschinen und sonstigen Einrichtungen durch den Auszubildenden
- (4) Vereinbarung einer Probezeit im Ausbildungsvertrag
- (5) Mindestdauer einer Arbeitspause im Ausbildungsbetrieb

Aufgabe 3: Pflichten des Auszubildenden

Bitte kreuzen Sie die EINE richtige Antwort an:

In welchem Gesetz sind die Pflichten des Auszubildenden in der betrieblichen Ausbildung geregelt?
- (1) Jugendarbeitsschutzgesetz
- (2) Berufsbildungsgesetz
- (3) Betriebsverfassungsgesetz
- (4) Grundgesetz
- (5) Bundesurlaubsgesetz

Aufgabe 4: Jugend- und Auszubildendenvertretung

Bitte kreuzen Sie die EINE richtige Antwort an:

In welchem Gesetz wird das Recht auf eine Jugend- und Auszubildendenvertretung festgelegt?
- (1) Betriebsverfassungsgesetz
- (2) Entgeltfortzahlungsgesetz
- (3) Jugendarbeitsschutzgesetz
- (4) Aktiengesetz
- (5) Grundgesetz

Berufsbildung

Aufgabe 5: Pausenzeiten laut JArbSchG

Bitte kreuzen Sie die EINE richtige Antwort an:

Welche der folgenden Aussagen zu Pausenzeiten laut JArbSchG ist richtig?
(1) Die Pausenzeiten gelten grundsätzlich als Arbeitszeit.
(2) Die Pausenzeiten können völlig individuell vom betreffenden Unternehmen in Abstimmung mit dem Betriebsrat festgelegt werden, das Gesetz macht dazu keinerlei Angaben.
(3) Als Arbeitspause gilt nur eine Arbeitsunterbrechung von mindestens 30 Minuten.
(4) Als Arbeitspause gilt nur eine Arbeitsunterbrechung von mindestens 15 Minuten.
(5) Die Pausenzeiten dürfen insgesamt höchstens 30 Minuten bei einer Arbeitszeit von mehr als viereinhalb Stunden betragen.

Aufgabe 6: Gesamtlänge von Pausenzeiten

Bitte kreuzen Sie die EINE richtige Antwort an:

Wie lange muss die Pausenzeit für Jugendliche insgesamt betragen, wenn sie mehr als sechs Stunden arbeiten?
(1) 15 Minuten
(2) 30 Minuten
(3) 45 Minuten
(4) 60 Minuten
(5) 120 Minuten

Aufgabe 7: Probezeit von Auszubildenden

Bitte kreuzen Sie die EINE richtige Antwort an:

Welche der folgenden Aussagen des Berufsbildungsgesetzes (BBiG) zur Probezeit von Auszubildenden trifft zu?
(1) Das BBiG macht keine Angaben zur Probezeit von Auszubildenden.
(2) Laut BBiG beträgt die Probezeit von Auszubildenden einen Monat.
(3) Laut BBiG beträgt die Probezeit von Auszubildenden drei Monate.
(4) Das BBiG sieht vor, dass die Probezeit von Auszubildenden frei zwischen den Vertragsparteien des Ausbildungsvertrags ausgehandelt werden kann.
(5) Laut BBiG muss die Probezeit von Auszubildenden mindestens einen Monat und darf höchstens vier Monate betragen.

WiSo Multiple-Choice-Aufgaben und Lösungen zu II

Lösungen

Aufgabe 1: (1)

Aufgabe 2: (5)

Aufgabe 3: (2)

Aufgabe 4: (1)

Aufgabe 5: (4)

Aufgabe 6: (4)

Aufgabe 7: (5)

6.4 Multiple-Choice-Aufgaben zu: Sicherheit und Gesundheitsschutz bei der Arbeit

Aufgabe 1: Arbeitssicherheitsvorschriften

Bitte kreuzen Sie die EINE richtige Antwort an:

Welche Institution ist für die Erstellung von Arbeitssicherheitsvorschriften zuständig?
- (1) Krankenkasse
- (2) Industrie- und Handelskammer
- (3) Handwerkskammer
- (4) Berufsgenossenschaft
- (5) Arbeitgeberverband

Aufgabe 2: Arbeitssicherheitsgesetz

Bitte kreuzen Sie die EINE richtige Antwort an:

Wer ist letztlich für die Einhaltung der Aufgaben aus dem Arbeitssicherheitsgesetz im Unternehmen verantwortlich?
- (1) Technischer Überwachungsverein (TÜV)
- (2) Sicherheitsbeauftragter
- (3) Betriebsrat
- (4) Arbeitgeber
- (5) Gewerkschaft

Sicherheit und Gesundheitsschutz bei der Arbeit

Aufgabe 3: Unfallverhütung

Bitte kreuzen Sie die EINE richtige Antwort an:

Die Mitarbeiter der OfficeCom KG werden einmal im Jahr über Unfallgefahren und vorbeugende Maßnahmen zur Unfallverhütung an ihrem Arbeitsplatz unterrichtet. Wer ist für die Durchführung dieser Maßnahmen verantwortlich?

(1) Gewerkschaft
(2) Arbeitgeberverband
(3) Betriebsrat
(4) Geschäftsführung
(5) Arbeitnehmerverband

Aufgabe 4: Verbotszeichen

Bitte kreuzen Sie die EINE richtige Antwort an:

Im Rahmen des Gesundheitsschutzes werden auch Verbotszeichen genutzt. Welches Merkmal trifft für diese Verbotszeichen zu?

(1) blauer Rand, Hintergrund grün
(2) roter Rand, Hintergrund weiß
(3) grüner Rand, Hintergrund gelb
(4) schwarzer Rand, Hintergrund gelb
(5) roter Rand, Hintergrund gelb

Aufgabe 5: Warnzeichen

Bitte kreuzen Sie die EINE richtige Antwort an:

Im Rahmen des Gesundheitsschutzes werden auch Warnzeichen genutzt. Welches Merkmal trifft für diese Warnzeichen zu?

(1) roter Rand, Hintergrund weiß
(2) blauer Rand, Hintergrund weiß
(3) schwarzer Rand, Hintergrund gelb
(4) grüner Rand, Hintergrund weiß
(5) roter Rand, Hintergrund gelb

Aufgabe 6: Rettungszeichen

Bitte kreuzen Sie die EINE richtige Antwort an:

Im Rahmen des Gesundheitsschutzes werden auch Rettungszeichen genutzt. Welches Merkmal trifft für diese Rettungszeichen zu?

(1) roter Rand, Hintergrund gelb
(2) schwarzer Rand, Hintergrund gelb
(3) roter Rand, Hintergrund weiß
(4) blauer Rand, Symbol weiß
(5) Zeichen bzw. Symbol weiß, Hintergrund grün

WiSo — Multiple-Choice-Aufgaben und Lösungen zu II

Aufgabe 7: Brandschutzzeichen

Bitte kreuzen Sie die EINE richtige Antwort an:

Im Rahmen des Gesundheitsschutzes werden auch Brandschutzzeichen genutzt.
Welches Merkmal trifft für diese Brandschutzzeichen zu?

(1) Zeichen bzw. Symbol weiß, Hintergrund grün
(2) schwarzer Rand, Hintergrund gelb
(3) blauer Rand, Symbol weiß
(4) roter Rand, Hintergrund gelb
(5) Zeichen bzw. Symbol weiß, Hintergrund rot

Aufgabe 8: Gebotszeichen

Bitte kreuzen Sie die EINE richtige Antwort an:

Im Rahmen des Gesundheitsschutzes werden auch Gebotszeichen genutzt.
Welches Merkmal trifft für diese Gebotszeichen zu?

(1) Zeichen bzw. Symbol weiß, Hintergrund rot
(2) Symbol weiß, Hintergrund blau
(3) Zeichen bzw. Symbol weiß, Hintergrund grün
(4) schwarzer Rand, Hintergrund gelb
(5) roter Rand, Hintergrund gelb

Lösungen

Aufgabe 1: (4)

Aufgabe 2: (4)

Aufgabe 3: (4)

Aufgabe 4: (2)

Aufgabe 5: (3)

Aufgabe 6: (5)

Aufgabe 7: (5)

Aufgabe 8: (2)

6.5 Multiple-Choice-Aufgaben zu: Umweltschutz

Aufgabe 1: Ökologie

Bitte kreuzen Sie die EINE richtige Antwort an:

Die OfficeCom KG versteht sich als ein Industrieunternehmen, das ökologische Grundgedanken fördert. Welche der folgenden Maßnahmen entspricht diesem Ziel?
(1) Die OfficeCom KG beschließt, die Preise um 3 % zu erhöhen.
(2) Die OfficeCom KG möchte mehr Produkte anbieten.
(3) Die OfficeCom KG wird die Personalstärke des Unternehmens um 5 % verringern.
(4) Die OfficeCom KG möchte versuchen, Produktionsabfälle so aufzuarbeiten, dass daraus neue Produkte entstehen können.
(5) Die OfficeCom KG beschließt, Auslandsabsatzmärkte zu erschließen.

Aufgabe 2: Fair Trade

Bitte kreuzen Sie die EINE richtige Antwort an:

Der für das Sekretariat der OfficeCom KG einzukaufende Kaffee weist das Fair-Trade-Siegel auf. Welche Bedeutung hat dies?
(1) Der Kaffee weist einen besonders günstigen Preis auf.
(2) Der Kaffee ist besonders magenschonend.
(3) Die Produktion und der Handel mit diesem Kaffee ist so organisiert, dass die Lebens- und Arbeitsbedingungen der Produzenten einem sozialen Mindestmaß entsprechen.
(4) Der Handel mit diesem Kaffee wird staatlich überwacht.
(5) Der Handel mit diesem Kaffee ist in Deutschland von der Umsatzsteuer befreit.

Aufgabe 3: Kreislaufwirtschaftsgesetz

Bitte kreuzen Sie die EINE richtige Antwort an:

Was beinhaltet das Kreislaufwirtschaftsgesetz?
(1) Das Kreislaufwirtschaftsgesetz regelt die Handelsbeziehungen zwischen Groß- und Einzelhandel.
(2) Das Kreislaufwirtschaftsgesetz regelt die Höhe der Importe und Exporte Deutschlands.
(3) Das Kreislaufwirtschaftsgesetz sichert die Beschäftigung von Langzeitarbeitslosen.
(4) Das Kreislaufwirtschaftsgesetz beschreibt die Lieferbeziehungen zwischen den Handelspartnern Deutschlands.
(5) Das Kreislaufwirtschaftsgesetz fördert die Schonung der natürlichen Ressourcen.

Multiple-Choice-Aufgaben und Lösungen zu II

Aufgabe 4: Blauer Engel

Bitte kreuzen Sie die EINE richtige Antwort an:
Worum handelt es sich bei dem „Blauen Engel"?

(1) Der Blaue Engel ist ein Umweltzeichen für Produkte, die einzelnen Aspekten des Umweltschutzes besonders Rechnung tragen.
(2) Der Blaue Engel ist ein Warnzeichen.
(3) Der Blaue Engel ist ein Brandschutzzeichen.
(4) Der Blaue Engel dient in Unternehmen dazu, Sicherheits- und Fluchtwege kenntlich zu machen.
(5) Der Blaue Engel wird Arbeitnehmern verliehen, die sich im Unternehmen für den Gesundheitsschutz besonders engagieren.

Lösungen

Aufgabe 1: (4)

Aufgabe 2: (3)

Aufgabe 3: (5)

Aufgabe 4: (1)

Register

Stichwortverzeichnis

4-Ohren-Modell 212

A

Abfallbeseitigung 296, 302
Abfallkonzept 302
Abfallmanagement 299
Abfallvermeidung 296, 302
Abfallverwertung 302
Abgrenzungsrechnung 134, 221
Ablaufdiagramm 267
Ablauforganisation 257
Abluftkennzahl 300
Absatzforschung 16
Abschlussgliederungsprinzip 86
Abschreibung 114, 222
Abschreibungsbetrag 115
Abschreibungskreislauf 116
Abschreibungsmethode 114
Abschreibungsprozentsatz 115
Abschwung 277
Abschwungphase 278, 279
Absetzung für Abnutzung (AfA) 114
Absolute Preisuntergrenze 147, 205
Abteilung 259
Abteilungen 262
Abteilungsbildung 238
Abwasserkennzahl 300
Ab Werk 33
Abzahlungsdarlehen 253
Adjourning Phase 154, 209
AG 248
AGB 34, 35
Akkordlohn 75, 76
Akkordrichtsatz 75
Akkordzuschlag 75
Aktiva 88, 101, 247
Aktive Bestandskonten 104
Aktives Zuhören 21, 168, 170, 172
Aktiv-Passiv-Mehrung 104
Aktiv-Passiv-Minderung 104
Aktivseite 101
Aktivtausch 103
A-Kunde 19, 171
Akzessorisch 256
Allgemeine Geschäftsbedingungen 34
Allgemeine Kostenstelle 141
Amtsgericht 38
Anderskosten 135
Anfrage 31, 212
Angebot 31, 33, 34, 213, 273, 311
Angebotseinschränkung 272
Angebotserweiterung 272
Angebotsfunktion 272
Angebotskalkulation 199
Angebotsmonopol 312
Angebotspreiskalkulation 40

Angebotsüberhang 274
Anlagegüter 111
Anlagendatei 90
Anlagevermögen 97, 98, 101
Annahme 32
Annuitätendarlehen 253
Anpreisung 31
Anschaffungskosten 111, 112
Anschaffungsnebenkosten 112
Anschaffungspreisminderung 111, 112
Antrag 32
Antworttechnik 158
Appell 21
Arbeitgeberverband 269
Arbeitsablaufkarte 267
Arbeitsentgelt 69
Arbeitsentleiher 47
Arbeitsentlohnung 76
Arbeitsgericht 71
Arbeitspaket 163
Arbeitspakete im Projekt 229
Arbeitspaketplanung 163
Arbeitspapier 66, 80
Arbeitsprozess 257
Arbeitsrecht 73, 74
Arbeitsrechtliche Grundlage 62
Arbeitsschutzvorschrift 290
Arbeitssicherheitsgesetz 316
Arbeitssicherheitsvorschrift 316
Arbeitstag 281
Arbeitstechnik 154
Arbeitstechniken 154
Arbeitsteilung 238, 304
  – betriebliche 238
  – internationale 239
Arbeitsumgebung 288
Arbeits- und Unfallschutz 290
Arbeitsunfähigkeit 293
Arbeitsunfall 69, 291, 292, 293
Arbeitsverhältnis 52, 72
Arbeitsvertrag 71, 72, 73
Arbeitszeit 69, 285, 288
Arbeitszeitgesetz 288
Arbeitszeitkonto 51
Arbeitszeitmodell 51
Arbeitszeitregelung 46
Arbeitszeitunterbrechung 289
Arbeitszerlegung 238
Arbeitszeugnis 216, 282
Argumentationstechnik 22, 170, 172, 212
Art 261
Arten 260
Arten von Kostenstellen 141
Artvollmacht 261
Assessment-Center 50, 175
Assoziationslernen 155

Assoziationsstrategie 155
Aufbauorganisation 257, 262
Aufbewahrungsfrist 90, 100, 102
Aufgabenfeld 234
Aufschwung 277
Aufschwungphase 277
Auftragsabwicklung 24, 35
Auftragsbearbeitung 31
Auftragsbestätigung 32, 34
Auftragsnachbereitung 31
Aufwandsart 85
Aufwandskonten 106
Aufwendung 89, 106, 133, 218, 220
Ausbildender 280, 281
Ausbilder
  – Pflichten 281
Ausbildungsmittel 280
Ausbildungsordnung 280, 283, 284
Ausbildungsplan 283, 284
Ausbildungsrahmenplan 283
Ausbildungsvertrag 281
Ausfallbürgschaft 255
Ausschreibung 53, 70
Außenbeitrag 237
Außenfinanzierung 249
Außenhandelsdefizit 237
Außenhandelsüberschuss 237
Außenverhältnis 241, 260
Außenwerbung 27
Außerordentliche Aufwendung 135
Außerordentlicher Ertrag 136
Auswahlverfahren 16
Auszubildendenvertretung 314
Auszubildender
  – Pflichten des 280, 314
  – Probezeit 280, 315

B

BAB 191, 192, 200
BAB (Betriebsabrechnungsbogen) 142
Bankkredit 253
Bareinkaufspreis 40
Barverkaufspreis 40
Bausparbeitrag 79
BBiG 280, 282, 283
BDA 269
BDI 269
BDSG 56, 60
Bearbeitungszeit 33
Bedarfsforschung 16
Beförderungskosten 33
Beförderungszeit 33
Befragung 17
Befragungsphase 27
Behaltensquote 156
Beitragsbemessungsgrenze 79, 216

Register

Beleggeschäftsgang 181, 185, 188
Beleihungswert 256
Beobachtung 17
Beratungsgespräch 24
Bereichsleiter 262
Berichtsheft 280
Berufsausbildung 287
Berufsausbildungsverhältnis 282, 283
Berufsausbildungsvertrag 280, 281
Berufsbildung 280, 314
Berufsbildungsgesetz 280, 314
Berufsgenossenschaft 71, 269, 292
Berufsgenossenschaften 289
Berufskrankheit 292
Berufsschule 280
Berufsschulferien 52
Berufsschultag 286
Berufsschulunterricht 280
Beschäftigung 139
Beschäftigungsgrad 218, 220
Beschäftigungsverbot 72
Beschwerdemanagement 28
Besitz 255
Besonderer Kündigungsschutz 66
Bestandskonten 104
Bestandskunde 19
Bestellung 34
Beteiligungsfinanzierung 248
Betrieb 234
  – Arten 270
  – Aufgabenfelder 234
  – erwerbswirtschaftlicher 270
  – gemeinwirtschaftlicher und
     öffentlicher 270
  – genossenschaftlicher 270
Betriebsabrechnungsbogen 191, 219
Betriebsänderung 69
Betriebsanweisung 297
Betriebsbezogene Aufwendung 135
Betriebsbezogener Ertrag 136
Betriebsergebnis 136, 205
Betriebsfeuerwehr 289
Betriebsfremde Aufwendung 135
Betriebsfremder Ertrag 136
Betriebshierarchie 261
Betriebsklima 151
Betriebsmittel 301
Betriebsorganisation 258
Betriebsrat 53, 65, 67, 68, 69, 70, 71, 72, 284, 290
Betriebsstilllegung 295
Betriebsunfall 292, 293
Betriebsvereinbarung 64, 216
Betriebsverfassungsgesetz 68, 284
Betriebswirtschaftliche Produktionsfaktoren 138, 233
BetrVerfG 284
Beurteilungsgrundsatz 70
Bewegungsdaten 19
Beweislastumkehr 43
Bewerbungsunterlage 50

Beziehung 21
Beziehungsebene 166
Beziehungskonflikt 165, 206, 209
Bezugskosten 40, 117, 123
Bezugspreis 122
BGB 35
BGR 292
BGVA 292
Bilanz 100, 101, 223, 224, 247
Bilanzbuch 90
Bilanzgleichung 103
Bilanzielle Abschreibung 137
Bindung 32
Bindungsfrist 31
BIP 279
B-Kunde 19, 171
Blankokredit 254
Blauer Engel 320
Bonität 31
Bonitätsprüfung 253
Bonus 33
Boom 277
Branchentarifvertrag 63
Brandbekämpfung 293, 294
Brandschutz
  – Arbeitsrraum 294
Brandschutzvorschrift 293
Brandschutzzeichen 291, 318
Brandverhinderung 294
Brandverhütungsvorschrift 294
Break-even-Menge 146, 193, 203, 204
Break-even-point 220
Bruce Wayne Tuckman 208
Bruttoentgelt 77
Bruttoinlandsprodukt 279
Buchinventur 93
Buchungsbeleg 87
Buchungssatz 105
Buchwert 116
Budget 160
Bundesagentur für Arbeit 269
Bundesdatenschutzgesetz 56, 57, 61
Bundesimmissionsschutzgesetz 295
Bundesurlaubsgesetz 74
Bürge 255

C
Chemikaliengesetz 296
C-Kunde 19
Claim Management 164
Clusteranalyse 17
Coach 167
Computerkriminalität 60

D
Darlehen 253
Darlehensart 253
Daten 57, 60
Datenauswertung 170
Datenpflege 56, 61
Datenschutz 56, 57, 149

Datenschutzbeauftragter 60, 61
Datenschutzgesetz
  – Einhaltung 60
Datensicherheit 58
Datensicherung 56, 59
Datenverarbeitung 60, 61
Datenverarbeitungssystem 60
Deckungsbeitrag 145, 146, 194, 219, 221
Deckungsbeitragsrechnung 145, 193
Deklaratorische Wirkung 260
Delegation 262
Delkrederefunktion 251
Depression 277, 313
Desk-Research 16
Dienstleistung 110
Dienstleistungsangebot 270, 311
Dienstleistungsbetrieb 271
Dienstleistungsbetrieben 270
Dienstleistungskosten 110
Dienstleistungssektor 271
Dienstreise 53, 54, 215
Dienstreiseantrag 53, 54
Dienstweg 263
DIN 69901 159, 162, 163, 164
Dispositive Arbeit 233
Dispositiver Faktor 233
Distanzzone 21
Doppelte Buchführung 103
Doppelübereignung 255
Duales Ausbildungssystem 283, 314
Duales System 302
Durchlaufender Posten 108

E
EAS 96
Effektivzinsersparnis 34
Eigenbeleg 87
Eigenfinanzierung 248, 249
Eigenkapital 98
Eigentum 255
Eigentümergrundschuld 256
Eigentumsvorbehalt 307
Eigenverkehr 36
Eignungstest 50
Einführungswerbung 27
Einigungsstelle 69, 70
Einlagenfinanzierung 248
Einliniensystem 262, 263, 264, 308
Einpunktfrage 158
Einrede der Vorausklage 255
Einseitiger Handelskauf 37, 43
Einstandspreis 40, 122
Einstellung 71, 174
Einwandsumkehr 22, 170, 173
Einwandsvorwegnahme 22, 170, 172
Einzelarbeit 158
Einzelarbeitsvertrag 74
Einzelkosten 139
Einzelprokura 260
Einzelunternehmen 240, 305
Einzelvertretungsbefugnis 241

Register

Einzelvollmacht 261
Einzelwerbung 27
Eisbergmodell 166
Elaboration 155
Elaborationsstrategie 155
Elementarfaktor 233
ELStAM 80
Emission 295
Empathie 168
Endverbraucher 35
Energiekennzahl 300
Energiemanagement 299
Energiemanagementsystem 299
Entgeltabrechnung 75
Entlohnungsgrundsatz 69
Entscheidungsfrage 22, 170, 173
Entsorgung 302
EPK-Technik 268
Ereignis 268
Ereignisgesteuerte Prozessketten (EPK) 267
Erfolg 85
Erfolgskonten 106
Erfolgsziel 231
Erfüllungsgeschäft 32
Ergebnisrechnung 89
Ergebnistabelle 136
Erhebungsmethode 17
Erholungsurlaub 64, 286
Erinnerungswerbung 27
Erinnerungswert 116
Ersatzbedarf 47
Ersatzbeleg 87
Ersatzlieferung 44
Erstausbildung 283
Erste-Hilfe-Mittel 292
Ertrag 89, 106, 134, 218
Ertragsart 85
Ertragskonten 106
Erwerbstätiger 271
EXKLUSIV-ODER-Operator 268
Expansion 277
Expansionswerbung 27
Experiment 17
Externes Rechnungswesen 83

F

Fachkompetenz 287
Factor 251
Factoring 251, 252, 306
Factoring-Gesellschaft 37, 251
Fahrlässigkeit 41
Fair Trade 300, 319
Faktorentgelt 236
Fälligkeit 101
Fälligkeitsdarlehen 253
Fallorientierte Aufgaben 169
Feedback 151
Feedback-Regel 206, 229
Feiertag 285
Feldforschung 16

Fertigungsgemeinkosten-Zuschlagssatz 142
Festdarlehen 253
Field-Research 16
Filialprokura 260
Finanzamt 269
Finanzbuchhaltung 84
 – Aufgaben der 226
Finanzierung 246, 247
Finanzierungsanlass 247
Finanzierungsart 248
Finanzierungsgrundsatz 248
Finanzplan 247
Finanzziel 231
Firewall 60
Firmenleasing 250, 251
Fixe Kosten 140, 193, 202
Fixkauf 42
Fixkosten 218
Fixkostendegression 140
Forderung 38
Form 254
Formalziel 232
Form der Kreditsicherung 254
Forming 154, 208
Fortbildung 287
Fortschreibung 94
Frachtführer 36
Frage
 – geschlossene 22
 – offene 22
Fragetechnik 22, 158, 170
Fragetyp 22, 170
Frage- und Antworttechnik 158
Frei Haus 33
Freisetzungsfinanzierung 248
Freizeichnungsklausel 32
Freizeit 285
Fremdbeleg 87
Fremdfinanzierung 248, 249
Fremdkapital 98, 101
Fremdverkehr 36
Frühindikator 279
Füllwörter 23
Funktion 268
Funktionsorientierung 265
Funktionssystem 264

G

Gattungshandlungsvollmacht 261
Gattungsmangel 43
Gebotszeichen 291, 318
Gefahrstoffeigenschaften 293
Gefahrstoffverordnung 297
Gegenstandslosklausel 174
Gegenwartsindikator 279
Gehaltsabrechnung 78
Gehaltstarifvertrag 63
Geldstrom 234, 236
Gemeinkosten 139
 – Verteilung 200

Gemeinkostenart 192
Gemeinkostenzuschlagssatz 142, 143, 191
Gemeinschaftswerbung 27
Generalhandlungsvollmacht 261
Genossenschaft 239
Gesamtkosten 140
Gesamtprokura 260
Gesamtvertretung 241
Geschäftsanteil 243
Geschäftsfeld 232
Geschäftsführer 244
Geschäftsführung 241
Geschäftsprozess 257, 266, 268
 – Arten des 266
Geschäftsprozessmodellierung 267
Geschäftsreise 53
Geschlossene Frage 170, 173
Gesellschafter 245
Gesellschaftsunternehmen 239
Gesellschaftsvertrag 240, 242, 244
Gesetz der Massenproduktion 140
Gesprächseröffnungsphase 27
Gesprächsführung 24, 26, 165, 206
Gesprächsregel 23
Gesprächssituation 24
Gesprächsverlauf 25, 173
Gesprächsziel 23
Gestik 21, 172
Gesundheit 288
Gesundheitsförderung 288
Gesundheitsfürsorge 292
Gesundheitsschutz 288
Gesundheitsschutzmaßnahme 290
Gewährleistungsfrist 35
Gewaltfreie Kommunikation 168
Gewerbeaufsichtsamt 269, 289
Gewerkschaft 63, 269
Gewichtsspesen 123
Gewinn 107, 125, 242
Gewinnschwelle 146
Gewinnthesaurierung 248
Gewinn- und Verlustkonto 107
Gewinnungsbetrieb 271
Gewinnzuschlag 40, 125
Gleichgewichtsmenge 274
Gleichgewichtspreis 274
Gleitzeit 51
Globalisierung 239
GmbH 244, 245, 305
GmbH-Gesetz 244
Großauftrag 245
Grundbuch 90, 256
Grundkosten 135
Grundleistung 136
Grundpfandrecht 256
Grundsatz ordnungsmäßiger Buchführung (GoB) 86
Grundschuld 257
Grundschuldkredit 257
Gruppe 153
Gruppenarbeit 69, 158

Register

Gruppengespräch 50
Günstigkeitsprinzip 74
Güterstrom 234, 236

H
Haben 104
Haftung 240, 242, 244, 245
— gesamtschuldnerische 241
— unbeschränkte 241
— unmittelbare 241
Halbwertzeit 287
Handelsbetrieb 271
Handelskauf 42
Handelsregister 245
Handelsware 40, 116, 195
Handlungskosten 124, 221, 223
Handlungskostensatz 124, 125
Handlungskostenzuschlag 40
Handlungskostenzuschlagssatz 222
Handlungsvollmacht 259, 261
Hauptakte 56
Hauptast 155
Hauptbuch 90
Hauptkostenstelle 141
Hauptprozess 266
Haustarifvertrag 63
Herstellkosten des Umsatzes (HKdU) 143
Hierarchieebene 262, 265
Hilfskostenstelle 141
Hochkonjunktur 277
Hochkonjunkturphase 278
Home Office 51
Hypothek 256
Hypothekarkredit 256

I
i. A. 261
Ich-Botschaft 151, 207
Immission 295
Individualabrede 35
Industrialisierung 271
Industriebetrieb 270
Industrie-Kontenrahmen (IKR) 87, 88
Industrie- und Handelskammer (IHK) 269, 281
Information 149, 229
Informationsquelle 149, 150
Inkassobüro 37
Inlandskonzept 279
Innenfinanzierung 248
Innenverhältnis 241, 260
Instanz 259, 264
Instanzenweg 263
Institution 309
Institutionen 269
Internes Rechnungswesen 83
Internet 150
Interview 17
Inventar 97, 100, 223, 225
Inventarbuch 90
Inventar- und Bilanzbuch 90

Inventur 90, 223, 224
— Gründe 91
— Vorbereitung 91
— zeitlich verlegte 224
Inventurart 93
Inventurdifferenz 95, 225, 226
Inventurliste 92
Investition 237, 246, 247, 306
Investitionsanlass 246
Investitionsart 246
Istgemeinkostenzuschlagssatz 202
Ist-Kosten 40
Istkostenrechnung 144
i. V. 261

J
JArbSchG 285, 286, 315
JAV 284, 285
Job-Sharing 51
Jugendarbeitsschutzgesetz (JArbSchG) 284, 285
Jugendlicher 285
Jugend- und Auszubildendenversammlung 285
Jugend- und Auszubildendenvertreter 285
Jugend- und Auszubildendenvertretung 284
Jugendvertretung 314

K
Kalkulation 122, 130
Kalkulationsfaktor 128, 129
Kalkulationszuschlagssatz 127, 128, 222
Kalkulatorische Abschreibung 137
Kalkulatorische Kosten 137
Kalkulatorischer Unternehmerlohn 138
Kapital 98, 247
Kapitalgesellschaft 239, 243, 244
Kartenabfrage 158
Kassendifferenz 95
Kassenfehlbetrag 95, 96
Kassenüberschuss 95, 96
Käufermarkt 275, 312
Kaufmännische Steuerung 81, 218
Kaufvertrag 31, 32, 34, 171, 174
Kaufvertragsstörung 45
Kernprozess 82, 266, 308
KG 242, 243
KG-Gewinn 243
Kick-Off-Meeting 164
Kind 285
Kirchensteuer 78
Klimaschutzbeitrag 299
KMK 283
Kollektivwerbung 27
Kommanditgesellschaft 305
Kommanditist 242
Kommunalverwaltung 269
Kommunikation 15, 20, 149, 166, 170, 229
Kommunikationsart 20
Kommunikationsform 20

Kommunikationsmodell 21, 170, 172, 212
Kommunikationspartner 209
Kommunikationsproblem 26, 165
Kommunikationsprozess 152
Kommunikationsregel 21, 156
Komplementär 242, 243
Konditionen 171
Konfliktlösetechnik 168
Konfliktlösung 27, 167, 206, 210, 230
Konfliktursache 165, 206
Konfliktvermeidung 206
Konjunkturelle Lage 279
Konjunkturindikator 278, 279
Konjunkturphase 277
Konjunkturphasen 313
Konjunkturphasenmodell 277
Konjunkturpolitik 279
Konjunkturtief 277, 313
Konjunkturtiefphase 278
Konjunkturtrend 278
Konjunkturverlauf 278
Konkurrenzforschung 16
Konsumkredit 253
Kontaktdaten 18, 171
Kontenklasse 86, 87, 88, 89
Kontenplan 180
Kontenrahmen 86
Kontodaten 171
Kontoform 101
Kontokorrentbuch 90
Kontokorrentkredit 253, 306
Kontrollfluss 268
Kontrollfrage 22
Konventionalstrafe 42
Kooperation 149, 152, 153, 229
Koordinatensystem 158
Körperliche Inventur 93
Körpersprache 21
Kosten 133, 218, 220
Kostenartenrechnung 132, 138
Kostenfunktion 203
Kostenrechnung 89
Kostensenkung 41
Kostenstelle 140
Kostenstelleneinzelkosten 139, 201
Kostenstellengemeinkosten 139, 201
Kostenstellenrechnung 132, 140, 142
Kostenträger 144
Kostenträgerrechnung 132, 144
Kostenträgerstückrechnung 144
Kostenträgerzeitrechnung 144
Kostenüberdeckung 148, 191, 202, 220
Kosten- und Leistungsrechnung 89, 131
— Aufgaben 133, 218
— Phasen 133
Kostenunterdeckung 148, 191, 202
Kredit 252
Kreditart 252
Kreditaufnahme 250
Kreditfinanzierung 248, 250
Kreditinstitut 237

Register

Kreditsicherung 254, 256
Kreditvertrag 252
Kreditwürdigkeit 253
Kreislaufwirtschaftsgesetz 302, 319
Kreislaufwirtschaftsgesetz (KrWG) 296
KrWG 302
Kulanz 45, 214
Kulanzregelung 30
Kultusministerkonferenz 283
Kundenakquise 28
Kundenanfrage 31
Kundenbeschwerde 24, 29, 30
Kundenbestellung 32
Kundenbeziehung 15
Kundenbeziehungsprozess 15
Kundenbindung 28, 29, 33
Kundendatei 18
Kundendaten 17, 18, 170
Kundendatenbank 18
Kundengruppe 18
Kundeninformation 27
Kundenkarte 19
Kundenmanagement 29
Kundenorientierte Auftragsabwicklung 15, 211
Kundenorientierte Kommunikation 170
Kundenorientierung 19, 170, 172, 266
Kundenprofildaten 29
Kundenrabatt 40, 126
Kundenreklamation 29, 30
Kundenservice 28
Kundenskonto 40, 126
Kundenstatus 18
Kundentyp 17, 19, 212
Kundenwunsch 29
Kundenzufriedenheit 20, 28, 29, 45, 266
Kündigung 64, 66, 67, 282
 – fristlose 65
Kündigungsart 65
Kündigungsfrist 64, 67
Kündigungsschutz 66
Kündigungsschutzklage 65
Kurzfristige Schulden 98

L

Lagerbestandsänderung 120
Lagerdatei 90
Langfristige Preisuntergrenze 147
Langfristige Schulden 98
Lastenheft 165
Laufkunde 19
Leasing 249, 250, 251, 306
 – direktes 251
 – indirektes 251
Leasingarten 249
Lebenslanges Lernen 287
Leistung 134, 218
Leistungserstellung 84
 – in Industrie- und Dienstleistungsbetrieben 270
Leistungslohn 75

Leistungsrechnung 89
Leitbild 150
Leitungsebene 262
Leitungssystem 262
Lenkungsausschuss 161
Lernorte 283
Lernstrategie 154, 155
Lerntechnik 154
Lerntechniken 154
Lieferantenkredit 253
Lieferantenrabatt 40
Lieferantenskonto 40
Lieferschein 39
Lieferungsverzug 41, 42, 213
Lineare Abschreibung 114, 115
Linie 263
Liquidationserlös 241
Liquidität 37, 101
Liquiditätsengpass 34
Liste 157
Listeneinkaufspreis 40
Listenverkaufspreis 40, 125, 126
Lohnabrechnung 78
Lohnform 75
Lohngestaltung 69
Lohnnebenkosten 76
Lohnsteuer 77
Lohnsteuerklasse 217
Lohntarifvertrag 63
Lohn- und Gehaltsliste 90
Lombardkredit 256
Lösungssuche 27, 167, 210
Lower-Management 262

M

Magisches Viereck
 – Projekterfolg 160
Mahnabteilung 37, 171
Mahngericht 38
Mahnung 37, 41, 171, 174
Mahnverfahren 37
 – gerichtliches 38
Mangel 42, 44
Mängel
 – arglistig verschwiegener 43
Mangelhafte Lieferung 42, 213
Mängelrüge 43, 44
Manteltarifvertrag 63
Marketingkonzeption 18
Markt 272
 – abstrakter 272
 – konkreter 272
Marktanalyse 16, 211
Marktanteil 15
Marktbeobachtung 16
Markterkundung 15
Marktform 276
Marktforschung 15, 16
Marktorientiertes Unternehmen 20, 275
Marktpotenzial 15
Marktpreis 273

Marktprognose 16
Marktsegment 18, 29
Marktsegmentierung 18
Marktsituation 272
Markttransparenz 276, 312
Marktveränderung 15
Marktvolumen 15
Marktwirtschaft 276
Massenproduktion 140
Materialgemeinkosten-Zuschlagssatz 142
Materialkennzahl 300
Matrix 157
Matrixsystem 262, 265
Maximalprinzip 232
MDE 92
Mediator 167
Medien 27
Mehrliniensystem 262, 264
Mehrpunktfrage 159
Meilenstein 206, 209
Mengenrabatt 33
Menschlicher Faktor 150
Middle-Management 262
Mimik 21, 172
Minderung 44
Mindestkapital 243, 244
Mindmap 155
Mindmapping 155
Minijob 51
Minimalprinzip 232, 303
Mitarbeiterdaten 56
Mitarbeiterzufriedenheit 150, 206, 207
Mitbestimmung 68
Mitbestimmungsrecht 68, 69, 71, 284, 290
Mittelherkunft 102, 247
Mittelverwendung 102, 247
Mitwirkung 68
Mitwirkungsrecht 68
Modellunternehmen 169
Moderationsmethode 156, 157, 158
Moderationstechniken 154
Moderator 156, 157, 167
Modulation 23
Monopol 276
Montagemangel 43
Multiple-Choice-Aufgabe 211, 215, 218, 229, 303, 311, 314, 316, 319

N

Nachbesserung 44
Nachfrage 273, 311
Nachfrageeinschränkung 273
Nachfrageerweiterung 273
Nachfragefunktion 273
Nachfrageüberhang 274
Nachfrist 44
Nachhaltiges Wirtschaften 299
Nachhaltigkeit 299
Nachkalkulation 40, 41, 191, 202
Nachweisgesetz 73
Nachweisgesetz (NachwG) 71

Register

Nebenakte 57
Nebenast 155
Nebenbuch 90
Nebentätigkeit 282
Nennbetrag 244
Nettoentgelt 77
Netz 157
Neubedarf 47
Neueinstellung 174
Neukunde 19
Neutrale Aufwendung 134
Neutraler Ertrag 135
Neutrales Ergebnis 136
Nicht-rechtzeitig-Lieferung 41
Nicht-rechtzeitig-Zahlung 35
Nonverbale Kommunikation 20, 21, 170, 172, 207
Normalgemeinkosten 148
Normalgemeinkostenzuschlagssatz 148, 199
Normalkostenrechnung 144, 148, 221
Norming 208

O

Objekt 268
Objektorientierung 265
ODER-Operator 268
Offene Frage 170, 173
OfficeCom KG 169
OHG 240, 241, 242, 248
Ökobilanz 301
Ökologie 319
Ökonomisches Prinzip 232, 303
Oligopol 276
Operatives Ziel 232
Organigramm 262
Organisation 257, 258, 309
Organisationseinheit 268
Organisationsstruktur 262, 303
Outsourcing 175, 177

P

Paneltechnik 17
Paraphrasieren 21
Partnerarbeit 158
Passiva 88, 101, 247
Passive Bestandskonten 104
Passivseite 101
Passivtausch 103
Pausenzeit 286, 315
Performing 154, 208
Periodenfremde Aufwendung 135
Periodenfremder Ertrag 136
Permanente Inventur 94, 95
Per procura 260
Personalakte 56, 57, 69, 175, 177
Personalauswahl 48, 50, 70
Personalauswahlverfahren 177
Personalbedarf 46, 47, 215
Personalbeschaffung 47, 48, 174, 175, 176, 215

Personalbeschaffungsmaßnahme 47
Personalbestand 46
Personalbestandsanalyse 46, 215
Personalbezogene Aufgabe 46, 62, 215
Personaleinsatzplanung 46
Personaleinstellung 71
Personalfragebogen 70
Personalfreisetzung 52
Personalgrundakte 56
Personalinformationssystem 56, 175, 177
Personalkosten 62, 176, 178, 179
Personalkredit 254
Personalleasing 47
Personalplanung 53, 70
Personalstatistik 62, 175
Personalstruktur 62
Personalunterlagen 56
Personalwirtschaft 46, 175
Personenbezogene Daten 60
Personengesellschaft 239, 240
Personenprofil 60
Pflichtenheft 165
Plenum 158
Polarisierung 22
Polypol 276, 312
pp 260
ppa 260
Prämienlohn 75
Preis 272, 273
Preisbildung 272
Preiserhöhung 35
Preisnachlass 120, 121
Preisniveau 279
Preisuntergrenze 195
Primärforschung 15, 16, 17, 170, 211
Primär- und Sekundärforschung 170
Primus inter Pares 207
Printmedien 27
Private Haushalte 234
Privatleasing 250
Probezeit 67, 217, 281, 282, 315
– des Auszubildenden 280
Problembeschreibungsphase 27
Produktangebor 270
Produktangebot 270, 311
Produktionsfaktor 84, 234, 270, 301, 304
– betriebswirtschaftliche 233
Produktionsverfahren 300
Produkt- und Dienstleistungsangebot 270
Projekt 159, 160, 163
Projektablaufplan (Reihenfolge) 163
Projektabschlussbericht 164
Projektabschlussphase 164
Projektantrag 162
Projektarbeit 206
Projektauftrag 162
Projektcontrolling 160, 164
Projektdefinition 162
Projektdurchführungsphase 164
Projekterfolg 161
– magisches Viereck 160

Projektfinanzplan 163
Projekthandbuch 162
Projekt-Hosting 164
Projektidee 162
Projektkostenplan 160
Projektleiter 161
Projektmanagement 159, 160, 162
Projektmanagementsoftware 162
Projektmanager 161, 162
Projektmarketing 164
Projektphase 162
Projektplanung 163
Projektplanungsphase 163
Projektsteuerung 164
Projektstrukturplan (Arbeitspakete) 163
Projektvorbereitungsphase 162
Projektziel 160
Projektzweck 161
Prokura 259, 260, 308
Prokurist 260
Prozessanalyse 267
Prozesskette 267
Prozesskettendiagramm
– ereignisgesteuertes 309
– ergebnisgesteuertes 268
Prozesswegweiser 268
Pseudonymisierung 61
Punktmarkt 276

Q

Quelle
– betriebsexterne 16
– betriebsinterne 16
Quotenverfahren 17

R

Rabattsatz 33
Rahmenlehrplan 283
Rahmentarifvertrag 63
Randomverfahren 17
Ranking 20, 275
Rationalprinzip 232
Realkredit 254, 255
Rechnung 39, 44
– fehlerhafte 44
Rechnungsausstellung 44
Rechnungskreis I 132
Rechnungskreis II 132
Rechnungswesen 81
– Aufgaben 81
– Teilbereiche 81, 82, 83
Rechtsform 239, 303
Rechtsmangel 42, 43
Regelungen 258
Reinvermögen 97
Reisedokument 54
Reisekosten 55
Reisekostenabrechnung 53, 55
Reisenebenkosten 55
Reklamation 24, 43, 44

Register

Relativierung 22, 170, 173
Ressorts 262
Restgewinn 243
Restwert 116
Rettungszeichen 291, 317
Rezession 277
Rhetorische Frage 170, 173
Rücknahmepflichten 302
Rückrechnung 94, 225
Rücksendung 120, 121
Rücktritt 42
Rückwärtskalkulation 129, 130
Rügefrist 43
Ruhepause 289
Ruhezeit 289

S

Sabbatjahr 51
Sachanlagegüter 111
Sachebene 166
Sachinhalt 21
Sachinvestition 306
Sachmangel 42, 43
Sachziel 232
Saldo 104
Sammelwerbung 27
Schaden 42
Schadenersatz 42, 44
Schadensberechnung 42
Schadstoffemission 299
Schaufensterauslage 31
Schichtarbeit 51
Schlechtleistung 42
Schlüsselqualifikation 287
Schreibtischforschung 16
Schulden 97, 99
Schulz von Thun 21
Schutzgesetz 287
Schwankung
 – konjunkturelle 277
 – saisonale 277
 – sektorale 277
Sektor
 – primärer 271
 – quartärer 271
 – sekundärer 271, 311
 – tertiärer 271, 311
Sekundärforschung 15, 16, 170, 211
Selbstfinanzierung 248
Selbstkompetenz 287
Selbstkosten 40, 219
Selbstkosten des Umsatzes (SKdU) 143
Selbstkostenpreis 40, 124, 125
Selbstoffenbarung 21
Selbstschuldnerische Bürgschaft 255
Serviceprozess 266
Sicherheit 288
Sicherheitsbeauftragter 289
Sicherheit und Gesundheitsschutz 316
Sicherungsübereignung 307
Sicherungsübereignungskredit 255

Sigmund Freud 166
Skonto 34, 120, 121
Sofortrabatt 120
Solidarische Haftung 241
Solidaritätszuschlag 78
Soll 104
Soll-Kosten 40
Sozialform 158
Sozialkompetenz 287
Sozialkunde 231
Sozialpartner 63
Sozialrechtliche Grundlage 62
Sozialversicherung 79
Sozialversicherungsträger 80
Soziokultureller Unterschied 22
Sparen 237
Spartensystem 262
Sparzulage 79
Spätindikator 279
Spezialhandlungsvollmacht 261
Sprachmodulation 21
Staat 237
Staatliches Gewerbeaufsichtsamt 289
Staatsausgabe 237
Staatseinnahme 237
Stabliniensystem 262, 264
Stabsabteilung 259
Stabsstelle 259, 264, 307
Staffelform 101
Staffelpreis 33
Stakeholder 164
Stammdaten 19
Stammkapital 244
Stammkunde 19, 29, 30, 33, 45
Statistik 227
Stelle 259, 261, 262, 263, 265
Stellenart 259
Stellenausschreibung 49, 175
Stellenbeschreibung 49
Steuerfreibetrag 77
Steuerklasse 77, 78
Stichprobeninventur 93
Stichtagsinventur 94, 95
Stimmrecht 245
Stimmungsbarometer 158
Storming 154, 208
Strategisches Ziel 232
Stressregulation 288
Stress-Situationen 288
Strukturdiagramm 157
Stückdeckungsbeitrag 203, 205
Stückkosten 140
Stufen der Kosten- und Leistungsrechnung 132
Subprozess 267
Substitution 233
Subvention 237
Suchtprävention 288
Suggestivfrage 22, 170, 173
Supportprozess 266
Synergieeffekt 153, 208

T

Tabelle 157
Tageszinsen 37
Taktile Kommunikation 20
Tara 123
Tarifgehalt 77
Tarifvertrag 63, 64, 74, 216
Tarifvertragsparteien 63
Teamarbeit 153, 154, 206, 208, 209, 229
Teamentwicklung 154, 206, 208, 229
Teamleiter 153
Teilerhebung 16, 17
Teilhaft 242
Teilkostenrechnung 144, 145, 203
Teilmarkt 18, 29
Teilvollmacht 261
Teilzeit 51
Teilzeitarbeitsvertrag 73
Telearbeit 51
Telefonat 170
Telefonnotiz 25
Terminkauf 42
Terminüberwachung 35
Tertiärer Sektor 304
Test 17
Top-Management 262
Transferzahlung 237
Transportmittel 36, 301
Treuerabatt 33
Tuckman 154

U

Überraschungsklausel 35
Überziehungskreditzinssatz 34
UG 244
Ultimo-Regelung 39
Umlaufvermögen 97, 98, 101
Umsatzfunktion 203
Umsatzsteuer 108, 109
Umsatzsteuerbescheid 109
Umsatzsteuer-Jahreserklärung 109
Umsatzsteuerkorrektur 120, 121
Umsatzsteuer-Voranmeldung 109
Umsatzsteuer-Vorauszahlung 109
Umschlagshäufigkeit 33
Umweltbelastung 295
Umweltkennzahl 300
Umweltkennzahlen 299
Umweltmanagementsystem 299, 300
Umweltschutz 295, 296, 297, 299
UND-Operator 268
Unfall 292
Unfallverhütung 292, 317
Unfallverhütungsmaßnahme 290
Unfallverhütungsvorschrift 289, 290
Unternehmen 234
Unternehmenserfolg 85
Unternehmensergebnis 136
Unternehmensgewinn 85
Unternehmensidentität 233

Register

Unternehmenskredit 253
Unternehmensleitbild 233
Unternehmensphilosophie 150, 233
Unternehmensrechtsform 239
Unternehmensrentabilität 247
Unternehmensstrategie 232
Unternehmensziel 231, 232, 303
Unternehmergesellschaft 244
Urheberrecht 149
Urlaubsanspruch 64, 286
Urlaubsplanung 52
Urlaubstag 281
Urlausbsregelung 74
Urproduktionsunternehmen 235
Ursache Inventurdifferenz 95

V

Variable Kosten 140, 193, 202
Verbale Kommunikation 20, 21
Verbalisieren 21
Verbotszeichen 291, 317
Vereinbarungsphase 27
Vergütung 72, 280
Vergütungsanspruch 282
Verjährung 38, 39, 171, 174
– Einrede der 38
Verjährungsfrist 38, 39
Verkäufermarkt 275
Verlust 107, 242
Vermögen 97, 247
– Gliederung 99
Verpackungsformen 302
Verpackungsverordnung 296, 302
Verpflichtungsgeschäft 32
VerpV 302
Verschulden 41
Verteilungsgrundlage 192
Vertragsstörung 45
Vertrauensarbeitszeit 51
Vertretungsbefugnis 241, 245
Vertretungsmacht 259
Vertriebsgemeinkosten-Zuschlagssatz 142
Verwaltungsgemeinkosten-Zuschlagssatz 142
Verzögerungsschaden 42
Verzugszinsen 37
Visualisierungstechnik 156, 157
Volkswirtschaft 237, 238, 271

Vollerhebung 16
Vollhaft 242
Vollinventur 93
Vollkommener Markt 276
Vollkostenrechnung 144, 203
Vollmacht 259, 260, 261
Vollständige Konkurrenz 311
Vorgesetzte 262
Vorkalkulation 40
Vorstellungsgespräch 50
Vorstellungsphase 27
Vorsteuer 109
Vorsteuerüberhang 109
Vorwärtskalkulation 126, 127

W

Wachstumsziel 231
Warenbegleitpapier 39
Wareneinsatz 117, 118, 119
Warenrohgewinn 119
Warentransport 36
Warnzeichen 291, 317
Wasserkennzahl 300
Wassermanagement 299
Weisungssystem 262, 264, 265
Weisungswege 263
Weiterbildung 287
Weiterverarbeitungsbetrieb 271
Werbebotschaft 28
Werbeerfolg 28
Werbeetat 28
Werbemaßnahme 27
Werbemedien 27
Werbemittel 28
Werbeplan 28
Werbeträger 27, 28
Werbeziel 27
Werbezielgebiet 27
Werbezielgruppe 27
Werbung 27
Werkschutz 289
Werktag 64, 281
Wertänderung 103
Wertekonflikt 165, 206, 209
Wertewandel 15
Wertschöpfung 266, 271
Wertspesen 123
Wettbewerbsfähigkeit 246
Wettbewerbssituation 272

Wettbewerbsverbot 242
W-Frage 22, 173
Widerruf 32
Widerspruchsrecht 242
Willenserklärung 31, 32, 34, 174
Wir-Gefühl 153, 208
Wirtschaftlichkeit 84
Wirtschaftlichkeitsprinzip 84
Wirtschaftsausschuss 69
Wirtschaftskreislauf 304
– einfacher 234, 236
– erweiterter 235, 236, 238
Wirtschaftskunde 231
Wirtschaftsorganisation 269
Wirtschaftsschwankung 276, 277
Wirtschaftssektor 271, 304
Wirtschaftsstruktur 277
Wirtschaftsstufe 238
Wirtschaftssubjekt 236
Wirtschafts- und Sozialkunde 231
Wirtschaftszweig 270

Z

Zahllast 109
Zahlung 33
Zahlungsbedingungen 226
Zahlungserinnerung 37, 174
Zahlungsverzug 35, 36, 171, 213
Zahlungsziel 33
Zedent 255
Zeitlich verlegte Inventur 94, 95
Zeitlohn 75
Zessionar 255
Zessionskredit 255
Zeugnis 66, 280, 282
Zieleinkaufspreis 40
Zielkategorie 160
Zielkonflikt 165, 206, 209
Zielkunde 29
Zielverkaufspreis 40
Zinsrechnungsformel 37
Zufallsauswahl 17
Zuruffrage 158
Zusatzauftrag 146, 194
Zusatzkosten 135
Zuschlagskalkulation 144, 145, 191
Zuständige Stelle 283
Zuständigkeitssystem 262
Zweiseitiger Handelskauf 37, 43

Inhalt

Inhaltsverzeichnis CD-ROM Prüfungsbuch Büromanagement Teil 2

Gebundene Aufgaben und Lösungen

I Prüfungsbereich Kundenbeziehungsprozesse

1 Kundenorientierte Auftragsabwicklung
Aufgabe 1: Primärforschung
Aufgabe 2: Sekundärforschung
Aufgabe 3: Kundentypen
Aufgabe 4: Psychologisches Kommunikationsmodell
Aufgabe 5: Fragetechniken/Fragetypen
Aufgabe 6: Kundenbindung
Aufgabe 7: Lieferfähigkeit
Aufgabe 8: Allgemeine Geschäftsbedingungen
Aufgabe 9: Nicht-rechtzeitig-Lieferung (Lieferungsverzug)
Aufgabe 10: Schlechtleistung (Mangelhafte Lieferung)
Aufgabe 11: Rügefristen

2 Personalbezogene Aufgaben
Aufgabe 1: Einstellungsgespräch
Aufgabe 2: Arbeitsrecht
Aufgabe 3: Bewerbungsunterlagen
Aufgabe 4: Einzelarbeitsvertrag
Aufgabe 5: Lohn- und Gehaltstarifvertrag
Aufgabe 6: Gehaltsabrechnung
Aufgabe 7: Stellenbeschreibung
Aufgabe 8: Arbeitszeitmodelle
Aufgabe 9: Geschäftsreisen mit der Bahn
Aufgabe 10: Reisekostenabrechnung
Aufgabe 11: Virenschutz
Aufgabe 12: Bundesdatenschutzgesetz
Aufgabe 13: Kündigung
Aufgabe 14: Betriebsvereinbarung
Aufgabe 15: Tarifvertrag
Aufgabe 16: Betriebsrat
Aufgabe 17: Mutterschutzgesetz (Verstöße)
Aufgabe 18: Mutterschutzgesetz (Regelungen)
Aufgabe 19: Arbeitsverhältnis
Aufgabe 20: Lohnsteuerklassen
Aufgabe 21: Sozialversicherungszweige (Beiträge)
Aufgabe 22: Sozialversicherungszweige (Leistungen)
Aufgabe 23: Beitragsbemessungsgrenzen

Inhalt

3   **Kaufmännische Steuerung**
Aufgabe 1: Aktiva, Passiva
Aufgabe 2: Anlagevermögen, Umlaufvermögen
Aufgabe 3: Gewinn- und Verlustrechnung
Aufgabe 4: Rechnungsbearbeitung
Aufgabe 5: Inventurdifferenz
Aufgabe 6: Inventurarten
Aufgabe 7: Inventur Rückrechnung
Aufgabe 8: Umsatz
Aufgabe 9: Erträge
Aufgabe 10: Aufwendungen
Aufgabe 11: Zeitlich nachverlegte Inventur
Aufgabe 12: Begriff Inventur
Aufgabe 13: Gewogene Durchschnittsrechnung
Aufgabe 14: Inventar
Aufgabe 15: Eigenkapital
Aufgabe 16: Jahresabschluss
Aufgabe 17: Gewinn- und Verlustkonto
Aufgabe 18: Gewinnermittlung durch Eigenkapitalvergleich
Aufgabe 19: Wareneinsatz
Aufgabe 20: Abschreibungen auf Sachanlagen
Aufgabe 21: Kalkulationsschema
Aufgabe 22: Kalkulationszuschlagssatz
Aufgabe 23: Handlungskostenzuschlagssatz
Aufgabe 24: Bezugskalkulation
Aufgabe 25: Kosten
Aufgabe 26: Fixe Kosten und variable Kosten
Aufgabe 27: Handlungskosten
Aufgabe 28: Handlungskostenzuschlagssatz
Aufgabe 29: Gewinnspanne
Aufgabe 30: Kalkulationsschema
Aufgabe 31: Selbstkostenpreis
Aufgabe 32: Kalkulationsfaktor
Aufgabe 33: Handelsspanne
Aufgabe 34: Nettoverkaufspreis
Aufgabe 35: Kalkulationsfaktor
Aufgabe 36: Umsatzstatistik
Aufgabe 37: Statistikauswahl
Aufgabe 38: Liniendiagramm
Aufgabe 39: Gewogene Durchschnittsrechnung
Aufgabe 40: Prozentrechnung
Aufgabe 41: Durchschnittsrechnung
Aufgabe 42: Prozentrechnung
Aufgabe 43: Prozentrechnung
Aufgabe 44: Prozentrechnung
Aufgabe 45: Verteilungsrechnung

Aufgabe 46: Dreisatzrechnung
Aufgabe 47: Dreisatzrechnung
Aufgabe 48: Berechnung der Tageszinsen
Aufgabe 49: Berechnung des Kapitals
Aufgabe 50: Berechnung des Zinssatze
Aufgabe 51: Berechnung der Zeit
Aufgabe 52: Zinsrechnung im Hundert
Aufgabe 53: Zinsrechnung auf Hundert
Aufgabe 54: Berechnung des Effektivzinses bei Skontoausnutzung

4 **Information, Kommunikation, Kooperation**
Aufgabe 1: Teamarbeit
Aufgabe 2: Kommunikationsregeln
Aufgabe 3: Feedbackregeln
Aufgabe 4: Konfliktbewältigung
Aufgabe 5: Kick-Off-Meeting
Aufgabe 6: Meilenstein
Aufgabe 7: Arbeitspaket

II **Prüfungsbereich Wirtschafts- und Sozialkunde**

1 **Stellung, Rechtsform und Organisationsstruktur**
Aufgabe 1: Ökologisches Unternehmensziel
Aufgabe 2: Arbeitsteilung
Aufgabe 3: Einzelunternehmung
Aufgabe 4: Personengesellschaft
Aufgabe 5: Personenfirma
Aufgabe 6: Kapitalgesellschaft
Aufgabe 7: Kommanditgesellschaft
Aufgabe 8: GmbH
Aufgabe 9: Finanzierungsarten
Aufgabe 10: Factoring
Aufgabe 11: Desinvestition
Aufgabe 12: Vorteil der Fremdfinanzierung
Aufgabe 13: Zwischenkredit
Aufgabe 14: Lombardkredit
Aufgabe 15: Selbstfinanzierung
Aufgabe 16: Beteiligungsfinanzierung
Aufgabe 17: Sicherungsübereignung
Aufgabe 18: Unternehmensorganisation
Aufgabe 19: Instanz
Aufgabe 20: Unternehmensorganisation
Aufgabe 21: Einliniensystem
Aufgabe 22: Vorteile des Einliniensystems
Aufgabe 23: Aufbauorganisation

Inhalt

Aufgabe 24: Prokura
Aufgabe 25: Artvollmacht
Aufgabe 26: Geschäftsprozess
Aufgabe 27: IHK

2 Produkt- und Dienstleistungsangebot
Aufgabe 1: Dienstleistungssektor
Aufgabe 2: Marktpreisbildung
Aufgabe 3: Konjunkturphasen
Aufgabe 4: Verkäufermarkt
Aufgabe 5: Marktform Polypol
Aufgabe 6: Hochkonjunktur (Boom)

3 Berufsbildung
Aufgabe 1: Rechte und Pflichten des Auszubildenden
Aufgabe 2: Probezeit laut BBiG
Aufgabe 3: Form des Berufsausbildungsvertrages
Aufgabe 4: Qualifiziertes Arbeitszeugnis
Aufgabe 5: Ausbildungsrahmenplan
Aufgabe 6: Kündigung des Berufsausbildungsverhältnisses laut BBiG
Aufgabe 7: Jugend- und Auszubildendenvertretung (JAV)
Aufgabe 8: Freizeit laut Jugendarbeitsschutzgesetz

4 Sicherheit und Gesundheitsschutz bei der Arbeit
Aufgabe 1: Maßnahmen zur Förderung der Gesundheit
Aufgabe 2: Rettungszeichen
Aufgabe 3: Warnzeichen
Aufgabe 4: Brandschutzzeichen

5 Umweltschutz
Aufgabe 1: Umweltbewusstes Verhalten
Aufgabe 2: Gesetze und Verordnungen zum Umweltschutz
Aufgabe 3: Nachhaltigkeit
Aufgabe 4: Fair-Trade-Produkte